傳播與社會

世新大學新聞學系/編著

作者介紹

劉新白

世新大學新聞學系專任副教授兼系主任

美國哥倫比亞大學傳播教育博士

彭懷恩

世新大學傳播研究所專任教授

台灣大學政治研究所博士

黃西玲

世新大學新聞學系專任副教授

政治大學新聞研究所博士

李茂政

世新大學新聞學系專任副教授

政治大學新聞研究所碩士

黃惠英

世新大學新聞學系專任副教授

美國佛羅里達州立大學大眾傳播研究所博士

鍾起惠

世新大學新聞學系專任副教授

政治大學新聞研究所博士

蔡鶯鶯

世新大學新聞學系專任副教授

美國杜蘭大學公共衛生研究所博士

林佳蓉

世新大學新聞學系專任助理教授

美國南加大表現科技博士

余陽洲

世新大學新聞學系專任講師

美國阿拉巴馬大學新聞碩士

董素蘭

世新大學新聞學系專任講師

輔仁大學大眾傳播研究所碩士

荊溪人

世新大學新聞學系兼任講師

政治大學新聞研究所碩士

成天明

世新大學廣播電視學系專任副教授

法國第七大學東亞研究所博士

邱如美

世新大學新聞學系兼任講師

美國密蘇里大學大眾傳播研究所碩士

侯志欽

政治大學廣播電視學系專任講師

美國愛荷華大學教學設計與科技研究所碩士

張冀明

世新大學法律學系兼任講師

美國哥倫比亞大學法學碩士

劉　序

　　世新大學從民國四十四年成立新聞職業學校以來，歷經專科(四十九年)、學院（八十年），始終以新聞傳播教育為主軸。民國八十六年改制大學以後，雖然擴展成四個學院、十六個系，校長成嘉玲博士仍然堅持開設四學分之「傳播與社會」為全校必修課程。

　　傳播對社會的影響甚大，處在這一個劇烈變動的時代，學校期望以「傳播與社會」這門課，協助所有的世新同學藉此瞭解傳播與社會的關係，從「觀察媒體」、「瞭解媒體」，進而「掌握媒體」；延續創辦人成舍我先生的不朽精神。

　　新聞學系一直是世新的招牌，傳播學院彭院長擔任新聞系主任時，特地引進了Ray Hiebent著作的 *MASS MEDIA* 當這門課的教材。目前系上的老師們在教授這本書多年後，決定以台灣的傳播媒體和社會互動為內容，撰寫《傳播與社會》。

　　傳播與社會範圍相當廣大，本書選擇了〈大眾傳播過程的批判性消費者〉、〈集體化的傳播者〉、〈大眾傳播的控制〉、〈受眾：濾器與回饋〉、〈大眾傳播媒介的影響效果〉、〈新聞與信息〉、〈新聞評論〉、〈新聞媒介和政府公共關係〉、〈報業〉、〈現代廣播概論〉、〈電視產業：發展現況與觀眾〉、〈法律規章與媒體的關係〉、〈傳播新科技對社會的影響〉、〈教育傳播〉等十四章，希望能提綱挈領的一窺堂奧。

　　新聞系的十五位老師，在百忙中，根據專長認養了《傳播與社會》的每一章節。感謝專任的彭懷恩、黃西玲、李茂政、黃惠英、

蔡鶯鶯、鍾起惠、林佳蓉、余陽洲、董素蘭老師，以及兼任老師荊溪人、成天明、邱如美、侯志欽、張冀明的拔刀相助；其中余陽洲、黃惠英、李茂政和林佳蓉老師，為本書貢獻了比較多的力量。此外，也要感謝系秘書李蘭琪小姐，承擔了所有的行政工作，協助本書順利誕生。

希望「傳播與社會」，除了是世新大學的共同必修外，在最近的將來能成為所有大學的通識課程，協助閱聽人監督媒體，促進社會祥和進步。

世新大學新聞系系主任
劉新白

目　錄

第 1 章

大衆傳播過程的批評性消費者

李茂政

內容摘要

　　大衆傳播在社會生活中的重要性是毋庸置疑的。媒介擔任著守望、決策、教育、娛樂及商業的功能，但是媒介的表現是否稱職，這是值得大衆關心的。目前極須做的是：隨著大衆傳播的發展，對社會潛在的閱聽人給予適當的專屬於傳播方面的公民教育，俾能作爲媒介的批評者及監督者。

　　本章從人類傳播活動之演進談起，接著介紹傳播的概念和傳播過程模式、大衆傳播媒介訊息的流程及衝擊力、大衆社會與網絡社會的內涵等，並闡明爲何要做個大衆傳播過程中的批評性消費者，及如何做個批評性的消費者。期使可能的閱聽人（或未來傳播的專業工作者）能瞭解媒介的特性及規律、大衆傳播的過程及效果，進而採取主動的消費態度。

　　我們強調新聞與傳播教育中必須負起新的使命，擴大爲全公民的資訊教育，對大衆提供有關資訊構成之知識，使大衆認知資訊意

義及邏輯分析的受播能力，俾落實其資訊權利，並制衡大眾傳播，因為畢竟在某種程度上，大眾品味高低是媒介內容的原因，也是媒介內容的結果。

前　言

　　大衆傳播媒介每天給人們自世界各地傳來所發生或正在發生的種種新事物和新情況，給人們報導上自天文下至地理的各種各樣知識、觀念和消息，使人們打破了沉悶的氣氛，結束了「閉目塞聽」的局面。進一步說，大衆傳播從情感和理智上把我們與別人、別的團體和別的機構聯繫起來。今天社會上的各種行業，已沒有能比得上大衆傳播事業，對人類有那樣的影響性。因之，對大衆媒介及其規律的瞭解，是我們生活中所必須。

　　尤其是，今天是一個科學的群衆時代，社會上的萬事萬物像大潮一般往前推進。它不等待我們給予通行證，也不等待它自己到底是否已辨清路標，就這樣向前直奔而去。而這個直奔而去的龐然大物，我們或許可從大衆傳播活動看到它的身影，從大衆媒介的內容看到了一些變遷的輪廓。

　　報紙、廣播、電視、電影、雜誌、書籍、唱片、錄音帶、錄影帶或電腦傳播，自從其誕生的時刻起，就爲它的角色設下了一定的特性。它們的社會功能是守望者、決策者、教育者、娛樂者，或是產品和勞務的推廣者。

　　媒介就如原始部落中的守望人，守候在地平線上，隨時報告危難與機會一樣。生活在現代社會中的廣大人群，對變化既迅速又複雜的環境，需要媒介來擔任守望的工作。譬如，颱風和洪水的速報、登革熱的流行、某社區的公寓出現電梯之狼、爆發東南亞金融風波等，都是典型的例子。但是，如何確保媒介報導的客觀性、中立性

和正確性等，都是要詳加探討的問題。

說媒介是決策者，就猶如部落的酋長和參謀人員，決定部落的需要、目標和政策一樣，媒介決定對重要社會問題的新聞內涵及性質加以分析，並發表意見，喚醒社會大眾的注意。就受播大眾而言，可據以作為決策的參考。然而，現代的生活環境複雜，而且變化快速，如果人們只聆聽新聞評論，而不能充分理解事實，並把握其全貌的話，是無法採取任何適切的行動的。

媒介的教育者功能，猶如原始部落中的長者負責傳授部落的歷史、文化、習俗和技藝一樣，媒介的工作角色是傳衍經驗，把已經建立的文化傳統報導給社會新參加的份子。換言之，媒介的作用，在協助提高社會大眾的教育水準。一個大眾社會，只有依賴正規教育（即學校教育）是不夠的，重要的還必須設法超越一定的範圍而有所發展，方能達到普及教育的目標。媒介的知識性、文化性、教育性節目，值得大家來貢獻心力。

再者，媒介的娛樂功能，就如原始部落中能演唱歌謠或其他娛人活動的人，用以調劑生活，緩和緊張。媒介的另一工作是要提供娛樂節目，尤其是大眾媒介中的廣播和電視，其娛樂性質更加明顯。今日的大眾媒介已經廣泛地滲透到社會大眾之間，其影響力不言可喻。可是目前我們傳播界所表現的，似乎配合不上時代的要求，節目內容充滿太多的暴力和色情，對社會造成許多負面的影響。所以，如何保持一般節目的文化水準和一定的品味，就成為社會大眾的主要視點了。

說媒介是產品和勞務的推廣者，就如原始部落的一些販夫，負責到相鄰的其他部落去交換物品，並回到部落與族人互通有無一樣。現在的媒介，不但不斷地報導許多商業活動，而且刊播許多商品和勞物、公益和形象的廣告，媒介在促進商務和公益事業方面的

角色，可以說舉足輕重。但是媒介的廣告活動，也顯現了許多反面的示範，譬如，內容充滿虛僞、淫猥、誹謗，對社會的破壞很大，所以廣告之爲物及媒介的其他商業活動，也令人不得不予以正視（李茂政，1990，頁329-336）。

　　總之，傳播媒介具有上述那些功能，但是時下媒介在這方面的表現是否也很稱職呢？這無疑的要由媒體的受眾來加以檢驗。作爲大眾媒介的消費者，不能就媒介所報導的內容照單全收，不能對媒介的表現（performance）毫無異議地加以肯定。我們要深入探討媒介的特性及規律，瞭解大眾傳播的過程及其效果，立志作爲一位批評性的消費者。

人類傳播活動之演進

　　人類客觀上需要與他人互通訊息。在生活中，他們不能獨立生存，需要集體的力量對付來自於自然界的各種威脅，更進而征服自然。而且，人本來就是一種社會動物，因互動與感通就形成了一定的社會關係。在初民時代，當人們瞭解到一些新情況，或是發現一種新事物時，就要設法轉告別人，以期能引起相應的行動。所以，傳遞訊息就漸漸成爲人與人之間溝通情況的必要手段。這種早期的訊息傳遞就是我們今天所謂的「傳播」。

　　人類最早的傳播媒介是語言，但語言不能將事物記錄下來，先人們就以結繩記事，接著以象徵符號代表若干語言的記載，文字就發明了。

　　最早的文字傳播是刻在洞壁、石板、金屬物上，但因爲他們不

容易移動，所以就改刻在竹簡上，竹簡也就成爲負載傳播訊息的主要工具，等到紙發明以後，才寫在紙上。

人類最早的書本，並不是印刷品，而是用手抄的，稍後是以木刻的方法，印在紙上。我們中國到宋朝畢昇發明活版印刷術之後，書籍才能大量流傳。西方則到1455年，古騰堡（Gutenberg）才發明金屬活字印刷。

新聞傳播形式從語言傳播起，到利用文字的手寫新聞及其後的印刷新聞，如早期歐洲各大城市，特別是通商口岸，需要較大量的傳遞訊息，新聞傳播工作就慢慢演變爲一種新聞行業。十五世紀時，威尼斯是歐洲商業及交通中心，威尼斯商人乃將各地政治及經濟的消息供應各國貴族、地主及金融界，此即當時流行的「新聞信」（news letter）。1620年左右，歐洲的法蘭克福（Frankfurt）、柏林（Berlin）、漢堡（Hamburg）、維也納（Vienna）、阿姆斯特丹（Amsterdam）、安特渥普（Antwerp）等地已有簡單的報紙印行（Hiebert et al., 1991: 219）。

在人類社會中，新聞業的雛形，應可追溯到更早。西方在紀元前五十年凱撒大帝時，即有《每日紀聞》（*acta diurna*）的創辦，登載戰爭消息、競技消息、宗教儀式、選舉等。我國在漢、唐時，即有《邸報》，那時的地方首長都在京設「邸」（駐京辦事處），邸丞將地方上的事上奏天子，又將朝中的事轉報諸侯，這種奏報就是《邸報》。《邸報》這個名稱，首見於唐朝的《全唐詩話》中，宋代改稱《朝報》，並流行沿稱《邸報》。明末崇禎時，《朝報》已採用活字印刷分行至全國。到了清朝又改稱《京報》，逐日發行。不過，無論是《每日紀聞》也好，《邸報》也好，皆屬官方公報性質。

我們中國的現代報業則起步較晚，初係外國教士及商人來我國辦報，開我現代新聞事業之先河。1815年，英國傳教士莫里遜（R.

Morrison) 及美籍傳教士米憐 (W. Milne) 在馬六甲首先以中文出版《察世俗每月統記傳》(*Chinese Monthly Magazine*)。此後香港亦有《中外新報》(1858)，上海有《上海新報》(1861)、《申報》(1872)。相繼者，如王韜的《循環日報》(1874)、梁啟超的《時務報》(1895) 及同盟會的《民報》(1905) 等 (李茂政，1996，頁33-36)。

傳播科技不斷地在發展。1844年，美國人摩斯 (Sammuel F. B. Morse) 最先發明有線電報，各國報紙爭相採用，乃開電訊新聞之端。1857年，大西洋海底電線架設成功。1875年，貝爾 (A. G. Bell) 發明電話，使語言傳播摒除了空間的阻隔，是一項突破性的進步。1895年，義大利人馬可尼 (B. Marconi) 發明無線電報，利用電訊傳遞新聞進入了新的紀元。在電影方面，愛迪生 (T. Edison) 於1889年10月研製完成電影放映機 (kinetoscope)，使這種媒介正式誕生。接著，1910年收音機廣播亦已初步試驗成功。1915年，美國西屋公司開始製作收音機的廣播節目，揭開了收音機廣播事業的序幕。人類社會進入了大眾傳播的新時代。1926年，英國首先試驗電視成功，1945年美國RCA開始播報商業電視；1953年更進而有彩色電視的問世。電視的出現，是傳播媒介第二次革命性的發明。尤其是，1946年，世界上第一部數位電腦ENIAC在美國賓州大學研製成功。電腦的發明被譽為第二次的工業革命。由於對電腦資訊技術的高度發展與應用，使人類社會的政治、經濟及文化結構發生很大的變化，現代已進入所謂「資訊時代」(information age) 了 (李茂政，1991，頁3-5)。

縱觀大眾傳播事業，最初係指報業而言，其主要的工作是新聞的傳遞，但加入收音機和電視之後，媒介的知識性、娛樂性及商業性也越發顯著。尤其是因為大眾傳播事業的發達，連帶著使公共關係事業及廣告事業進入新的階段。隨著衛星直接廣播及電腦傳播的

陸續出現，其傳播效率，在歷史上更是空前。若干年前，人類不知不覺、不聞不視仍可生活，但今天任何人都不能不與大眾傳播活動發生接觸。尤其是新聞事業的範圍擴大之後，其表意性、持久性、迅速性及滲透性較前增加了何止千百倍，大眾傳播實已無處不有、無處不在，人類至此已無時無刻不受大眾傳播的影響。我們有必要瞭解傳播的概念和過程模式，並進一步瞭解大眾媒介訊息的流程及其可能的影響力。

傳播的概念和傳播過程模式

一、「傳播」的定義

「人是一種社會動物」，這句話說明了人類生活的精神面。我們需要共營一種社會生活，而這種需要是透過傳播來完成的。

雖然目前傳播的觀念已經普遍建立，但何謂「傳播」？

依據我國古代文獻的記載，傳字可解為：授也、布也、記載也、轉也、續也、送也、遺留也。而「播」字的解釋亦有：布也、散也、揚也、放也、遷也、施也及種也等七種。「傳」與「播」重疊成「傳播」確有強化與擴大的用意，此與英文的 "communication" 一字相當貼切、恰當 (吳東權，1988)。

《牛津英文辭典》(*Oxford English Dictionary*) 把傳播界說為：藉說話、寫作或形象，對觀念、知識等的分享、傳遞或交換。

《哥倫比亞百科全書》(*Columbia Encyclopedia*)：思想及訊息的運送，以別於貨物和旅客的運輸，傳播最基本的形式是透過形象（觀看）和聲音（聆聽）。

米勒 (George A. Miller)：「傳播的意義就是把資訊從一個地方傳到另一個地方」(Miller, 1951: 6)。

佛哲凌翰 (Wallace C. Fotheringham)：「有關符號的選擇、製造和傳送的過程，以幫助接受者理解傳播者在心中相似的意義」(Fotheringham, 1966: 254)。

歸納傳播的意義是「在一個情境架構中，由一個人或更多的人，發出訊息，並由一個人或更多的人收到噪音阻撓（或曲解）的訊息，產生一些效果，並在其中含有一些回饋的活動」。

二、一般傳播模式

最能夠體現傳播的概念及傳播過程的，就是傳播模式。

以下所列舉的一些模式，當然不是傳播過程的全部解釋，只是試著勾勒出最主要的因素和過程，及構成傳播活動所牽連的相互關係。這些模式將澄清一些存在於傳播活動中的成分和互動作用，作為傳播細節的一種參考架構，瞭解傳播的基本性質。

最早的模式，應可追溯到亞里斯多德 (Aristotle) 的模式（如圖1-1），它已有二千三百年之久。

亞里斯多德的模式可能是最早的有系統模式，它見於《修辭學》(*Rhetoric*) 一書。這模式雖很簡單，但它扼要的舉出五個傳播的要素：說話者、演講內容（或訊息）、閱聽人、場合及效果。亞里斯多德建議說話的人為了不同的效果，要對不同的場合，為不同的閱聽

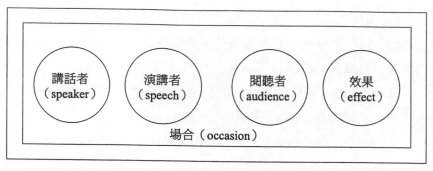

圖1-1　亞里斯多德的傳播模式

人構思其演講的內容。這個模式可被視爲最適用於公衆演說。

　　傳播有一定的過程。亞里斯多德的模式雖然舉出了傳播的要素，但是對於傳播過程沒有明確說明。

　　在各種說明傳播過程的最早傳播模式中，最有名的可能是山農（C. Shannon）和偉佛（Weaver）所提出的「傳播數學理論」（The Mathematical Theory of Communication）。依據這個模式，傳播是從左邊開始到右邊結束的簡單過程。資訊來源（亦即說話者）從所有可能的資訊中選擇了一個他所想要的訊息，把訊息透過傳播工具（如麥克風）傳播出去，變成訊號，如果在電話中傳播，這些訊號就是電的振動，而傳播的通道就是電線。訊號被接受器（如耳機）收到了，又變回一種訊息，然後傳達到目的地——接聽的人。在傳遞過程中，這些訊號一定會受到某種程度的曲解或誤解，稱爲「噪音」（Shannon & Weaver, 1949）。

　　山農和偉佛的傳播數學理論，在發展其他傳播模式和理論上，一直是最重要且最有影響力的激勵物，導致了許多其他傳播過程模式的產生（如圖1-2）。

　　奧斯古（C. Osgood）在1954年提出挑戰說：山農和偉佛的技術

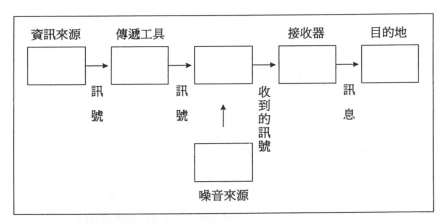

圖1-2　山農和偉佛的傳播模式

性傳播模式是發展及應用於工程問題的，從未爲人的傳播行爲來設計 (Osgood, 1954)。他自己以他的意義理論和一般的心理語言過程發展出一個模式。

　　這模式爲個人自身發送和接收訊息的兩種功能提供說明，並且把符號的「意義」列入考慮，這兩項都是山農和偉佛模式所缺乏的。山農和偉佛模式暗示來源和目的地，傳遞者和接受者是分開的。在機械系統中，這是眞的，但是在人的傳播系統中，就不然。個人自身同時有來源和目的地兩種功能，即具有傳送者和接受者的兩種作用。最簡單的一個比喩是：一個人發出訊息時，同時可以聽到自己的聲音，或收到別人發出的反應。他的內部將這些回饋訊息加以譯出，產生意義，以作爲進一步製碼的參考，再行輸出如圖1-3。

　　在這個模式中，「輸入」是物質能量或某種形式的「刺激」，變成（或譯成）感覺刺激而被接受。

　　接受者透過幾個心理過程，就對這「輸入」或「刺激」加以工作。奧斯古把這些過程稱爲「接受」(reception) 和「感知」(percep-

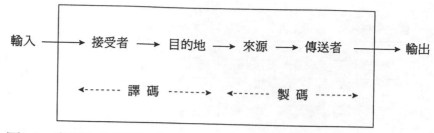

圖1-3　奧斯古的傳播單位（Osgood's Communication Unit）

tion)，而中間的「調節器」(mediator)提供一種「認知」(cognition，即對它附上意義或態度)，並且，接著傳送器 (transmitter) 就遂行「運動神經組織」及相關的操作。在刺激——反應連鎖中「訊息」就是來源「輸出」物和目的地的「輸入」物。輸入是由「譯碼」處理的，輸出則是由「製碼」完成的。換言之，在奧斯古模式中，目的地單位與來源單位是相似的。因此，它可應用在人的傳播行為 (尤其是指個人自身傳播) 上。依照奧斯古的觀點，在「同語言群體」(speech community) 情境中，每個人被視為一個完全的傳播系統。

　　傳播過程中包括了「回饋」(feed-back) 的現象。為說明方便起見，學者宣偉伯 (W. Schramm, 1954) 以兩個人交談為例來說明：兩人交談時，甲向乙說話，甲想知道音訊是怎樣被對方接受或如何被對方加以解釋，而另一方面，乙很自然的會以簡單的話語或表情，來對甲加以反應，甲對乙反應的瞭解，就是「回饋」(有時不反應也是一種回饋)。一個經驗豐富的傳播者會時刻注意回饋，並且會時刻依據回饋來修改它的音訊，所以「回饋」在傳播過程中擔當很重要的角色 (如圖1-4)。

　　為了嘗試解釋傳播的要素和有關各要素的不同研究範圍，芝加哥大學教授拉斯威爾 (H. Lasswell) 以一句話來表示：「Who Says

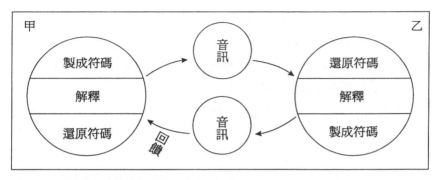

圖1-4　宣偉伯傳播過程模式

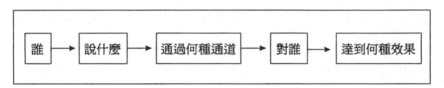

圖1-5　拉斯威爾的傳播模式（Lasswell, 1948: 37）

What in Which Channel to Whom with What Effects」（誰，說什麼，通過何種通道，對誰，達到何種效果。）拉斯威爾的公式，可用圖1-5來表示。要注意的一點是拉斯威爾與亞里斯多德所提出者，並沒有多大的不同。

　　由於拉斯威爾傳播過程模式舉出五項傳播要素，我們得到傳播研究的五大內容，即：

1. 控制分析：研究「誰」，也就是傳播者，進而尋求引導傳播動作的原動力。
2. 內容分析：研究「說什麼」（或稱為訊息）以及「怎樣說」的問題。

3.媒介分析：研究傳播通道，除了研究媒介的性能外，並且要瞭解媒介與傳播對象之關係。

4.閱聽人（對象）分析：研究那龐大而又很複雜的受播者，瞭解其個別的興趣與需要。

5.效果分析：研究傳播媒介對於傳播對象的意見、態度和行為的改變等。

但是拉斯威爾的模式，很明顯的忽略了「回饋」的問題。從其模式的走向看來，是單向，而不是雙向。由於他的模式所造成的影響，過去的傳播研究忽略了回饋過程的研究。其次，這個模式也不重視「為什麼」（why）或動機的問題。在動機方面，我們應該正視兩種動機：一是閱聽人為何使用傳播媒介，企圖得到什麼滿足；二是傳播組織究竟懷了什麼意向（政策），是想用它牟利、或公共服務、或作何用途？以及它們的意向與媒介本身的內容關係何在等（李金銓，1982，頁149）。

衛斯理（B. H. Westley）和麥克連（M. Mac-Lean）提出一個特別適合描述大眾傳播中所涉及的主要因素和過程的傳播模式（如圖1-6）。

在這模式中，有三個由A、B、C所代表的主要人物。A代表傳播者，他選擇訊息、傳播訊息。B代表受播者或公眾。C表示代理者（或媒體），它把從A或從他自己環境所接到的訊息加以選擇並傳給B。X_1、X_2、X_3、X_4……和X_∞代表A在他的感官領域中的許多刺激客體，由各箭頭與個體連結。X'是代表A在他的感官領域中接到有關X_1、X_2、X_3……的訊息然後傳送到C。X''是代表C在他的感官領域中接到有關X'及X_{3C}、X_4……的訊息，然後傳送到B。從右邊到左邊標有f_{BA}和f_{BC}的虛線，代表回饋訊息，使得A和C瞭解B怎樣反應他

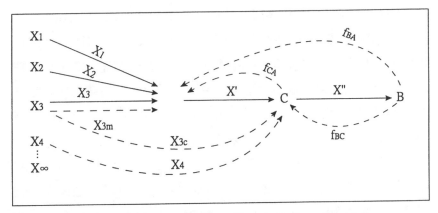

圖1-6　衛斯理和麥克連的傳播模式（Westley et al.,1957）

們的訊息，f_{CA}使A瞭解到C怎樣反應他的訊息。

三、新傳播科技的互動特性

　　傳播科技在現代社會顯得相當重要。而「傳播科技」象徵硬體設備、團體結構與社會價值。個人可藉此收集、轉送資訊或與他人交換資訊。早期，在多種大眾傳播媒介中，如報紙、雜誌、電影、廣播、電視等科技被認為主要是單向的，由一個人或少數幾個人，傳遞訊息給許多的受眾。自從八〇年代以來，人類愈來愈依靠電腦所形成的傳播系統，使得多人對多人為基礎的，且具雙向性質的傳播活動頻繁起來。很明顯的，人類傳播正面臨根本的改變。

　　在今天的資訊社會中，個人電腦已經非常普遍，其傳播活動具有雙向性質更是明顯的了。過去，傳播學術領域的分野，都是以通道來區分。目前，學者們又區分出另一類的通道，「機器輔助的人際傳播」（Dominick, 1983: 14），它同時包含了大眾媒介與人際溝通

的某些特性。這類新型傳播科技的例子有：視訊會議(teleconferencing)、電子傳訊系統、電腦布告欄 (computer belletin board) 告示牌、雙向有線電視等。現在傳播研究所關心的是：經由電腦輔助的人際傳播、或在電腦網路中經由電腦電傳會議時產生的人際傳播，是否與面對面的人際傳播不同？從研究資料中的發現指出：機器輔助的傳播，雖然能成功地交換技術性內容，但在傳送社會感情的內涵方面，效果比較小。不過有些人認為感情的內涵，也可以文字描述，或經刻意設計的圖像來傳給對方。當然，這要看個人的表達能力及傳輸策略（或技術）了。

進入八〇年代，以電腦為主的傳播體系具互動之本質，而互動式傳播媒介理論已成為當今的一個新理論。當然，它連帶地也要以新方法來研究。換言之，1980年代的新媒介，特別是互動式傳播科技的早期發展，已帶來了一個「傳播研究的革命」(communication research revolution)。這是認識論的 (epistemological) 轉捩點，這轉捩點的涵義是需將一向受簡單線型模式 (simple linear model) 所引導的傳播研究，代之以由傳播趨同模式 (convergence model) 所引導的更廣闊的研究，來調查巨觀的論題 (issues)。

羅吉斯 (E. Rogers) 與金凱得 (D. Kincaid) 在其《傳播網絡》 (*Communication Networks: Toward a New Paradigm for Research,* 1981) 一書中，發展出一個所謂「傳播的趨同模式」。他們把傳播定義為：為達成相互瞭解，參與者製造並彼此共享資訊的過程 (A process in which the participants create and share information with one another in order to reach a mutual understanding)。傳播是一種兩個人或兩個人以上的人之間共同發生的事，以及一種分享資訊的相互過程。換言之，傳播一定涉及一種關係。傳播網是由某種定型的資訊流通方式中，有互相聯絡的個

人所構成的。在他們對事實的相互瞭解中，經過一段時間之後，這類資訊的分享作用，會導致個人與他人趨同（converge）或分歧（diverge）。我們所謂的「事實」（reality），不是指個人缺乏直接接觸的物理事實本身，而是關於那個物理事實的資訊。而個人與他人環境的互動是由資訊來調節的。

雖然相互瞭解是傳播目的或主要功能，但是由於資訊交換有其本然的不確定性，它永遠無法絕對地達成。就一個論題經過幾個循環性的資訊分享之後，可能會增加相互瞭解，但是無法達到完全瞭解。所幸大部分情況並不需要完全的相互瞭解。一般來說，當爲眼前工作達至充分的瞭解程度之後，傳播活動即不再進行了。資訊交換幾回合之後，參與者可能就轉移到一個新的論題上。圖1-7的傳播過程模式，反映了相互瞭解的趨同特性和資訊交換的循環性。

傳播過程總是從「然後……」（and then……）開始。這點提醒

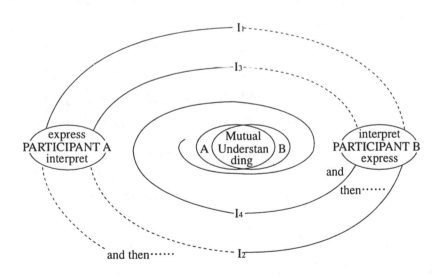

圖1-7　傳播的趨同模式

我們，在我們開始看到過程在進行以前，已經有些事發生了。參與者甲，在與參與者乙分享資訊以前，可能並沒有考慮這項過去已發生的事。甲製造了想要表達他思想的資訊，乙必定經感知然後並加以解釋，做出反應，則可能產生了與甲分享的資訊來。甲將這個新資訊加以瞭解，然後他自己可能就同一論題，再用進一步的資訊來表達他意見。乙瞭解這個資訊後，他們繼續進行這個過程，直到他們其中一個人或兩個人同時對眼前所要處理的論題，滿足地感到已達成充分的相互瞭解為止。每位參與者也都「解釋」他自己的資訊，對自己做更佳的瞭解，並且找尋經過改進的方法來表達自己。因此，每個資訊單位（unit of information）沒有箭頭來表示從那裡來和往那裡去，資訊由兩位參與者共同分享，它不用線型的方式來表示傳播過程，傳播是一種共同的肇因（mutual causation），而不是一種單向的機械因果論（one-way mechanistic causation）。它強調傳播參與者的互依關係，而不偏向於重視訊息的來源或接受者。傳播過程的主要目的是相互瞭解和相互協議。

趨同的情況常存在於兩個或更多的人之間。此一模式促使我們去研究時間歷程中，人類相互關係的趨同與變化。其最小分析單位是參與的雙方（dyad），他們由資訊交換而連結。研究者也可將其分析單位擴展至參與者個人網路，也可以是一個小團體（clique），甚至整個網路。

該模式對傳統傳播模式或傳播研究有很大的批判作用。傳統模式大多過分重視傳播者，而忽略了傳授雙方的關係發展及彼此相互依賴的程度。尤其是過去把傳播完全視為一種說服的過程，事實上，傳播可能更多時候是希望建立共同的瞭解、共見、共知、共聞、共識，而非單純地只是誰說服誰的問題。

大眾媒介訊息流程及衝擊力

目前大眾傳播媒介就好像是整個社會的神經網，一天二十四小時不停地在顫動著。大眾媒介憑藉著散布消息的本事，就成為這個變幻不拘的大時代的象徵。除非我們能理解大眾傳播訊息的流程，並瞭解大眾媒介的可能影響力，否則我們無法去利用它們或更進一步控制它們，使它們為我們人類做更多有意義的事。

一、媒介訊息流程

在現代社會身處傳播的汪洋大海中，傳播媒介是整個社會結構的一部分，它在訊息的流通方面，扮演了一個相當重要的角色。

大眾傳播以怎樣的方式影響人們思想和行為，可能是這個活動所引起的最有趣問題。一般說來，人們直接閱讀報紙，觀看電視或收聽廣播，並且被他們所讀、所看或所聽的訊息內容所影響。

另一種比較間接的說法，就是在「二級傳播」中，「意見領袖」干預了傳播的過程，但是在這過程中他究竟產生了一些什麼作用？一個很明顯的作用是他擴大了傳播媒介所能達成的範圍，加入了個人的影響力。這對傳播的效果是有幫助的，但是他也可能妨礙了傳播的效果。譬如，他把所得到的訊息要轉告別人時，他不可能像一部機器轉播站，把所收到的訊息老老實實地轉播出去（即使是一部機器，有時也會故障或有時效果差一點，原原本本的轉播不太可

能)。他可能只轉播他喜歡的那一部分。那些不符合他的觀點、興趣或利益的東西,可能會被他排除掉。這種把訊息從大眾媒介傳播到實際的閱聽人過程中的干涉人,被稱為守門人 (gatekeeper)。

在許多情況下,媒介訊息是直接到達閱聽人。美國總統甘迺迪被刺身死時,美國有好些傳播研究者,對死訊如何傳開進行研究。宣偉伯也對新聞傳播的情形,作了深入的研究。他發現甘迺迪被刺半小時之內,醫生尚未宣佈他死亡,全國已經有半數人口透過電視曉得這件事。一小時之內,全國百分之九十的人都曉得。當天下午,百分之百的人都曉得。資訊傳佈之快,無以倫比。全國新聞機構幾乎攔下一切其他的新聞,全力報導甘迺迪的消息,而且其中有高達半數的閱聽人不斷地觀看。

讀者給報紙或雜誌編輯的信,小說或教科書的銷售數多少,出現在專業期刊或報紙的書評,及其他對大眾媒介的反應,都是大眾傳播的回饋。

因為很難從大眾媒介的閱聽人獲得正確和可靠的回饋,所以需要有經驗的研究組織,進行收集工作。各種民意測驗組織,像蓋洛普 (Gallup) 和哈瑞斯 (Harris) 羅伯 (Roper) 都是收集回饋的組織,它們是有組織的典型。

二、對閱聽人之影響力

媒介提供新聞、意見與娛樂,以協助閱聽人正視周圍與地平線上的事務,及協助他們在休閒中打發時間。事實上,傳播是在協助閱聽人的感官,擴大其受納的範圍。它的功能猶如眼鏡協助近視眼的人更清楚地看到周圍的事務;及助聽器去協助重聽的人更清楚的

聽到周圍的聲音一樣。所以，所有傳播工作，不過是人類感官的延伸，並加強了感官的功能，使其更能輕易地受納更多的刺激與接觸到更多的事務而已。閱聽人由於有了媒體的幫助，而使其眼睛變為千里眼，使其耳朵變為順風耳。以前的人，必須行萬里路讀萬卷書才足致用，而現在的秀才，不出門照樣可知天下事了。

許多年來，「報業的威力」（power of the press）這一概念，受到研究媒介歷史、宣傳學的人以及其他人所留意著。很明顯地，媒介具有某些力量。廣告商、實用主義者和寫實主義者，都承認媒介的力量。

1981年在美國出版的《心理學評論年刊》（*Annual Review of Psychology*）第三十二卷，雖未在報界引起注意，也沒有引起美國傳播學界的廣大共鳴，但是，至少有一章中的一段，對媒介工作人員和大眾傳播學者相當重要。研究學者羅伯茲（D. Roberts）與巴琴（C. Bachen）慎重的寫道：「過去十年來……曾經目睹一個觀點的復活：大眾媒介對人們感知、思考及行動，確實具有強大的影響力。」

對某些人來說，這並非是一項令人驚訝的說法。我們常能找出媒介具有其所稱的威力的例子，不論是在外交政策方面（各政府領袖常常運用媒介）、全國性的政治方面（一些批評者聲稱，媒介已取代了過去政黨所扮演的角色），或在社會行為方面（在此，我們憂慮一些煽情廣告正腐蝕著青年的價值標準）。我們注意到，媒介已經明顯地由學術的殿堂擴充至日常生活中，舉凡「媒介（所製造的）事件」（media events）、「形象」（image）等名詞也已成為語言中常見的字彙。

社會大眾一直有一個共同的想法，認為媒介塑造我們的思考，影響我們的態度與結論，影響我們特定的行為，如投票與購物。認為媒介只是跟著其他因素聯合運作，或只具有溫和威力的人，也許

亦有其特定的觀點。然而著名的研究者——宣偉伯，敦促研究大衆傳播「無聲、持續的效果」(the quiet, continuing effects)。他說這一部分是被大大地忽略了，而且日後可能會有重大的發現。《大衆傳播理論》(*Theories of Mass Communication,* 1989) 一書的作者德佛勒 (M. DeFleur)，認爲我們應該在擴大的人民信仰體系方面，探討大衆傳播的角色，如此可以很嚴肅的向早期狹隘、受限制的結論挑戰。西德的研究者諾爾紐曼 (E. Noelle-Neumann) 呼籲重返相信媒介是強而有力的觀念。對媒介在選舉中所扮演的偏見角色研究中，羅賓遜 (J. P. Robinson) 認爲，在特定情況下媒介確實具備政治影響力。羅賓遜是那些首先敢嚴肅地向媒介最小效果觀念挑戰的人士之一。他在《新聞學季刊》(*Joumalism Quarterly*) 的一篇文章中問道：「媒介究竟能影響行爲嗎？」(Can the media affect behavior affer all ？)，麥康姆 (M. M. McCombs) 等人，在有關「話題設定」(agenda-setting) 研究的結論中認爲資訊及學習的角色，是媒介最重要的效果。這是說，媒介不是告訴人們該想什麼而是該拿些什麼來想想。這個觀念已被許多政治傳播學者所認定。社會學家基特令 (T. Gitlin) 責難拉查斯斐的模式 (有限效果)，他在一篇文章中，批評研究者由於學術上、意理上和制度上的約束，導致研究未能提出攸關的問題。他說：「在大衆媒介相對不重要的觀念背後，對重要性存在著一個曲解的、錯誤的概念，就如同對權力的錯誤概念一樣。」

當然，媒介不能在眞空中運作，它勢必會受到其他因素的牽制。目前學者們較中肯的看法是：

1.媒介在供給公衆成員訊息和設定話題上，是最有力量的。
2.媒介在公衆成員的欲想、觀念和態度的影響上，是次有力的。

3.媒介在影響公眾成員的行動上，力量較少。

上述的說法，應該是對媒介影響力的肯定，而不是否定它。我們應可以進一步說：它影響力的顯現，常因不同的社會情況而有不同的威力。

尤其是在民主政治中，政府能夠統治，而且在野反對力量能形成，新聞媒介扮演一個重要的角色。美國政府對新聞媒介的依賴可以從各任總統越來越常用電視對全國人民進行訴求看出來。白宮提出一個法案在國會遭到很大的阻力時，總統就發表電視演說；國會提出一個可能會影響政府正常運作的法案時，總統也發表電視演說。另一方面，政府官員也越來越依賴新聞媒介去獲取工作上所需的知識。就如同一位美國國務院官員所曾說的：「每天我們所做的第一件事是閱讀報紙——《紐約時報》。沒有《紐約時報》就無法在國務院工作」(Cohen, 1963: 13)。

學者研究發現媒介具有社會化的效果，閱聽人從媒介學到很多有關社會生活的種種。媒介對於犯罪新聞的報導，是否會增加社會的犯罪率也一再地受到關切。

新聞媒介有賦予個人的社會地位的能力，假如列出時下世界上最重要及最有名的一百人，無疑的，那一百人一定也是常受媒介報導的人。媒介對人物、團體、政策等有利的報導，不但可以提高其聲望，還能增強其地位。而媒介提高身分的作用似乎依照一個規律在循環……一個人若真重要，就能成為大家注意的焦點；一個人若能成為大家注意的焦點，那他一定很重要。

大衆社會vs.網絡社會

一、大衆社會及大衆傳播的特性

　　人類由農業社會進入工業社會時，人口向都市集中，而形成了大衆社會（mass society）。隨著時代的進步，目前大衆社會中已有很多大衆媒介。大衆傳播所涵蓋的大衆是一個相當大的人群，異質性很高。他們分散在各地而且是匿名的，傳播者與受播者不是直接面對面地進行傳播。大衆中的個人對大衆傳播的反應是個別的及互不相關聯的，但也常見許多特定形式的集體行爲，如時髦（fads）、時尚（fashion）、時狂（crazes）與恐慌（panics）等（謝高橋，1982，頁318-319）。此即所謂「大衆行爲」（mass behaviors）。

　　大衆傳播具有什麼特性？大體來說，大衆傳播往往是由於爲了一個或更多的具體目的（如編輯政策）而使用媒體來傳播內容，它所涉及的人數很多，覆蓋的距離以及時間的跨度大，所以其訊息內容較少涉及個人、專業化不強、速度快，且比別類目的傳播訊息更短暫易逝。大衆傳播的傳播者是一個組織（如報社、廣播電台、電視台等）或組織化的個人（如編輯、記者等）他們是透過機構的力量，從事訊息的進出事務。

二、「大衆」與「公衆」的區別

簡單的說，英文 "mass" 與 "public" 是有別的。公衆(public)本身有共同的目標與認知，容易動情緒，大衆（mass）則無。就政治行為方面而言，公衆參與民主運作討論；大衆則是由傳播媒介掌控的社會，人民較少參與討論（近年由於公衆使用權的提倡，情況有些改變）。

大衆與公衆雖有諸多不同，但是大衆與公衆的變化卻在一瞬間。將英文 "public opinion" 說成民意，實際是指大衆社會中的「公意」。因為媒介就一項爭議性的議題提出討論，作充分說明之後，再調查民衆的意見，理論上參與表達意見的人，已成為「公衆」了。其所以成為「公衆」是由於某種因素使分散的「大衆」結合起來。有沒有這「某種因素」（共同意識或目標）是「公衆」與「大衆」最大的區別。

三、社會中不同的傳播行為層面

因大衆社會的大衆具有上述分散、匿名的特性，社會學家產生一種推論，認為在這種狀況之下，在社會與個人發生聯繫的就是各種社會團體或非正式小團體。不但社會大衆透過這些團體獲得權威性（authority）觀念，而且人人在這些團體中，進行著熱烙的傳播活動，而使得人們的傳播本能，獲得很大的心理滿足。

麥奎爾（D. McQuail）在其所著的《邁向大衆傳播社會學》

（*Towards a Sociology of Mass Communication,* 1972）中，在談到大眾社會時，他引用孔豪舍（W. Kornhauser）的話說：「一個大眾社會，在其中許多或大多數公共團體，皆為因應在其中聚合的人民而組成，在此一社會中，人與人之間在態度與行為上的相同性趨向於被認為較之於差異性更為重要。」

一般大眾，在日常生活中，無論是為了訊息的獲得、決策的參考或娛樂，往往都在這些正式的或非正式的群體中互動著。因此，有關人類傳播行為的探究，我們要知道，大眾傳播（mass communication）不是人類唯一的傳播活動。人類傳播行為層面還包括人際傳播（interpersonal communication）、小團體傳播（small group communication）、組織傳播（organizational communication）、公眾傳播（public communication）等（Rebecca et al., 1996）。當然還包括以個體自身為範圍的個體自身傳播（intra-personal communication）及國際傳播（international communication）。

在這些傳播行為層面的交互作用下，大眾媒介訊息當然會受到沖淡，或經吸收後被分析和討論，因此大眾傳播很難顯現立即和直接的效果。但這也並不是說這樣就足以描述人類傳播的所有問題了。實際上，處於大眾社會狀態下的大眾傳播，透過大型報紙和廣播電視，也能立即進入全體社會的範圍內，而且媒介直接向大眾中的個人提供論壇的園地，也不一定要透過中間層團體。所以，從這方面看來，大眾傳播同時不但使個人對社會有非躬親性的參與，並且好像得以使個人保持「孤獨」、「冷淡」的大眾特性，也非常依賴媒介。因此大眾傳播又是非常強而有力的。大眾傳播所能夠造成的社會共識，似乎又是非常真確的。

四、何謂「大眾文化」、「高級文化」、「民間藝術」？

在大眾傳播時代，很自然的產生了「大眾文化」。大眾文化的英文用詞有 "mass culture"、"low culture"、"pop culture" 等。它大體上意味著與「高級文化」(high culture) 相對。一些高級文化是指一些精緻文化，屬於傳統的上等社會高級的文化活動或產品，如交響樂曲、芭蕾舞劇，或一些具銳利的穿透力和認知一貫性的文學鉅著，及表達情感巧妙而有深度的畫作等。在工業革命以前，和高等文化相競爭的是「民間藝術」(folk arts)，那是民間藝人所表現屬於人民自己的文化活動或作品，它比較非正式，但卻是傳統民間文化活動很重要的一環。自從工業革命之後，新生的中產階級，不像民間藝術有其自己的園地，隨著大眾傳媒而來的就是所謂「大眾文化」。

托克維爾 (A. Tocqueville) 說：「在民主國度裡，常有一大群人，其欲望遠超過其財力。這些人非常願意接受不完美的滿足；而不願整個放棄他們想望的目的物」(Tocqueville, 1945: 50)。這句話點出了大眾社會對大眾文化的需求本性，而且需求是不求完美，且常常是降格以求的。主要是因為在財力上，昂貴的消費捨不得花，但又對高級文化一類曲高和寡的東西，不樂意去欣賞。

托克維爾認為「大眾文化」有兩個主要的特色：一是廣為流行；二是對工業社會的廣大工人具有訴求力。大眾文化全是為大眾市場製造的文化產品，它的特色是大量生產和大量傳布。

五、分眾的誕生

　　隨著時代的變遷，實際上「大眾社會」也在發生改變。這種改變的一個趨勢，我們也許可以用「分眾」一詞來描述它。

　　「分眾」一詞，是日本一所著名的研究機構「博報堂生活綜合研究所」提出來的。「博報堂」是日本最大廣告公司之一，而在此一旗下之該研究機構的研究課題，是以「社會生活」為重心，尤其是著重在調查和分析消費者生活與心理的變化。1985年，該研究所推出它的研究報告書《分眾的誕生》，引起商界和學界廣大的討論和回響。《分眾的誕生》一書指出：在日本社會(或其他先進的消費社會)「大流行」已經明顯地衰退了，越來越少的商品能獲得全體社會的歡迎與注意。相反的，少量的、供應特殊品味、特殊需要的商品正逐漸興起。大眾化的消費社會正逐日崩壞，以畫一性為基礎的「大眾」已經快要消失了；代之而起的，是個別化、差異化的小型群體。該研究所認為這是一種「被分割了的大眾」的現象，因而鑄造了一個新名詞，稱為「分眾」。現在是一個「分眾的時代」。批評「分眾」理論的人認為：雖然「分眾」已誕生，但「大眾」並未因此消失，它只是「隱形」了而已。消費者平日帶著「分眾」的假面具，但在許多時候，卻又不約而同露出大眾的真面目。大部分的消費者帶有「個性化趨向」與「從眾趨向」的二面性。儘管有很多批評，但這些批評集中在對「大眾與分眾」的兩種分法，但很少否認「分眾現象」的存在。換言之，不管是贊成者或反對者，「分眾」都已經誕生了。1985年，「分眾」這個新名詞榮獲日本的「流行語大獎」，肯定了這個名詞對社會變遷的解釋能力，也肯定了它可能帶來的思想影

響力（李茂政，1987，頁82-83）。

六、網絡社會的崛起

正如上述，由於近一、二十年來資訊科技的迅速發展，電腦在生活中所扮演的功能不斷在提升。在世紀末的今天，資訊時代（age of information）以舖天蓋地之勢降臨。而資訊時代之特徵，即在於網絡社會的崛起，網絡社會與工業化時代所形成的「大眾社會」有很不同的風貌。資訊時代以全球經濟為力量，徹底動搖了以固定空間領域為基礎的民族國家或任何組織之形式。在網絡社會，其現代性的神聖光環係在影像與資訊的全球流動中變換成為疑幻似真的符碼。以大眾社會為背景崛起的現代社會科學所創造的工業秩序已隱然地在發生巨變。今天我們不能再只用那個以已慢慢消逝的「大眾社會」為領域來看待世界。自本世紀七〇年代之技術革命產生的新科技所伴隨產生的高生產力及彈性化的工作與不穩定的生產關係，以及資訊科技催動了網絡社會的崛起種種，暗示了組織網絡之重要性和勞動個人化的趨勢。在這個轉變過程中，除了跨國資本巨幅移動所推動之全球城市（the global city）或世界城市（the world city）之浮現外，其最大特徵是流動空間（space of flows）取代了地方空間，虛擬實境也造就了實擬虛境的文化。

作為一種歷史趨勢，資訊時代支配性功能與過程日益以網絡組織起來。網絡建構了我們社會的新社會形態，而網絡化邏輯的擴散，實質地修飾了生產、經驗、權力與文化過程中的操作與結果。

早期流行的一些概念和理論，勢須經過一番重整與更新。有關網絡社會的崛起，不但大家在實際生活中可體會到，而且在學術上

對社會所發生的變化情形，也有許多的討論。

　　資訊科技發展的腳步絕不會停頓，可以想見的是：在不久的將來，通訊系統互動功能的充分發揮，將使得數十年來人類的生活習慣大幅改變。對於傳播研究工作者而言，當然最開心的是資訊科技發展所帶給傳播與生活環境的革命性改變。在新聞與娛樂方面，試想報紙可依自己的需求利用網路或傳真隨時取得，電視新聞可隨時由遙控器選擇播出的頻道，並錄下特定時段，甚至電影都可以在家欣賞，並隨自己的喜好選取不同的結局；在通訊方面，試想打電話時可相互看到對方，電子郵件取代傳統信件；在生活方面，試想電視遙控器可以選購物品，可以向餐廳訂位……等，這是多麼不一樣的一番景象。

　　隨著網絡社會的崛起，不久的將來，我們家中的電視、電腦、音響、電話、傳真等設備都給結合成一整合性系統，我們又可以理解到，帶來的絕不僅是上述娛樂、通信與生活上的方便而已。

　　這個電子科技網絡化邏輯會導致較高層級的社會決策，甚於經由網絡表現出的特殊社會利益，流動的權力優先於權力的流動。在網絡社會的網絡中之入場與出場，以及每個網絡面對其他網絡之動態關係，是支配與改變的關鍵性根源。

　　當然，此間已有些解釋性假設，以詮釋這個在創造中的新社會。首先，我們認為網絡是一組相互連結的節點 (nodes)。什麼是節點？這要依我們所談的具體網絡種類而定。在全球金融流動網絡中，它們是股票交換市場及其輔助性的先進服務中心；在統治歐聯體的政治網絡中，它們是國家議會的部長與歐洲委員；……在資訊時代文化表現與公共意見根源的全球網絡新媒體中，它們是電視系統、娛樂攝影棚、電腦繪圖環境、新工作團隊，以及產生、傳送與接收訊號之動態儀器設備。如果兩個節點都是在同一個網絡中，其間的距

離要比兩點不屬於同一個網絡者來得短。換言之，在同一網絡中的兩個節點的社會位置之間的互動度與頻率，要比不屬於同一個網絡的兩個節點的互動來得更頻繁或更強烈。另一方面，在一個既定的網絡中，流動沒有距離，或有相同的距離。這樣，既定點或位置間的距離是在零與無窮大之間變化。也就是說，既定點或位置間的實質、社會、經濟、政治、文化上的距離，在相同網絡中的任何節點可能是零，而在網絡外的任何節點可能是無窮大。光速操作資訊技術設定了網絡中的包含（或排斥）節點，與網絡間的關係架構，形成了我們社會中支配性過程與功能。

網絡的結構是開放的，它能夠無限制地擴展。任何節點，只要能對符碼所象徵的價值與執行目標共同分享，亦即，只要它們在網絡中能夠溝通，它就能整合入新的節點。一個以網絡為基礎的社會結構是具有高度活力的開放系統，能夠創新而不至於威脅其平衡。它是立基於無窮盡解構與重構的文化。然而網絡形態也是權力關係戲劇性重組的來源，連結網絡的開關機制是權力的特權工具，如金融在網絡社會的流動，控制著媒體帝國，這媒體帝國原本在影響著政治過程。如此一來，掌握此開關機制者即成為權力掌握者。由於網絡是多重的，在網絡間共同相互操作的符碼與開關機制變成塑造、指引與誤導社會的基本來源（夏鑄九等譯，1998）。

這裡要指出的一點是：當農業社會向工業社會轉型時，產生了大眾社會，但農業社會的特質並不因此就從人類社會中消失，甚至農業社會在許多的角落仍然實質地存在著。今天網絡社會的出現，只是像地平線所竄出的一股強風普吹著大地，大地的另一種風貌已在形成了。但是社會可能還保持著許多原來的模樣，景物基本上也沒有太大的改變。也就是說，雖然「網絡社會」來臨了，但「大眾社會」並沒有因而消失，只是我們的社會好像更多重及更多彩了。

我們要同時掌握這兩種概念，才能有效地處理我們現代的傳播問題。

大眾傳播過程的批評性消費者

一、為何要做個批評性的消費者？

大眾傳播，除了具有一般人類傳播的特性外，它還加上媒體的運作，對社會上許多人進行大量的傳播，所以它具有延伸的社會性是很明顯的。

新媒介不斷地產生，而每一新媒介的流行速度之快，無不一個比一個令人驚奇。也就是說，每個新大眾媒介一進入社會，有一迅速上升的擴散曲線，而且其曲線，一個比一個陡。這是因為每一個新媒介都比前一個媒介更容易被接受。如大眾媒介報紙的被接受，讀者至少須具備閱讀能力，在報紙以後出現的新媒介如廣播（radio），連閱讀能力也不需具備，即可接收媒介所提供的訊息。至於電視，連還不太會說話的嬰孩即能欣賞。媒介的進入社會，簡直令人目不暇給，我們要如何適應並運用它們？尤其，今天日益複雜的社會和龐大的公務需求，社會對媒介的依賴，已成為一種「必須」（necessity）。今天，要取得社會共識，協調全民政治及經濟活動，或在危急時刻動員公民，或尋求實現其他社會目標來說，大眾傳播變得越來越重要了。

大眾傳播如果不受到仔細檢視，就會給傳播過程帶來勢不可擋的強度和複雜性。無論如何，我們要嘗試去瞭解大眾傳播的規律，並把學術研究成果拿來作爲公民教育內容的一部分。只有讓大眾媒介本身的社會角色回歸其本然面，並讓閱聽大眾都能瞭解大眾媒介角色的眞實面，大眾媒體的活動才能日益上軌道（參閱本章前言部分）。

　　當然，大眾傳播過程中的每一個組件或要素（elements）都是很有效的學術研究領域，但媒介本身可能是傳播過程中的關鍵成分。目前人們已逐漸把研究重點放在媒體及（財務上）支持媒體的部門或機構上。

　　媒介和它所生存的社會環境有互賴的關係。媒介是社會大系統之下的一個次系統，它在一個更大的社會系統範疇中行使其功能。我們所說的依賴關係，不僅涉及其他系統怎樣依靠媒介資源以達到自己的目標，而且也涉及媒介系統怎樣依靠其他系統所控制的資源以達到媒介自己的目標。譬如，媒介系統和政治之間的關係，即具有這樣雙向關係的性質。媒介想在控制資訊的資源獲得強化，以獲得經營方面的發展和穩定，而政治系統控制著立法和行政管理，影響媒介系統的營收、擴張機會和經濟基礎的穩定，如政府稅賦政策和行業規定，即至關重要，所以媒介在這方面當然會去依賴其所生存的政治系統。政治系統也瞭解到一個民主的社會不可缺少媒介系統，所以也常賦予媒介作爲資訊系統的憲法權利及其他合法權利，如新聞自由與言論自由，以從事監督公務，媒介希望在這些方面能夠獲得正當性。所以媒介與政治系統之間的互賴得到彼此的理解，但彼此之間也有潛在的衝突。

　　很顯然地，今天的大眾傳播是我們的體制結構的一個中心部分。媒介不只在政治、即使在經濟及文化各領域中，已構成我們社

會中根深柢固的總體系統之一。如經濟方面，由於它們強調工商業服務、報導工商新聞，並把廣告服務作為它們收入的主要來源，它們不但幫助推銷工商產品，事實上它們本身就是一種商品，因此，它們是經濟體制的中心部分之一。

在文化方面，由於他們提供家庭休閒娛樂和通俗文化，它們成為我們家庭體制中的一個因素。而且，在有限的程度上，它們也成為我們教育體制的一部分（如空中教學及其他社會教育的角色）。

就學術性而言，媒介的顯著地位如何？美國學者麥克魯漢 (M. McLuhan) 在其《認識媒介：人的延伸》(*Understanding Media: The Extension of Man*) 一書中說了一句話：「媒介就是訊息」(The medium is the message.)。他認為改變人類生活和影響人類思想的是媒介（載體）本身。他後來又用另一句話來表達這一思想，他說：「媒介就是按摩」(The medium is massage.)。在他看來是電視本身而不是電視節目，為我們按摩。他認為幾乎任何節目內容都是可以互換的，這個「電子窗」(electronic window) 對人類所產生的影響，內容卻相對地不重要。傳播媒介傳播情意的方式，能改變人的感官生活，尤其像電視這個東西。因此，傳播技術的重大改變是促成社會改變的決定力量。人類每一個時代的特質，幾乎都是傳播媒介造成的。他以媒介的特色為基礎，把西方的歷史劃分為四個時代：

1. 最早的文字前（口頭傳播）時代：人類的耳朵駕乎一切的感覺器官。人們生活在一個充滿聲音的空間，部落林立，易動感情。

2. 從古希臘荷馬開始的文字時代：人類開始用視覺來理解符號，所以代之而起的是「眼睛的世界」，時間大約持續了二千

年。

3. 印刷時代：西元1500至1900年，古騰堡星雲式的大爆發摧毀了部落文化，因為書籍散傳得迅速和廣泛，民族主義情緒乃得到鼓勵，尤其印刷品的「線狀形式」(linear form) 改造了人的感官能力，人類感知事物時，作線狀的連貫，並時常看出其中的因果關係來。這種線狀思想帶來美術的透視法、音樂的線狀交響曲、文學的依時序敍述體、物理學的時空定時法及工廠的裝配線。

4. 二十世紀的電傳時代；人類「重新部落化」(retribaliza-tion)。新媒介電視和電影，衝擊著人的視覺、聽覺和觸覺，並對人採取包圍之勢，企使人深深參與。通訊衛星和其他高級媒介消滅了空間和時間的距離，把世界變成了一個「世界村」(global village)。

學者德佛勒在其《大眾傳播理論》一書中也說到了媒介系統在組織個人、群體和社會生活的中心作用。個人、群體、組織和社會都有各自的目標，為達到各自目標所需要的訊息資源方面，媒介系統具有作為訊息系統的特殊性質。在現代社會中，為達成我們各自的目標，對我們社會的理解 (understanding)、確定生活行動定向 (orientation)，直至娛樂 (entertainment) 來說，大眾傳播是如此的不可或缺 (DeFleur et al., 1989)。

大眾媒介在我們生活中既然扮演如此重要的角色，那麼，我們是它們的受難者或是它們的主人？意思就是說，我們被大眾媒介管理、操縱、按摩或洗腦了嗎？或是大眾媒介只單純地反映我們以及我們的期望、我們在市場上的交易、我們日常所注意的視點？其答案可能是兩者的綜合。我們對大眾傳播過程瞭解的程度還不足以做

最後的判斷。雖然我們探討了有關傳播科學的內涵，但是我們要對一些基本問題達成某些答案，可能還有很遠的路要走。但有一件事似乎是很清楚的：對一個課題瞭解得越多，我們就比較不會受誤導。印刷媒介的威脅曾使人類懾縮了幾百年才得坦然面對它，而電視影像的影響力則只剛開始就要被分析。如對這傳播過程有一個透視觀點，及對媒介工業日趨相互關聯、對各種媒介形式和功能有一種瞭解，將使你能夠在什麼是大眾傳播所造作及什麼是真正有價值事物之間加以辨別。(Hiebert et al., 1991: 18)

在此變遷迅速、價值日益多元的社會中，一個健全公民，應具有合理的、正確的獨立思考判斷之能力。尤其是在此資訊時代，資訊從四面八方排山倒海而來，一位知識份子，對某些訊息、論點應具有一種解釋、分析或評估的態度，才不會被資訊所淹沒。我們要能運用一些反省的精神、技巧和能力，去指導我們的思想、信念和行動。

學者丹吉諾 (E. D'Angelo) 認為批判性思考的態度，即是其特質、傾向 (dispositions)，也就是所謂批判的精神 (critical spirit)，其所包含的要件是：開放的心胸 (open-mindedness)、知識上的誠實 (intellectual honesty)、客觀 (objectivity) 和彈性 (flexibility) (D'Angelo, 1971)。藉著此種態度，使學生能以客觀的態度和反省的精神，思考媒介與社會的各種現象。

二、如何做個批評性的消費者？

美國在1950年代對媒介有三種相關的批評，第一種是媒介腐化公眾品味，突出通俗文化與低品味內容。一些高級文化的創造者與

使用者批評最嚴厲。他們認為大眾傳播的內容常常出現劣幣驅逐良幣的現象,一些好音樂、好文學、好書籍等都受到了威脅。他們呼籲要確保高水準文化媒介材料的存在,維持高品味的品管,可教育大眾理解這些較優良內容的價值;第二種批評及控訴是說媒體的內容所培養的價值與正規教育牴觸,如媒介內容反映出的反智主義 (anti-intellectualism)、享樂主義 (hedonism)、缺乏紀律等,都抵消了教育機構的努力;第三種批評及控訴是說媒介滋長反價值,它與家庭、學校、宗教領袖所提供的規範相牴觸,產生問題少年,如電視、電影中的暴力內容破壞正常解決問題程序,全面訴諸非理性的暴力解決方法,而且其所表現的行為格調 (style) 與一般社會化正常過程杆格矛盾,教壞了兒童。例如,佩恩基金會 (Payne Fund) 對電影的研究,發現電影與少年犯罪有直接的關係 (Blumer and Hauser, 1933)。

　　媒體的批評者,大都是青少年的父母、學校教師、宗教領袖、大學教授、社會文教機構或公益團體的成員等,政治人物當然也會藉著各種機會加入批評的行列。他們總加起來,對社會有壓倒性的影響力。他們看到孩子們從家庭成員、學校學生、宗教信仰者轉變成廣播電視媒體迷,成為媒體訊息內容的消費者。他們的影響力被媒體取而代之,甚至成為媒體所排斥的對象。批評家們認為他們才知道何種形式的文化對社會最好。他們感到心慌:教師抱怨學生花在媒體的時間比花在學校上課的時間還多;教士們抱怨牧區的人們趕生活上的流行比對獲得救贖還關切;地區上的中小製造業者發現人們不再要他們的產品了,而只要在電視聽到或在報紙雜誌所看到的品牌;政治活動人物如要保持高知名度,非想辦法製造新聞隨時準備上媒體不可。在這些精英批評者的眼中,這個大眾媒介俗不堪言,幾乎無可救藥,但又非投其所好以便能攀登其邊緣不可,真奈

它何？在他們眼中，大衆媒介充其量創造了一個低俗而不道德的大衆社會。

　　一些人文學者與思想家已逐漸形成對大衆社會與大衆文化的批評理論，他們指責商人與傳播業者把社會變成大衆化，不尊重幾世紀以來賦予人們尊嚴與崇高目的的傳統價值與道德，而允許這些價值被遺忘，並以天眞、愚蠢的方式來呈現道德。他們以爲他們在創造一種新文化，其實這種大衆文化只不過是傳統文化的卑劣模仿。這種具感官性很強的大衆文化，著實也具有很廣泛的吸引力，最後讓購買及使用這些大衆文化產品者，就逐漸被轉變成「大衆人」 (mass people) 了。

　　批評大衆社會與大衆文化最有力與最淸晰的是麥當勞 (D. MacDonald) 所寫的：「大衆文化是由上加諸的。它經由商人僱用之技師編織；其閱聽人乃被動的消費者，他們參與的選擇僅局限於買或不買。媚俗文藝的貴族正利用群衆的文化需求，以獲盈利並維持其階級統治。」(MacDonald, 1975: 2)。

　　個人如何使用（消費）媒介？個人在適應日常生活中，通常會發展出不同的消費方式。他們所以會發展出某種方式，可能跟他們所接觸到的媒介內容有關。

　　有些人比較被動，不積極批評媒介。他們從媒介內容中找尋線索，並用來組織內容。他們也不認爲在媒介接觸中，個人要表現出選擇的主調，反正他們依賴媒體專業人員的工作。這些專業人員知道他們在做什麼，也知道如何做。

　　這種取向的消費型態可大略分爲兩種：一種是屬於「不知不覺」型，對媒介內容不加批評。就如一般兒童，他們通常把媒介呈現的事物當做眞實的東西。換言之，他們對媒介的眞實性絲毫不懷疑，兒童並把媒介提供的線索實際應用到日常生活中。但是這類人很容

易把自己「迷失」在分不清虛擬的情境與真實的情境下，他們一打開螢幕時，即與劇中人融和成一片，完全接納劇中人的言行，並引為行為上的示範。由於兒童還不會用參考群體或類推原則作為行動的準則，如果節目製作人以其中一位主角作為節目的主軸，觀看的兒童很快就會認同這位主角，並接受劇中其他人物對這主角的個性塑造。

這種發生在兒童身上的現象，在成人身上有時也會發生，特別是當他們生活出現麻煩的時候。當他們找不到形成行動的參考群體時，他們一樣會墜入電視劇情中，因為這樣可以讓他們直接逃避充滿問題的實際生活。但是我們知道，雖然有些媒介內容可幫助解決閱聽人的生活問題或心理適應上的需要，但是它們畢竟與實際的日常生活有顯著的差異。尤其是大多數的媒介為了使它具有戲劇性（製作人沒有不是永遠心存如此），通常會在其中隱藏一種主題作為節目的架構，另外並用許多多餘的線索作為輔助架構。觀眾很容易就憑自己的經驗賦予此等媒介內容某種意義的解釋。但媒介內容對社會的解釋和實際生活問題相比，媒介內容顯然簡單得多了，實際生活也不一定照那樣發生。如果我們不告訴閱聽人，媒介內容與實際生活的差異，閱聽人就這樣直截了當地依賴媒介內容，並作為生活行動定向的參考，可能會受到誤導，甚至會使生活的適應更加的困難。

學者高夫曼（E. Goffman）指出：媒介內容中一種能微妙影響我們生活的是「廣告」，這種影響發生在我們對廣告訊息的闡釋上，例如，廣告常以一定風格呈現女性，女性在廣告中呈現給我們的形象多半是在非正式場合並表現順從。這使得大眾產生一種比較固定的印象。無形中默許廣告商對女性的社交表現，用刻板印象去包裝它並鼓勵觀眾用這種角度去看她們，以致更加深了女性的這種形

象。再者，自從女性穿三點式泳裝以來，女性就成為廣告商用以吸引男性讀者眼光的手法。女性模特兒圖片處處，但好像就是在提醒我們這只是一種廣告，不必太當真，只是藉此促銷產品而已（Goffman, 1979）。

但是如果電視中女性只在不莊嚴的輕鬆場合出現，或說以社交表現銷售產品，完全只為吸引觀眾的目光，這對社會將會有什麼影響？我們想一想：如果媒介內容呈現的女性角色均為非正式場合，是否使女性在日常生活中很難轉變為嚴肅的一面？如果男士們自媒介內容獲得這樣的印象，他們是否會受到暗示說女性就是不嚴肅的和順從的呢？高夫曼指出：一旦被視為不嚴肅，別人將不認為這些人會對個人行為的後果負責；他們自己即使言行嚴肅，別人對他們的看法也會有所保留。

三、先做個主動的閱聽人

如果我們要作為大眾傳播過程的批評性消費者，就要隨時注意做個主動的閱聽人。

最初在「大眾社會」概念下的閱聽人是被動的。最早的大眾傳播研究有所謂「大效果理論」，又稱「子彈理論」（bullet theory），這個理論不只認為閱聽人是被動的，而且認為大眾傳播的威力非常大。媒介只要能把訊息對準閱聽人，閱聽人即應聲而倒。那時所探討的是媒介能對閱聽人做什麼。

第二次世界大戰時，學者霍夫蘭（C. I. Hovland）對美國軍部的軍教影片效果作了一番研究，結果發現宣傳並不能改變受眾的態度。另一方面，拉查斯斐（P. F. Lazarsfeld）等人於1940年代對選

民的問卷調查也發現：大眾傳播對改變選民的態度很有限。1960年代克拉伯（J. T. Klapper）也認為傳播媒介充其量只有助長的效果。那時的效果研究在探討媒介內容與閱聽人之間的「緩衝體」（或「介因」）。這種研究取向，一直到1964年，哈佛大學的社會心理學家鮑爾（C. Bauer）推出〈頑固的閱聽人〉（The Obstinate Audience: the Influence Process from the Point of View of Social Communication）一文，才開始有了明顯的轉變。鮑爾的觀點一反過去閱聽人是被動的說法，而認為閱聽人可以主動地尋找資訊。

「主動」係指他們會尋求對他們有用的資訊，他們受興趣與動機的引導去使用媒介，他們是不輕易受影響的。

有關閱聽人是「主動」的研究取向，「使用與滿足理論」可以說是最重要的，閱聽人對媒介的使用，是一種功能性選擇的結果，它強調閱聽人有能力去選擇符合他們需求的資訊內容。換言之，傳播效果研究的重點從以往的「媒介內容能對閱聽人做什麼」轉變成「閱聽人能對媒介內容做什麼」。

可以預見不是報紙編輯告訴我們讀什麼，而是我們告訴編輯我們願意讀什麼。史密斯（A. Smith）在其所著的《再見！古騰堡》（*Goodbye Gutenberg*）一書中，指出我們正處於一個新階段的開始。我們將目睹一個轉變，此即媒介內容主權將從作者移到接受者。數百年來，都是作者與編輯決定他們要為我們創造些什麼報紙、雜誌和電視節目，決定我們要讀什麼，要看什麼。我們頂多只能從中選擇。現在有了新科技，我們將編自己的報紙，規劃我們電視螢幕上的視訊，我們將創造自己的讀物或節目，充分享受並體驗什麼是「內容主權」。

但不管怎樣，有些學者發現閱聽人在媒介接觸行為方面，有漫不經心的現象，對媒介內容毫不挑剔。像學者甘斯（Gans）對電視

觀衆的研究發現就是如此。

　　王洪鈞教授於1992年5月23日，在國立中央圖書館，世新大學校長成嘉玲所主持之傳播教育發展方向系列研討會開幕典禮上，以「以大衆的資訊教育制衡大衆傳播」爲題發表演講時指出：自1450年古騰堡發明金屬活字印刷術迄今，不過五百年時間，新聞及傳播已成爲影響、改變或控制人類的空前巨大力量……。大衆傳播由誰來制衡之問題，迄今尚無定論，但民主社會大衆之權利自覺卻已興起直接參與媒介使用之要求。雖然有人認爲可透過制定傳播政策及規劃立法來制衡，但傳播之基本特性爲創意性（creative），而非中立性的（neutral），其品質及內容日新月異，遠非法規所能規範。目前電腦與傳播（computer and communication 併爲 compunication）結合後，創造了資訊社會以及傳播之全球化（globalization）。惟由於資訊科技之突破，將人類之傳播視爲「俘虜」之受衆，今後已獲得更多之選擇權及更大之自主權，因而我們更需要明智之理解力及思考力，俾使自無限多之資訊中，擷取其意義。

　　以前大衆傳播給閱聽人「大鍋菜」吃，把閱聽人餵得肥肥的，今後閱聽人應發揮自主的主動精神吃「點菜」。事實上也是受新傳播科技之賜，新媒介之顧客化（customerization），也是一個新趨勢。我們要知道怎麼點菜、配菜，並消化我們所吃下的東西，這更攸關個人的思考機能。因此，我們強調新聞及傳播教育必須負起新的使命，擴大爲全公民的資訊教育，對大衆提供有關資訊構成之知識，使大衆養成認知資訊意義及邏輯分析之受播能力，俾落實其資訊權利，並制衡大衆傳播。

四、結　語

　　歸根結柢是大衆趣味決定了媒介內容，還是媒介內容決定了大衆趣味？答案也許是兩者之間。它們是循環的關係。所以，假如有批評者希望媒介不要再生產和展示那些低級趣味的材料，大衆在消費過程中必須要先自己設定或提高自己的品味。你眞正期待大衆媒介提供更中肯的新聞之餘，更多藝術、文學內容及有見解的政治分析、或高尚音樂、高雅戲劇時，媒介就會減少色情、暴力和膚淺的新聞、過多的政治吹捧、空虛的音樂等低品質和俗氣的內容。在某種程度上，大衆品味是媒介內容的原因，也是媒介內容的結果。

複習重點

1. 爲使大衆傳播能正常發展，大體上，要掌握那些關切點？

2. 試簡述傳播科技的發展爲社會所帶來的傳播景況。

3. 何謂「傳播」？你認爲把英文 "communication" 一字翻譯成「傳播」適當嗎？

4. 在資訊時代，羅吉斯和金凱得的「傳播趨同模式」，具有什麼特殊意義？

5. 你如何評估大衆媒介對社會的衝擊力？

6. 爲什麼「大衆」與「公衆」的變化只有一瞬間？你如何看待「大衆傳播」與「公衆傳播」？

7. 你對「大衆文化」、「高級文化」、「民間藝術」有什麼評價？

8. 「網絡社會」的崛起會帶動我們那些觀念上的改變？

9. 有人說我們的社會未能隨著大衆傳播的發展給予適當的專屬於傳播的公民教育。你認爲此項教育應從什麼地方著手？

參考書目

一、中文部分

李金銓 (1982)，《大眾傳播學》，台北：國立政治大學新聞研究所。

李茂政 (1990)，《大眾傳播新論》，台北：三民書局。

李茂政 (1996)，《當代新聞學》，台北：正中書局。

李茂政 (1991)，《人類傳播行為大系通論》，台北：美國教育出版社。

吳東權 (1988)，《中國傳播媒介發展史》，台北：三民書局。

夏鑄九等譯 (1998)，《網絡社會之崛起》(*The Information Age: Economy, Society and Culture, by Manuel Castells*)，台北：唐山出版社。

謝高橋 (1982)，《社會學》，台北：巨流圖書公司。

二、英文部分

Blumer, H., and Hauser, P. M. (1933). *Movies, Delinquency, and Crime*. New York: Macmillan.

Cohen, Bernard C. (1963). *The Press and Foreign Policy*. Princeton: Princeton University Press.

D'Angelo, E. (1971). *The Teaching of Critical Thinking*. New York: Amsterdam.

DeFleur, M., et. al. (1989). *Theories of Mass Communication*. New York: Longman. (Fifth edition)

Dominick, Joseph R. (1983). *The Dynamics of Mass Communication*. Reading. Mass: Addison-Wesley.

Fotheringham, Wallace c. (1966). *Perspective in Persuasion*. Boston: Allyn & Bacon.

Goffman, E. (1979). *Gender Displays*. New York: Holt. Rinehart & Winston.

Hiebert, R. Eldon, et. al. (1991). *Mass Media* VI. New York: Longman.

Lasswell, H. (1948). "The Structure and Funcation of Communication in Society." in Lyman Bryson. ed., *The Communication of Idea*. New York: Harber & Row.

MacDonald, D. (1975). "A Theory of Mass Culture." in B. Rosenberg. et. al. (ed.) *Mass Cutlure: the Popular Arts in America*. Glencoe, Ill. : Free Press.

McQuail, Dennis (1972). *Towards a Sociology of Mass Communication*. Harmondsworth. England: Penguin.

Miller, George A. (1951). *Language and Communcation*. New York: McGraw-Hill.

Osgood, C. E. (1954). "Psycholinquistics. A Survey of Theory and Research Problems" in *Journal of Abnormal and Social Psychology IX* . October 1954. Morton Prince Memorial Supplemented.

Rebecca, B. Rubin, et. al. (1996). *Communication Research: Strategies and Sources*. N.Y.: Wadsworth Publishig Company.

Rogers, S. D., & Lawrence Kincaid. (1981). *Communication*

Network: Toward a New Paradigm for Research. New York: The Fress Press.

Schramm, W.(1954). "How Communication Works." in Schramm (ed.) *The Process and Effects of Mass Communication*. Urbana. Ill.: The University of Illinois Press. PP.4-8.

Shannon, C. E., et. al. (1949). *The Mathematical Theory of Communication*. Urbana: University of Illinois Press.

Tocqueville, A. de. (1945). *Democracy in America*. New York: Vintage Books.

Westley, Bruce H., et. al. (1957). "A Conceptual Model for Communication." in *Journalism Quarterly 34*.

—— 第 2 章 ——

集團化的傳播者

黃西玲

內容摘要

　　「集團化」原本是企業管理和經營上的專有名詞，集團化之英文原文是conglomeration，意為多元混合組成之龐大商業公司。媒體事業也是一種企業的管理和經營，由於近代的媒體科技發展很快，媒體公司必須以垂直方式結合上下游的相關媒體事業，或以水平方式結合多種不同的媒體事業，造成一個大型的媒體公司，才能在原料、經營、行銷、市場上占先，並在消費者之爭取上取得優勢。本文即介紹這種集團化的媒體形成及其狀況。

何謂「集團化的傳播者」？

一、集團化企業和集團化傳播者的定義

　　"conglomerate" 這個英文字在字典中的義思是「集聚」，在企業中指的是「多元混合組成之龐大商業公司」。集團化企業 (conglomerate industries) 必須包含下列的要素：

1. 企業公司是由許多不同的部門所組成，各部門均具有互異性 (diversity status) 之工作性質 (Bettie, D. L., 1980)，各部門必須分工合作才能完成整體的任務。
2. 貨品無論在製作過程中，和貨品製作完成後在推銷過程中，必須採用強大的統一形式 (consolidation)，例如，由上下游公司，或母公司與子公司共同合作來製作產品和推銷產品。(Amit, R. and Livnat, J., 1988)
3. 在經濟上是採用一種共同獲利與支出 (net income and output)，也就是說由於公司之組織龐大和複雜，所支出的項目相當龐雜，而其收入也必須由多種產品及各分公司之收入共同賺取。個人是公司之一員，除非有特別的簽約分配特別的紅利，一般而言，個人所得均是由公司頒發的固定薪水。
4. 具有分公司 (subsidiary)，與母公司合作，或協助母公司達

成任務。

媒介的產品是一種商品，平面媒體如報紙、雜誌等要注意發行的數字和廣告的收入，廣播和電視要注意收視率才能引進較多的廣告，而唱片和電影也得吸引旺盛的人氣，才能獲得豐厚的利潤。因為媒介是一種商品，所以經營的公司也得注意市場策略、市場環境、市場結構、顧客之好惡等，媒介機構也必須講究企業化的經營方式，以龐大的組織、設備精良的器材、眾多的專業人才、周密的市場行銷策略，以及與其他的公司良好的合作關係……，才能達成大眾媒介的效果。因大眾媒介機關是由許多部門組成，才能將訊息和內容傳播給大眾，我們稱大眾媒介機關本身是一個「集團化的傳播者」（conglomerate communicator），而個人在媒介機關中做事，他必須具有團隊的精神，服膺組織的命令，與其他的工作人員分工合作，才能達成任務，我們也可以稱他們為「集團化的傳播者」。

二、個人在集團化媒體中的地位

由上述大眾傳播的特質而使我們明白，大眾傳播的進行好像是一個巨大的交響樂團，需要許多人的合作，才能演奏巨大的樂章。

我們在報紙上經常會看到一位著名記者的一些新聞報導，不禁會讚嘆他的文筆和觀點真好，對他有無限的崇拜，但也不應忘記，這些新聞報導也許並不是他個人單獨的功勞，例如，報社早已由線索中得知了一條重要的新聞事件，總編輯或採訪主任商議結果，把這條新聞事件的線索交給某一位記者去追蹤，並由攝影記者配合採訪，以照片配合文字的生動性，採訪完成後，交給該版編輯處理，

編輯看完這篇報導後給予修改或增刪。在歐美各國的報社中尚有所謂的資料撰寫員（staff writer），他們並不出去採訪，而是配合某一新聞主題尋找相關的資料，當記者採訪到這個新聞事件後，交給該版編輯，編輯把記者實地採訪的內容再加添資料撰寫員所撰寫的相關資料，就使得這篇報導更為翔實了。當這篇新聞報導的內容完全定案後，編輯的責任就是下一個醒目、且意義完整的標題，接著就要陸續進行發稿、打字、編排、校對、美工、照片印製、製版、印刷等工作，最後送到印刷房與其他版面一同印成報紙，印好後還要交給發行組，分發到各處的閱讀者的家中去，這樣全部的工作才算完成。所以你可以想像，一個記者的成功必須要靠團隊的合作。

在電子媒體中也一樣，電視新聞主播或其他節目的工作人員，也得靠電訊技術人員、節目經營管理人員、廣告人員、企劃研究發展人員、美工、燈光、佈景等專業人員共同的合作才能成功。

三、集團化媒體機構的種類

集團化的媒體機構分成三種型式：

■垂直式的集團化機構

垂直式的集團化機構（vertical conglomerate）是指某一種媒體單獨的在生產過程中，所涉及的周邊行業之合作經營。例如，出版業除了經營書店之外，尚經營製紙業；報社除發行報紙之外，尚出版書刊，舉辦各種旅遊活動，舉辦電腦補習班或排版訓練等經營；無線電視公司尚經營有線電視，或演員訓練班，或將攝影棚出租以取得收益。

■ 水平式的集團化機構

　水平式的集團化機構 (horizontal conglomerate) 同時經營多種媒體，例如，一家公司除了經營平面媒體的報紙、雜誌之外，也同時經營廣電媒體、廣告公司、卡帶等，作鏈鎖形式之合併。

■ 混合型的集團

　混合型的集團 (hybrid conglomerate) 包括上述的兩種集團型式之外，並經營媒體之外的其他企業，例如，從事電器業、房地產業、娛樂業等，而成為跨企業的商業公司。

集團化大眾媒體機構的組織特性與功能

　集團化的大眾媒介所產生的大眾傳播訊息幾乎可說不是個人的結果，媒介訊息很具體的是一種複雜的傳播系統之產物，是由許多人來經營、操作和製作之結果，因而，任何大眾媒介之風格與內容，都是此機構之長期經營之風格與內容。如果媒體機構的規模非常龐大，其人力和物力之開銷必然很大，在經營上必須要注意收入的豐盈，在市場上要注意競爭，以取得市場的優勢和產品定位，才能維持經濟上的優勢，所以學者赫巴特等人 (Hiebert、Ungurait、Bohn, 1991) 認為集團化的媒體機構有四個特質：(1)競爭性 (competitiveness)；(2)組織龐大和複雜 (size and complexity)；(3)企業化 (industrialization)；(4)特殊性 (specialization)。我們由這四個特質來看我們國內的媒體集團化狀況。

一、競爭性

　　媒體之間的競爭性很強，都希望自己的訂戶最多、收視率最強、營業狀況最好，其目的無非是爲了經濟著想。在電視的收視率調查上，有所謂的專門收視率調查公司來執行，例如，在我國電視收視率調查公司計有聯亞公司、紅木市場研究公司等來進行對各電視節目收視率的調查，有時電視台自己也進行各種收視率的調查。在報紙發行量的調查上，由於報社爲顧及廣告的爭取，通常有虛報或誇大發行量的數字，爲公正起見，歐美的報業組織特別成立所謂的「報紙發行量稽核組織」（Audit Bureau of Circulation，簡稱ABC）。我國原欲成立ABC，因爲涉及廣告的因素，幾乎受到所有報紙的反對，任何一家報社都不願他人知道其確實的發行數字。但是我國的「中華民國發行公信會」ABC組織終於排除阻礙，在民國81年5月6日召開「發起人預備會議」，當年7月16日擴大召開「中華民國發行公信組織籌設研議會」，民國82年9月16日推舉財團法人中華民國發行公信會第一屆董、監事，選出董事長潘煥昆、賴東明爲副董事長、賴國洲爲副董事兼秘書長，之後，曾召開多次報紙稽核準則會議，討論稽核制度之建立及推廣，並擬訂報業發行促銷規範草案，立意良好，但是此組織仍受到相當大的阻力，其最大的阻力來源是在於國內較大的報業各自提出對自己有利的證據，證明自己的發行量才是獨一無二的，此外，在計算正確之發量之技術上的問題也頗有爭議，以及對稽核機構的信任度之不強烈等，這些都是問題。（黃西玲，民國86年）

二、組織龐大和複雜

　　媒體機構的聲音比較大,其宣傳效果比較強,其在社會中的影響力量自然也比較大,因而任何一家媒體公司都希望自己是強勢的媒體,如何成為強勢媒體?其首要條件自然是閱聽人較多,能夠吸引較多閱聽人的原因和方式具有甚多理論與因素,本文在此暫不作討論,但其媒體機構應具有較大的組織系統,作精密的分工合作則是必然的條件。

　　以我國的媒體機構的兩大民營報系為例,讓我們來看看他們的龐大組織結構:《中國時報》的組織系統是:總管理處下設編輯部、發行部、廣告部、印製處、電腦處、校對中心,以及各行政管理部門。編輯部設有編輯中心、綜合新聞中心、國際新聞中心、政經新聞中心、特案新聞中心、文化新中心、大陸新聞中心、地方新聞中心、編政企劃中心、資料中心及副刊組。其出版及經營的事業包括:《中國時報》、《工商時報》、《中時晚報》、《時報週刊》、《美洲時報週刊》、《運動畫刊》、《投資情報週刊》、《四季報》、《工商人週刊》等。

　　另一大民營報系《聯合報》其組織系統是:首長室下設言論部、編輯部、國外航空版、業務部、印務部、秘書室、財務處、人事室、事業關係室、公共服務部、法制室、員工診療所和勞資關係室。編輯部設有編輯、採訪、地方新聞、綜藝新聞、國際新聞、資料、電訊、民意調查、專案新聞、新聞校對等中心和專欄、編政、副刊三組,大陸新聞、海外聯絡兩室,業務組設有開發、廣告兩中心和稽查、收款、業務資料等三組,印務部設有製版、版字、印報等三個

中心，印刷總務組和台中、高雄兩個印刷廠。其出版及經營的事業包括：《聯合報》、《經濟日報》、《民生報》、《聯合晚報》、《美國世界日報》、《歐洲日報》、《泰國世界日報》、中國經濟通訊社、聯經出版事業公司、聯合報文化基金會、國學文獻館、《中國論壇》、《歷史月刊》、《聯合文學》、紐約世界電視公司和聯經資訊公司等。

　　由中時與聯合報系的組織系統我們大約可以瞭解，現代化的媒體經營是靠龐大和複雜的組織和人員，以分工合作的方式組成堅固的團隊，才能變成市場競爭上的力量。（《中華民國新聞年鑑》，民國80年）

三、企業化

　　由於傳播科技的進步，現今的大眾傳播媒體大多採用企業化的經營方式是相當明顯的。企業化經營的規模按地區分可分成：

1. 地區性的企業經營：以地方爲主，結合地方的幾個定點來經營。
2. 全國性企業經營：將媒體變成全國性的連鎖網絡（chain or network），在全國重要地點設立分公司或分台。
3. 跨國性企業經營：除了本國之外，也把經營的範圍擴大至國外，而變成全球性的大媒體企業。

媒體合併的種類可分成：

1. 單一媒體的企業，也就是垂直式的企業經營，像日報與晚報合印或合併，無線電視台同時經營有線電視等。

2.多種媒體的企業，也就是水平式的企業經營，報業機構同時也經營廣電事業等。

3.混合式的企業經營，也就是除了經營媒體事業之外，亦經營媒體之外的事業。

　　1990年以後，全球經濟生態環境的發展較之以往更注意企業化經營的策略，其主要的原因是因為媒體市場中的生存與成功必須注意幾個條件：

1.注意管理，節省成本。

2.需要大的分工精密與專業的組織結構。

3.有較佳的財力，可作資金上的運用。

4.要有充足的原料供應，與中下游企業及周邊的相關企業有良好的相互配合與支援。

5.要有暢通的行銷管道，能將產品順暢的推銷出去。

6.能與廣告業及廠商相互配合。

7.能有與其他媒體競爭的能力。（黃西玲，民國86年）

報業企業化經營的因素為：

1.日報與晚報合印或合併，使用同一印刷工廠的機器和人力，也可作同一管理，以節省生產成本。

2.印刷業技術之更新，以及來自發行與廣告收入上之競爭，一度因經濟蕭條及其他電子媒體之競爭，而使傳統的平面媒體不得不團結起來，一面節省開支，一面與電子媒體共同爭取觀眾與廣告市場。

電子媒體（如電視、電影等）企業化經營的因素為：

1. 一個財力雄厚的母公司，才能有足夠的資金展開對電訊技術和設備上的開發和經營。
2. 電視涉及聲、影、科技、音樂卡帶、宣傳、放映院線之聯合關係，企業化經營將可節省成本和達成財政上的便利。
3. 廣播、電視媒體企業化經營的因素是因科技的進步、節目連線、製作費用減少而獲利。
4. 1980年代人造衛星之轉播、有線電視的興起後，不管是技術上、節目合作和連線上之企業化合併經營，已成為必然趨勢。

（黃西玲，民國86年）

現在我們以美國幾個著名的集團化媒體公司為例，來看看他們企業化經營的狀況：

迪士尼公司是全美營業額排名第一的集團化公司，它是由迪士尼電影和電視公司（Walt Disney Pictures and TV）以及大都會美國廣播公司（Capital Cities/ABC Inc.）合併而成。它的企業包括電影、電視、錄影帶、卡帶、電腦軟體、唐老鴨系列及其他卡通電影圖像的周邊產品、迪士尼樂園、戲院、商店、投資服務等。至於也屬於迪士尼公司企業一部分的美國廣播公司，是美國三大電視網之一（另外兩家是哥倫比亞廣播公司CBS、國家廣播公司NBC），其經營的範圍包括電視節目的播出和製作家庭錄影帶等。

在美國媒體事業排名第二的華納公司是由華納傳播與《時代雜誌》合併而成的時代華納公司（Time-Warner Company）。華納傳播原本是製作電影和電視影集而聞名的華納兄弟公司（Warner Bros Pictures）為班底，後來又跨足流行音樂、書籍出版、有線電視經營等。1989年與新聞名人亨利魯西（Henry Luce）所創辦的時代公司（Time, Inc, 出版《時代雜誌》聞名）合併而成時代華納公

司，使時代華納公司成為橫跨平面媒體與電子媒體與休閒事業的巨人。

　　我們現在要談談另一位新近崛起的美國媒體大亨梅鐸（Rupert Murdoch）和他所經營的多項媒體企業：「新聞企業有限公司」（News Corporation, Ltd.）。

　　梅鐸出生於澳洲，原在澳洲經營包含報紙、雜誌、電影、家庭錄影帶、有線電視公司、電視等媒體事業的「新聞企業有限公司」，但他的企圖心讓他希望把事業擴張至美、歐等國，以及全世界。開始時，他是先將觸角伸向英國，但在英國嚴格的對媒體經營限制下，並不十分成功，他轉移方向，於1976年開始向美國投資，首先投資的是報業，他先買《紐約郵報》（*New York Post*），接著又買下《紐約雜誌》（*New York Magazine*）和「鄉村之音」（Village Voice）的出版公司，使美國媒體業譁然，造成美國對大企業壟斷的反托拉斯法規的全面檢討，並導致當年亞利桑那州眾議員奧達（Morris Udall）對媒體併購而形成大企業的嚴詞批評。（黃西玲）

　　美國為了防止外國人經營美國的媒體企業，訂定了外國人不可作老闆的規定，梅鐸在1980年代申請入籍美國，正式成為美國國籍，他因而開始準備在媒體事業上大大的血拼一場，他開始向廣電事業進軍。1985年梅鐸先購下一半好萊塢著名的攝影棚「二十世紀福斯公司」（Twenty Century Fox），半年後，他獲取了全部的股份。梅鐸知道，電影事業的經營要有盈餘，除了製片之外，必須還得靠一些周邊產品的配合，因而他又花了二十億美元買下六個獨立的電視台，而變成除了美國電視三大連鎖網ABC、CBS、NBC之外的第四大電視連鎖網福斯電視，簡稱FBC（Fox Broadcasting Company），其電視的播視範圍包括紐約、芝加哥、洛杉磯、達拉斯、華府、休斯頓等地，涵蓋範圍已超過全美收視家庭的20％。

梅鐸在1990年再投資《電視週刊》以及一些給少女、影迷閱讀的雜誌如 *TV Guide*、*Seventeen*等。

梅鐸又將他的事業延伸至其他國家，希望建立一個全球性的跨國媒體之機構，其中包括在亞洲擁有衛視等衛星頻道，在中東等地區也擁有若干媒體機構，在歐洲有一個人造衛星傳送家庭電視頻道節目，以及一個航空公司，此外尚有旅館業、畜牧事業等。

梅鐸成功的組成了一個企業王國來經營媒體事業，例如，一部小說經其經營的書店「哈潑考林斯」（Harper Collins）先印成小說書籍，再由其報紙給予宣傳，變成暢銷小說後，再由其「二十世紀福斯公司」拍攝成電影或電視，再發行到全美或全世界各地去上映，其電影或電視情節又可刊登在其雜誌中，簡直一舉數得，節省成本，又達成內容相互支援及宣傳的用途。（黃西玲，民國86年）

四、特殊性

所謂特殊性是指在媒體中工作的人員其工作的性質大多是專業性的，例如，以我國為例，報社的編輯大多都要懂得電腦編排的技巧、採訪組的記者應具有新聞道德的素養和發掘新聞的敏感度、攝影記者應擅長攝影技巧和選取新聞焦點。在電影工作中，導演、音樂、作曲、服裝、美工、攝影等人員都是專門的人員。

集團化媒體經營的實際狀況

一、印刷媒體

㈠通訊社

■什麼是通訊社？

　　我們對報社都很熟悉，但提起通訊社（news agency）就稍微陌生了，什麼是通訊社呢？它與報社有什麼關係？又有什麼異同呢？我們舉一個最簡單的例子來說明，讀者都知道中國時報社出版的報紙是：《中國時報》、《工商時報》或《中時晚報》，但卻沒有讀者看過美聯社、路透社或中央通訊社的報紙，這就是通訊社與報紙的第一個差異：通訊社不發行報紙，它的基本讀者不是一般讀者，通訊社是新聞稿件發布的服務公司，它的服務對象是一般的新聞機構或公司。

　　所謂「通訊社」在早期是所謂的「電報服務」（wire services），由其名稱可知是藉由電報的傳送，而將新聞稿傳送到遠地去。這種電報服務公司通常是獨立的新聞服務公司，大量蒐集各地的新聞，寫作完成後，使用電報傳送給其他地區的新聞機構，每月收取費用。

通訊社發韌於1848年的「美聯社」（Associated Press, AP），當時由於紐約市的諸家報社為了要蒐集歐洲的新聞，如果每家報紙都獨自派遣記者到歐洲去是很花錢的，六家紐約報紙的代表齊聚《紐約太陽報》（*New York Sun*）的辦公室商量對策，為了省錢，他們商議聯合起來，共同蒐集到新聞後，由電報傳給每家報社，大家一起使用，這樣省錢又省力，這是美聯社的前身，也是現代通訊社的起始。後來蒐集新聞的範圍越來越廣，由美國全境伸展到全世界，而參與合作，或使用通訊社稿件的報社也越來越多，甚至包括紐約州之外的報社。（資料來源：美聯社國際網路）

我國新聞界前輩、曾任中央通訊社社長的潘煥昆，其曾指出：「在大眾傳播媒體中，新聞通訊事業是比較特別的一種，它通常並不直接和讀者、觀眾或聽眾接觸，而是像做批發生意一樣，其業務是對報社、電視台、廣播電台、雜誌等其他新聞媒體供給新聞、特寫、專稿、圖片、錄影、錄音等，透過這些媒體和社會大眾見面。」（潘煥昆，民國80年）

具體而言，通訊社的功能如下：

1. 通訊社的採訪記者或通訊員（correspondents）並不在固定的總社上班，而是被分派到全國或全世界重要的地區之分社，去採訪全國或全世界不同地區的新聞，寫好之新聞稿由電傳或電腦傳送回總部，由總部編輯後，再用電傳或電腦傳送給訂戶，作一天二十四小時之新聞傳送。

2. 通訊社全球性的新聞採訪和傳送，使無法負擔記者赴國外採訪的媒體機構也能有充足的新聞來源。

3. 通訊社是採用電訊傳送，所以消息的提供是十分快速的，在過去電腦網路和衛星傳送尚未興盛時，通訊社的電訊傳送可

說是全球通訊上最快速知道遠方消息的新聞來源。

4.其收支來源全靠訂戶。

5.其稿件必須經過其他的媒體引用後，才能再傳送給讀者。

■ 世界著名的通訊社

美國著名的通訊社除了美聯社外，尚有合眾國際社 (United Press International, UPI)，其前身為赫斯特國際新聞服務社 (Hearst International News Service)，但據傳因財務困難，於1988年賣給紐約的英福技術公司 (Infotechnology Inc.)，新聞重點已轉往商業訊息。英國的著名通訊社是路透社 (Reuter)，法國的法新社 (Agence France-Presse)，俄國的塔斯社 (TASS)，以及我國的中央通訊社 (China News Agency, CNA)，中國大陸的新華社 (Zin-Hwa News Agency)。

某些國家和地區為加強國家與國家之間的通訊，而組成通訊社，例如，在非洲組成的通訊社是「泛非通訊社」(Pan African News Agency, PANA)。

■ 美聯社的組織與工作狀況

美聯社是全球歷史最久、規模最大的通訊社，成立於1848年，是由紐約的六家報社組成，當時只為了相互合作，一直到1900年美聯社才正式立案，成為「紐約州會員制度公司法」(Membership Corporation Law of New York State) 之下的一個並不是為營利目的而經營的合作公司，董事是由所有會員所選出，按大會組成的規章應共選出十八到二十四位董事。為保障偏遠地區報社之權益，其中三席董事必須由人口少於五萬人的城市、或當地獨占性的

報紙份數不超過五萬份的城市中選出。

目前美聯社在全美共有約一百四十四個分處,在全球七十一個國家中有九十三個國際性的辦公處,在全球共有分布在一百一十二個國家中的八千五百位訂戶,每天接收美聯社的電訊新聞稿件和圖片,其分派在美國和全球的探訪記者、編輯和行政人員等大約有三千五百人之多。新聞稿所使用的文字共有六種:英文、德文、瑞典文、法文、西班牙文、荷蘭文。每天二十四小時發送新聞,全年無休。(資料來源:美聯社網路)

■ 我國的其他通訊社及中央通訊社的組織與工作狀況

我國的通訊社,除了規模最大的中央通訊社外,尚有歸屬於行政院僑務委員會的「華僑通訊社」,屬於國防部的「軍事新聞通訊社」,屬於國民黨海工會的「海外通訊社」等,以及若干民營的通訊社「民本通訊社」、「自由新聞社」、「時事新聞社」、「大道新聞通訊社」、「全民攝影新聞通訊社」等。(《中華民國新聞年鑑》,民國80年)

我國最大的通訊社——中央通訊社於民國13年4月1日創立於廣州,民國38年隨政府播遷台北,過去是屬於國民黨的媒體機關,民國84年12月29日經立法院三讀通過「中央通訊社設置條例」,賦予國家通訊社法源,並於民國85年1月17日由總統公布成立財團法人中央通訊社,國家通訊社法律地位於茲底定。(資料來源:中央通訊社簡介)

其服務項目包括:

1. 國內新聞服務:每日對國內各報社、廣播電台、電視台供應國內外中文新聞,約二十三萬字。對企業界提供三十萬字商情新聞。1994年元月,中央社增加語音新聞及電視文字新聞,

對電台及有線電視業者供稿。

2. 國外新聞服務：每日對全球一百家以上僑報供應中文新聞及特稿，讓散居世界各地的華人瞭解過去二十四小時內，中華民國、中國大陸及國際重要新聞資訊。

3. 國際新聞服務：包括對外國媒體供應英文新聞，以及對拉丁美洲供應西班牙文新聞。

中央社目前與二十餘家外國通訊社維持新聞合作合約關係，包括：美國美聯社、合眾國際社、法國法新社、獨立國協伊塔塔斯社、日本共同社、沙烏地阿拉伯沙烏地新聞社、阿根廷泰蘭新聞社、南非通訊社、塞內加爾通訊社、馬拉威通訊社等。（資料來源：中央通訊社簡介）

(二)辛迪加

通常在我們所熟悉的漫畫之下，有英文字的copyright ©之字樣，這是表示該漫畫具有版權，他人不可隨意以商業之用途而任意摘用，否則就觸犯了著作權之非法行為，或可看到1998 United Feature Syndicate, Inc.等字樣，其中United Feature是一家公司的名稱，而syndicate這個字在中文字典中是：「企業組合」或「供應特別稿件與多數報紙雜誌等同時發表之機構」，為簡便起見姑且將之譯為「辛迪加」。

任何圖片、文章、攝影、漫畫、音樂創作等，原創作人都擁有版權，未經允許之前，他人不可任意侵犯，但我們常在不同的報紙或雜誌看到一些熱門的漫畫，像加菲貓、史奴比、櫻桃小丸子等，似乎這些暢銷的作品可以在很多雜誌和報紙同時刊出，這些創作是

作者委託辛迪加公司向外引介，任何想轉載的報紙和雜誌可向該公司洽詢付費方式，簽約後即可使用，辛迪加公司每日都會將新的作品寄到該簽約報社或雜誌以供使用。

辛迪加公司代理的項目不僅只是漫畫而已，尚包括：婦女專欄、家庭稿件、娛樂消息、政治評論、攝影照片、服裝、音樂歌曲、特稿、科學報導、醫藥新知等。這些作品的作者大多是自由作家 (freelance)，他們不屬於任何媒體機構，而是單獨經營自己的工作室，把作品交給辛迪加公司去處理，每月收取版稅。

根據美國《編輯與出版家雜誌》(*Editor and Publisher*) 之統計，全美約有超過二千五百家的辛迪加公司 (Hiebert, Ungurait and Bohn, 1991)，其中最有名的包括代理史奴比的United Media 和代理美國最暢銷的婦女專欄作家「親愛的艾比」的Universal Press Syndicate 公司，此外著名的報社因挾其人力、物力之充足，也同時經營辛迪加公司，例如，《洛杉磯時報》、《紐約時報》都經營辛迪加公司。

二、廣電媒體

㈠廣播或電視網

在瞭解什麼是廣播、電視網 (networks) 之前，我們必須要先明白美國廣播和電視台的分布狀況，美國因土地廣大，無線電波的發射範圍有一定的限制，所以美國各州和各地方均有地區性的廣播電台和電視台，各自播出不同的節目。經營廣播或電視台，除了要

有良好的硬體設備發射訊號外，也應具備豐富、吸引人的節目內容，才能為聽眾和收視者所歡迎。廣播公司和電視台每天都需要甚多的節目，才能日以繼夜的播出，因其節目的需求量甚大，這些節目有些是本台自行製作，有些節目只得尋求外購。

　　如果一個廣電公司除了能發射訊號外，同時能製作廣播新聞、電視節目，以及特別的資訊服務提供給其他的電視台，我們稱這個組織為廣播或電視網。美國FCC最近把廣電網的規定解釋為：「能在至少十個州中、在至少二十五個電視台、每週至少播出十五小時以上的節目，具有這樣能力的電視公司才能算是廣播、電視網。」(Hiebert, Ungurait & Bohn, 1991)。因而我們瞭解，所謂廣播、電視網是指一個公司除了具有硬體設備外，尚有能力製作充裕的節目，除了提供給自己所屬的電視台播出外，也能出租給其他的電視台。像美國的三大電視網：ABC、CBS、NBC，以及最近崛起的FOX，除了電視台的業務外，它們尚具有節目製作公司、製作人、專屬的演員、攝影棚等，製作節目和電視影集，在全國各州及地方上的電視台上映。

　　廣播、電視網是典型的集團化經營的案例，它的利益是：

1. 一個組織龐大的公司，以雄厚的資金和充足的人力，展開對電視節目的開發是輕而易舉的事。大公司可以自製叫座的節目又可提高本身的聲譽。

2. 大的電視媒體所拍攝好的節目，除了提供給本公司的電視台播出外，也賣給地方較小電視台，大電視公司可以增加一筆額外收入，而購買的地方小電視台可以節省自製的成本，取得充足的節目來源，雙方各得其利。

3. 如果一個節目或一個演員在地方上很受歡迎，如能借諸全國

的媒體廣爲宣傳，就會變成全國出名，在全國出名後收益更大，所以，要捧一個節目或捧一個演員成爲全國偶像，就得作全國連線式的播放不可。

4.一個節目如果很受歡迎，在全國播出後，在廣告的收益上就變成全國性的。

(二)節目製作公司和電視辛迪加

電視節目製作公司雖附屬於集團化媒體企業機構之下，但仍屬一個獨立的部門，這個部門的人員擁有許多節目製作上的人才，如策劃、導演、簽約的演員、攝影師、美工、特效、服裝、佈景等。在他們製作節目時，有時必須與節目部商議，視公司需要什麼類別的節目而製作，有時自己提出策劃。當然，總公司每年都要檢查節目的收視情形和財務收入狀況，如果發現某個節目收視情況不良，收入不佳時，就會檢討和改進，以謀對策。美國三大電視網ABC、CBS、NBC每年在電視艾美獎（美國的電視節目比賽，相當於我國的電視金鐘獎）中比個高下，除了證明自己的製作能力良好外，無非也是因爲如能獲獎，將增高知名度，而能在全美、甚至外銷到世界其他國家中時，賣得好價錢。

最近幾年，有許多具有理想的藝術工作者，不願附屬在大公司之下，自己開設製作公司，我們稱他們爲獨立製作公司，有時他們在個人藝術的表達上很有創意，也深受好評，但在生存的條件上仍不如集團化的媒體企業。

我們在上文中提過，在報紙和雜誌業中有辛迪加公司的存在，在廣播和電視節目的經營上，也有辛迪加公司的存在，廣電辛迪加

公司主要的工作是推銷廣播和電視節目，組織及功能與報業之辛迪加是相同的。

集團化的傳播者之優點與缺點

我們已經瞭解，現代媒體機構的特徵是以龐大的組織，進行精密的分工合作，結合豐厚的人力、財力、物力，達成媒介產品的推銷，而個人在媒體中工作也僅是組織中的一個小螺絲釘，必須服膺公司的命令，在這樣的體系之下工作，必然有其優點與缺點，我們由下列幾個觀點來探討：

一、集團化媒體的缺點

集團化媒體的缺點如下所述：

1. 媒體企業較之其他企業與社會聯繫的關係更爲密切，所擔負的社會統合與道德的責任也更大，媒體既然對社會有著舉足輕重的影響力，自然應追求社會服務，明瞭公利應大於私利。但是如果不幸的，某一個規模很大的媒體企業並不以社會道德爲己任，在其經營的目的上僅注意私利，或在其報導之內容上並不講求公正和正確，而經常發表一方之偏頗的言論，或僅偏好某一政黨，並不能造成在社會中公正的輿論之監督的責任，試想這種結果會造成社會多麼大的不幸？

2. 美國的一些傳播媒體批判學者，像貝狄根（Ben Bagdikian, 1991）、墨多克和高爾汀（G. Murdock and P. Golding, 1986）等人曾多次批評美國較大媒體在全國各地結合後而形成連鎖（chain），很容易造成言論自由之壟斷，他們耽心這些大的集團化企業組織在獲利上豐厚而在編輯的品質上乏善可陳，在社論和新聞立場上趨於一致，最後會逐漸減弱了新聞的自由表達意念，只視新聞和媒介為商品，忘卻了大眾傳播應是文化傳遞、社會聯繫的責任。

3. 媒介工作者個人在整個集團化的組織中只是一個最小的個體，他必須服從組織的命令和公司的意理，他很可能只是大公司中的一個工具而已，並不能具有自己的見解、意見和理想，也會失去媒體批判和監督的精神和勇氣。

4. 集團化的媒介經營通常都是人才、物力、財力都十分雄厚的公司，挾其優勢而進行市場之爭奪，使得財力較小的媒體公司無法與之競爭，而造成大公司對市場之壟斷，當市場的優勢一旦由某些公司占據時，以後的投資者再想進入就很困難，新公司將不再增加，僅由少數公司所壟斷，但是這些老公司也會因長久之缺乏競爭對手，而疏於改進和創新。

5. 集團化的媒體組織因其組織龐大，人員眾多，所以在開支上也是浩大的，他們必須注意經營上的盈餘，注意商業之目的，所以在媒介產品的內容上投大眾和大多數讀者和收視者之所好，久而久之使得媒介內容走向娛樂、煽情、暴力之通俗化，而造成精緻文化或弱勢族群文化逐漸消失。

二、集團化媒體經營的優點

　　雖然集團化的媒體有許多缺點，但是現今對社會具有影響力的媒體公司大多是集團化的大公司，這種大公司雖有壟斷市場之嫌，但也具有下列優點：

1. 集團化的公司大多具有經濟上的效益，由於媒體科技日新月異，市場的競爭激烈，成本和人工薪資的提高，公司必須與其他公司在資金、技術和人力、物力上競爭，集團化的企業較能有競爭的能力。

2. 由於集團化的媒體具有人力、財力雄厚之條件，才能達成團隊的合作，注意市場的發展和技術上的不斷革新，締造科技的成功和進步，使受眾享受較為先進的技術成果。

3. 集團化的媒體組織部門分工別類，生產不同性質的媒介產品和節目，可滿足不同興趣和喜好的消費群，廣被接納的產品才能生存。學者布魯默（J. Blumler, 1991）曾指出現今媒體事業在競爭上益形尖銳，受眾無法有耐心的停留在一個固定節目或內容上，所以節目和內容要不斷推陳佈新，製作多樣化的節目才能滿足受眾。而且現今不論是在報紙、雜誌之紙張、印刷技術上要品質精良，在電視與電影之道具和技術上更要具有大場面、大卡司，這些都要成本。此外，在節目之分銷和配售的網路上也越來越複雜，媒體公司不僅爭奪受眾，也爭奪利潤和開發網路及市場，布魯默強調這是一種大媒體公司之間的強勢爭奪。

4.電視、電影、卡帶、報紙和雜誌等媒介產品是人們日常生活中最常使用的物品，它也是社會共同使用的公器。因此，媒介產品必須是廉價的，價錢越便宜越能獲得民眾的歡迎，媒介產品必須是效率和方便的，在技術上必須隨時提升和改進，媒體公司要能達成這些條件必須要有足夠的人才和資金，集團化的公司較能具有這種能力。

結　語

　　我們已瞭解現代化的媒體事業如以集團化的大企業形式經營，在營運的效益上較爲有利，這種組織嚴密、分工合作的事業雖然較具效率和專業性，但也可能造成媒體事業由國內、甚至跨國性的集團所壟斷，但是媒體事業的「解禁」(deregulation) 和「自由化」(free competition) 卻是當今世界自由國家的趨勢，也就是說，現今自由國家的政府，對媒體經營的政策，大多是採用開放給民間經營的方式進行，因而媒體公司之間的競爭是避免不了的。如我國自從民國77年報禁解除後，民間可自由申請成立新報社。至於欲成立廣播和電視公司，除因頻道的限制而需要劃分外，也可按相關的規定提出申請。至於我國的電信事業如電話事業，也已開放民營。民間公司彼此之間的競爭是免不了的事，而我國媒體集團化的企業經營方式也是相當明顯的。

　　在大媒體企業盛行的今日，我們不禁要思考下列這些問題：(1)集團化的傳播者對社會應有什麼責任呢？(2)媒體事業到底應對社會

做些什麼專業性的貢獻呢？(3)身為一個大媒體公司中的工作人員，在龐大的組織壓力和公司的政策之下，是完全聽命於公司，還是應具有自己的新聞良知呢？一個盡職的新聞人員如何發揮新聞的批判精神呢？

一、集團化的傳播者對社會的責任

媒體企業應維持新聞自由與公正，媒介內容應顧及文化傳遞、社會聯繫、環境守望及娛樂性之平衡發展，不要僅為了商業利益而造成節目上之完全之通俗化和娛樂化，也應注意對少數族群文化和節目上之保護。

美國是世界上媒體集團化最發達的國家，美國的新聞自由和新聞公正的觀念之維護，是由甚多媒體之外的其他社會機構，如新聞評議組織、新聞工作人員協會、學界和民間的新聞監督機構等單位來監督，而新聞的公平、公正、客觀的精神平日也是掌握在記者的手中及讀者的正義感上，任何的新聞媒體如果違反了新聞自由和新聞公正的原則，新聞工作人員協會、新聞學會等單位都會給予抨擊，並且也會被讀者所唾棄。新聞自由的概念是繫於一個社會的教育水準和社會的規範，當社會的公權力越大時，大媒體公司之權力和影響力就不至於太過膨脹，大媒體公司必須接受社會的監督和注視，所以並不完全能為所欲為。

我們在台灣為防止集團化媒體公司的壟斷市場和維護言論之公正性，也必須要依靠社會的公義，讀者的明辨和正義的力量，除此之外，政府的監督能力以及業者之社會責任和良知也很重要。

二、媒體事業應對社會做些什麼專業性的貢獻呢？

民眾在閱讀和觀看媒介內容時，大多會選擇娛樂性較高的，身為媒體公司的負責人，不應完全以討好民眾之所好為主，對少數族群文化之保護也應具有相當的責任，例如，對兒童節目、原住民節目、體育節目、精緻或地方戲劇節目等都應有一定的比例分配。媒體公司也應在盈餘中提出相對基金作為社會公益，或少數族群文化發展之用。

三、新聞良知與新聞的批判精神

在集團化的媒體公司中，新聞工作人員需要與其他的工作人員合作才能完成任務，而新聞工作人員可能也得聽命於公司的指示，順從組織的意理，久而久之個人可能喪失了個人的主見，這是身為新聞工作人員最應引以為誡的。一個盡責的新聞工作者應多看、多想、多聽，有效且正確的表達社會的心聲，態度應公正、客觀，能分辨是非，養成世界的眼光，具有社會的正義感，隨時增加自己的知識、能力和素養。

美國學者貝狄根曾在他的著作《訊息機器：對人和媒介的影響》（*The Information Machines: Their Impact on Men and the Media*）中提到：「現今的報業和廣電事業幾乎都是企業組織的公司，新聞事業應是一種智慧和團隊合作的產品，但是在新聞部門中，仍需個人的風格。」(Ben Bagdikian, 1987)。

複習重點

1.何謂集團化的企業？集團化的傳播者？

　(1)集團化媒體機構有那些種類？

　(2)何謂垂直式的集團化機構？

　(3)何謂水平式的集團化機構？

　(4)何謂混合型的集團化機構？

2.集團化大眾媒體機構的組織特性是什麼？

　(1)為什麼每家報社都不願意透露自己的發行量？

　(2)如果要正確的核算出報紙的發行量，應如何進行？

　(3)ABC是一個什麼組織？

　(4)你去過中時與聯合報參觀嗎？他們的組織狀況如何？

　(5)你看過迪士尼或華納公司的電影嗎？你認為他們採用的行銷策
　　　略是什麼？

　(6)梅鐸是一個什麼樣的人？他對近代的媒體經營有什麼影響？

3.什麼是通訊社？

　(1)通訊社與報社有什麼不同？通訊社的主要功能是什麼？

　(2)我國重要的通訊社有那些？

　(3)試述中央通訊社的組織與功能。

　(4)世界著名的通訊社有那些？

4.什麼是辛迪加？

5.集團化的傳播者之優點與缺點為何？

6.集團化的傳播者對社會的責任

　(1)我們應如何監督大媒體公司？

(2)大媒體公司在節目製作及內容上應有什麼態度？

(3)我們應該如何保持精緻文化和弱勢族群的文化？

(4)身爲新聞工作者，應如何善盡工作的職守？

參考書目

一、中文部分

黃西玲 (1997)，《從台灣看美國媒體併購經驗》，台北電視文化研究
　委員會。

《中華民國新聞年鑑》 (1991)，中國新聞學會出版。

美聯社網路資料：http://www.ap.org/

二、英文部分

Amit, R. and Livnat, J. "Diversification Strategies, Business
　Cycles and Economic Performance." from *Strategic Man-
　agement Journal* 9. 1988.

Beattie, D. L. "Conglomerate Diversification and Perfor-
　mance." from *Applied Economics.* Summer 1980.

Blumler Jay G. (1987). "The New Television Marketplace :
　Imperatives, Implications, Issues." from Curran and Gur-
　evich. *Mass Media and Society*. London: Methuen.

Charles R. Wright. (1986). *Mass Communication : A Sociolog-
　ical Perspective*. University of Pensylvania.

Curran and Gurevich(1990).*Mass Media and Society*. London:
　Methuen.

Hiebert, R. Eldon, Donald F. Ungurait, and Thomas W.
　Bohn. (1991). *Mass Media VI*. University of Wisconsin-

Madison.

McQuail, Denis (1987). *Mass Communication Theory*. California: Sage.

Murdock and Golding (1987). "Capitalism, Communication and Class Relations." In J. Curran (eds) *Mass Communication and Society*. London: Edward Arnold.

Schramm, W. (1973). *Men, Messages, and Media: A Look at Human Communication*. New York: Harper & Row.

──第 3 章──

大眾傳播的控制

余陽洲

內容摘要

　　大眾傳播的運作與表現，不管在何種時空環境，總是會受到特定因素的牽引：戒嚴期間的台灣，政治勢力無疑扮演著關鍵角色；解嚴和報禁開放之後，經濟力量則躍居主導地位。當然，政治和經濟因素以外，媒介傳播活動也還受到經營者、從業人員、閱聽大眾等的影響。

　　本章內容，側重整理、說明種種左右大眾傳播的力量。在結構方面：首先，由「控制」(control)、「管理」(manage／management) 和「規約」(regulate／regulation) 概念切入，嘗試透過三個詞項的對比，來釐清各類「影響」的意涵；後續部分，則依次介紹傳媒控制的起源與目的，以及控制的分類和相關形式；最後，重新歸納種種控制形式，並針對不同媒介控制形式的特質與實踐情況，加以評估比較。

　　上述安排，用意在於突破大眾傳播的表象，使入門讀者意識到

媒介控制的運作，再則能夠體認，身為資訊社會的閱聽眾，人人可以也應該好好把握控／反制傳媒的力量，從而保障個人權益或增進社會公益。

前　言

　　曾經，在台灣的大眾傳播媒介發展歷程中，出現過一段長達四十年的報禁時期；始自1949年8月，國府針對報章雜誌，修訂了重重的法令，藉以限制營運資本和售價、配給白報紙用量、規定出版張數及印刷處所，乃至於完全禁止登記發行。從民國51年開始，陸續開播的三家無線電視台，更是籠罩在黨政軍的專制高壓氣氛當中。例如，回憶起過去的新聞生涯，一位資深電視人這麼寫道：「每當10月來臨所謂普天同慶之時，也是我們電視及新聞工作人面臨關頭要度過艱難困苦一個月之時」、「我……對政治性的新聞，因為完全不能自主，完全是受控制的」（盛竹如，1995：56-61）。在往後的四分之一個世紀裡，本地廣播電視事業雖然在質量上俱有精進，但運作空間還是相當有限。

　　時序進入1980年代晚期，隨著政經環境的大幅開放和新科技的日益普及，國內新聞傳播事業總算擺脫舊日束縛，迎向一個尺度鬆綁、禁忌解放的新時代。但近些年來，傳媒在利潤掛帥且又缺乏制衡的情況下，諸端流弊油然而生。試舉民國86年，震驚台灣社會的白曉燕綁架撕票案之新聞表現為證，無論是媒體追跟警方緝兇辦案，或報章詳載被害人的受虐慘狀，或是電視主播爭搶著和兇嫌現場連線對話，在在暴露出媒體之競逐發行量、收視率，卻賠上了新聞傳播人員的專業道德。再來，當前流行的電視刑案劇、靈異節目、整人秀等，以及有線電視鎖碼頻道，也充滿暴力色情、怪力亂神，或荒誕不經的內容。解嚴、報禁開放以來，本地新聞傳播業在「自

由化」浪潮中所顯露的醜態，終於引發社會各界強烈的批評與責難。

民國87年5月，消基會等多個民間團體共同籌劃了「媽媽監督媒體」活動，希望喚醒社會大眾，正視傳媒為了市場利益，不惜污染、危害下一代的煽色腥手法。緊接著，新聞局高層主管迅速回應民意，要求傳媒自我約束，並且呼籲廣告主配合、民眾反制，而且還嚴正宣布，將恢復「嚴法重罰」政策以整飭媒體亂象。或因為眾聲討伐的結果，新聞與影視業者也紛紛表白，願意支持政府行動、端正不良風氣。一時間，全國上下對於傳播惡質化的趨勢，似乎凝聚了防治共識⋯⋯。

以上，我們不難看出，大眾傳播的運作與表現，無論是置身那一個時代，總會受到特定勢力的牽引：戒嚴期間的台灣，政治無疑扮演著關鍵角色；解嚴和報禁開放之後，經濟則躍居主導地位。當然，政經環境除外，傳播活動也還受到媒體經營者、新聞傳播人員，以及閱聽大眾等因素的左右。

本章即針對種種影響傳媒的力量，加以整理、解說，希望經由較完整的介紹，提供進一步探討的基礎。在內容安排上，先由「控制」、「管理」及「規約」概念切入，嘗試透過三者的分析比較，來釐清「影響」的意涵。後續部分，再依次介紹傳媒控制的起源與目的、控制類別和形式；最後，歸納控／反制媒介的形式，並評估、比較各媒介控制形式的特質與實踐情況。

「控制」、「管理」與「規約」之析辨

　　針對大眾傳播媒體和新聞自由的受限影響，「控制」可以說是最普遍的描述用語。不過，傳播學界或基於「控制」、「管理」和「規約」三者都包含了「管制規範」的意思，因此經常混同使用①。實則，「控制」等一干語詞雖有其相通處，但詳察比較的話，各自卻隱含了特定概念，或是指涉不同的意義層面。國內即有學者偏好以「管理」取代「控制」，原因純爲前者——「較能平心靜氣」。(彭家發，1997：194)。(相反的，高居世界ABS塑膠類產品龍頭地位的知名企業，奇美實業公司負責人許文龍先生卻表示，他個人最不喜歡「管理」，公司內部不但裁撤管理部門，還要求員工不要提及該二字。)

　　本節中將列舉說明「控制」等的意義，除了凸顯各個詞項的差別外，並且據以凸顯本章的行文脈絡，之所以選擇採用「控制」一詞的理由。

一、控　制

　　根據《傳播與文化研究的基本概念》(*Key Concepts in Communication and Cultural Studies*) 一書，「控制」通常用來描述權勢者的操作和目標計畫 (practices and aims)，其中關係到資源、工具，以及關係的支配與從屬 (O'Sullivan et al., 1994: 235-236)。若此，「控制」則接近於將自我意志加諸他人，以便成全一己

之目的／利益的「權力」(power) 概念。採相同看法的學者，甚至直接表示，「控制」即「霸權」(hegemony) (Downing, 1995: 485)。不過，討論大眾傳播控制，如果只局限於權力的對峙與衝突，難免引發負面聯想。這或許是「控制」說不甚討喜的原因吧！

　　「控制」其實是一個意涵豐富的用詞。正如權力關係無所不在，媒介控制乃當前人類社會的運作常態，民主社會與極權體制皆然。傳播學集大成者宣偉伯就曾經明言：「每一個國家都允諾其人民擁有表達自由，卻又多少對大眾媒介施加控制」(1973: 152)，往後的中外學者朱立 (1981)、阿斯屈爾 (J. H. Altschull, 1995: 49)、伯澤 (A. A. Berger, 1995: 133-134) 等人，也都強調傳媒控制具備了「水能載舟，亦能覆舟」的兩面功能，或者是擁有「仁智所見不同」的多樣內涵。而國內學界，無論傳統的著述評論 (如鄭貞銘，1980；潘家慶，1989，1991) 或立基馬克思的政經分析 (如馮建三，1997)，則仍然採用「控制」一詞，來探討各種意圖影響大眾傳播的舉措和力量。

二、管　理

　　雖然「控制」和「管理」是一對可以交替互換的同義語，有「當代管理思想大師」之譽的杜拉克 (P. Drucker)，卻稱美後者為「人類追求共同生存、發展和進步的一種途徑和手段」(轉引自陳鳴，1986：18)。依大師之見，「管理」似獨具正面內涵，明顯不同於有得有失、利弊兼備的「控制」之意。

　　已退休的美國「全國傳播」(Nationwide Communications) 董事會主席波拉克 (C. Pollack) 亦開玩笑地表示：「媒體管理」

非屬難事，唯人與錢而已（轉引自Sherman, 1995: 22）。據而論之，「管理」的要義應在於有效地運用人才和調節物力資源，以達成既定目標。因此，從社會學的典範角度來看，「管理」可說是偏向強調系統整合的功能論立場，而鮮少衝突論色彩。

另外，再依照史考特（J. Scott）的區辨，「控制」是指重大和基本決策方向的決定權，而「管理」則為重大和基本決策的執行權力（轉引自王振寰，1993）。相形之下，「管理」指涉較具體而微的層面。在研究案例方面，媒體管理非但重視管理（傳播）者的角色，並且經常是針對個別媒介部門（media sector）如報紙、電台或電訊傳播的營運和行銷規劃。因此，「管理」有別於一般傳播控制論述的宏觀取向。

三、規　　約

相較於「控制」和「管理」的普遍性，「規約」一詞顯然不是國人的日常生活用語。依照《重編國語辭典》的解釋，該詞意指「人與人相互協議所定的規則條約」（教育部重編國語辭典編纂委員會，1981：1917）。引申之，「規約」可以說是為了讓傳播活動有所依循而斟酌制定的政策、法規，或者是根據政策法令，對媒體施加約束。

「規約」之偏向規範法治面的特性，明顯地反映在新聞傳播政策與法規的相關論述中。以美國為例，基於憲法第一修正案對言論與新聞自由的明文保障，從未訂定過管制印刷媒介的專法，而只有立法規範具備公共資源屬性的廣播電視事業。所以，「規約」及其衍生的語詞如"deregulation"和"regulation"，大多見諸廣播電視和新科技的研究報告，而這樣的論述文例，似乎也廣為本地傳播學界

沿用②。（另方面，如先前提及，此一現象也可能是出於國人文字習慣的原故？雖然台灣實施「出版法」，以規範報章雜誌及其他出版品，卻難得有國內學者專家使用「規約」二字，來描述、討論此間的報業政策和相關的法令措施）。

　　歸結上列三點，我們可以看出：「控制」的指涉最為豐富，不但涵蓋了種種左右傳播媒體運作的（霸權）力量，同時也關照正、負面的影響作用。比較起來，「管理」和「規約」兩個詞項／概念，則各有其使用上的偏向或局限性。有鑑於此，本文仍選擇最具普遍性的「控制」一詞，以貫穿全章討論。

媒介控制的歷史與目的

　　「誰掌握麥克風，誰就擁有權力」──所以，控制傳播媒體意味著權力的展現或行使；無論中外，這都可以遠溯到君王統治的非大眾媒介時代，也是任何時代的社會常態。這樣的認知之外，我們還可以提問：掌握權力的動機何在？為什麼人們總要想方設法地影響傳媒？本節主要內容，即摘要地介紹中西傳媒控制的源起流變與目的。

一、歷史演變③

　　在中國歷史上，文字報起源於漢郡國駐京都辦事處所發行的《邸報》。考量這份雛型報的時代背景，以及其傳遞朝廷政事的功用，我

們應當不難想見，《邸報》必然受到王室和諸侯的掌控。到了宋代，朝廷設置都進奏院作爲統一發報機關並藉以整頓，此外還有樞密院審核《邸報》內容。往後的中國報業，歷經元明清三朝、清末革命、民國肇建、北伐抗戰，以至於國共內戰，其間雖然出現過士人報紙、革命刊物等異議性媒體，卻屢遭統治／當權者的打壓，以致進步有限。1949年，中國共產黨贏得國共內戰以後，更是嚴加控制大衆傳播。所以，檢視世界傳播發展史，中國的文字、造紙及印刷術的發明固然占有一席之地，但在新聞傳播自由方面的表現卻乏善可陳。即使鄧小平時代開始進行開放改革，現今中國大陸的新聞自由狀況，比起西方國家或台灣仍然有相當距離④。

　　至於丟失大陸、退守台灣的國民黨，早年對島內傳媒之操控，較諸隔海「宿敵」的做法，程度容或有別，但本質上並無二致。不過，伴隨著民國50年代經濟起飛，新聞報業的政治禁籬也逐漸鬆動。在蔣氏兩代近半個世紀的統治結束以後，台灣的新聞傳播事業大幅展露新局：昔時的傳播法令接連研擬修訂、新興媒體湧現，以及黨政傳播事業的式微。如今，嚴厲的政治控制不再，本地傳媒算是享有一個相當自由的運作空間⑤。

　　轉看英美國家，早期也有過一段壓迫新聞傳播的歷史。十六世紀以降，英國皇室與國會，先後利用出版特許證照、保證金制度、新聞檢查、知識稅、津貼制度，以及煽動誹謗罪等手法，來控制刊物的發行。但英國的報人卻也奮力不懈，積極爭取出版和表達自由，直到二次大戰後，唯恐政府任意擴張國家機密範圍，還曾經提出「民衆知之權利」(the public's right to know) 口號，以爭取媒介採訪消息、人民獲知新聞的自由。而原屬大英帝國殖民地的美國，則除了經歷殖民時代的「福克斯誹謗法案」(Fox's Libel Act) 與獨立戰爭期間的「印花稅法」(Stamp Act) 外，自西元1776年立國以

來，新聞傳播媒體──特別是報章雜誌──少見政治的直接介入干預。

　　英、美等國的大眾傳播事業，雖然免於赤裸裸的政治控制，但是在「自由市場」的運作邏輯之下，必須投注巨額的經營資本；如此，反倒成爲有錢人的工具，並且排除了政經弱勢階級的參與。針對自由主義報業的流弊，西伯特等人（Siebert et al., 1956: 7）早在四十多年前就曾經提出警告，而見諸當前美國日趨嚴重的「一城一報」現象，更顯示學者們的洞見。總之，歷史流變顯示，自由社會並非不存在媒介控制，只是改由資本家、企業主或廣告商當家作主罷了！另方面，爲了避免大眾傳播的徇私營利，1940年代興起於美國的「社會責任論」，建議媒介工作者和閱聽人採取反制行動，甚至認爲在必要時，政府應出面接管或直接經營新聞媒體，以確保服務公益（Siebert et al., ibid.）。

二、目的作用

　　媒介控制的目的，無非是要透過媒介操作，來達成傳播效果。學者們對於傳媒效果的大小迄今雖無定論，卻都同意只要各方條件配合，大眾媒體必然能夠發揮相當力量：新出道或發片的藝人急於藉電視打知名度、中國清末的革命報章大力鼓舞人心思想、好萊塢影片「鐵達尼號」所掀起的全球性流行風潮等皆是例證。而從權力的角度來剖析，媒介控制實爲一體兩面──或許是行使權力以營求私利，也可能是發揮制衡權力的作用，以便維護公益或合理分配利益。底下，就從私利與公益之辨出發，討論控制大眾傳播的目的和作用。

㈠公益vs.私利

就人類社會而言，講求公益與營謀私利兩種理念／行為，顯然有其高低之別：前者獲得普遍推崇，後者則必須接受或表現出適度的節制。類推之，號稱服務大眾的新聞傳播活動，其社會支持度必定高於利己性的商業媒介運作，所受到約束管制自然較為寬鬆。我國「廣電法」第二十五條即規定：「電台播送之節目，除新聞外，新聞局均得審查之」。同屬媒介控制機制，新聞法令遠比影視娛樂和廣告規範寬鬆的現象，正足以反映公益和私利取向的差別所在。相同事例，還可見於民國87年5月間，新聞局「嚴法重罰」政策意圖改善充斥著色情暴力的影視現況，但基於尊重新聞自由，整頓對象當中卻並未包括「嗜血」的電視新聞報導（張文輝，1998）。

必須強調的是，「公益」與「私利」之間的界限未必是黑白分明、清楚可辨的。撇開「廣告新聞化」、「假事件」（pseudo events）等掛羊頭賣狗肉的手法不談，也還有市場經濟論者主張：媒介在謀求（個人）最大經濟效益的同時，將增加其社會使用性，並因此促成意見的多元化，國家從而獲利（見鄭瑞城，1993）。要言之，該學派的論點是——放任私利的追求最後仍將成就公益。事實果真如此？至少，早在1940年代，美國新聞自由委員會（The Commission on Freedom of the Press）就曾經痛陳自由主義報業的弊端；日後，總成〈報業的社會責任論〉一文的彼得遜（T. Peterson）亦指出，自由放任的大眾媒介不但沒能照顧社會多數的需要，反倒淪為資本家、企業主的政商工具，而「自由開放的意見市場」更因此瀕臨險境（Siebert et al., 1956: 94-96）。再加上前面提及的「一城一報」現象，不僅縮小言論思想空間，還造成了報業市場劣幣驅逐良幣的

反淘汰（轉引自馮建三，1997：609）。睽諸往例與當前媒體亂象，市場經濟學派的推論會不會稍嫌樂觀了些？

　　總之，不管公益、私利何者為先，基於媒介的重要性和影響力，社會整體利益顯然是控制大眾傳播的思考重點；對此，各家學說應無爭議。接下來，我們進一步討論「公益」的意義。

(二)「公益」的概念⑥

　　從字面上來看，「公益」即「公眾利益」（public interest）或「普同福祉」（general welfare）；兩則簡單卻嫌籠統的解釋，說明「公益」概念之不容易界定（McQuail, 1991: 70-71; 1994: 135）。

　　大眾傳播該如何表現，才能夠／算是顧及社會大多數的利益？學者們的看法莫衷一是。而根據麥奎爾（D. McQuail）的整理，「公益」內容可以是多數決的結果，也可以交由獨一無二的價值／意識形態來判斷；甚至，最好界定為「經過民主辯論與決策的成果」（McQuail, 1994: 135）。由此可知，「公益」應是眾人折衝妥協後的產物，內中意涵則隨著時空環境而移轉變化。準此，回到現實面，國內公共電視的建台目標（「公視法」第一條）：「建立為公眾服務之大眾傳播制度……以多元之設計，維護國民表達及知之權利，提高文化及教育水準，促進民主社會發展，增進公共福祉」，倒不失為當前台灣的傳播控制、媒體管理，以落實公益服務之最高指導原則。

(三)另一種觀點

　　跳脫傳統報業理論的框架，美國約翰‧霍普金斯大學（John Hopkins University）歷史學教授阿斯屈爾提出一種新觀點：世界

各國的新聞報業，無論置身何種制度當中，總是傾向於維護「出資人」(paymasters) 的利益，同時又保持顧客至上的形象；而且，期待傳播媒介對其經營者有所鍼砭，根本就是天方夜譚 (Altschull, 1995: 442)。換言之，所有媒介運作都是利己取向的，教授如是說！

如果將觀察範圍縮小，專注在報禁解除、廣電頻道開放的台灣，阿斯屈爾的絕對私利論，提醒了我們應該更加審慎思辨周遭的景況。確實，在當前的自由化浪潮下，果真是一片傳播美景？或者，在深邃晦暗處，其實仍然潛藏著企圖拐帶哄騙閱聽人的惡質媒介？最最重要的是，社會大眾必須清楚：傳播媒體如果無意承擔全民託付的公器角色，閱聽人為自保計，也該好好設想控／反制媒介的對策才是。

媒介控制的類別與形式

無論是直接討論或從旁轉引，國內外不乏關於大眾傳播控制的研究著述。最常見的是平鋪直敍，逐一介紹種種控制傳播，或威脅新聞自由的媒介內外力量，例如，李佛斯與宣偉伯 (Rivers & Schramm, 1969：234-252)、鄭貞銘 (1980：165-178)、朱立 (1981)、錢震 (1986：63-69)、林東泰 (1987)、潘家慶 (1989& 1991)、希伯特等 (R. E. Hiebert et al., 1991：91-110)、多敏尼克 (J. R. Dominick, 1994：401-460)、羅文輝 (1994：196-215)、彭家發 (1997：175-181)。此外，有的著重宏觀面、深入剖析政經體系對於新聞傳播之影響 (馮建三，1997：551-624)；也有依照四種報業理論／制度，列舉相關的媒介控制方法 (Siebert et al., 1956:

7）；還有，從言論自由的意義出發，比較探討「事前限制」(prior restraints) 與「事後追懲」(subsequent punishment) 兩項立法制度（林子儀，1992）；再有的，則是由傳媒特質切入，說明印刷出版、廣播電視及共同載具 (common carrier) 三種媒介規約模式 (regulatory model) 的內涵 (McQuail, 1994：171- 173)。

　　本節內容，即以上述著作或專論為本，整理提出「媒介外部與內部」、「報業制度」、「事前限制與事後追懲」以及「媒介模式」四項大眾傳播控制的分類，並列舉其中的各種控制形式，加以概要說明或舉例配合之。

一、媒介外部與內部控制⑦

㈠媒介外

　　指傳媒所在的大環境，存在著力量不一，但能夠左右媒介運作和表現的種種因素，包括有政治、經濟、文化、教育、報業／新聞評議會、個別的閱聽人和公眾／壓力團體，以及消息來源等形式。

■政治

　　政治對新聞報業的控制最為悠久，同時也是民主社會中最受關注的控制形式。具體而言，政治控制指涉國家和政府以經營媒體、檢查傳播內容，或是透過津貼補助、減免賦稅、供輸新聞資訊等方式來影響傳媒。當然，政府控制媒介必須具備正當性，法令就成了政治控制的後盾，而依法進行的媒介控制又稱為「正式控制」(formal controls）（Dominick, 1994: 401）。另外，政黨經營大眾傳播事業，也可以算是一種政治控制。

■經濟

工業革命以後，大量生產的貨品必須依靠商業廣告來推廣促銷，廣告收入使得（美國）新聞報業能夠脫離政黨的捐輸而獨立運作。不料，商業日益繁榮的結果，雖然削弱了政治力對傳媒的掌控，卻形成媒介的經濟控制。時至今日，除廣告外，經濟對於傳播的影響，還反映在新聞商品化、媒介競爭、媒介所有權的兼併壟斷等諸端現象。

另從馬克思學說的基調來看，政治、經濟原本不分家。只是，（在市場經濟體制裡）看似平易自然的商業運作並不像政治機制那麼樣明顯／敏感；舉例來說，針對去年底《聯合報》於選戰期間，報導陳水扁澳門之行傳聞所引發的反彈抗議，該報總編輯即公開聲明：「所有媒體都經過戒嚴時代大環境的艱辛……《聯合報》絕無預設立場或看法。由意識形態主導的時代已經過去了」（《聯合報》，1998／11／6：4）。言下之意，政治之外，並無經濟方面的價值觀與判斷。由此，我們可以想見，連新聞工作者都忽略了經濟的意識形態，一般大眾就更不容易體察新聞傳播媒體遭受到的經濟控制。

■文化

文化為大多數社會成員傳承而來的價值觀念，或是廣泛採納的生活方式。文化對於媒介的影響：就好比說，在東方社會，由於傳統保守的風氣，大眾媒介自然較少呈現同性戀、女性主義之類的進步議題。

文化即生活，因此，文化的控制往往是無形、不易察覺、甚至

被視爲理所當然的。而文化既是人們普遍的價值觀或生活方式，則種種人們設想出來的媒介控制形式，終免不了文化的影響。譬如，政府修訂新聞傳播法規固然屬於政治的控制形式，但法規內容和修訂的理念原則，卻也和風俗文化的演變密切相關。以此類推，文化可說是含括或影響了其他媒介控制形式。

■ 教育

教育是重要的社會化過程之一，毫無疑問的，新聞傳播科系學生的養成教育，將會反映在日後的工作表現上。如果從「霸權」的觀點來看，新聞傳播教育則是統治階級維持權勢的重要工具。對此，學者曾經表示：「新聞院校傳遞社會的意識形態和價值體系，無可避免地協助掌權者持續控制新聞媒體」(Altschull, 1995: 441)。正規教育之外，近年來，像是本地各傳播院校科系經常舉辦的在職進修研習，也能夠幫助充實、提升從業人員的工作知能與態度。這些，都是透過專業教育和訓練，對大眾傳播間接產生控制作用。

更重要的，當前有識者推動的「媒體識讀教育」(media literacy)，目的在於養成耳聰目明的閱聽大眾，以因應日趨複雜的傳播環境。這一類從根做起的教育活動，更是全民的媒介控制措施。

■ 報業／新聞評議會（「新評會」）

新評會向有制衡媒體的「第五權」之稱。1916年，瑞典成立了世界上第一個評議報業的獨立性機構「榮譽法庭」(The Court of Honor)，作爲民眾申訴不滿的管道。我國的報業評議組織則始自民國52年，日後擴大發展爲「中華民國新聞評議委員會」。

一般說來，新評會雖然具備組織規模，卻沒有實質力量，主要還是訴諸道德的制裁。此外，新評會與其他媒介外控制形式的最大

不同在於，其成員往往來自於媒體和新聞傳播專業人士：例如，我國新評會是由台北市報業公會等八個專業團體籌組而成，英國新評會則包含有二十位報業人士和五位公眾代表。(專業團體或人士為主的組織結構，顯示新聞評議會也可以被歸類為媒介內部的控制形式。)

■ 個別的閱聽人和公眾／壓力團體

個別的讀者或觀聽眾，可以拒買、轉台或關機，或主動投書、打電話抗議，或間接地透過新評會、訴諸司法來表達不滿，以促使大眾傳媒改善。

但個人力量有限，零星的意見或（藉拒看、拒買等形成的）經濟制裁未必能夠引起媒介的注意與重視。此時，志同道合的閱聽人集結資源、發揮群體力量，透過聯合抵制、遊說，或採取法律行動，以形成強大社會壓力。在本地社會，前些年出現的「退報救台灣」、「黨政軍退出三台」等運動 (見馮建三：720-726)，或是最近為反影視色情暴力而成立的「拒絕脫軌色情律師團」和「媽媽監看媒體委員會」團體，儘管性質、目標不同，或許都象徵著閱聽人／社會大眾控制媒介、影響傳播的努力。

■ 消息來源

消息來源控制，簡單說，就是新聞來源透過提供（或不提供）媒體消息，來進行有利於己（或避免不利）的宣傳。以去年國內外幾則引起社會高度矚目的新聞事件為例，無論是美國柯林頓總統的性醜聞風波，或者是本地廢／精省方案，捲入其中的當事人物，都曾經藉由舉行記者會或發放新聞稿，企圖影響大眾視聽。

事實上，並非每個人都能夠從事消息來源控制；通常，消息提

供者必須具備一定「分量」（如政治人物、企業家、明星或其他具高度新聞價值者），才可能吸引媒體的注意，也才能夠進行控制作業。是以，消息來源的控制或許和政治、經濟控制具有高度重疊性。

㈡媒介內

除了外力的介入干預，大眾傳播的運作表現，也還受到媒介組織、從業人員自身、專業規範及職業團體等的影響。

■新聞室社會化

傳播媒體，如同其他組織機構，可以透過編輯政策、升遷獎懲制度、老闆上司的言行意見、同事關係等，潛移默化新進人員，使其在不知不覺當中接受組織的規範與安排。根據社會學家布立德（W. Breed），傳媒擁有者或工作環境對於新聞傳播人員及其表現的影響，可稱為「新聞室的社會控制」（social control in the news room）；反之，在組織政策不明朗、主管未必熟悉細節等情況下，記者倒是可以迴避控制（轉引自李金銓，1990：35-37）。

另外，針對新聞工作者爭取自主權、服膺專業意理，而不為老闆好惡所動的現象，或謂之「新聞室的革命」。

■工作者的個人特質及專業知能和素養

記者的性別、年齡、教育程度、種族／省籍、家庭背景／社經地位、政治信仰和政黨傾向，乃至於道德觀等，都可能左右對於新聞事件的判斷與表現。其次，新聞傳播工作者的知能與素養也是影響媒介內容的重要因素，而專業知能和素養，或許是受到前述「教育控制」及「新聞室社會化」相當程度的影響。

■專業規範

由新聞傳播媒體及從業人員共同訂定的專業規範或稱「守則」、「信條」（professional codes），是一套不具強制性的工作規約，內容論及執業的態度、意理與知能，其目的則在於體現媒介的自律。

國內最早的新聞傳播規範為馬星野先生於民國32年手擬的「中國報人信條」，以後改稱「中國新聞記者信條」。其餘還有新聞評議會提出的報業、無線電廣播、電視的道德規範，以及「台灣記者協會」（「記協」）於民國84年提出的「新聞倫理公約」。

■職業團體與刊物

新聞傳播工作者組成的專業團體如「編輯人協會」、「電視學會」、「記協」等，其結社目的之一在於，透過集體力量對會員形成道德約束力。各團體還發行刊物，如「編輯人協會」出版的《報學》及「記協」的《目擊者》等，進行自我批評與互評，藉以警惕、砥礪彼此，以求提升從業人員素質和改進媒體表現。

二、四種傳統報業制度的媒介控制法⑧

1. 威權獨裁（authoritarianism）制度：政府特許經營、同業公會、證照制，以及間或實施新聞檢查。
2. 自由主義（libertarianism）制度：「真理在意見自由市場中的自我矯正過程」（"self-righting process of truth" in " free market place of ideas"）、法院。
3. 社會責任（social responsibility）制度：社區意見、消費者

行動、專業倫理。

4.蘇維埃極權／共產（Soviet totalitarianism／communist）制度：政府的監督以及所採取的經濟或政治行動。

比較上列四項，我們或可以歸結：共產制度下的新聞傳播媒體，全面受制於媒介外的政治力量（即共黨）；威權體制的傳播活動，主要還是根據統治者的旨意行事；社會責任論的傳播控制，訴諸媒介外的閱聽人和公眾／壓力團體，以及傳媒內部的專業道德；自由主義的新聞傳播，完全聽任媒介擁有者與從業人員的自我控制／自律，只有遭遇爭端，才尋求司法途徑解決。

三、事前限制與事後追懲

㈠事前限制

指政府在人民的言論尚未表達或出版品在出版之前，即以法令限制或禁止其發表、出版。十六世紀時期，英國法律規定，所有印刷店及其店主必須取得政府執照，始可印刷出版；直到1695年，該項規定才正式廢除。

㈡事後追懲

指任何言論或出版品在發表、出版之前，無須取得政府執照或任何形式的許可，也不必經過主管機關的審查，即可以自由地出版

或發表；而相關內容如果違反法律，只有在出版發表後，才可以依法處罰。在美國，除了法院所認定的維護重大公共利益等極少數情況外，政府對於新聞傳播的控制，只能以事後懲罰的方式為之。

根據以上兩點說明，「事前限制」與「事後追懲」均屬媒介外政治力量對於大眾傳播的影響干預，都是政府依法行事的「正式控制」。但「事前限制」並不符合尊重人民自決的民主原則，而且還可能淪為政府惡意箝制或操控大眾思想的工具。所以，英美等民主國家普遍採行「事後追懲」原則，來保障人民的新聞及言論自由。

至於我國，在政治反對力量的堅持、官方的改革因應，以及新聞媒介（如《中國時報》）的呼籲之下⑨，民國88年元月，立法院終於廢止了實施七十年其中包含「事前限制」規定的「出版法」。不過，目前國內也還存在諸如「廣電法」第二十五、二十七條有關節目審查或節目時間表檢送核備的傳播法規。是以，報禁解除與廣電頻道開放，固然符合了國人的需要與滿足資本家的期望，但不合時宜，甚或徒具形式的法令條文，似更應加速配合增修或廢止才是！

四、三種媒介的規約模式⑩

(一)印刷出版

採自由放任模式，不但整體營運結構和出版內容免於任何形式的限制，為了維持新聞報業的存續，政府反而訂定減免稅收、郵政優惠或津貼貸款等法令加以規約／保障。

㈡廣播電視

由於電波頻道的「頻譜稀有」(spectrum scarcity)和公共財屬性，廣電媒介自始即受到嚴格的控制。所以，儘管私人可以擁有、經營廣播電視台，但必須先獲得政府特許，並且遵守法律和主管機關的規定。同樣的，廣電媒介的節目內容，也受到嚴密的規範。

㈢共同載具

指郵政電信等以社會全體為服務對象的公用事業；基於服務效率與消費者利益（如隱私權）的考量，政府對營運結構方面加以緊密控制，但訊息內容則少有干預或限制。

目前西方國家的傳播規約政策，絕大多數採三分法管制系統：針對印刷媒介的相關法規，多具保護色彩，以避免報業的集中壟斷 (Picard, 1985: 107)；反之，廣播電視必須接受政治／府相當程度的規範，以確保服務公益；兼具印刷與廣電媒介特質的公用電信事業，則為融合式的控制形態。但1980年代以來，隨著全球經濟的資本化趨勢，再加上整合傳統媒介的新科技日漸成熟，美國、歐洲，以至於台灣，相繼掀起一股廣電媒體「解除規約」──減少政府控制、開放市場競爭──的熱潮。換句話說，政治控制讓位，經濟成為當前大眾傳播運作的主導力量。但反向觀之，以台灣為例，近來「向錢看」的媒介表現，除了引起（部分）大眾不滿外，政府也針對影視媒介進行「重新規約」，以求消除本地的傳播／社會亂象。

媒介控制形式的比較與討論

　　延續上一節的介紹，本節將歸納種種控制形式，分別就宏觀和微觀層面，比較說明媒介控制的特質與實踐情況。

一、宏觀面vs.微觀面

　　在媒介外部，宏觀的控制即來自於政治、經濟、文化等環境／體系的影響，而微觀的控制則是指大環境中的組織、團體或個人，像是新評會、閱聽眾等，所能發揮的力量。其次，就媒介內部而言，「新聞室社會化」可以被視為宏觀（組織）控制，但基於傳播工作者的特質、對道德規範的信仰，以及選擇參與的職業團體等而來的表現，則屬微觀面（個人）的控制。

㈠宏觀面

　　政治、經濟及社會文化對新聞傳播的影響，不僅遍及傳播過程中的每一個階段，甚至早在媒介運作或訊息產製之前，就已經發揮作用。比方說，人們未必熟悉美國或古巴的大眾傳播事業，卻多少能夠預測它們的運作與內容表現。為什麼？政治經濟體系決定大眾傳播制度，所以，資本主義社會的媒介，當然傾向於採行自由放任與庸淺化的大眾路線；相反的，強調統制經濟的共產國家，新聞及

傳播事業以思想宣傳爲主要任務，而且必須受到嚴格監督。

　　一般而言，我們大多從負面角度來看待巨觀層面的影響。譬如，論及新聞的政治控制，總會聯想到媒介背後的黨政黑手，和種種洗腦、愚民的方法；而關於傳播的經濟控制，也多少離不開資本家或帝國主義者的貪婪嘴臉，以及欺凌、剝削弱勢的惡行醜態。宏觀論述經常將自由和控制對立起來，致使政經文化的控制往往流於否定新聞傳播的自由運作一途。同樣情形，還可見於「新聞室社會化」的討論內容，也多半是側重老闆掌控、工作者缺乏專業自主性的負面描述。但是，報業的政治控制不也有正面、積極的目的和效應⑪？經濟的自由運作／廣告收入還曾經協助（美國）早期報刊脫離「政黨報紙」（party press），而取得獨立自主的地位。同樣的，國內公共電視台人員眞要能夠遵守「新聞製播公約」，那麼，「新聞室社會化」非但不是自主權的淪落，反倒是專業理念的陶冶和學習。

　　所以，在二十一世紀即將到臨的此時，關於傳播控制的宏觀論述，或許也該擺脫諸如「資本主義／經濟控制vs. 共產主義／政治控制」的冷戰老調了。

㈡微觀面

　　媒介外的新評會、閱聽人，以及傳媒組織內部的新聞工作者、專業規範、職業團體和刊物等控制形式，通常都是對於政經文化的負面影響的回應。換言之，微觀的媒介控制形式意味著制衡、矯正，所以學者以「改善大眾傳播的環境，增加媒介的正面表現或閱聽眾解讀訊息的能力」等語，來肯定閱聽人和新聞傳播工作者的反制力量（馮建三，1997：706）。但個人或集體對媒介的控制，往往是在「權益受損」之後才開始動員，所以顯得較爲被動、消極。此外，

由於閱聽人多缺乏組織，不瞭解傳媒的運作，並且低估自己的力量，公眾控制反而效果不大。

　　接著，底下依序說明新評會、閱聽大眾，以及合併媒體工作者、專業規範、職業團體和刊物而成的自我控制，在台灣的實踐與相關問題。

二、新評會vs.閱聽人vs.自我控制

(一)新評會

　　1953年成立，自1960年代起全力發展的英國新評會，不但贏得其本國媒體的「敬畏、尊重與服從」，也是世界各地新聞評議組織的典範；但以「社會責任論」為基礎，出現於1973年的美國「全國新聞評議會」（National News Council），卻因為經費有限、傳播媒體冷漠及本身的知名度不足等因素，在1984年即宣布停止運作（Altschull, 1955: 142-143；Dominick, 1994: 457）。從英、美兩國新評會的迥異命運，我們確知：光憑「制衡傳播媒介、推動新聞自律或維護大眾權益」之類的口號，未必擔保得了評議團體的存續發展。我國新評會的表現與成效又如何？戒嚴時代，「中華民國新聞評議委員會」及其前身，大概和黨政軍媒體的屬性相去不遠。解嚴、報禁開放之後，新評會透過製作／提供三台聯播的「新聞橋」節目，理當累積了一定的社會知名度。諷刺的是，除了早期新評會張秘書長提出的組織、經費等問題外（轉引自戴華山，1982：291-196），該會還不時引發爭議，也多少損及了自身形象⑫。有關新評會的種種事

端，其中最嚴重的莫過於其公信力始終低落：遠的如民國78年9月，
《銘報》調查發現，國內電視台和報社新聞部門主管，對於該會的
公正性評價並不高（周世珍，1989）；新近像是「記協」去年公布的
統計顯示，在一千位受訪記者當中，近六成認為該會的評議沒有或
相當沒有公信力（鍾起惠，1997）。而一個欠缺公信力的新聞評議組
織，就好比「問題裁判」──對球員和觀眾而言，比賽已經失去意
義。

　　此外，國內傳播媒體多是當初籌組新評會的各職業團體的會
員，就算違反「自己」制定的章程，既不會遭受處分，也不必擔心
生存空間受限；如此，新評會的效力自然七折八扣（凌谷聲，1989；
楊志弘，1990；羅文輝，1994：204-205）。已逝的新評會潘煥昆主任
委員即坦言：「各新聞事業，並不很重視新聞評議會的裁決和功能」
（新聞編輯人協會，1988）。

　　針對新評會的作為與表現，資深新聞人司馬文武甚至認為它「在
新聞界根本未受到尊重，也未建立任何聲望……實際上也沒有人期
待這種團體能發揮什麼影響力」（1989）。媒體工作者諸如此類的心
聲，在民國86年5月間，更因為新評會一篇針對FM2強姦藥片報導的
評議文而點燃引爆。當時，幾位立法委員特地舉辦公聽會；會中，
記者代表與傳播學者非但推翻新評會的裁決，反而指出該會「地位
模糊、功能扭曲」，並且建議改組，或乾脆由媒體、學界另外成立新
的評議組織（羅如蘭，1997）。

　　由此看來，具體制裁權的有無，其實並非本地新評會稱職與否
的關鍵因素。正如同英國新聞評議組織，雖然不具備強制處罰的權
力，卻是一個能夠發揮效用且頗受好評的媒介控制團體。目前，經
過人事重組之後，國內第九屆新聞評議會能否展現新氣象，仍然有
待觀察。但可以確定的是，新評會如果有心贏得媒體、新聞傳播工

作者以及社會大眾的認同與支持，似乎得從自我檢討做起。

(二)閱聽人

報章雜誌的讀者和廣播電視的觀、聽眾，得以個別或集體力量，訴諸經濟（如拒絕聽看購買、停止訂閱）或政治手段（如要求國家政府修訂法令或嚴格執法），來左右大眾傳播的運作表現。前面提及，這種閱聽人對媒介的影響又稱為「公眾」或「壓力團體」的控制。

在市場導向的傳播體系當中，閱聽人既是媒介營生獲利的主要來源，當然也可以形成一股制衡傳媒的強大力量。國內多位學者就表示，公眾或消費者團體是最基本的、重要的，並且是比較積極有效的媒介控制方式（楊志弘，1990；潘家慶，1991: 51-52；羅文輝，1994：211）。雖說如此，閱聽人控制的先決條件是，個人／大眾必須具備媒介常識，並且還要能夠自覺、團結，才能夠進行真正有效的控制。反之，社會成員如果缺乏「媒體識讀教育」和公民意識，閱聽人的力量根本無從產生和凝聚，遑論改善傳播活動了！

其次，就公眾與媒體的互動而言，閱聽人若能聯合傳播工作者並進，非但更能瞭解傳媒的弊端，還可以降低媒介抗拒改革的心理。不過，必須注意的是，公眾控制團體的經費如果是來自於被監督的對象，就好比國內新評會、廣電基金會等接受傳播媒體的資助，則制衡功能難免有所局限（馮建三，1997：713）。

近年來，隨著政經環境的開放、新科技的發展，和傳播教育的精進普及，本地大眾（和新聞工作者）多少也開始意識到：唯有做個耳聰目明的閱聽人，方能擁有主體性，也才不會成為媒體掌控者恣意擺弄的傀儡。而面對陸續成立，標榜服務公益的團體如「電視

文化研究委員會」、「媽媽監督媒體基金會」等，我們在旁加油打氣，甚至投身參與之際，也應該考慮如何能夠讓它們真誠地為大眾服務，而不僅僅是少數人吸收社會資源，圖謀個人名利的工具而已⑬。

㈢自我控制

所謂自我控制，就是媒體和新聞傳播從業人員自動自發地規律自己，以提升新聞專業道德、履行媒介社會責任，同時避免外力（政府）的介入干預。所以，新聞媒體的自制、自律正是民主的象徵。在實務運作方面，自律代表媒介工作者有著自我改善的動機，再加上深切瞭解本身的問題，因此也是一種最理想、有效的媒介控制方式（潘家慶，1991：185-186)。綜上所述，媒體及專業工作者的自律，可以說是眾望所歸的傳播控制方式。

民國86年3月下旬，行政院蕭院長在中國新聞學會會員大會中致詞表示：「（本人）更相信新聞專業人員基本上是社會菁英和高級知識份子，具有反思和自省的能力，有較乎一般人更多的自律及道德勇氣，將能有效改善媒體偏頗的情形……並發揮自律功能」（《新聞鏡》編輯部，1988)。但一個月以後，本地四家無線電視台及TVBS、東森等媒體，卻由於犯罪新聞處理不當，分別遭到新聞局輕重不等的罰款處分（TVBS還因為「前科」記錄而被加重處罰；見楊文徵，1998)；到了5月，新聞局長還進一步召開會議，商討影視和新聞節目的淨化問題。從新聞局的連串動作來評估，蕭院長對於「社會菁英和高級知識份子」的信心可能不符實際。國內新聞傳播從業人員之缺乏反思和自省能力，也明顯地反映在部分記者視接受招待、贈禮，甚至於拿紅包為理所當然的現象上（見馮建三，1997：671-672；林照真，1997)。這些新聞傳播工作者何以無能自律？直接的原因，

應該是工作環境裡的同事、上司和老闆的影響，也就是所謂的「新聞室的社會控制」。再往外推演，則可以說是扭曲的社會文化誤導所致。仔細想想，混淆的價值觀固然「教唆」白曉燕命案的兇嫌們闖下滔天大禍。但我們也還可以進一步思考：又是何種價值觀，促使那群爭相訪問陳嫌的電視新聞從業人員，「集體演出這一場荒腔走板記者SNG現場加主播秀的野台大戲」⑭？

專業工作者除外，道德規範、職業團體與出版刊物等的自我控制效果又如何呢？《中時晚報》黃總編輯的看法是：「要求媒體自律又顯不易，至於訴諸倫理道德或社會責任，亦恐陳義過高，難期生效」（《新聞評議》傳播資源組，1998）。事實上，國內傳播學者多年前就已經指出，本地記者公會、廣播電視業協會等團體的形式勝過實質，並未發揮自律和其他應有的功能（徐佳士，1997：75-77；潘家慶，1991: 187）。因此，相對於過去的「歷史產物」，民國84年青年節當天誕生的台灣第一個新聞自主團體「記協」，以及「記協」日後制定通過的「新聞倫理公約」和出版的自評刊物《目擊者》，在媒體及專業工作者的自律表現上，或許更值得社會大眾期待。

結　語

縱觀中外歷史，政治掌握新聞報業的痕跡清晰可見；晚近，經濟對傳播的控制，雖未必那麼明顯易察，卻頗有後來居上之勢。在全球經濟的資本化浪潮中，企業財團和跨國公司正逐漸取代國家政府，成為大眾傳播事業的主宰者。商業力量抬頭，意味著傳媒擺脫了往昔的政治束縛，然後呢？（台灣新興的有線電視市場景況或許

提供了部分答案）另方面，政府依法規範大衆傳播事業，以維護公益的舉措仍屬必要。只是，在自由市場裡，人民對於政治介入新聞傳播活動一直存有相當疑慮，而法令脚步又遠遠跟不上新科技的發展；所以，政府作爲傳播控制者，其角色是既尷尬又無力，能夠提供給社會大衆的保障難免有限。

在媒介組織的內部控制方面，老闆、上司的立場或行事作風所產生的無形壓力／影響，可能遠超過道德規範、專業團體或政經文化等的力量。這種局外人不易觀察的「新聞室的社會控制」，更值得閱聽大衆去體認深思。畢竟，多數人總會爲五斗米折腰，新聞傳播工作者又何嘗例外。至於媒介及從業人員的自律，除非報社電台老闆（和手下的專業工作者）比其他行業人士，具備較高的道德感與自制力，否則我們實在不必有過多的寄望。話說回來，造成新聞傳播工作者渲染色情暴力的「利潤掛帥」主義，和社會「金錢至上」的價值觀原本就是同一回事。如果社會上少些汲汲營營的風氣，新聞傳播媒體大概不敢明目張膽地製造垃圾、污染環境吧！

更重要的，閱聽人應有自覺：我們不該是一群任由傳媒操弄擺佈，或是只會盲從尾隨的烏合之衆。恰恰相反，你、我既爲大衆傳播的消費者，也就是明星主播、廣告專家、偶像歌手、紅牌主持、百萬導演一干人等的「衣食父母」，理當表現得像個發行量、收視率或票房記錄的定奪者，而不是傻到成爲媒介大亨口中「隨意揀食的笨蛋」（Hiebert et al., 1991: 472）⑮。

大衆傳播媒體就是權力的資源，要制衡媒介濫權，閱聽人首先必須認清傳媒的本質，並且具備質疑批評媒介訊息的能力。如此，再集結政治、教育、公衆團體等力量，並且配合媒體從業人員的檢討反思，我們必然能夠有效控制大衆傳播的運作和表現，達到保障個人利益、維護社會整體公益的目標。

註 釋

①根據《韋氏英語百科詳解字典》的註解說明，"control"、"manage／management"、"regulate／regulation"三者，實為可以相互代用的同義詞（見Webster's Encyclopedic Unabridged Dictionary of the English Language, 1986: 318-319; 869-870; 1209）。

　　而中外的傳播研究著述，亦不乏混用三個詞項的行文筆法：例如，宣偉伯舉「新聞室的社會控制」作為媒體「管理」的例證(Schramm, 1973: 143)，朱立 (1981)、Altschull (1995：49) 也分別表明，「控制」和「管理」同屬一回事；McQuail (1994：414) 則平行看待「控制」與「媒介的規約」 (regulation of media)，Bittner(1985：340)論及「聯邦傳播委員會」(Federal Communications Commission)的功能職掌時，並用「控制」與「規約」二詞，而Hiebert (1991：91) 等人編寫的大眾媒介入門教材，亦採取類似筆法。另外，就中文文義而言，也有學者將"regulate"／"regulation"譯稱「管理」、「管制」，或等同使用 (熊杰，1995：15；鄭瑞城，1993；艸光武，1993)。另外，在政治大學傳播學院研究中心彙編「傳播與法律系列研討會㈣」論文而成的《廣電媒體的非常管理》一書當中，多篇報告亦分別使用「控制」、「規約」或「管制」等，來討論新科技和廣電媒體的管理。

　　又，依照《文馨當代英漢辭典》，"control"指「以規則等制約嚴加控制與支配」，"manage"為「具有權限者巧妙運用人心及用心處理細節以達成目的或經營事業」，"regulation"則是「某集團或組織，根據其權限規定的一般規則」（曹逢甫等，1985：837、900）。

②國內實例，可見鄭瑞城 (ibid.)、艸光武 (ibid.)、彭芸 (1994)、熊杰

(ibid.) 等有關廣電媒介的研究著述。至於印刷媒介方面，"regulation"的使用雖不多見，但也並非全無往例，如R. G. Picard即以該詞來說明德、義兩國對於報業所有權及報紙價格的介入干預 (1985：107-108)。

③關於世界各地新聞報業源流演變的詳細討論：中國部分，見賴光臨 (1983)；台灣部分，見陳國祥、祝萍 (1987)；英、美兩國，見李瞻 (1993)。

④民國87年5月4日，「國際記者聯盟」(International Federation of Journalists) 大會於巴西召開，會長在開幕致詞時，抨擊中國政府不准記者自由結社一事 (蘇正平，1998)。大約同時，美國人權組織「自由之家」(Freedom House) 發表「1998年世界各國新聞自由程度調查報告」：在全球一百八十六個國家當中，中國連續第二年被列為「新聞完全不自由國家」(中國新聞學會，1998)。

此外，同年6月下旬，中美領袖高峰會議前夕，中國政府拒絕了「自由亞洲電台」三位記者的入境簽證。針對該事件，美國柯林頓總統臨行前還嚴詞譴責中方的作法。而且，關於柯林頓的行程活動，大陸官方也曾對台灣記者的採訪嚴格限制。

⑤在同份調查報告中 (見上註)，台灣則連續兩年被列為「新聞完全自由國家」。不過，評比的標準不一，本地倒也有學術或實務界人士認為，當前台灣新聞自由的狀況，改善有限或甚至於「還遠得很」(馮建三，1997：557；田習如，1998)。

⑥有關「公共利益」的討論，另參見彭芸 (1994：178-185)。

⑦針對媒介內、外部控制的劃分歸屬，由於各家學者著眼點未必相同且筆法有別，再加上種種控制力量事實上可謂交錯重疊，因此，並無一致性可言。例如，我國新聞評議會既被視為媒介外的公眾控制，也還可以是媒介的自我控制 (參見朱立，1981；戴華山，1982：245-246；潘家慶，1991：185-188；羅文輝，1994：204；馮建三，1997：713)。至於廣告

對傳媒的影響，則分別被列為「壓力團體」（錢震，1986：65）、「廣告」（朱立，ibid.；彭家發，1997），或「經濟」（潘家慶，1989；Dominick, 1994: 451）的控制形式。

⑧關於四大報業制度下的媒介控制舉措和歷史演進，國內一般的新聞學基本教科書，如李瞻教授的著作《新聞學》或《世界新聞史》，皆有詳盡介紹。必須附帶說明的是，西伯特等學者合著的《報業四論》（*Four Theories of the Press*）固然為美國和台灣新聞傳播科系的教學重點內容之一，但加拿大學者D. W. Smythe卻指出，該書考據引證不足，其中存在甚多錯誤處（轉引自馮建三，1995）。

此外，McQuail曾於1983年提出「發展」（development）和「民主參與」（democratic-participant）新聞報業理論（McQuail, 1994:131）；但就控制形式而論，前者不脫政府控制，後者則屬個別的閱聽人和公眾／壓力團體的控制。

⑨早於民國86年年中，當時的新聞局局長李大維即曾經指出，國內出版法規的不符時宜處。次年8月，新任的新聞局程建人局長，則明確表示傾向廢止出版法；9月下旬，行政院院會正式通過廢止該法，並函送立法院審議。

《中國時報》則分別於87年8月14日和88年1月3日，刊出〈廢止出版惡法，維護言論自由〉、〈二十世紀結束前，儘速廢止出版惡法〉兩篇社論，呼籲政府及早廢止出版法。

⑩H. Geller的談法稍有不同：有關印刷媒介侵犯隱私、誹謗或違反著作權等的內容，仍然存在其他法令的規範約束（轉引自彭芸，1994：170-171）。

⑪關於國家政府管制新聞媒介的正面、積極的效用，請參閱陳雪雲（1996）。

⑫「新聞橋」首集的急促推出與聯播方式，曾經引起相當大的爭議。當時，

任教於師大的羊憶蓉教授即質疑：「最近新出來一個三台聯播的節目，聽說是新聞評議會表達新聞界『自律』的苦心，要廣大觀眾『強迫收看』來一同分享，也算奇特的現象了。」（羊憶蓉，1989）關於新評會其他爭議，還有：並非傳播製作公司卻可以製作「新聞橋」節目、未依法補登記的非法社團身分、三台聯播「新聞橋」有違公平交易法、不遵循自身規章的行事作風等處（潘富堅，1989；陳彗瑛，1989；徐紀錚，1994；龔濟，1997）。

　　此外，「新聞橋」的功能固然受到肯定（見凌谷聲，1989），但也有傳播學者批評該節目「只會講一些技術層面或表象媒介倫理的東西」（郭力昕，1998）。

⑬這樣的顧慮並不少見：以改組前的新評會為例，學者專家就同聲表示「主事者身分令人有政治色彩的聯想，並不適當」（羅如蘭，1997）；甚至，中研院瞿海源教授更直接指出，該會「由特定人士把持，功能完全喪失」（羊曉東，1997）。

⑭引句摘自金溥聰（1997）。

⑮原文為"Give the fools what they want..."

複習重點

1. 請舉國內大眾傳播事業為例說明：傳媒各有那些講求公益與營謀私利的表現？

2. 傳播媒體的內、外控制形式有那些？試分別舉例配合說明。

3. 請列出四大新聞報業制度下的媒體控制方法；你個人比較欣賞那一類的控制法？為什麼？

4. 你對媒體自律有何看法（意義、效用等）？

5. 請問：國內有那些公眾團體在從事控制媒介的工作？試說明它們的具體目標與成效。

6. 傳媒的本質是什麼？閱聽人如何能夠具備批判媒介的能力？

參考書目

一、中文部分

1.書籍類

王振寰 (1993)，〈廣播電視媒體的控制權〉，收於鄭瑞城等合著《解構廣電媒體》，台北：澄社，頁75-128。

朱立 (1981)，〈大眾傳播的控制〉，收於朱立《傳播拼盤》，台北：時報，頁181-208。

李金銓 (1990)，《大眾傳播理論》，修訂六版，台北：三民。

李瞻 (1990)，《新聞學》，十版，台北：三民。

李瞻 (1993)，《世界新聞史》，增訂十三版，台北：三民。

林子儀 (1992)，〈新聞自由與事前限制〉，收於翁秀琪、蔡明誠主編《大眾傳播法手冊》，台北：政大新聞研究所，頁31-52。

林東泰 (1987)，〈新聞的產生過程〉，收於鄭貞銘等編著《新聞與傳播》，台北：空中大學，頁277-287。

教育部重編國語辭典編纂委員會 (1981)，《重編國語辭典》，台北：商務。

政治大學傳播學院研究中心 (1997)，《廣電媒體的非常管理》，台北：政大。

徐佳士 (1997)，〈記者應重組公會〉，收於徐佳士著《冷眼看媒體世界》，台北：九歌，頁75-77。

陳鳴 (譯) (1986)，《現代管理入門——細說管理實務》，台北：志文。

陳國祥、祝萍 (1987)，《台灣報業演進40年》，台北：自立晚報。

曹逢甫等 (主編) (1985)《文馨當代英漢辭典》，台北：文馨。

馮建三 (1997)，〈現象新聞學〉、〈社會新聞學〉兩篇，收於彭家發
　　等編著《新聞學》，台北：空中大學，頁551-728。

彭芸 (1994)，《各國廣電政策初探》，台北：廣電基金會。

彭家發 (1997)，〈大眾傳播媒介的管理理論〉，收於彭家發等編著
　　《新聞學》，台北：空中大學，頁167-198。

鄭貞銘 (1980)，《大眾傳播學理》，三版，台北：華欣。

鄭瑞城 (1993)，〈頻率與頻道資源之管理與配用〉，收於鄭瑞城等合
　　著《解構廣電媒體》，台北：澄社，頁1-73。

熊杰 (1985)，《電子媒介基本法專題研究計畫報告》，行政院新聞局
　　委託學術機構研究報告，台北：世新傳播研究所。

潘家慶 (1989)，〈突破新聞自由的非政治因素〉，收於潘家慶《發展
　　中的傳播媒介》，再版，台北：帕米爾，頁81-87。

潘家慶 (1991)，〈誰來制衡新聞媒介〉、〈媒介成員自律比公眾控制
　　更好〉，收於潘家慶《媒介理論與現實》，台北：天下文化，頁51-
　　51、185-188。

賴光臨 (1983)，《中國新聞傳播史》，再版，台北：三民。

戴華山 (1982)，《大眾傳播的責任與自律》，台北：記者公會。

錢震 (1986)，《新聞論》下冊，修正七版，台北：《中華日報》。

羅文輝 (1994)，《無冕王的神話世界》，台北：天下文化。

2.期刊類

中國新聞學會(1998)，「自由之家調查各國新聞自由」，《新聞界》，
　　第105期，頁7。

田習如 (1998)，〈沒有資訊自由，哪來新聞自由〉，《目擊者》，第6

期，頁35。

司馬文武（1989），〈小朋友又有什麼錯？〉，《新新聞》，第126期。

林照眞（1997），〈媒體老闆vs.伙計記者〉，《目擊者》，創刊號，頁
20-24。

金溥聰，(1997)，〈白案激情過後──冷靜思考媒體角色〉，《新聞
評議》，第276期，頁18-19。

陳雪雲（1996），〈國家、媒體和民主參與〉，《社會教育學刊》，第25
期。

凌谷聲，(1989)，〈新聞傳播教育社會化──由「新聞橋」看「新聞
評議會」〉，《中央》，第22卷11期，頁95。

盛竹如（1995），〈恐怖的十月，電視人的最怕〉，《新新聞》，第448
期，頁56-61。

馮建三(1995)，〈史麥塞的學術與公共生活：介紹《逆時鐘》文集〉，
《當代》，第114期，頁12-17。

新聞編輯人協會（1988），〈加強新聞評議的功能〉，《報學》，第8卷
1期，頁19-20。

楊文徵（1998），〈罰款是不得已 期盼媒體自律〉，《新聞鏡》，第492
期，頁8-11。

《新聞評議》傳播資源組，(1998)，〈媒體報導犯罪新聞的倫理法律
及意涵〉，《新聞評議》，第282期，頁14-15。

《新聞鏡》編輯部，(1988)，〈媒體自律是新聞自由唯一規範 蕭院
長殷盼傳播事業自我要求〉，《新聞鏡》，第490期，頁6-7。

蒯光武（1993），〈電視事業管制的理由與形式：以英國電視政策爲
例〉，《新聞學研究》，第47期，頁63-83。

鍾起惠（1997），〈新評會缺乏公信力？〉，《目擊者》，創刊號，頁
18-19。

蘇正平 (1998)，〈台灣記協躍上IFJ國際舞台〉，《目擊者》，第6期，頁102-103。

3.報紙類

羊憶蓉 (1989)，〈從地震新聞說起〉，台北：《聯合報》，10月24日，第29版。

羊曉東 (1997)，〈立法規範採訪 媒體質疑〉，台北：《中國時報》，5月3日，第10版。

周世珍 (1989)，〈「各報及三台主管對新評會主動出擊反應」系列報導(一)〉，台北：《銘報》，10月，第1版。

郭力昕 (1998)，〈媒體看媒體養成集體的評議精神〉，台北：《中國時報》，6月27日，第47版。

徐紀琤 (1994)，〈三台想拆「新聞橋」？〉，台北：《中國時報》，12月15日，第22版。

陳彗瑛 (1989)，〈新聞評議會還是非法社團〉，台北：《自立早報》，10月21日，第3版。

張文輝 (1998)，〈拒絕電視電影色情暴力〉，台北：《聯合報》，5月14日，第26版。

楊志弘 (1990)，〈以閱聽眾的「眾律」加強新聞「自律」〉，台北：《首都早報》，2月6日，第6版。

潘富堅 (1989)，〈「新聞橋」緊急推出！評議會意在「橋」外〉，台北：《中國時報》，10月9日，第3版。

羅如蘭 (1997)，〈新評會功能扭曲 各方齊指責〉，台北：《中國時報》，5月15日，[版頁缺]。

龔濟 (1997)，〈新評會應按照自己的「憲章」辦事〉，台北：《聯合報》，6月17日，第11版。

《聯合報》（1998），11月6日，第4版。

二、英文部分

Altschull, J. H. (1995). *Agents of Power: The Media and Public Policy*. 2nd. ed. New York: Longman.

Berger, A. A. (1995). *Essentials of Mass Communication Theory*. California: Sage.

Bittner, J. R. (1985). *Broadcasting and Telecommunication*. 2nd. ed. New Jersey: Prentice-Hall.

Dominick, J. R. (1994). *The Dynamics of Mass Communication*. Updated ed. New York: McGraw-Hall.

Downing, J. et al. eds. (1995). *Questioning the Media*. London: Sage.

Hiebert, R. E., Ungruait, D. F., Bohn, T. W. (1991). *Mass Media VI: An Introduction to Modern Communication*. New York: Longman.

McQuail D. (1994). *Mass Communication Theory: An Introduction*. 3rd. ed. London: Sage.

McQuail D. (1991). *"Mass Media in the Public Interest: Towards a Framework of Norms for Media Performance"* in J. Curren & M. Gurevitch eds. *Mass Media and Society*. London: Edward Arnold. pp. 68-81.

Picard, R. G. (1985). *The Press and the Decline of Democracy: The Democratic Socialist Response in Public Policy*. Connecticut: Greenwood.

Rivers, W. L. & Schramm, W. (1969). *Responsibility in Mass*

Communication. Revised ed. New York: Harper & Row.

Schramm, W. (1973), *Men, Message, and Media: A Look at Human Communication.* New York: Harper & Row.

Sherman, B. L. (1995). *Telecommunications Management.* New York: McGraw-Hall.

Siebert, F. S., Peterson, T., Schramm, W. (1956). *Four Theories of the Press.* Urbana: University of Illinois.

O'Sullivan, T. et al. (1994). *Key Concepts in Communication and Cultural Studies.* 2nd. ed. London: Routledge.

Webster's Encyclopedic Unabridged Dictionary of the English Language, (1986). New York: Gramercy.

第 4 章

受眾：濾器與回饋

邱如美

內容摘要

　　現代社會的傳播媒介，種類繁多，性質分殊，皆屬空前。傳播媒介的發達，一方面是二十世紀微電子與通訊科技的大幅進步所致，更重要的原因是，各種傳播媒介的背後，各有其龐大受眾的支撐。從這一點來看，受眾對傳播媒介的重要性，不言可喻。

　　然而，在整個大眾傳播學的領域中，以受眾爲主體的研究，卻是一個新興的現象。推究其原因，固然與「受眾」這個課題的研究難度有關，同時也反應大眾傳播學由「宏觀」（macro）轉入「微觀」（micro），專業化、精緻化、甚至市場化的趨勢。畢竟，對傳播媒介的經營者而言，如何準確掌握、滿足受眾的喜好和需要即是一項複雜且重要的課題。

　　早期的傳播效果研究中，受眾被視爲對訊息照單全收的烏合大眾。隨著社會科學研究方法進入傳播學領域，受眾開始被學界根據同質、異質進行歸納，並做大規模的量化分析。這種轉變，也使得

效果理論由強轉弱,各家各派說法不一而足。進入二十世紀七〇年代,心理學派崛起,受衆的主動性開始被注意,繼而使得「回饋」成爲一個更具挑戰性的課題。

尤其當傳播科技的進步,使得傳播媒介與受衆之間的雙向互動越來越頻繁。受衆在大衆傳播中的主動性,隨叩應 (call-in)、對外連線 (call-out)、以及網際網路等傳播模式不斷增加。「受衆」本身必然將成爲解讀大衆傳播這個「黑盒子」的關鍵之一。

前　言

　　在我們的生活中，受眾影響傳播媒介的例子比比皆是。像政府解禁，開放廣電頻道後，短短數年，台灣就冒出十個以上設有新聞部的電視頻道，而且競相投下大筆資金，以SNG（衛星實況轉播，satellite news gathering）做號召。要解讀這種現象，最主要也最關鍵的就是，SNG能刺激受眾的收視率，而收視率又等於電視台的廣告議價實力。一路推來，誰在左右電視新聞的發展與表現，答案其實已經呼之欲出。

　　同樣的，二十世紀九〇年代的台灣報紙充斥著如資訊、閱讀、旅遊等專刊（special edition），一家推出，競爭者馬上跟進。這些動作的背後，實際上是平面媒體推陳出新，滿足讀者的興趣與需求的多樣化。

　　傳播媒介獨步全球的美國，這種情況更是明顯。哥倫比亞廣播公司（CBS）的新聞節目能從沒沒無聞，搖身變為六〇至八〇年代的收視率盟主。根據研究發現，原因是該公司新聞部總裁沙蘭（Salant）獨排眾議，堅持訂定內規，嚴格限制記者報導新聞時必須不偏不倚，不得夾議夾敘（Schaefer, 1998: 3）。沙蘭這項內規震動CBS新聞部和廣電新聞界，因為當時的廣電媒體，雖然高唱社會責任，卻是口惠不實。可是，從CBS新聞的收視率扶搖直上可以看出，沙蘭打破當時廣電媒體積習的一著棋，確實搭上民眾需求的列車。

　　這種投民眾所好而起的效應，也出現在八〇年代的CNN（有線

電視新聞網）身上。1981年成立的CNN，面對三大電視網，卻能脫穎而出，關鍵在於沒沒無聞的CNN表現出截然不同於三大電視網的企業文化。它的記者無論穿著、容貌、報導新聞的遣辭用字，都有別於逐漸與政府、企業合流，高高在上的三大電視網。這樣的企業文化又隱約契合美國社會文化的變動。CNN甚至贏得一個「人民新聞網」（The People's Network）的封號（Boyer, 1998: 33）。

更重要的一點是，儘管微電子與通訊科技發展到空前的地步，天空的人造衛星與海底的光纖電纜，幾乎已經將整個世界變成「地球村」，但是《經濟學人》調查發現，觸角遍及全球的國際性傳播媒體在製作節目和新聞時，卻有地區化（regionalization）和本土化（localization）的趨勢。目的無他，優先滿足當地受眾的需求和取向。

另一方面，由於後工業社會的形態，現代人的作息已經不再絕對的朝九晚五，固定在一定時間收看新聞或特定節目的傳統作法也在迅速消逝，明顯出現傳播媒體努力進行自我調適，以配合社會脈動中受眾生活形態的變化。

受眾的重要性不難理解，但是對大眾傳播學而言，受眾的本質與特性，卻充滿不確定性。要回答「受眾」是什麼？我們必須先回到傳播學界如何定義受眾。

受眾的定義與特質

人類傳播的歷史演進，根據傳播學者麥克魯漢（Marshall McLuhan）的分析，可以分成口語傳播、文字傳播、印刷傳播和電

子傳播四個時期。人類開始大眾傳播的活動，又是因為印刷媒體如書籍、雜誌、報紙相繼問世，資訊得以大量且突破時空限制進行有效傳播。進入二十世紀後，科技的發展帶動電影、廣播、電視等傳播媒介的蓬勃發展，使得人類進入名副其實的大眾傳播社會。

在大眾傳播媒介的演進過程中，所謂的受眾（audience）是從早期的報紙或雜誌讀者，一路延伸、擴張到電影觀眾、電視、廣播、有線電視等媒體的觀眾或聽眾，直到九〇年代，網際網路的使用者也都涵蓋其中。受眾的組成份子不但複雜，流動性也很大，甚至同一受眾還可能同時使用多種媒體。當然，受眾的版圖也隨之一變再變。

媒體受眾的概念離不開現代社會中人們互動的本質。儘管如此，在討論整個大眾傳播最重要的一環——受眾時，演變過程卻相當曲折。簡單的說，經過工業革命的洗禮後，人類社會開始有大眾（mass）與公眾（public）之區別。一般說來，大眾是工業化社會中，互不相識、不相聞問的個人所形成的龐大集合體，並且在實質上近似於群眾（crowd），彼此間缺乏正式的組織規範。公眾則是有共同目標與認知的人們，透過相同的形式組織而成，並自由參與一些公共議題的討論，成為民主政治中的重要元素（McQuail, 1997: 6-7）。

受到價值與風氣的影響，二十世紀初期，也正是人類意識形態狂飆的年代。在這種社會氛圍影響下，學者對受眾的看法，其實是有選擇性，並且明顯帶有價值取向。這種態度也使得早期有關受眾的討論，更偏向公眾而非大眾。因此，當1922年，美國最有影響力的專欄作家李普曼（Walter Lippmann）發表《民意》（*Public Opinion*）時，他有興趣探討的媒介受眾，其實是針對政治、經濟等民主政治重要議題的受眾反應。從這個角度出發，李普曼因此說，

人類有將認知簡化為單純類別的傾向，以各種參考架構，辨認外在世界。傳播者則是按照他們腦中的圖像和對受眾的刻板印象（stereotyping），來報導新聞（徐佳士，1987：93-94；曾虛白，1987：54-56）。

在國內，最早探討受眾相關課題的學者是曾虛白。他對「民意」的定義是，民意是相當數量的人對公民重要問題發表其主張的綜合。這種看法明顯受到李普曼的影響，偏重公眾與民主政治的關係，而缺少進一步對大眾傳播媒介與受眾之間的討論（曾虛白，1987：74）。

問題是，大眾傳播媒介所涉及的領域，絕不只限於政治或公民社會。大眾傳播媒介所傳達的訊息，從政治、經濟、教育、藝文娛樂到宗教，幾乎無所不涵蓋。由此看來，大眾而非公眾，更容易與大眾媒介掛鉤，並形成互動。而大眾傳播媒介與受眾之間的關係，也不能從所謂的公民生活的表現來看待。因此，當標榜價值中立的社會科學方法大舉進入傳播研究領域後，學界探討「受眾」的課題時，明顯脫離了「公眾」的討論，轉而進入價值取向比較淡薄的「大眾」的領域。

一般說來，身處於大眾傳播中的受眾既難以捉摸，又隱名埋姓。數量龐大的受眾整體既不受任何規範約束，成員也不斷變動。不過，受眾基本上必須是實際使用特定媒介、取得訊息的一群人。換言之，受眾是由參與大眾媒介傳播過程的讀者、聽眾或觀眾組成的集合體。此一廣義的受眾通常具有以下幾種特質（Hiebert et al., 111-113）：

■ 受眾的人數龐大

相較於人際傳播，大眾傳播的訊息接收者人數極大。當然，對

不同的傳播媒體而言，受眾規模的大小並無一定標準。對出版業而言，張大春的《大頭春的少年週記》賣出二十萬本，在文學性書籍中，已算是擁有很大的受眾群體；《EQ》的中文版在一年內銷售超過六十萬冊，更是前所未有的記錄。不過，無論《大頭春的少年週記》或《EQ》的賣座數字，如果從「包青天」等黃金時段的電視節目看來，其實是很小的。

■受眾的異質性高

同一媒介的受眾成員可能具有不同的社經地位、性別、年齡或生活型態。電影「鐵達尼號」的受眾就包括了上班族、銀髮族、大學教授、兒童等各社會階層的觀眾。1981年，透過衛星觀看英國戴安娜王妃與查理斯王子世紀婚禮的全球觀眾，異質性就更難以列舉。即使專業性雜誌可能有很明確，而且同質性極高的受眾目標，這些受眾仍可能偏好不同的八點檔連續劇，或不同的廣播節目。

■受眾往往是不知其名的個人

媒體傳遞訊息的速度之快，範圍之廣，足以讓傳播者無法預先得知真正接收訊息的受眾是誰。比方說，影星成龍並不認識正在觀賞他最新影片的影迷；新聞記者通常也不知道誰閱讀過他的報導。

■構成受眾的個體大都具有某些共同經驗及類似的社會人際關係

儘管如此，受眾在媒介和訊息的選擇上，仍有個人習慣或偏好。例如，台北愛樂電台的聽眾，基本上都偏好古典音樂，不過，他們在收聽節目時，還有個人口味和方便與否的區別。政治立場不同的報紙也會分別吸引政治傾向類似的讀者群。但是，受眾成員本身依然是傳播過程中一個獨立思考的個體（McQuail, 1997: 79-82）。

■受衆與傳播者在時空上是分隔的

媒體訊息的製作通常需要時間，例如，人們觀賞電影或聆聽歌星專輯時，其實距離訊息製作當時或演出現場都相當遙遠。即使傳播科技已經讓電視現場直播成爲可能，受衆與傳播者在時空上還是無法完全一致。至少，演員或歌手們無法立即感受到電影院裡的哄堂大笑或噓聲四起。

事實上，隨著傳播科技的發達，社會分工愈細，受衆的面貌變得越來越複雜。受衆的界定，除了依照媒體的技術層面分爲電視觀衆、廣播聽衆、報紙或雜誌讀者等，還可以根據傳播過程的其他要件，做更進一步的區隔。例如，媒體涵蓋區域（社區報或全國性報紙的讀者）、使用媒體的時間（八點檔或午間連續劇的電視觀衆）、特定受衆特質（兒童節目或成人節目的觀衆、女性雜誌讀者等）、訊息內容（偵探小說迷、電視連續劇觀衆、爵士樂迷）等。當然，同一個人也可能出現跨媒體擷取資訊的傳播行爲，或隸屬於一種以上的定義範圍（McQuail, 1997: 2）。比方說，一位公司主管平日收看國內三家電視台節目，也是CNN全球報導的忠實觀衆，他同時也是金庸小說的讀者。

因此，在研究大衆傳播行爲時，大衆事實上還可以再區分爲更明確的小衆或分衆。不過，要正確瞭解受衆的傳播行爲，基本上，我們仍必須更精確地從受衆本身接收訊息的行爲反應來思考。

效果研究中的受眾

　　超過半世紀的時間，學界研究大眾傳播的焦點鎖定在媒介效果。效果理論中一個很重要的部分，就是受眾接收傳播媒介訊息的行為。這就出現一個很重要的問題：為什麼大眾接收媒介的訊息？他們又如何「接收」這些訊息？在討論這個課題時，學界看法眾說紛紜。原因是他們各有不同的出發點。例如，有些學者專注於閱聽人對特定媒體的態度，有些則企圖瞭解閱聽人使用媒體的形態，更有人拉高視野，希冀瞭解傳播體系的影響與閱聽人行為的關係。這些問題彼此之間可能沒有交集。事實上，相同問題如果探索的觀點不同，也可能有不同的答案。

　　如同本章前言中所提到的，如果受眾能左右傳播媒介的興衰勝敗，關鍵就在於受眾如何攝取傳播媒介的訊息。更簡單的說，在傳播過程中，受眾究竟是站在哪個「位置」（position）。為了避免與傳播效果的討論重疊，本節將著重於「被動的受眾」以及「主動的受眾」兩個面向。

一、被動的受眾

　　一般說來，學界在討論受眾接收傳播媒介訊息的態度時，最早是朝「被動」接收的角度思考。如1940、1950年代流行的「子彈理論」、「注射針理論」、「刺激／反應理論」。這派觀點認為，媒介的威

力強大，要向誰傳播什麼樣的訊息，受眾只有被動接收的結果。在這派觀點中，受眾被視為一群不知名的烏合之眾。受眾成員來自各行各業、各種社會階層，彼此很少接觸，組織鬆散。因此，大眾傳播媒體就像一把注射針或子彈般，可自由地把訊息注射到這群疏離的群眾，或把受眾看成一排不相連的靶子，隨時被媒介發出的訊息影響（李金銓，1980：107-108）。

儘管後來「兩級傳播」等理論問世，推翻了媒介對受眾有直接效果的觀點。但如果從媒體宣傳常用的手法像戴帽子（如台奸、漢奸等二分法的名詞）、無法證明的美好價值（如新好男人）、角色轉換（如選民就是「總統的頭家」）、貼標籤（如選舉廣告攻擊對手必然要找對他最不利的事實，如「貴賓狗」與「土狗」）等事例看，直到今天，仍有不少設計訊息的人相信，有些訊息能夠打動受眾的心理，進而改變他們的態度，達到訊息所預期的效果。

從現實的角度看，「被動的受眾」的思考，並不能解讀一些事實存在於傳播媒介與受眾關係的現象。譬如說，某個電視台的新聞或節目時段，可能長期保持高收視率；有些時候，一個高收視率的電視節目下檔後，銜接的節目仍能持續維持高收視率，形成傳播學中所謂的「慣性收視率」或「繼承觀眾」等效應。作為接收訊息的受眾，在傳播過程中，究竟是種什麼樣的態度呢？為了讓這個問題得到更滿意的答案，傳播學者朝受眾的各種特質思考，進而形成「主動的受眾」的觀點。

二、主動的受眾

所謂「主動的受眾」，強調受眾在接收媒體訊息時，不僅不被

動，也不逆來順受，反而是積極主動地去搜尋訊息，以解決問題，滿足需要，甚至有藉訊息強化信仰的傾向。從這個觀點來看，受眾基本上是功利的，會選擇訊息，如果碰到他有興趣的訊息，他也會主動因應。更重要的是，受眾接收訊息的行為，不但受動機的影響，也反應個人的興趣和嗜好。

在各種傳播效果理論中，最能代表這種觀點的就是1974年，由布蘭默（J. G. Blumber）與凱茲（E. Katz）共同提出的「使用與滿足」理論（uses and gratifications theory）。在這個理論中，凱茲等認為，受眾使用傳播媒體，主要是為了獲得「報償」（reward）。他所追求的報償可以是即時的，也可能延後出現。這意味受眾其實有能力分析傳播媒介所提供的訊息，即使是全盤接受，也是出於自我的內在動機，而非完全為媒介訊息所左右（彭家發，1997：381）。

因此，當1938年，美國一家廣播電台播放「火星人進攻」（The Invasion from Mars）的訊息時，雖然引發眾多聽眾的恐慌，但並非所有人都有同樣反應。國內各種選舉進行期間，傳播媒介大量的候選人報導，可能只是強化、活化、轉化受眾的預存立場，而不能完全改變他們的態度或行為。甚至，密集打著「You Can Make It」塑身廣告，可能造成成千上萬的女性砸下銀子，漂亮一下，但還有更多女性天天看著這則廣告，卻不為所動。閱聽人行為的動機，顯然與大眾傳播媒介的訊息不直接相關。

三、受眾接收、解讀訊息的機制

從現實情況來看，受眾在面對大眾傳播媒介時，並非全然孤立無助的。他們隸屬於各種社團，一方面保護團體價值或規範，另一

方面也受團體的影響和約束。要進一步瞭解受眾對媒介訊息的態度，還要看這個閱聽人是誰、所屬團體、年齡、社會地位、宗教信仰等其他社會性因素。換言之，受眾與傳播媒介之間存在著一些緩衝體（buffer）和過濾器（filter）。這些機制會將傳播媒介的訊息加以解釋、扭曲或壓制。當訊息到達受眾身上時，可能已非原來面貌（蘇蘅譯，1993：43-44）。

分析這些中介因素的形態與特質，傳播學者德佛勒等人（De-Fleur & Ball-Rokeach）歸納整理出個人差異說（individual difference）、社會範疇說（social categories）和社會關係說（social relations）三種論點（李金銓，1980：111-115）。

■個人差異說

有關學習、動機、態度的相關研究認為，人格是後天學習得來的，因後天環境不一，成長經驗不同，不同的人對同一傳播訊息的反應也不同。此外，人們會依個人的預存立場，對媒體資訊進行選擇性注意、理解和記憶。因此，只要訊息能吻合受眾既有興趣、偏好、信仰和價值觀，將很容易被注意、理解，進而對受眾產生影響；反之，則遭到受眾拒絕。

■社會範疇說

人們會根據性別、年齡、教育程度、收入、職業等共同特性，形成各種社會性群體，像勞工階級或白領階級，銀髮族或青少年。不同社會階層的個體對特定傳播訊息將有不同反應。換言之，同一社會群體的成員，對某些訊息則會有類似的反應。像婦女觀眾普遍不滿意電視綜藝節目開黃腔；同一政黨黨員會對敵對政黨的文宣做負面評價；高收入者對社會福利政見並不感興趣等。

要釐清個人差異說與社會範疇說的區別，前者所強調的是個人人格的不同，後者則著重於社會各群體間的次文化不同。

■ 社會關係說

　　受眾隸屬於各種社會團體，這種社會關係會決定受眾接受那些訊息，因而加強或削弱媒介的影響力量。許多研究證實，傳播媒介與人際關係是一體兩面，不能分割。真正對受眾造成重大影響的並非媒介的刺激，而是他與團體中其他人的非正式互動。在這個傳播過程中，團體中的意見領袖對訊息的傳播效果具有影響力。人們傾向意見相投的團體，因而更加強固有的意見，使人效忠團體，保護團體利益；反之，若有不合訊息，則會拒絕或反抗。

　　此外，面對媒介訊息時，個人的心理機制也是值得探討的領域。因為受眾每天經歷無以數計的訊息交換，主要仰賴個人內部心理機制，進行資訊的篩選和解讀。這些機制因人而異，主要包括語言與知識能力、心理因素、文化背景及感官反應（Hiebert et al., 116-121）。

■ 語言與知識能力

　　受眾能有效解讀媒介訊息的前提是，他熟悉傳播者所使用的語言和符號系統。像時髦的用語通常反應受眾使用語言的趨勢。譬如說，時下媒體上常聽到、看到的語言如「吐槽」、「LKK」、「好炫」等，主要來自求新求變的台灣年輕人的用語。至於電腦雜誌，因為它鎖定的目標讀者具備電腦軟硬體的專業知識，所以在文章中，會大量使用一般人看不懂的專業術語。

■ 心理因素

每個人的心理背景或經驗，都會影響他對特定傳播的感受，並形成他對人與事的認知。另外，個人選擇性暴露、認知、記憶的能力，其實也是受眾面對訊息時，啓動的一種心理機制。因爲這些心理特質，人們會根據本身的心理背景或參考架構來篩選、解讀資訊。如此一來，電視暴力鏡頭的影響力，也可能因爲訊息接受者的成長經驗而有差異。甚至訊息來源、傳播情境及符號本身也都可能透過心理作用，影響特定語詞的傳播效果。

■ 文化背景

個人文化背景也會影響對特定訊息的解讀。文化研究學者霍爾 (Edward T. Hall) 就認爲，人類生活普遍受到文化意識的支配。文化是型塑我們每一個人的模具，對生活的影響更超乎想像 (McQuail, 1983: 100-101)。比方說，跨國企業在各國市場上推銷產品，就要入境問俗，以免造成反效果。

文化和次文化的特性不一而足，它們通常反應出共同的態度、習俗和信念，它們影響人類的傳播模式，也使人具備訊息交流的能力。近年來，廣播媒介重視媒體訊息的區域化或地方化，講究窄播 (narrowcasting)，以針對特殊受眾群製播節目，其實也是試圖突破這層濾器防線。台灣開放廣電頻道後，這種趨勢尤其顯著。像設在花蓮的後山電台，就著重東部休閒景點和原住民部落的採訪報導，以成爲一個「在地人」的電台。

■ 感官反應

身體感官是人們收集訊息的接收器，包括視覺、聽覺、嗅覺和

觸覺等。而個人的身體狀況和所處傳播情境，也會限制或擴展受眾的感覺，影響過濾訊息的方式。因此，泡麵廣告對饑腸轆轆的觀眾特別有感覺；太吵雜的環境往往使閱讀的效果大打折扣；趕時間的上班族通常用瀏覽方式看過當天日報標題。廣告的音量要大些，如此一來，即使人們在廣告時間開始談話，或走動做別的事時，至少還可以讓他們「聽」到。

　　從上述種種受眾機制看來，受眾與傳播媒體之間其實不斷進行著複雜多元的互動。大眾傳播過程必須放在整個大環境下檢視，才能真正瞭解它對受眾造成的影響。例如，年輕女孩一般重視外表漂亮與否，此價值觀的建立，除了坊間女性雜誌不斷傳遞這類訊息，像髮型、流行服飾、明星偶像的打扮等，其他媒體，乃至同儕間的談論，家庭和學校等學習環境，也都會影響個人對媒體訊息的認知和接納。

　　即使媒體和傳播者努力破解受眾濾器，營造有利的傳播情境，傳播過程中仍無法完全避免干擾。比方說，訊息接收者可能胡思亂想，而遺漏或誤解部分訊息。受眾面對大量媒體資訊，可能產生資訊憂慮，也可能在眾多訊息競爭下，反而對任何訊息都沒有印象。

　　關於主動受眾與被動受眾的差別，也可以從以下兩個圖形看出。圖4-1是山農與偉佛的傳播數學模式（Claude Shannon and Warran Weaver, the "mathematical theory of communication"）。它的思考是從傳播者的角度出發，受眾只是被動地承受訊息。圖4-2為奧斯古－宣偉伯傳播模式（Cherles Osgood and Wiebur Schramm），顯示出傳播者與受眾是處於同等地位，雙方都依賴對方的回饋作為發布訊息的依據。

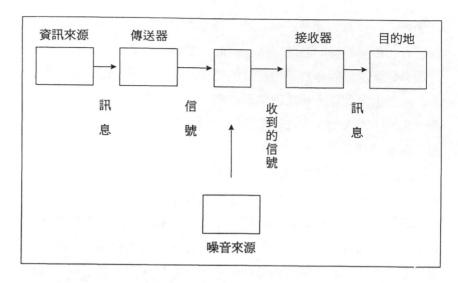

圖4-1 山農的傳播數學模式

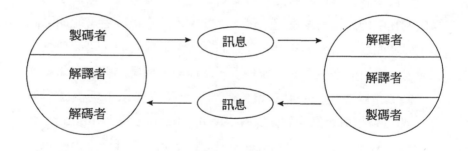

圖4-2 奧斯古——宣偉伯傳播模式

媒體市場的受眾

一、回　饋

　　由於透過大衆傳播媒介進行傳播的成本極高，傳播者必須向媒
體經營者保證回收成本。要看到傳播效果，受衆的回饋就是最重要
的證據。當數量龐大但異質性高的受衆變成市場利基所在，傳播者
在乎的是，究竟哪些訊息傳送到了受衆那裡，受衆又是哪些人，以
及受衆的反應是什麼。受衆的反應，也就是「回饋」，成爲傳播效果
的關鍵。

　　問題是，大衆傳播中的受衆雖然同樣對訊息做出反應，但是，
這些回饋並不能像在人際傳播中，直接、立即的傳達給傳播者。傳
播者（或媒體）通常必須在訊息傳播完成後，透過像讀者投書、觀
衆的抗議電話、廣告產品的銷售量或電影票房收入等，才取得來自
受衆的回饋。基本上，大衆傳播中的回饋具有代表性、間接性、延
遲性、累積性、定量性等特質，並且需要成本（Hiebert　et　al.,
127-134）。

■代表性

　　大衆傳播的受衆人數龐大，少數幾人的投書或轉換頻道雖能引
起傳播媒體注意，參考價值有限。因此，唯有調查一組具有代表性

的受眾樣本，再以統計方法將該組樣本的反應投射到受眾整體。

在美國，尼爾森媒介調查公司進行全美國電視收視率調查時，樣本戶約一千七百個。這個數字大致能代表全體電視收視人口。它的抽樣方法是根據美國人口分布圖，進行多階段區域機率抽樣 (multistage area probability sampling)。每個地區的樣本數與該地區總人口數維持適當比例。

■ 間接性

傳播媒體很少直接接收觀眾或讀者的來信或電話。因此，它取得受眾回饋，往往仰賴收視率調查機構或具公信力的發行量稽核單位等第三者的過濾，這些調查機構因此在取得回饋資料的過程中扮演了守門人的角色。

■ 延遲性

大眾傳播過程中，回饋傳回傳播者的時間，從一開始就受到耽擱。即使傳播速度最快的廣電媒體，也要等到訊息傳播完成才產生回饋。一般而言，媒體調查公司都會提供前一晚的收視率報告，但是電視收視率通常一週公布一次，甚至按季公布調查結果。至於寫給報社編輯的信不但必須經過郵遞，還可能因為出刊期限而耽擱數週或數月之久。

■ 累積性

在大眾傳播中，立即的個人反應並不常見，也不大受重視。傳播者通常比較在乎一段時間裡所累積的集體反應。收視率或收聽率都是累積性回饋，它們常被當作揣摩受眾偏好重要依據。電影或電視節目拍攝續集的概念就是很明顯的例子。

■ 定量性

書評、影評和電視評論都是評論人對特定媒介內容的看法，是一種質的評判。但是，除非某人的看法足以代表或影響許多人，大眾傳播者真正感興趣的還是多數受眾的反應。一般說來，調查數據還是最受大眾媒體重視的回饋形式。

■ 機制性

大眾傳播的回饋大都間接透過專業的媒體調查機構取得，並且所費不貲。以美國為例，發行量稽核局（Adudit Bureau of Circulations，簡稱ABC），是由業務上相關的廣告公司、報紙和雜誌發行人共同組成，並分擔開支的公信力組織，負責稽核會員的發行數字。蓋洛普（Gallup）、哈里士（Harris）以及羅柏（Ropper）等市場研究和民意調查機構，則直接接觸受眾，瞭解他們接收那些訊息，認知、態度和行為上又有什麼變化。

我國的發行公信會也已在民國80年成立，只是功能並不彰顯。主要的媒介調查公司則包括，潤利、聯廣、紅木、AC尼爾森等。潤利公司屬於國內資深的媒體調查機構，它長期從事電視廣告監看和收視率調查，近年來也針對平面及廣播等各類媒體進行調查。另外，台灣聯亞行銷顧問公司（SRT）也固定每年針對台灣地區進行全面性的媒體調查。

二、媒體取得回饋的工具

對商業電影、流行音樂、書籍而言，訊息的製作和傳播過程都

需要時間，因此，回饋的取得時效很慢，受眾調查也較少見。最重要的回饋是票房收入和產品銷售量。這些回饋會決定傳播者拍攝何種劇情片，製作那一類專輯，出版那類題材的書籍。評論（書評、影評等）對這些媒介產品的銷售也有舉足輕重的影響。各種流行排行榜則是市場反應的指標。

報紙和雜誌的最重要回饋來自訂戶數和廣告業績。訂戶數（或發行量）又是訂定廣告費率的重要依據。其次是讀者投書或問卷調查。至於，廣播和電視的主要回饋形式，大都透過媒介調查公司，以電話訪談、日誌、個人收視器等方法，取得累積聽眾數（cumulative audience, cume）、收視（聽）率、市場占有率、每千人的廣告成本（CPM）等回饋資料。以下是一些定量性回饋工具的簡介：

■ 電話訪問方法

電話訪問可以取得即時的回饋。這種作法的優點是，迅速、簡單又經濟。不過，它很難得到詳盡的回答，遭拒訪的機會也很高。這也是電話訪問需要較大樣本數的原因。儘管有這些缺點，電話訪問還是調查電視觀眾數量最準確的一種方法。

■ 日誌

日誌是由受訪者負責記錄家中成員使用媒介的情形。它的優點是，可以提供一段時期（通常是一週）的詳細收視記錄。最大缺點則是，人們可能無法立即記錄收視情形（而憑記憶填寫），日誌也可能無法收回。日誌的費用也比電話訪問高，因為它是付錢取得對方合作。日誌記錄者必須以一週為期，將家中成員和訪客觀看達五分鐘以上的節目，填寫在收視日誌上，並記載所有收視者的姓名、年齡和性別。

■ 個人收視記錄器

個人收視記錄器 (people meters) 是一種放置在電視機上頭的電子裝置。這種記錄器按分鐘記錄一架電視機的使用情形。早期所用的記錄器只能記錄電視是否開機、收看那個頻道,新式的個人收視記錄器則更進一步提供特定觀眾的收視資訊。由於安裝個人收視記錄器需要費用,調查樣本通常比較固定。

■ 累積受眾數

對於廣播電台,累積受眾數是將時段分為十五分鐘的間隔後,跨十五分鐘的不同聽眾數目,或在連續數週的特定十五分鐘裡收聽的聽眾數目。累積受眾的條件是,他們必須是電台以外,在家或在外面,收聽一個特定時段至少五分鐘的個人。

■ 收視(聽)率

收視(聽)率是由在特定時間收看特定電視節目(收聽特定廣播節目)的家庭數,所估算出來的百分比。比方說,某節目的收視率為二十個百分點,是指該地區有電視機的家庭中,五分之一收看了這個節目。假設台灣地區有電視機的家庭為一千萬戶,百分之二十的收視率意味著,有二百萬戶收看這個節目。必須注意的是,收視率所提供的是觀看某節目的家庭數目,而非觀眾人數。

■ 市場占有率

前述的收視(聽)率是擁有電視機(或收音機)的家庭中,觀看(收聽)某節目的家庭數;市場占有率則是該時段所有使用電視(收音機)家庭接收某節目的數目。在特定時間的各種節目中,開

機戶觀看（收聽）特定節目的百分比，在意義上更可靠，也更能顯出該節目的競爭力。要取得特定節目的市場占有率，作法是將收看一個特定節目的家庭戶數除以該時段開機戶總數。

■ 每千人的廣告成本

大眾媒體根據開機戶、收視（聽）率及市場占有率，可以引出最重要的回饋形式：每千人的廣告成本（CPM）。每千人的廣告成本代表廣告主運用特定媒介或不同媒介組合，接近一千個目標客戶時，它所要付出的成本。

本節有關受眾回饋的研究方法，主要參考希伯特（Ray Eldon Hiebert）等人的相關研究，要進一步瞭解更詳細的內容，請參閱希伯特等人（Hiebert et al.）的 *Mass Media* 一書第六章，以及李天任等譯的《大眾媒體研究》的相關討論。

不過，定量回饋也有其不足之處。當傳播者想要知道多少人接收了特定媒體訊息時，調查數據最有價值。如果想要知道受眾是那些人，這些數據也很好用。至於想瞭解受眾如何解讀訊息，又產生何種效果，就需要進一步的質化分析資料。只是，基於成本因素，大眾媒介大都鎖定銷售量、電視開機率、收聽率及發行量等較簡單的調查結果，相對忽略詳盡或質化的回饋資料。

這種看重受眾回饋的量，而非質的作法，相對導致大眾傳播媒體一窩蜂的現象，一部暢銷書可能引發大量出版社跟進，出版相同題材的作品，票房高的電影或電視影集，往往一再拍攝續集，至於綜藝節目，更是彼此抄襲，內容大同小異。

網路與受眾

　　1991年，芬蘭一位二十一歲的赫爾辛基大學學生，Linus Tor-valds嘗試在網際網路實驗他的軟體程式。他不但將自己的軟體下載到網際網路上，並且鼓勵其他電腦程式人員一起參與，彼此免費使用、測試、修改對方的軟體。三年下來，Torvalds的網站已經擁有世界各地上千名網友，彼此以Linux Community互稱。如果用傳統大眾傳播媒介的標準來看，這個媒介組織鬆散、沒有正式形式，互動運作也不分誰是資訊傳送者、誰是接收者，而是網路上的彼此聯繫。

　　比方說，當Linux網站上出現一篇文章時，一開始，它可能只是一個標題，或一些零星的材料，如果能引起網友的興趣，馬上會有更多更新的材料湧入。整個議題的縱深和廣度也不斷擴大。沒有人能主導資訊或討論的方向，也沒有人刻意嘗試扮演這樣的角色。一個議題的成型，每個參與者可能都有貢獻，或只選擇他認為合理或需要的部分，而將其他的討論置於腦後 (Malone & Laubacher, 1998: 145-146)。

　　這樣的情形不只發生在芬蘭，也出現在世界各地。無論哪個國家，受到頻道有限的障礙，開放廣電媒體的數目，絕對有其極限。但是同樣是提供資訊的網際網路上，卻可以隨使用者，或資訊提供者的行動，冒出成千上萬的網站，讓各種類型、各種觀點的資訊，乃至於上億的人口在上面漫遊。

　　根據估計，在美國，1998年的網站經營收益可望達到九千萬美

元，相較之前三年的六百萬、一千八百萬和四千五百萬美元，呈現大幅成長趨勢。至於正式登記站名和網址的網站，則從1997年的九十六萬個，增加到1998年的一百九十萬個，增加超過一倍。在完成登記的網站中，教育類（edu）占1%，網路服務類（net）占7%，營利性（com）占84%，非營利性組織（org）則占7%。這些數字顯示，無論就網路金額、網站數目或性質多樣性，都已逐漸將網路傳播推到大眾媒介的最前線，並與受眾產生直接的關聯與互動（Clausing, 1999: 9, 13）。

此外，網際網路整合影像、圖形、聲音、文字等多種傳播符號形式，打破傳統媒體的區域性限制，提高了資訊的時效，也正在改變受眾使用傳播媒介的行為。根據調查，在美國，習慣上網的受眾，在使用大眾傳播媒體時，比較傾向閱讀平面媒體（報紙）和收聽廣播，而較少收看電視（Consoli, 1997: 36）。而傳播媒體為了提高市場競爭力，也競相上網，供應資訊，形成新一波的媒介版圖爭霸戰（Fitzgerald, 1997: 7, 42）。由於網際網路方興未艾，受眾的使用態度，是否意味網際網路和廣電媒體之間，彼此存在取代的效果，也是一個值得觀察的趨勢。

至於國內的網路發展趨勢，根據《天下》雜誌調查，截至1998年10月，上網人數已經突破兩百萬，相較前一年大幅增加九十萬人。台灣網路使用者的人口統計特質，也由特定族群，朝真實的社會大眾接近。對經常上網者而言，網站訊息的主要需求依次是，新聞、電腦軟硬體和電影娛樂，以及理財金融和旅遊資訊。這項調查也發現，在國內，經常上網者每天花在電視、廣播、報紙和雜誌的時間，大約是五小時，與去年出入不大，但是較一般受眾高，顯示網友渴望資訊的特色。

網際網路的傳播模式，明顯打破前一節有關受眾回饋機制的討

論。一般說來，網際網路傳播資訊的過程中，受眾具有選擇性、自主性、控制性等三項傳統大眾傳播媒介無法提供的優勢：

■ 選擇性

傳統受眾在取得資訊上，往往受制於所在環境提供的傳播媒介種類數量。網路上的資訊來源則不分國界，大大提高網友對資訊來源的選擇能力。閱聽人的網路漫遊現象，反應出網路在訊息提供上的豐富選擇性。

■ 自主性

網友的上網動作，不分時間、不分地點，完全擺脫傳統媒介節目時段安排的限制。受眾本身的自主性，相對驅使網路上的資訊提供者朝更專業、更使用者導向的方向努力。從市場競爭的角度來看，網路的出現將使傳播媒介更貼近受眾的需求。

■ 控制性

網友與網路資訊提供者成雙向互動。這種現象不但符合前述「主動的受眾」的概念，甚至突破傳統傳播媒介取得受眾回饋困難的瓶頸。對於網路上所提供的資訊，網友可以及時表現他的看法、意見，甚至按照自己的需要，有限度的擷取其中的部分，或深入對方資料庫內，蒐集更完整的訊息。一方面，訊息提供者可以迅速掌握網友的看法，網友面對資訊也有更大的控制權。

結　語

　　整個二十世紀的人類社會，由於大眾傳播的發展變化與穿針引線，快速走向與傳統群眾、聚落、國界截然不同的大眾社會。大眾社會的存在事實，不斷轉變的面貌，相對也催動大眾傳播學的快速演進，甚至自我修正。

　　以大眾傳播媒介為骨幹的大眾社會，事實上是由傳播媒介、科技和人三足鼎立所形成的。三者之間互有影響，也相互牽制。科技的發展，可以改變人類的生活形態，以及傳播媒介的傳播方式；媒介的形式與特質，相對又限制科技的應用與資訊的內涵；至於人，或本章討論的「受眾」，可以是一個被動的資訊接收者，但是只要他願意，同樣可以成為影響媒介表現內容、形式的主動閱聽人。閱聽人面對各種傳播科技時，他所能接受的程度，也會影響到傳播科技的應用和普及性。從這個觀點來看，受眾的重要性不僅不在傳播媒介與傳播科技之下，甚至可能是影響後兩者發展變化的關鍵。

　　畢竟，作為價值中立的傳播媒介與傳播科技，一經問世，就沒有走回頭路的可能性。但是閱聽人的思考路徑，從來就不是一條直線。閱聽人的複雜性，反映大眾傳播學對「受眾」課題的瞭解，應該還有極大的發展與探究空間。受眾的定義與影響力，可能也不是二十世紀所能定案。

　　誠如本章最後一節的討論顯示，由於網際網路的出現，受眾對傳播媒介的影響又進入一個新的境界。在網際網路上，每一個受眾的自主選擇權，對媒介與資訊的控制能力，甚至不分時地的雙向溝

通的便利，確實可能讓傳播媒介變得更中性。人類社會一旦進入這個境界，是否意味著傳統有關大眾、小眾、分眾等受眾相關課題，可能成為明日黃花？這也是研讀「受眾」時，不能不冷靜面對，嚴肅深思的重大課題。

複習重點

1. 受眾具有那些特質？並請以《天下》、《新新聞》或一本國內出版的雜誌，分析其受眾的特質。

2. 國內電視台經常捲入收視率孰高孰低的爭議，形成這種爭議的原因為何？又電視媒介為何那麼重視節目收視率？

3. 受眾過濾資訊的濾器可分為幾種類型？這些濾器對你閱讀本書產生那些影響？

4. 請舉例說明大眾傳播的回饋模式與人際傳播的回饋模式的差異。

參考書目

一、中文部分

李金銓（1980），《大眾傳播理論》，台北：三民書局。

徐佳士（1987），《大眾傳播理論》，台北：正中書局。

曾虛白（1974），《民意原理》，台北：中國文化大學出版部。

彭家發、馮建三、蘇蘅、金溥聰（1997），《新聞學》，台北：國立空
中大學。

蘇蘅譯（1993），《大眾傳播與日常生活——理論與效果的透視》，台
北：遠流出版社。(Davis, D. K. & Baran, S. J., *Mass Com-
munication and Everyday Life*. 1981)

李天任、藍莘等譯（1995），《大眾媒體研究》，台北：亞太圖書。
(Wimmer, Roger & Dominick, Joseph. *Mass Media
Research-An Introduction*. 1991, Wadsworth)

季欣麟（1997），〈誰在乎收視率？〉，《遠見》雜誌，第145期，頁
116-121。

Philip Lee／王姝瑛（1998），〈單元劇的忠實觀眾在那裡？〉，《廣
告雜誌》，第85期，頁126-130。

〈網路大調查：社會中堅擁抱網路〉，《天下》雜誌（1998），第211
期，頁212-218。

二、英文部分

McLuhan, Marshall (1964). *Understanding Media*. London:

Routledge.

McQuail, Denis. (1997). Audience Analysis. CA: Sage.

—— (1994). *Mass Communication Theory-An Introduction.* 3rd ed. CA: Sage.

"Stop Press." *Economist.* July 4th. 1998. pp.17-19.

Hiebert, R. E.; Ungurait. D. F.; Bohn. T. W. *Mass Media,* Longman.

Schaefer, Richard J. "The Development of the CBS News Guidelines During the Salant Years." *Journal of Broadcasting & Electronic Media.* Winter 1998. pp.1-20.

Malone, Thmoas W. and Laubacher, Robert J. "The Dawn of the E-Lance Economy." *Harvard Business Review.* Vol 76. No.5. pp.145-146.

Boyer, Peter J. "The People's Network." *The New Yorker.* August 3rd. 1998. pp.28-33.

DeFleur, M. L. and Ball-Rokeach, S. J. (1989). *Theories of Mass Communication.* 5th ed. New York: Longman.

Consoli, John. (1997). "Online Users Turn Off TV." *Editor & Publisher.* Feb. 22. pp.36.

Fitzgerald, Mark. (1997). "Newspapers Go It Alone In Cyberspace." *Editor & Publisher.* Feb. 22. pp.7, 42.

Clausing, Jeri (1999). "Opening Up the Internet Name Game." *International Herald Tribune.* Jan. 23-24. pp.9, 13.

第 5 章

大衆傳播媒介的影響效果

蔡鶯鶯

內容摘要

大衆媒介的效果是傳播研究經常被討論的議題，本文將介紹大衆媒介對人影響的相關理論與研究，論述範圍包括：

什麼是大衆媒介的效果？

那些是大衆媒介的效果理論？

大衆媒介效果研究與研究方法的應用？

大衆傳播效果研究的測量指標爲何？

大衆媒介效果的實證研究爲何？

實證研究的效果分類；台灣地區的大衆媒介效果研究實例；以及大衆媒介效果研究之限制與未來的研究趨勢。

前　言

故事一

　　放學後，曉琴得意著今天不用去補數學課，正好可以趕上電視卡通節目。她斜躺在沙發上，雙眼盯著電視正播出「買炸雞送花木蘭組合玩具！」的廣告。

　　「耶！這下又有機會蒐集花木蘭的小人了。也許周休二日外出時，可以要求老爸去吃炸雞哦。」十歲的曉琴自忖。

故事二

　　林大森在家裡上網又上班，享受著「蘇和一族」(small office & home office, SOHO) 的自由樂趣。上午九時，他正在「大觀園」的網站逛新聞。電腦螢幕上出現一則新聞快報：「一輛台北市公車遭歹徒挾持，車上有數十名乘客。」

　　「My God！怎麼上週在電影上看到的那一幕也搬到台北街頭演出啦！」林大森大叫一聲。

故事三

　　阿珠才回家，還沒放下書包，妹妹曉琴就興奮地報告買炸雞送花木蘭玩偶的廣告。阿珠神秘地搖頭不語，賣關子。「姊，你不喜歡啊？難道你有新點子嗎？」曉琴說。

　　「今天在學校，安琪說，如果去看花木蘭的電影，還

可送花木蘭電影主題曲的光碟，再加二十元炸雞折價券
呢！」阿珠的口氣好得意。

　　曉琴拍手大叫：「哇！那我要跟爸爸說，星期六先去
看早場電影，再用折價券買炸雞，真是物超所值耶！」

　　你是否覺得以上這三則短篇故事，就發生在日常的生活裡？沒
錯，大眾媒介在現代的資訊化社會已成了生活中無法避免的一實。
第一則故事中的曉琴似乎因為電視廣告的影響，而興起了買炸雞送
玩具的動機；似乎曉琴也對炸雞廣告有認同的態度。這是傳播媒介
影響的效果嗎？如果是的話，媒介的廣告是如何影響個人的態度
呢？這裡導引出一個研究取向，即所謂的媒介效果是指對個人態度
的影響。

　　第二則故事的歹徒挾持公車新聞，猶如將電影的犯罪情節歷歷
呈現在社會的真實。此一真實的新聞事件，令人想起社會學習理論
(Bandurua, 1979) 強調的媒體有其社會學習與模仿的功能。但仔細
思考之後，如果媒介內容出現的犯罪與暴力可能產生的影響，其程
度有多大呢？還是個人人格特質影響犯罪行為更為顯著？抑或犯罪
行為係來自個人、媒介內容與個人所處的社會文化與規範的互動結
果呢？此一問題，引出媒體的效果導致個人的行為改變之研究取
向。

　　第三則故事中的曉琴透過姊姊阿珠轉播來的「二手訊息」之後，
急轉彎決定參考阿珠的意見，興起看電影獲得音樂光碟，又吃炸雞
的念頭。顯示阿珠已成了曉琴在選擇炸雞與看電影之間的「意見領
袖」。顯然此處的親身影響否定了第一則故事中傳播媒介訊息直接
影響的威力。這則小故事導引出人際影響的研究取向，即是傳播媒
介效果理論「二級傳播流程」(two-step flow)，該理論強調，透過

人際傳播的親身影響與大眾媒介的訊息的互動，更具有強化傳播效果的功能。

　　上述的三則故事只能隱約描述媒體與個人的影響研究取向的一小部分，不足以涵蓋媒體效果研究的全貌。實際上，傳播效果研究自二十世紀初，啓始於傳播效果萬能論、其後修正爲媒體效果有限論，集中於微觀的實證研究，但自1970年代末期迄今的發展不只研究媒體與人的互動關係，進而提倡應將人、社會文化與媒體連結，整合爲宏觀與微觀並重的傳播研究。

傳播效果的定義

　　從廣義的角度來看，Watson和Hill（1997）對大眾傳播效果的定義：「凡是經由錄製、拍攝及報導出來的事件，導致任何直接或間接的改變，都可謂大眾媒介的效果」（p.72）。至於效果或影響的分析，則應考量個人與團體的態度與行爲的調整，以及在測量效果的過程所使用的研究方法。截至目前，可確定的是媒介對閱聽人（audience）（又稱受眾）的實際效果（actual effect）可能比所知道的效果（perceived effect）不顯著。

　　傳播媒體的效果研究可區分爲短期與長期效果，而短期的效果，通常指對個人的意見、態度或行爲在短時間內有直接的影響。例如，有些人看了氣象預報有下雨的可能而準備雨具出門，或是看了電影金馬獎揭曉名單而決定觀賞的片子。至於長期的效果，則泛指間接地對社會化、意識形態形成過程、特定族群文化的知識與價值觀有局部影響，以及社會與政治的改變（Hiebert, Ungurait, &

Bohn, 1991)。本文將參考McQuail與Windahl（1995）的分類，依大眾媒介對人產生長、短期的影響效果介紹相關理論。例如，屬於短期影響的大眾傳媒效果理論有：刺激反應理論（stimulus-response theory）、大眾媒體的二級傳播流程及親身影響（two-step flow model of mass media and personal influence）、電視對個人行為的影響（a psychological model of television effects on individual behavior）、創新傳布模式（a model of innovation diffusion）、新聞的理解、過程與回憶（news comprehension, processing and recall）。至於大眾傳播對社會文化長期影響的相關理論為：文化指標與涵化過程（the cultural indicator and the cultivation process）、議題設定（agenda-setting）、大眾傳播效果依賴模式（a dependency model of mass communication effects）、沉默螺旋理論（the spiral of silence theory）以及知溝理論（information gaps）。唯大眾傳播媒介在效果研究的展現上，呈現短期效果的研究多於長期效果的研究。這與長期的效果研究受限於經費來源、研究主題、研究方法及政治社會環境之因素有關，將在文中說明。

大眾傳播效果相關理論

　　大眾傳播研究涵蓋最多的是對大眾媒介效果的探討，美國的研究學者從二十世紀初早期專研傳播媒介效果萬能論、效果有限論，直至1970年代以後，才跳脫傳媒效果萬能及傳媒效果有限之爭，再度專研傳媒的功能，晚近興起研究歐陸的文化研究及批判理論（林

東泰，1997：40)。McQuail 和 Windahl (1995) 在《傳播模式》
(*Communication Models*) 一書中，將傳播理論歸類為對個人層面
的影響及對社會的影響。但嚴格說來，有些傳播理論並不能單一合
理詮釋其傳播效果的流程或因果關係，且媒介內容在短期間對個人
的影響，也可能長期累積成為社會文化的衝擊，因此，McQuail 和
Windahl的分類仍有討論的空間。本文將以歷史分期介紹幾個重要
的大眾傳播效果理論。

一、短期的效果研究

㈠第一階段：傳播效果萬能論

　　1900年至1930年之間，可以說是大眾傳播效果研究初期，當
時，大眾傳播效果的基本理論包括：子彈理論 (bullet theory)
(Schramm & Roberts, 1971: 3-55)，又可稱之為魔術子彈理論
(magic bullet theory) (Lowery & DeFleur, 1987)、皮下注
射理論 (hypodermic needle theory) (Berlo, 1960) 或刺激反
應理論 (stimulus-response theory) (DeFleur & Ball-Rokeach,
1982: 161) 與說服傳播 (persuasive communicaiton)。上述理論
的共同特色為，假設大眾傳播媒體的效果強大、閱聽人的同質性高
且被動地接受訊息，只要大眾傳播媒體播出訊息，即可直接達到宣
傳 (propaganda) 的效果。當時部分傳播學者認為，大眾傳播媒介
的權力是無限的，並假設只要傳媒發出宣傳訊息，閱聽人就會被動
地接受或被洗腦 (Curran, Gurevitch & Woollacott, 1984)。但

DeFleur卻質疑此一結論並指出，媒體不只是主動對個人有直接影響，同時也受到文化、知識的儲存、社會規範與社會價值觀的影響（McQuail & Windahl, 1995: 98）。此一階段的傳播媒介效果萬能論，將以刺激反應模式為例說明。

■刺激反應模式

刺激反應模式涵蓋三個要素：(1)訊息內容(像外來的刺激)；(2)受播者（像人體的器官）；(3)效果（像人體的生理或心理反應）。刺激反應理論假設，媒介內容好像是一種刺激（stimulus）注射入受播者（receiver）的血管後，受播者就會產生一致的反應（effects）及可預測的模式（McQuail & Windahl, 1995: 58）。

刺激反應模式假設閱聽人接觸媒介訊息之後，有可能產生相當程度的效果，而且接觸媒介的多少，與受媒介影響程度是一致的，至於未接觸媒介者則假定不受媒介內容影響（McQuail & Windahl, 1995: 59）。DeFleur（1970）對此一理論提出修正，增列受眾有其個別的人格差異及其與社會環境互動之要素，而個人的差異又與其成長環境中的組織規範、價值等相關，這些社會環境的因素，往往內化成為個人的參考架構（frame of reference），以決定對外來刺激的反應。換言之，經DeFleur修正後的刺激反應模式，不再單純地化約成媒介內容與受眾反應的簡單模式，更重要的是，人格特質與個人的社會屬性（social categories），例如，家庭團體對個人影響所形成內在參考架構，共同決定對媒介內容的態度，也影響傳播效果。

㈡第二階段：傳播媒介萬能論驗證期

從1930年代末期至1960年之間，這時期的傳播效果研究開始使用有系統的調查法研究傳播媒介的效果，著重於對不同的媒體與不同的內容所產生的傳播效果。例如，說服傳播研究即在當時問世。隨著研究方法的改進，以及新的研究證據的發現，此一時期的傳播效果理論日新月異，且研究變項多元化，不只區分社會、心理學因素，以及親身接觸與環境對效果的影響，並延伸至後來的受眾接觸媒體的動機研究。以下將以說服傳播、二級傳播流程的親身影響之研究爲例說明。

■ 說服傳播

鑑於在第一次世界大戰期間，政治宣傳對全國的影響深遠，實驗心理學者賀夫蘭（Hovland）領導一批耶魯大學學者（Hovland、Lumsdane & Sheffield, 1949）在第二次世界大戰期間進行說服實驗研究，開啓了說服研究之先驅。賀夫蘭提出確認口語辯證類型（types of verbal argument）的重要性，例如，究竟應採單面（one-side）陳述或雙面（twosides）陳述較具勸服效果？比較恐懼訴求（fear appeals）及感性訴求（emotional appeals）之差異，在不同的情境下，對不同類型的人，才能產生最大的效果。易言之，說服研究端賴有力的辯證來改變人的信念、態度及行爲。後來，此一傳播理論也曾應用於廣告，試圖操控消費行爲（consumer behavior）。

另外，說服傳播研究處理的是社會影響，亦即人們傳播的目的是互相影響且影響他人，則所有的傳播都是社會影響。由於多數傳

播的宗旨即是發揮影響力，顯示傳播是有目的性的，並藉此達成目標 (Heath & Bryant, 1992: 123)。如減肥廣告上說的：「Trust Me, You Can Make It.」，此一廣告內容企圖說動某些人前去瘦身。老師授課希望學生可以獲得知識；而學生也藉著寫報告、考試的表現，想盡辦法影響老師評定高分，都可算是說服傳播的內容。

實證研究顯示，建構一則說服性訊息的有效原則如下：

1. 當呈現正反兩面的訊息時，演講者應先討論兩者的辯證之處 (Burgoon, 1990: 239-240; Miller & Campbell, 1959)。

2. 引用證據時演講者應考慮證據來源的可信度。如果證據來源可信度高，則先引述來源再指出證據事實；如果證據來源的可信度低，則最好先引述證據，再提出證據來源 (Greenberg & Miller, 1966)。

3. 除非演講者與閱聽人有良好的關係，演講者不應預先警告說服的意圖 (Allyn & Festinger, 1961; Mills & Aroson, 1965; Walster & Festinger, 1962)。

4. 先提問題再說明解決的辦法，其說服效果優於先提解決辦法再說明問題 (Cohen, 1957; 1964)。

5. 演講者自行下明確結論，比起讓閱聽人減緩自己偏好的信念或行動的作法，較容易創造態度改變 (Cronkhite, 1969)。

■ 二級傳播流程

早期的子彈理論假設，傳播媒體可以直接影響個別的受眾，因此個人對於傳媒訊息的反應是個別性的，不須經過與他人互動 (Bittner, 1996: 455)。但是社會學家與社會心理學家一再驗證子彈理論後，並未完全詮釋為什麼受眾對傳播媒介訊息的反應，反而

發現了受衆的社會屬性、意見領袖及人際影響之變項，有助於詮釋此一答案。這也就是後來Katz 和Lazarsfeld（1955）提出人際傳播親身影響（personal influence）的重要性。例如，Lazarsfeld在1940年的美國總統選舉研究發現，廣播及報紙提供的訊息，並非是直接主導選民投票行爲的主因，造成此一結果的可能理由是，媒體播送的訊息往往須透過「意見領袖」（opinion leader），再轉達給部分被動選擇的民衆（Lazarsfeld et al., 1944）。這個典型的「二級傳播流程模式」（two-step flow model），奠定了日後人際傳播的影響性勝於大衆傳播媒體的研究方向，甚至擴大應用在消費行爲的研究（Katz & Lazarsfeld, 1955），成爲傳播理論的主流典範（Gitlin, 1978）。例如，前述的曉琴參考姊姊阿珠「轉播」來的消息後，當下決定改變因看電視廣告而興起買炸雞的念頭，這意謂著閱聽大衆與身旁親友的互動，足以匹敵傳播媒介的直接影響效果。二級傳播流程模式有下列的主要假說（McQuail & Windahl, 1995: 63）：

1. 個人並非獨立於社會的個體，而是與社會成員互動的成員。
2. 個人對於媒介訊息的反應是透過其社會關係中介機制的影響，但此一影響不是直接且立即的。
3. 此一傳播流程涉及兩種過程，一是接收到訊息（reception）及注意到訊息（attention）；另一是對於所收到的訊息要接受（acceptance）或拒絕（rejection）的回應過程。接收並不表示反應（response），同樣地，沒有接收到（no reception）也不等於沒有反應（non-response），因爲第二度的接受可能受個人接觸的影響。
4. 面對媒體宣導的每一個人並不全然是平等的，但是個人在傳播的過程卻扮演不一樣的角色。有些人會主動找尋大衆媒體

播送的訊息，再將訊息傳送給別人；有些人則主要依賴他人的意見為指引。

5. 那些可能是意見領袖的人也是經常接觸媒體的使用者，且自覺扮演影響別人的重要角色（p.63）。

Katz和Lazarsfeld（1955）發現，大部分的人收到的訊息大都是經由二手傳播而來，特別是來自意見領袖的影響力。意見領袖可能因為隨著議題而改變，資訊傳播的流程，不單是由大眾媒介直接傳送給每一個人，傳播的過程還可能擴大為「多層級傳播流程」（a multistep flow）（Wright, 1986: 91）。例如，病人選擇使用保險套的決定可能來自醫師；病人可能因為自己使用保險套的經驗再推薦親友使用；股票族購買股票的決定可能來自股市交易員；年輕的學生購買音樂光碟之前，可能參考一位經常光顧流行音樂光碟的朋友或同學的意見。換句話說，多層級傳播流程理論假設媒體的影響效果是間接的，媒體發出的訊息必須經由意見領袖的傳達，才能產生較顯著且強化的影響。

有趣的是，魔彈理論與二級傳播流程的研究結論大異其趣，而兩者使用的研究方法也不同，前者以實驗法，後者則以社會調查法驗證其假說，此一現象顯示，傳播效果的研究結論與研究者所使用的研究方法息息相關。另外，Klapper（1960）發表《大眾傳播的效果》（*The effects of mass communication*）一書之後，證實了大眾媒介的效果有限論。根據Klapper的實證研究發現，大眾傳播媒介並非唯一達成傳播效果的因素，閱聽人的選擇與動機也是決定效果的重要因素。

二、傳播媒介長期效果之研究

㈠第三階段：傳播媒介的效果再出發

1950年代之後，傳播媒介效果有限的研究發現，陸續瓦解了效果萬能理論。在此之前的傳媒效果研究都限於測量心理學的效果，例如，個別受眾的意見、態度在短期間的改變。但此一研究方向到了六○年代，研究學者從傳媒長期影響社會文化的角度切入，探索閱聽眾所認知的世界觀，可能受到傳播媒介長期的形塑與框架，而「扭曲」了對社會文化的認知，因此，傳媒對閱聽大眾影響的研究再度掀起。以下分述再修正後的傳媒效果相關理論。

■電視對個人行為影響之心理模式

除了傳播效果萬能論與傳播效果有限論之外，另有一派學者專研電視對個人行為的影響效果，由於此一學派只研究個人學習與行為的心智狀態，因此稱為「電視對個人行為影響的心理模式」(psychological model of television effects on individual behavior)。Comstock 等人 (1978) 假設看電視的行為是一種與其他經驗或觀察的「功能性的替代」工具，這樣的互動關係可能影響行為。易言之，電視不只是一種教導行為的工具，同時電視也是一種合併其他經驗的觸媒。這個理論不只可用來檢視看電視造成的副作用，例如，學到侵略行為與犯罪；也可以用來檢視電視親社會影響 (pro-social)，例如，透過電視的資訊學習 (information learning）或電視行為的模仿。

■ 創新傳布模式

創新傳布模式於1920至1930年代，在美國率先進行實證評價研究，目前已成為在第三世界國家最普遍應用的研究。例如，在農業、社會、衛生及政治的範疇，都可找到創新傳布理論的實證案例。早在親身影響被大眾傳播研究提出與證實之前，鄉村社會學家與政策改革者就借用此一理論應用政策改革的實務研究（Katz, 1960）。Roger與Shoemaker（1973）假定每一次的創新傳布過程必須經過四個步驟：知識、說服、決定與確認。其要點如下：

1. 知識：係指個人暴露在知悉創新訊息的情境，並從中獲知及瞭解創新的功能。
2. 說服：個人對於該創新觀念所持的贊成或反對的態度。
3. 決定：個人已進入考慮決定採納或拒絕該創新觀念。
4. 確認：個人尋求強化他·（她）採納創新觀念的理由，但是如果此時接觸到與創新觀念衝突的訊息，當事人可能反悔採納創新的決定。亦即此一確認階段個人可能成功地採納創新觀念，也可能拒絕採納創新的觀念或行為。

至於創新傳布的過程可歸納說明如下（轉引自McQuail & Windahl, 1993: 75-76）：

1. 創新擴散理論的過程包括三大階段：「前因」（antecedents）、「過程」（process）與「結果」（consequences）。在「前因」階段是指特定事件的環境或是人的特質會影響到個人暴露在創新訊息的可能性。例如，對於那些本來就有改變

或有創新傾向者採納的可能性升高。個人的學習、態度改變及決定都列入「過程」的一部分。尤其是自覺創新的特質占了很重要的地位，與社會規範及價值同等重要。有時候，高科技的創新方法，可能讓個人在道德觀或文化觀點無法接受，甚至於可能對既有的社會結構關係帶來威脅。創新「結果」的階段係指一旦在創新活動傳布之後，最後個人決定採納或拒絕的情境。

2. 即使是這些功能不一定完全出現，創新傳布模式必須將知識、說服、決定與確認依序發生的功能明顯區隔。每一個案例可能出現不同的傳播過程，例如，早期說服的成功機會可能與受播者的特質有關。亦即早期的新知接受者未必是意見領袖，研究證據顯示，早期的新知接受者，有可能與社會有某種程度的疏離，就如同缺乏知識者的社會疏離一樣。社會整合缺乏的人可能是社會的「先知」或社會的「遲鈍者」（lagging behind）。

3. 創新傳布理論涵蓋多種傳播來源，包括一般的大眾媒體、廣告或促銷材料、官方的改革、非正式的社會接觸，這些不同類型的傳播來源在不同的傳播階段有其不同的功能。例如，大眾媒體和廣告可能產生知悉與知識的功能；而在決定採納新事物與否的階段，以及在確認是否繼續使用新事物的階段，地方性的官方機構可能發揮其說服或親身影響的重要功能。

4. 創新傳布模式指出，受播者變項可應用在知識階段，主要是與人格特質及所在的社會環境有關。但是受播者變項也可能影響其他的階段。同樣的，社會環境的因素也可能從頭到尾都影響全部的傳播過程。

■ 選擇過程理論

選擇過程理論（selective process theory）假設，每一個閱聽人都會主動選擇接觸（selective exposure）與自己立場相近的媒體；即使訊息內容與閱聽人意見相左，個人也會主觀地選擇性理解（selective perception），進行篩選；經過一段時間之後，閱聽人保留下的記憶內容也和自己預存立場一致，因此稱為選擇性記憶（selective retention）。此一理論主張閱聽人並非一昧地被動受媒體影響左右，相反地，閱聽人接受訊息的過程，必須經過一連串主動的篩選過程（Sears & Freeman, 1972）。

一般而言，選擇性保留、注意與理解，這三者在程度上很難區分開來。如果一個人接觸了某一則政治訊息之後，突然被中斷了，在瞬間又聽到一個與之前完全不同的報導，那麼究竟在這個人的腦海所留下的是不完整的訊息，或是後者迥然不同的報導呢？或是對這兩則不完整的報導都留存下來呢？如果密集的提供刺激與訊息，是否就可以至少保留部分的訊息內容呢？以目前的研究顯示，仍無法對此一訊息的保留程度下定論。不過，有些時候，增強保留的動機是有幫助的（Burgoon et al., 1994: 116）。簡而言之，保留與其他選擇性過程的組合可能是影響成功傳播效果的關鍵。

■ 社會學習理論

1960年代，Albert Bandura（1977）提出了一個新的大眾媒體效果理論——社會學習理論（social learning theory），又稱為觀察（observational learning）或模仿理論（modeling theory）。這是目前大眾傳播應用最廣泛的理論，也詮釋了人們如何從直接的經驗與在媒體上的觀察，模仿他人的行為與事物的經驗（Tan, 1985:

244）。Bandura的研究發現，在特定的情況下，兒童會學習電視上的攻擊行為。如果此一攻擊行為在兒童的認知保留下來，且產生了理解效果，那麼就增加了日後兒童模仿攻擊行為的可能性。例如，電視觀眾會透過觀察學習（observational learning）的過程，模仿在電視上看到的行為，尤其是電視螢幕播出對「壞人」獎賞的情節，會造成鼓勵兒童模仿的效果（Bandura, 1986）。不過，實證研究也發現，兒童也會模仿電視上有益的親社會行為。

另外，有人認為男性與女性所認知的世界觀明顯不同，以致有不同的溝通模式，社會學習理論也可用來詮釋其差異。Bandura的社會學習論假設，性別是透過模仿同一性別的對象的言行舉止，及觀察社會建構的價值觀與溝通方式學習而來。兩性認知的差異是根據社會認同的標準，如果是被社會多數認同的認知與行為，就會得到獎賞，反之則受處罰。例如，一個社會可能普遍認同小女生玩「Hollo Kitty」的玩偶是適當的行為，但是對小男孩而言，玩「Hello Kitty」的認同卻不適當。而所謂的適與不適的拿捏，通常來自社會規範與社會期望。此一理論有助於解釋人們如何發展出性別角色的認同，但實際上卻不能解釋女性主義或男性沙文主義者在溝通方式的差異（Bandua, 1991）。

■ **淨化假說**

淨化假說（catharsis hypothesis）強調，對於具有反社會行為傾向的閱聽人，可藉由觀察媒體虛擬的反社會行為獲得滿足，但未必出現反社會行為。例如，有些人觀看性及暴力的節目以獲得滿足，但並不會在現實的生活中出現暴力行為。此一說法顯然主張大眾傳播媒體具有淨化人心的正向功能（Feshbach & Singer, 1971）。

■ 使用與滿足理論

　　早期的傳播媒介效果研究強調傳播媒介對人的影響為何？亦即強調的是傳播媒介的功能論，以致於出現大眾媒體效果有限的結論。在1950年代，大眾傳播效果研究似乎走進了死胡同，甚至於瀕臨死亡（Berelson, 1959）。但是Katz（1959）卻駁斥此一悲觀的論調指出，傳播研究不應再局限於研究「媒介對人們做了什麼？」傳播學者應反思：「人們如何看待傳播媒介？」、「研究閱聽大眾使用傳播媒介的動機與怎麼使用的情形？以及閱聽人使用後得到了那些滿足？」由於Katz的提倡，遂興起了「使用與滿足理論」（uses and gratifications）。此一理論強調，閱聽大眾使用媒體的目的是為了解決需求，一旦接觸媒介獲得了滿足之後，可能引起再度使用媒介的動機。使用與滿足的理論假設，特定的閱聽大眾是主動地選擇媒介訊息，反駁了早期理論假設閱聽大眾是被動接收媒介訊息的論點。

　　Blumler和McQuail（1969）在1964年的英國大選中，應用使用與滿足理論，研究選民收看或拒看政治廣播的動機。結果發現選民收看政治廣播共有八種理由，可歸納為三項：監測政治環境、確認政見兌現的可能性及強化自己的政治立場。其後McQuail、Blumler以及Brown（1972）又將閱聽人使用媒體的滿足分為四類：娛樂（diversion）、強化人際關係、自我認同及監測環境。此一分類與早期的功能論相仿。至於收看者的需求分類包括：知識之獲得、情感需求、個人自信、社會聯繫整合及解除壓力。

　　雖然使用滿足理論闡揚閱聽人使用媒介訊息需求的研究主題，也使得傳播媒介功能論重新受到傳播學者的重視，但仍難逃學者的批評。例如，該理論對於「需求」的定義模糊，而且很少探索閱聽

人追求滿足之前的預存立場，以及閱聽人的需求是來自媒介的創造？抑或是經由理性選擇而使用媒介？何者爲因果之關係模糊 (Elliot, 1974; Swanson, 1977, 1979; Lometti, Reeves, & Bybee, 1977; Palmgreen & Rayburn, 1982)。Elliott (1974) 更指出，使用與滿足的觀點偏向個人層次的探討，過度倚賴心理學概念，例如，強調個人的需求，但忽略了社會結構與媒介在社會結構中的定位，相當可惜。後來，Windahl (1986) 遂將使用與滿足理論融合依賴理論 (dependency theory) (Ball-Rokeach & DeFleur, 1976)，增列個人處於社會體系之變項，加強理論的完整性。但是仍有學者 (White, 1994) 認爲，使用與滿足理論高估了人們選擇媒介的自由與表達需要。由於媒介霸權 (media hegemony) 的控制，大眾媒介訊息擅長宰制文化的世界觀，閱聽大眾實難避免媒體霸權的「偏愛」，遑論仍保有選擇自主性。

㈡第四階段：傳媒效果研究新方向：眞實的社會建構

1970年末期，傳媒效果研究進入一個嶄新的紀元，稱爲傳媒對「眞實的社會建構」(social construction of reality) 或社會眞實的建構思潮。「所謂的社會建構是指個人發展自己的世界觀之過程」(Severin & Tankard, 1997: 318)。此一時期的研究者一方面認同媒介建構的媒體眞實與社會眞實的差異，及傳媒對社會的影響；另一方面，也認同閱聽大眾的選擇自主性，因此建議，傳媒效果的研究應對閱聽大眾、社會及傳媒的觀點並重。

代表此一時期的相關理論有議題設定、涵化理論及沉默螺旋理論，茲分述如下：

■ 議題設定

議題設定（agenda-setting）係指大衆傳播媒介在設定議題之際，具有建構受衆認知與改變受衆既存認知的效果（McCombs & Gilbert, 1986: 4）。簡言之，議題設定即是透過新聞媒體創造公衆知曉及關切重要議題的過程。例如，報紙或廣播電視必須篩選新聞作爲報導，就出現議題設定的過程。媒體的守門人每日選擇資訊，決定報導什麼內容？如何報導？以及媒體揣摩大衆認爲那些新聞是重要的。這些揣摩包括框架新聞的方式，例如，那些新聞事件的重複頻率高？那些新聞應列入頭版或頭條新聞？新聞項目的長度或版面大小？而近年來網路出現電子報提供線上即時新聞，或在網站公開進行民意調查，也是議題設定的例證。

McCombs和Gilbert指出，大衆傳播的議題設定流程中，以議題的時間架構最重要。決定時間架構的因素有：議題出現的全部時程、事件出現在媒體議題及出現在公衆議題之間的時差（time lag）、媒體議題的時間長度、公衆議題測量的時間、效應擴張的可能性，亦即界於媒體議題與公衆議題之間的尖峰關係。Shaw & McCombs（1977）的研究證實，在1972年的選舉之初，報紙在議題設定方面的效果有影響民意的效果。但是電視則在愈接近選舉時的影響力超過報紙。因此，McCombs下結論指出，媒體使用的科技性質與風格之差異導致議題在不同的階段有不同的功能。比方說，電視新聞愈來愈像報紙的頭版，以至於報紙讀者長時間歷經一個議題的時間比電視觀衆長。但是一旦一個議題上了電視，露面的頻率愈高，其重要性愈顯著（McCombs & Gilbert, 1986: 9）。Lowery和DeFleur（1983）補充說明，在形成公共政策時，媒體議題設定與公衆認同議題重要性的程度有相當大的關係。假如新聞

強調一個民眾已經認為重要的議題，那麼政治領導人是否就應對此一議題採取行動呢？答案似乎是可能這樣做，不過這類複雜的實證研究才正起步，不足以下定論。值得注意的是，議題設定的概念，正應驗了Bernard Cohen（1963）對傳播效果的陳述：「新聞可能無法告訴人們在想什麼，但是卻成功地告訴讀者該想什麼。」

■ 涵化理論

　　Gerbner主張的涵化理論（cultivation theory）假設，長期暴露於大眾傳播媒體的閱聽人，其所建構的世界觀與電視所建構的世界觀是一致的（Gerbner & Gross, 1976）。換言之，長期收看電視的閱聽人可能誤以為媒體真實，即為真實的世界。例如，經常收看電視的人，可能過度假想自己可能成為被害人的機會，原因是他們暴露於暴力犯罪的節目。Gerbner 進行電視節目內容分析發現，電視並非像鏡子一樣，反映社會真實。這些差距包括：男性的角色比女性多三倍；少數族群的角色通常是小孩；而且大多數出現暴力內容。

　　但有些學者重複Gerbner的涵化研究，並未發現同樣的觀點，且質疑涵化研究的研究方法。如Hirsch（1979）質疑，一旦控制了人口及社會變項後，看電視多與看電視少的差別不明顯。但Gerbner並未接受此一批評。我國的相關研究卻發現 （黃明明，1994），兒童收看電視新聞的多少對其社會現實的認知與態度並無影響，有可能是被研究的兒童只暴露於一個電視新聞的變項，並不能解釋電視新聞的涵化效果。

■ 沉默螺旋理論

　　沉默螺旋理論（the spiral of silence）的概念是源自Noelle-

Neumann（1974; 1984; 1991）數十年來不斷發展且驗證出來的一個比公眾意見更廣的理論。這個相關的理論包括四項因素的互動：傳播媒體、人際傳播與社會關係、個人意見的表達，以及個人在自己的社會環境察覺到的意見氣候。沉默螺旋理論有四點假設：

1. 社會以隔離威脅疏離的個人。
2. 個人會持續經驗隔離的恐懼。
3. 被隔離的恐懼導致個人想要時時去評價意見氣候。
4. 評價的結果影響個人的公開行動，尤其是公開表達意見的意願（Noelle-Neumann, 1973: 108）。

簡言之，此一理論強調，個人為了避免在重要的公共議題受到隔離，如支持政治的態度，很多人是按照自認環境中主流或非主流的升降判斷，而決定個人的意見表達。例如，當人們自認個人的意見是環境中的少數者，通常會隱瞞自己真正的意見；但是一旦自認為意見與大多數人相同時，個人公開表達意見的意願較高。這就是所論的沉默螺旋效果。

三、傳媒效果的大小

介紹了上述各種傳播媒介的效果理論，有必要再說明這些理論所指的傳媒效果的差別。Straubharr和LaRose（1996: 418）闡述媒體效果的理論不只顯示媒體效果是在什麼情境下發生，研究者還可依據這些理論來預測可能出現媒體效果的類型，以及對誰造成效果。例如，皮下注射理論假設傳播媒體對受眾的影響效果最大，但是選擇過程理論則強調受眾的主動性，在此情境下，媒體的影響效

果微小。而多層級傳播流程則突顯人際傳播的重要性，勝過媒體的影響程度。

傳播效果研究應用的研究方法

究竟傳播的效果如何呢？Berelson & Janowitz (1966) 敍述得很清楚：「傳播的效果有多樣性。可能是指短期的效果或長期的效果；可能是外顯的效果，也可能是隱性的效果；傳播效果也有強與弱之分。而且，傳播效果可能來自傳播內容的層面；有時候，傳播效果也可能被視為心理、政治、經濟或社會學的結果。在某些情況下，傳播可能根據意見、價值觀、資訊層面、技巧、品味，或外在的行為而有所不同。」(p.379)

接下來須進一步研究傳播媒體與人的行為之因果關係為何？傳播學者在研究傳播媒體對人的影響時，通常採用下列四種主要的研究方法：(1)內容分析法 (content analysis)；(2)實驗法 (experimental research)；(3)調查法 (surveys)；(4)民俗學誌 (ethnography) 的研究法。

一、內容分析法

內容分析法是一種計算在媒介體系中出現內容本質的方法。通常研究者都會先對媒介內容作系統性地抽樣，隨後再將內容分類。例如，當研究者想要知道某一電視頻道是否在經年累月之後，愈來

愈多的情色氾濫的色彩，這時研究者可能選擇某一代表黃金時段的節目，然後再界定出一套「情色」的客觀定義。譬如，界定什麼特質就被視為達到情色的範圍。然後，由受訓過的觀察員區分樣本中每一幕的內容，再根據各觀察員的記錄結果，比較其差異性，並確認觀察員之間的定義是一致的，以便產生相同的觀察結果。接著，研究者再計算該節目每小時出現情色動作的頻率並與過去的研究結果比較 (Gerbner & Gross, 1976)。

內容分析法是一種可確認媒介內容長期趨勢的方法，但此一方法卻不能完全地作為推論媒介效果的基礎 (Straubhaar & LaRose, 1996: 413)。關鍵在於，研究媒介內容的效果，必須也觀察閱聽人在認知、態度與行為的改變，而且每一個閱聽人理解媒體的內容也不盡相同，因此，探討媒介內容與閱聽人兩者的互動關係是研究媒介效果的必要考量。何況，內容分析法費時，有些研究只選擇少數樣本，例如，選擇三家全國網電視台連續一星期的黃金時段的節目，卻難以反映全程的節目內容。此外，定義內容的標準，人言言殊，也是內容分析法的限制之處 (Straubhaar & LaRose, 1996: 414)。早期的傳播研究為了要比較傳播媒體的差異性，大多採用歷史研究法 (historical research)，調查媒體事件的過去與現在的比較。後來，歷史研究法則逐漸由內容分析法發揚光大 (Hiebert, Ungurait, & Bohn, 1991: 547)。

二、實驗法

實驗法克服了內容分析法的缺陷，在縝密的設定控制條件下檢視媒介效果，並解答因果關係。實驗法的典型設計是，讓一組受試

者觀看預先列入研究類型的媒介內容，再將這組觀看過該媒介內容的受試者的反應與其他未參與實驗者的反應相互對照比較。從統計學上來看，實驗法的研究對象不全然代表整個社會，因此，研究對象通常以隨機 (randomization) 抽樣，且必須分為實驗組與對照組，降低個別差異的影響 (Straubhaar & LaRose, 1996: 414)。

實驗法的限制為缺乏代表性，研究結果難以全面性 (general-izability) 推論。除了實驗的情境可能與實際的環境有所出入之外，研究者對於效果觀察總會告一段落，未必反映媒體影響的最終結果。因此，學者質疑實驗法的效果結論可能有誇大實情的存疑 (Anderson & Meyer, 1988)。

三、調查法

調查法就像是民意調查所使用的方法。當研究人員想要找出玩電動玩具的暴力遊戲造成的影響時，可能必須進行一項以全國大學生為隨機抽樣的調查。所研究的自變項 (independent variable) 是「媒體暴露的頻率」（例如，上週玩過多少暴力遊戲？）及依變項 (dependent variable) 為「對暴力態度」或「個人的暴力行為」，並找尋自變項與依變項的關聯性 (correlation)。調查研究的代表性勝於實驗研究，通常其研究的人口樣本較大，也較有代表性。另外，調查法也可同時研究多項相關因素的關聯性，這是實驗法所未及的 (Straubhaar & LaRose, 1996: 415)。

四、民俗學誌

　　民俗學誌應用了人類學家的研究技巧，探討廣泛且整體性的人類文化，亦即民俗學誌強調媒體及媒體使用，都應與其他的媒體使用者的生活與文化，同置於廣泛的文化情境來研究。民俗學誌使用開放式問題，且花較長時間的深度訪談，讓受訪者儘可能以他們自己的語言表達，不使用研究者預設的問題，而且觀察其行爲的時間也較長（Straubhaar & LaRose, 1996: 417）。例如，有些研究者爲瞭解觀眾在家看電視的互動情形，派訪員連續一星期每天晚上六至十時到受訪者家中，以旁觀者的身分觀察記錄其觀看電視的情形，看什麼節目？以及和什麼人一起看電視。

　　不過，Straubhaar和 LaRose （1996: 417）認爲，即便是民俗學誌研究者想正確且深度的記錄下受訪者的媒體使用行爲，且採用與其他研究者同樣的研究取向，以建立觀察的信度（reliability）與結論，但是仍難克服研究信度的問題，亦即每一觀察員可能有不同的觀察記錄結果，因此，仍有無法推論爲全面代表性的限制。

　　上述的研究方法各有其價值與限制，例如，內容分析法顯示媒體內容充斥著色情與暴力。而實驗法往往發現媒體效果的證據，但卻難以評估（assess）其他因素如何減少或增強了媒體效果的問題。至於調查研究則傾向於只顯示媒體效果的弱勢，但又過於主觀的批判研究結果的健全性。民俗學誌的研究及語意學研究使用質性研究方法（qualitative methods），確實對於瞭解大眾媒體的意涵有重要的貢獻。總而言之，沒有任何一種研究方法可以完善地解答媒體效果的問題，最重要的是，爲了探究問題的本質，應儘可能去採用

多種不同的研究方法（Straubhaar & LaRose, 1996: 417）。

測量效果的指標

一般而言，媒體效果研究所用來測量效果的指標(indicators to measure effects) 有三個主要層次（Hiebert, Ungurait, & Bohn, 1991），包括認知、態度及行為（見圖5-1）。

一、認知與理解程度（cognitive and comprehensive)

圖5-1顯示傳播的過程，可假設為先引起閱聽人的注意（attention），一旦受眾持續注意該訊息，就會產生知悉（awareness）也就是認知（cognition），最後結果可能達成理解該訊息的效果（p. 548）。

研究者為了測量媒介訊息對閱聽人的影響程度，通常必須測量與認知有關的變項，包括知曉、理解及記憶。例如，1999年7月29日深夜十一時半台灣地區發生五十年來的大停電意外。經由媒體調查發現，有27.7%的受訪者在停電後一小時之後獲知是電塔崩塌造成

引起注意 ⟶ 認知 ⟶ 理解

圖5-1　傳播認知與理解的過程

資料來源：Hiebert, Ungrurait, & Bohn (1991:548), *Mass media: An introduction to modern communication.* (6[th]ed.), Longman Publications.

的停電,此一指標有助於瞭解閱聽人對傳媒訊息的知悉程度（《中國時報》,1999年7月31日）。即使部分閱聽人知道是大規模停電之後,閱聽人對停電理解的理由又如何呢?有人會聯想到只是短暫的跳電,也有少數人聯想可能是中共的導彈攻擊。至於對這事件及正確記憶的時間有多長,也視為檢測傳媒影媒對閱聽人影響的效果指標之一。

　　就大眾傳播來看,個人的認知可能因接觸訊息的頻率的多少而受影響,但是媒介內容在持續性的且重複的條件之下,媒介對部分議題可能有高度的影響效果（Hiebert, Ungurait, & Bohn, 1991: 548）。事實上,個人對媒體訊息的理解程度,可能來自媒介內容與個人的親身經驗交互反應（interaction）的結果。而且個人記憶媒體事件的能力也可能受制於重複暴露於媒體內容的刺激次數,以及透過人際傳播的增強效果。但也有研究發現,個人對某一類訊息的預設立場,可能導致他誤解或是故意忽略媒介所提供的這一類訊息（Hiebert, Ungurait, & Bohn, 1991: 548）。

二、態度與價值觀的改變（attitude and value change）

　　心理學家曾對態度定義:「個人的態度及態度的改變,是影響態度及行為的過程。」（Devito, 1986: 225）。媒介的效果研究很少不涉及態度的變項,由於態度可能來自於個人的信念,態度有時可能是決定行為改變的一項預測因素（Heath & Bryant, 1992）,但也有學者不以為然,並以實證研究發現,態度可能受到行為的影響（LaPiere, 1934; Bem, 1965, 1968; 1972）。

　　有關態度的媒體研究,一般都認定大眾媒體會影響社會的價值

規範與個人的態度。但是其影響的程度、速度及長期的效果如何，迄今仍然存疑（Hiebert, Ungurait, & Bohn, 1991: 548）。

很多的研究證實了大眾媒體在創造意見與改變意見更容易。例如，大眾媒體設定議題，不只決定閱聽人該思考的事情，甚至也決定了一般人或者領導階層的行動（Hiebert, Ungurait, & Bohn, 1991: 549）。增強既存的的信念是多數眾媒介的主要傳播效果，原因是人有藉著選擇性暴露、選擇性的知覺及選擇性的保留以達到自我保護的傾向。Festinger（1962）的「認知失諧」（cognitive dissonance or inconsistency）理論也指出，其實在人的信念與行為的落差之下，閱聽人為了避免認知與行為不一致的情況，有時只好更改對原有事物的認知或改變行為，換句話說，基於閱聽人選擇性理解的觀點，大眾傳播媒體對閱聽人的改變是有限的，甚至可能是無效的（Hiebert, Ungurait, & Bohn, 1991: 549）。

有些研究證實，媒體可能促使大眾產生「西瓜偎大邊」（bandwagon effect）效應。亦即人們改變意見常常希望自己站在大多數人持有立場的一方。尤其是廣告最常應用此一策略，強調「這是多數人所選購的」、「有百萬人使用過的口碑」的廣告訴求（Hiebert, Ungurait, & Bohn, 1991: 550）。

三、行為改變

有關大眾媒介對個人的行為影響，可分為反社會行為（負面的改變）與親社會行為（正面的改變）。目前的傳播行為研究主題有消遣行為（play pattern）、投票行為（voting behavior）及侵略行為（aggression）。例如，到底電視的問世，是否導致家庭成員生活方

式 (family-life pattern) 的變化呢？雖然研究結果並未發現電視明顯的改變了家庭生活方式，但是另一項結論卻指出，電視可能增加了家庭成員相聚在一起觀賞電視節目的結果 (Hiebert, Ungurait & Bohn, 1996: 550)。但是一旦家庭有了第二架電視機以後，此一現象可能改觀。至於電視對投票行為的影響，多數的研究發現，傳播媒介增強選民的政治態度，遠超過改變選民對政黨的支持立場 (Hiebert, Ungurait, & Bohn, 1991: 550)。

廣告的訴求可能影響消費者選購產品，例如，兒童可能看了電視廣告買炸雞送Hello Kitty的玩偶，就央求爸媽買炸雞，這即是傳媒影響閱聽人的行為效果例證。

嚴格說來，人們採納特定行為的成因是多元的，不只是涉及當事人必須做的決定數量，還包括：為了改變而必須付出的社會風險；未來的行動障礙；與現有行為的落差；採納新行為是否與個人的人格、價值觀、動機及信仰有所衝突，都是研究傳播效果應考量的要素。易言之，傳播媒介對個人行為影響效果必須考量，媒體的接觸與個人的其他相關經驗的交互反應，是導致個人行為改變的重要機制。

大眾傳播效果實證研究

傳播效果研究影響個人可分為四個研究方向：(1)媒體與反社會行為 (antisocial behavior)；(2)媒體與親社會行為 (prosocial behavior)；(3)廣告效果；(4)政治傳播之影響。茲分敘如下：

一、媒體與反社會行為

反社會行為係指個人的行為已脫離了社會規範的常軌，例如，違法行為（謀殺、強暴、販賣毒品）、性侵害、酗酒等。

㈠暴力

電視暴力是媒介效果研究中的主要課題，其中又以電視暴力內容對兒童發展的主題最受關切。這些暴力的內容可能出現在新聞報導、卡通節目及電視影片的情節之中。因為兒童可能在未建構自己對真實社會的認知之前，可能已為媒體築構的「電視世界」所替代，以為電視所播出的內容即是「社會真實」。因此，學者提出警告，常看電視的兒童可能也同時缺乏父母的監督，這樣一來，電視中的暴力內容，可能潛在性地對幼稚的心靈造成深刻的傷害（Atkin, 1985; Jeffres, 1986; Liebert & Sprafkin, 1988）。

至於電視節目出現暴力內容的頻率，美國學者Gerbner在1967年對美國三大電視網的一百八十三個娛樂節目做內容分析，並發現各電視網有88％至91％的娛樂節目，都有暴力色彩，即使在隔年的比例仍未降低（Backer & Ball, 1969: 327）。這一結果顯示，娛樂節目的暴力內容偏高，即使一般人想要在黃金時段，收看非暴力的節目都困難無比。該研究進一步指出，偵探片的暴力內容最高（96.6％），其次卡通影片（93.5％）與喜劇片的比例（66.3％）最低（Baker & Ball, 1969: 32）。

電視暴力內容的效果經研究證實，電視暴力內容的效果是長期

性的。例如，Lefkowitz及其同僚（1972）研究發現，小學三年級的男童收看暴力內容的情形，與其十年後的攻擊行為有關。但仍有學者主張，收看暴力節目，可能會減少實際的攻擊行為（Van der Voort, 1986）。雖然暴力內容與日常行為的研究很多，但迄今並未有證據顯示，收看電視暴力節目與日常的攻擊行為有直接的因果關係。1970年代以後，電視效果研究已不限於行為的層面，而著重探討認知的研究取向，檢驗電視對受眾在認知與價值方面的影響。

(二)色情

在社會日益開放的風氣之下，性行為（sexual behavior）、色情（pornography）的影像或聲音充斥於坊間的電影、電視、書籍、雜誌、錄影帶及電話、光碟、網站等媒介。有關色情媒介的研究有些以實驗方式，有些則採行為主義的研究方法。雖然色情媒介對行為的效果影響的結論不一，但有關媒介色情內容的效果研究已發現，色情的內容對閱聽人的認知與態度確有影響。亦即色情媒介造成的效果有：強化觀眾的強暴迷思（rape myth）、對暴力產生麻木反應及對性伴侶的外表較為不滿（引自林芳玫、徐郁喬，1997）。

二、媒體與親社會行為

媒體對閱聽人的效果研究，除了消極性的反社會行為之外，還有其積極性的親社會行為的效果。例如，政府提倡的公共宣導活動，非正規教育體制的學習，以及非營利性社團提倡的公益活動。這些正向的親社行為的本質包括：合作、利他主義、分享、關愛、容忍、

尊敬、均衡的營養、個人的衛生保健、環境保育及改善閱讀技巧等
(Straubhaar & LaRose, 1996: 424)。閱聽人可能經接觸上述的
媒介內容，在認知、態度或行為上受影響，此一影響效果，可能使
閱聽人改變價值觀念，增強對個人及社會有正向功能的意義。例如，
提倡「環境生態保育運動」和「酒後不開車運動」都是屬於媒體與
親社會行為的效果研究範疇。以下就資訊宣導 (information cam-
paign) 與非正規教育 (informal education) 兩方面，作概要介
紹。

(一)資訊宣導

　　資訊宣導 (information campaigh)、公益活動 (public cam-
paign)、社會行銷 (social marketing) 和公共資訊宣導 (public
information campaign) 的名稱不同，實際上所指的內涵是相同
的，亦即利用商業廣告的技術，企圖說服 (persuasion) 或「銷售」
給受眾志願地接納親社會行為。例如，鼓勵捐血、捐贈骨髓及器官
捐贈公益活動的宣導。至於宣導的形式也極為多樣化有：義賣、義
診、園遊會、街頭表演、聯署簽名、演唱會、廣播錄音、電視專訪、
海報、報紙、雜誌、公車車廂廣告、戶外看板、單張、手冊、網站、
光碟及在電視播放「公共服務宣導短片」(public service announce-
ments, PSAs) 等。公共服務宣導短片又稱為公益廣告，與政府的
公共活動及教育電視節目有別，通常公益廣告會區隔其特定的受
眾，且制定特定的宣導標的，包括認知、態度或行為的改變。例如，
「在一年內提高駕駛人對喝酒不開車的認知比例50％」，或是「在三
年之內，提高騎機車戴安全帽的比例為80％」。至於其宣導的方式，
大多以恐懼訴求及娛樂的技巧呈現，以吸引受眾注意。

公共宣導的效果研究結論並不一致，端視宣導的主題而定，有些公共宣導可影響目標受眾（target audience）的知悉態度，甚至於行為。Mendelsohn（1973）建議，公共宣導活動如果有明確的標的及目標受眾，且找到克服受眾冷漠的心態的辦法，宣導活動就有可能成功。電視公益廣告的效果明顯的與播出的時段有關。但由於國內目前的公益宣導短片的播出時段由電視台免費提供，往往只出現在冷門時段播，以至於該宣導內容難以引起特定受眾的注意，更不用說改變態度。有些公益廣告以恐懼訴求來引起受眾注意，特別是針對青少年的反毒品宣導，但是對於青少年具有低自我傾向的吸毒高危險群而言，可能因此而拒絕此一恐懼訴求的反毒訊息（Straubhaar & LaRose, 1996: 425）。

最近二十年來，美國的傳播學界陸續融合傳播與健康行為的改變（health behavior change）利用公共宣導的概念，應用於健康促進（health promotion）主題正形成一門新興的跨領域的研究即是──健康傳播（health communication）的研究，形成兩項研究主流：

1. 訊息產品（message production）的訴求內容研究，即專注於新聞、資訊、廣告與娛樂性內容之分析與設計。
2. 媒體效果研究，即著重媒體對健康行改變的影響（Finnegan & Viswanath, 1997）。

最著名的健康傳播實證研究為「史丹佛心臟病預防推廣計畫」（Stanford Heart Disease Prevention Project）。自 1970 年代起，Farquhar等人（1977）在美國加州，選擇一個試驗社區及一個非試驗社區進行心臟病預防宣導活動，歷經三年之後，結果顯示，吸菸者只暴露於大眾媒體的宣導情境，其參加戒菸班的效果沒有顯

著差異;但曾接觸媒體宣導,且與接受衛教人員面對面的宣導活動者,其戒菸成功率明顯地高於控制組。

自1972年以來,在芬蘭進行的North Karelia 心臟病防治計畫 (North Karelia Project),自1989年至1996年的長期趨勢調查,評價媒體與人際傳播對戒菸意圖 (smoking cessation attempts) 的影響,共蒐集了一千六百九十四名成年吸菸者或在過去一年之內曾經戒菸者。結果顯示,媒體接觸與人際傳播都同為影響戒菸意圖的可能原因。每週接觸過媒體提供的健康訊息,與男性的戒菸意圖有顯著相關;反之,人際傳播或社會影響對男性與女性的戒菸意圖都有顯著性相關。簡言之,人際傳播顯然是社區介入計畫的觸媒 (Korhonen et al., 1998)。

社會行銷,係指整合行銷的原則與社會心理學的理論,對特定的目標受眾推銷具有社會利益的觀念、行為以及信念 (Kotler & Roberto, 1989; Lefebvre & Flora, 1988; Walsh et al., 1993)。 Winett和Wallack (1996) 認為,具有綜合特性的社會行銷活動涵蓋了複雜的行為改變,且須整合長期性、多重傳播管道及研究為基石。此一理論假設,個別的行為可透過信念的改變而影響,因此,從事社會行銷的工作人員,多利用大眾傳播媒體傳達資訊,指導改變行為的技巧,藉此獲得民眾的認同與支持。換言之,社會行銷儼如將媒體視為教育大眾的工具。

為了改善健康訊息的有效性,1980年代迄今,美國公共衛生界紛紛改以行銷學的架構,作為推廣健康觀念的利器,亦即所謂的社會行銷。這個推廣策略,是把健康促進的主題,例如,把減重、戒菸行為當成是一種商品 (product),強調以合理的價格 (price),及在適當的場所 (place),推廣 (promotion) 健康概念,一切以消費者導向,注重健康訊息的吸引力,並在推廣前先試銷 (pretest),如

果消費者不滿意，那麼產品就必須再改良。此一行銷策略假設民眾之所以有健康風險的因素，在於健康訊息不夠充分，因此，解決之道就是如何將健康訊息在民眾的喜好之下促銷，以達到個人行為改變的目標。

但是，社會行銷有其局限性，例如，毒品及菸酒等成癮行為，不容易經由個人意志克服成癮的作用。因此，此一理論仍須整合人際與社會支持的變項，甚至進行社會政策的改革與立法。例如，禁止販賣及吸食毒品、禁止販賣菸酒給十八歲以下青少年，以減輕毒品與菸酒對人體健康的危害。

(二)非正規教育

「水可以載舟，水也可以覆舟。」這句話可用來形容媒體對個人行為積極性與消極性的影響作註解。上述研究已證實，媒體暴力或色情對個人的認知與態度確有負面效果，但也有部分研究發現，媒體也可發揮教育的功能。例如，研究顯示，電視節目有助於孩童的認知過程的發展，包括從知覺（perceiving）、理解（comprehensive）到記憶（remembering）的過程。而且此一助益隨著年齡的增長而提升。優良的節目內容，可能有寓教於樂的功能，且激勵積極的行為，例如，利他主義、友善與自我約束的行為特質（Hiebert, Ungurait, & Bohn, 1991: 559-560）。

Straubhaar 與 LaRose（1996: 425）指出，在美國非正式教育的媒體內容多以提供知識（knowledge）的傳授為主，至於設法改變個人信念或是社會行為的內容相當少見。他們並舉證最有名的「芝麻街」（Sesame Street）為例，這個播出學前教育內容為主的兒童節目，自1972年播出以來，除了深受大眾喜愛之外，也提升了

幼齡學童的閱讀效果。

三、廣告效果

大傳媒體的效果實證研究除了在公共宣導上，還有另一主流，即應用於商業廣告的傳媒效果研究。廣告主在媒體上刊播廣告的商業動機有二：

1. 企求藉著媒體廣告提高消費者對該品牌的知悉（brand awareness），一旦消費者到商店去購物時，可以認得該品牌。
2. 廣告主期望，一旦消費者購買了該產品，又可藉著廣告維持消費者的品牌忠誠度（brand loyalty），以促使消費者再度光顧該品牌的產品。換言之，廣告主企圖以媒體廣告的手法，設法讓消費者在購物時認得該產品，而且在購買使用之後，繼續購買該產品（Straubhaar & LaRose, 1996: 427）。

那麼媒體的廣告效果如何呢？其實並非每一種產品的廣告都可明顯地提高產品的銷售率。有些廣告的存在，不過是其他品牌的產品有廣告，促使廣告主不得不以廣告競爭。研究發現，產品的銷售率還與價格、包裝、普遍性、品質及促銷活動有關，以及最重要的是消費者的需要而定。研究發現（Botvin et al., 1991），香菸廣告對青少年確有影響，亦即接觸香菸廣告頻繁的青少年，其辨識香菸品牌的能力較好，且比較容易出現吸菸行為。

有些廣告雖然以商業為目的，但是其訴求內容與意涵卻可能產生社會價值觀。例如，菸品廣告強調吸菸有助於提神、吸菸行為隱

含著自由、開放的象徵。但實際上，吸菸引起心血管疾病與肺癌的危害，已經醫學研究證實。此一社會效果已引起重視，歐美國家及我國並因此而立法禁止電視播出香菸廣告。

四、政治傳播之影響

傳播媒體在政治上的功用，一是提供充分的政治資訊供選民參考，二是動員選民參與政治活動 (McQuail, 1994: 77-80)。為了瞭解實證的研究結果是否達到上述功能，以下就傳播媒體在政治傳播的四種應用類別簡要紋述 (Straubhaar & LaRose, 1996: 428-43)：(1)選舉時期候選人常用的政治廣告；(2)新聞媒體刊播的政治新聞；(3)選民的參與；(4)媒體與民意 (public opinion)。

■ 政治廣告

政治廣告 (political commercials) 係指以商業廣告的策略進行選舉活動的設計，將候選人猶如「產品」一般，推銷給選民。研究發現，其實政治廣告影響選民的投票的效果介於中等，特別是在選前的最後幾天。原因是大多數的選民都有選擇接觸、選擇性理解與選擇性的記憶的特質，因此多數選民對候選人早有預存立場，只有少數關鍵選民尚未決定投給那些候選人，其中多數的未決定者很可能放棄投票的一群；有些未決定者極可能受到左鄰右舍或親朋好友的意見而決定投票的結果，而未必受政治廣告而影響。(pp.428-429)

■ 選舉新聞報導

選舉新聞報導（campaign coverage）係指刊播在傳播媒體的新聞報導，例如，選舉民意調查、政見辯論、社論及選情相關報導。由於新聞報導的消息來源的可靠性與權威性比一般的政治廣告具有公信力，因此新聞報導的說服效果比政治廣告來得高。不過，一旦政治廣告成為新聞報導的焦點時，此時的新聞報導對政治廣告則有推波助瀾的效果。值得注意的是，新聞報導的內容對選民的影響效果，仍受限於選民選擇性接獨、選擇性理解與選擇性記憶的預存立場。易言之，大眾媒體的直接影響投票的效果極為有限，意見領袖、家人或朋友的親身影響更為直接。（p.429）

■ 選民參與

在某些狀況下，媒體的報導可能影響選民參與（voter participation）選舉。例如，在美國就曾有人指責，在計票結果未完全結束時，媒體在投票所前訪問選民眾及訪問當選者，可能潛在性降低選民投票的意願。一項大選後的調查發現，只有極少數的選民會因為媒體的提前報導計票而受影響。（p.430）

■ 大眾媒介與民意

大眾媒介與民意（mass media and public opinion）之間的互動關係密切，從媒介產製訊息的過程來看，選擇報導的議題，界定民眾關心的選舉事物以及未來報導的重點，這些都呈現出媒體的「議題設定」（agenda-setting）功能，亦即媒介決定了報導的主題，受眾因此以媒介議題為其關切的事物（McCombs & Shaw, 1972; 1976）。媒介設定的議題未必與民眾的需要（needs）或民意一致。

不過，媒介不見得控制一切的議題，例如，來自受眾回饋的讀者投書、廣告商的意見、報紙的發行量、電視新聞的收視率，以及媒體自行製作的民意調查，都會影響媒體的報導內容。至於媒體自行調查民眾對選舉的意見調查結果，可能有促使閱聽人透過口語相傳，形成「沉默螺旋」的效應 (Straubhaar & LaRose, 1996: 430)。該理論假設大多數人都希望自己的意見與多數人一致，亦即站在主流的觀點。因此，當受眾看到媒體的民意調查結果與自己的意見一致時，其信念則受到強化；至於發現自己的意見是偏向少數人支持的一方時，則保持沉默 (Noelle-Neumann, 1974; 1984; 1991)。

　　傳播學者假設大眾傳播媒介在政治層面的社會功能為提供充分的政治資訊，進而動員民眾參與政治活動。以上述情形看來，實際上仍有其困難。以美國的經驗發現主要的原因有三 (轉引自孫式文，1997)：

1. 新聞媒體受限於消息來源、經營者的政治立場與經濟制度及新聞的產製流程，新聞報導仍有其預設立場，很難達到完全客觀。
2. 候選人利用廣告與行銷的策略，引起新聞媒體注意，不惜製造假事件的宣傳活動，以致模擬了選舉新聞的事實。
3. 早期的閱聽人研究常以偏失的方法測量政治學習效果。因此，為了深入探究大眾媒介對民社政治的功能及在政治效果的研究，未來宜兼顧新聞媒體、候選人選舉策略及閱聽人的政治知識與認知結構的整合性探討。(pp.190-191)

台灣地區傳播效果研究

　　大眾媒介的效果實證研究在歐美已盛行多年，而在台灣地區，類似的效果研究仍在萌芽階段，本文嘗試就公共宣導、政治傳播、電視卡通與兒童侵略行為、電視新聞配樂對閱聽人與電視新聞對兒童認知的影響，共五個不同主題的研究案例，簡要敍述其研究發現。

一、公共宣導：家庭計畫研究

　　創新傳布理論在1960年代，Berelson與Freeman（1964）即在台灣進行實證研究，也就是有名的「台中田野實驗」（The Taichung Field Experiment），以家庭計畫的推廣案例驗證創新傳布理論。這項田野實驗分為四組共有台中市二千四百個鄰的十萬名婦女參與此一研究。四組的介入（intervention）條件分別是：(1)里鄰家庭計畫會議(以下簡稱為家計會議)；(2)里鄰家計會議再加上家計採納者；(3)里鄰家計會議與家計推廣人員對有偶婦女家訪；(4)里鄰會議與家計推廣人員對受試的夫婦家訪。此外，所有田野實驗地區都有張貼家庭計畫推廣海報。研究者並在家計介入之前進行前測調查，接著展開家計推廣介入實驗，然後再進行後測，以瞭解家庭計畫的傳播效果。研究結果發現，傳布理論的實驗效果相當成功，有40％的婦女接受一種家庭計畫方法；且當地的婦女懷孕率也下降了20％；有78％的婦女採用家計推廣的子宮避孕器。

台中田野實驗是迄今少見規模最大的實證研究，而此一研究結果顯示，家計人員到家訪視是家庭計畫推行成功的要因。至於大眾傳播媒體的效果——海報，則提供了民眾知曉家庭計畫使用方法的知識，但是透過團體論的人際傳播與第一線工作人員的家訪則更直接影響採納避孕的方法（Rogers, 1995）。

二、政治傳播效果

　　孫式文（1997: 189）以嘉義市和民雄鄉的居民為樣本，調查傳播媒體在第一屆省長選舉中對選民的政治學習和投票意願的影響，共計電話訪問完成三百三十五份有效問卷，研究結果發現，電視新聞和街道競選宣傳可以增強選民對候選人名的記憶，但報紙的選舉新聞可以幫助選民瞭解候選人的政見。此一結果與其他的研究結論一致，即平面媒體可幫助閱聽人瞭解較深入的訊息內容的功能。

三、電視暴力卡通影片與兒童侵略行為

　　電視對兒童影響的研究範圍包括：兒童對電視的注意與理解、電視廣告、電視角色呈現、電視暴力內容對兒童的影響、與正面學習現象。歐美地區的研究已證實，收看電視暴力內容對侵略行為有影響，而台灣地區的實證研究也有相同的結論。謝旭洲（1997）以問卷調查兩所國小學童共七百六十六名收看暴力卡通影片與在校的侵略行為研究發現，居住在鄉村的學童收看暴力卡通與在校的侵略行為呈正相關；但在城市的學童未出現顯著相關。此一結論顯示，

暴力卡通對學童的侵略行為可能有地域之別。

四、電視新聞與閱聽人

　　黃葳威（1993）調查電視新聞配樂對閱聽人的影響，以台北縣兩所綜合大學的八十六名大學生為受試者進行實驗，結果發現，實驗組與與控制組對新聞內容的回憶程度，都與新聞配樂與否無直接關係。但在一般的新聞播出情境，只有在閱聽人採儀式性的收看方式（例如，為打發時間而看電視新聞），配樂有助於閱聽人回憶新聞內；反之，閱聽人採工具性收看新聞，配樂的效果對新聞的解讀方式的效果並不顯著。當實驗強調新聞配樂的情況，則觀眾愈採儀式性的收看方式，愈不易以優勢、協商方式解讀電視新聞。此一研究結論指出，電視新聞配樂的效果與廣告配樂可影響閱聽人的購買行為有別（Brunner II, 1990）。黃葳威（1993）建議，電視新聞報導如欲增強閱聽人對報導內容的回憶程度，適時加上配樂或可加強其傳播效果。至於如果意圖藉配樂影響閱聽人的解讀方式或立場，配樂的效果仍待商榷。

五、電視新聞與兒童認知的影響

　　黃明明（1994）以問卷調查台北縣國小五年級與國中一年級學生共五百二十四人，該研究發現，電視新聞收視行為，並不影響兒童對社會現實的認知，只影響兒童的態度，例如，暴力程度的贊同程度與人際信任感。而新聞收視量的多少與涵化效果無顯著相關；

但新聞收視量的多少，對新聞的認知眞實程度卻造成了明顯的涵化差異。

傳播效果研究的限制

Hiebert、Ungrurait與 Bohn（1996: 548）指出，大眾傳播效果研究，其實面臨了共同的缺憾是，短期研究多於長期效果的研究。關鍵在於長期的研究：

1. 所需經費龐大，且研究經費不能長期贊助。
2. 研究主題及資料的蒐集只是一個片斷的時間點。
3. 費時，且研究人員受限於時間壓力，必須在短期之內整理出可快速發表的成果。
4. 敏感主題的限制，例如，暴力或色情的主題，研究對象未必能配合。
5. 部分的研究方法所蒐集的資料難以和早期蒐集的資料比較。
6. 大眾傳播的研究結果可能爲壓力團體所注目，這些有相當權力的團體，對那些可能影響到媒介的經濟勢力與衝突的研究結果責難。除此之外，涉及集體受眾的傳播效果研究，往往與政策的執行優先次序有關，一旦不爲政治決策者所支持，長期的效果研究可能無疾而終。(p.548)

傳播效果研究發展趨勢

傳播效果研究自二十世紀以來跨越了近一世紀，其重心自傳播效果萬能論，以至於晚近興起的閱聽人研究（McLeod, Becker& Byrnes, 1974）認為，傳播效果研究的相關理論，基本上有三個重要的發展趨勢（轉引自林東泰，1997：163）：

1. 從說服傳播的改變閱聽人的態度和行為，轉為探究傳播媒體對閱聽人的認知改變之效果，亦即所謂的媒體「議題設定」功能研究。
2. 以往研究媒介接觸只分為接觸與不接觸，後來已轉為研究閱聽人使用媒體的動機與態度，此即「媒介使用與滿足」研究。
3. 以往的研究只著於媒介內容的單一變項對閱聽人的影響，爾後已轉為研究傳播媒介與人際傳播交互作用的影響效果，亦即所謂的「創新傳布」所指的研究（p.163）。

未來二十一世紀的傳播理論的變遷趨勢，可預見的是愈來愈強調大眾傳播的使用，及閱聽人活動的研究（audience activity）已隨著新科技的出現而愈加重要（Severin & Tankard, 1997: 15）。同時，傳播理論也轉為認知科學（cognitive science）或資訊處理流程（information processing）的取向。Beniger 與Gusek（1995）進一步解讀，此一研究認知科學變項的改變含括了三個要點：

1. 自變項從說服（如來源的可靠性），轉為論述（如閱聽人使用

的語言本質）和框架（如傳媒對一個事件包裝與呈現的形式）的概念。

2. 依變項也從態度層面（對某一事件的正負面的評價），轉為認知層次（如對某一事物的知識或信念）。

3. 以往的研究係將態度或行為的改變當成傳播的最終目的，偏重微觀取向；新的研究重點則把重組（restructuring）當成最終的研究成果，其重組的內涵包括：媒介與閱聽大衆對某一事件的基模（schemas）或模式或社會眞實建構的影響，即趨於宏觀之取向。（轉引自Severin & Tankand, 1997: 15）

結　語

　　傳播媒介效果研究迄今仍未有統一的定論，上述的每一種傳播理論都試圖以某些特定的觀點詮釋大衆傳播的效果，但都無法完整地解釋相關的變項。例如，子彈理論強調的效果萬能受到二級傳播流程模式的檢證，經由社會調查法的驗證結果，發現媒體與人際傳播的親身影響的交互作用，對閱聽人的採納新事物的行為影響效果顯著。過去研究著重於媒介內容對閱聽人態度與行為的影響，也受到批判理論的質疑，指責偏向媒介內容而忽略了閱聽人解讀訊息的主動性。晚近興起的閱聽人研究，即著重在閱聽人接收訊息與解讀符號的研究。DeFleur等先進的傳播學者建議，應將相關的傳播效果研究進行整合，串聯閱聽人、社會、文化、媒體、媒介內容及效果等重要變項合而為一，展現未來宏觀的傳播效果理論。

複習重點

1. 請指出與大眾傳播媒體的效果相關的傳播理論。
2. 何謂「媒介效果」？
3. 社會科學家應用那些研究方法進行傳播效果研究？試比較這些研究方法的優缺點。
4. 請舉出生活中的實例，說明創新傳布理論的過程。
5. 傳播效果研究自二十世紀以來，其研究發展趨勢有何轉變？請舉例說明。

參考書目

一、中文部分

《中國時報》(1999年7月31日),〈TVBS民調顯示:二成多民眾擔
　　心中共犯台造成停電〉,台北:《中國時報》。

林東泰 (1997),《大眾傳播理論》,台北:師大書苑。

林芳玫、徐郁喬 (1997),〈色情媒介及其效果:閱聽人研究的再省
　　思〉,《廣播與電視》,第3卷第1期,頁92-125。

孫式文(1997),〈選舉與政治認知:傳播媒體對民主政治的影響〉,
　　《新聞學研究》,第45集,頁189-209。

黃明明 (1994),〈電視新聞暴力內容對兒童之涵化效果初探〉,《新
　　聞學研究》,第48集,頁63-98。

黃葳威(1993),〈電視新聞配樂對閱聽人的影響〉,《廣播與電視》,
　　第1卷第3期,頁67-90。

謝旭洲 (1997),〈暴力卡通影片與國小學童侵略行為的研究〉,《廣
　　播與電視》,第3卷第1期,頁71-94。

二、英文部分

Allyn, J., & Festinger, L. (1961). The effectiveness of
unanticipated persuasive communication. *Journal of
Abnormal and Social Psychology, 62,* pp.35-40.

Atkin, C. (1985). *The effects of mass media: Readings in
mass communication and society.* East Lansing: Depart-

ment of Communication, Michigan State University.

Anderson, J. A., & Meyer, T. P. (1988). *Mediated communication*. Newbury Park, CA: Sage Publications.

Baker, R. & Ball, S. Eds. (1969). *Violence and the media*. (Washington, D. C.: Government Printing Office, 1969), p. 327.

Ibid. p.328.

Ball-Rokeach, S. J., & DeFleur, M. L (1976). A dependency model of mass-media effects. *Communication Research,* 3: 3-21.

Bandura, A. (1977). *Social learning theory*. Englewood Cliffs, NJ: Prentice-Hall.

Bandura, A. (1986). *Social foundations of thought and action: A social cognitive theory*. Englewood Cliffs, NJ: Prentice-Hall.

Bandura, A. (1991). "Social cognitive theory of self-regulation," *Organizational Behavior and Human Decision Processes,* 50: 248-287.

Beniger, J. R., & Gusek, J. A. (1995). "The cognitive resolution in public opinion and communication research", In T. L. Glassr and C. T. Salmon, eds., *Public opinion and the communication of consent,* pp.217-48. NY: The Guilford Press.

Bem, D. J. (1965), "An experimental analysis of self-persuasion". *Journal of Experimental Social Psychology,* 1, 199-218.

Bem, D. J. (1968), "Attitudes as self-descriptions: Another look at the attitude-behavior links". In A. G. Greenwald, T. C. Ostrom(Eds.), *Psychological foundations of attitudes* (pp.197-215).New York: Academic Press.

Bem, D. J. (1972), "Self-perception theory." In L. Berkowitz (Ed.), *Advances in experimental social psychology* (Vol. 6, pp.2-63). New York: Academic Press.

Berelson, B. (1959). The state of communication research. *Public Opinion Quarterly,* 23:1-6.

Berelson, B. & Freeman, R. (1964). "A study in fertility control", *Scientific American,* 210(5), pp.29-37. PH(E)

Berlo, D. (1960). *The process of communication: An introduction to theory and Practice.* New York: Holt, Rinehat and Winston.

Bittner, J. R. (1996). *Mass communication.* (6th ed.), Allyn & Bacon Publisher. Blumler, J. G., & McQuail, D. (1969). *Television in politics: its use and influence.* Chicago: University of Chicago Press.

Botvin, E., Botvin, G., Michela, J. Baker E., & Filazzola, A. (1991). "Adolescent smoking behavior and he recognition of cigarette ads", *Journal of Applied Social Psycholgoy,* 21 (11), pp.919-32.

Bruner II, G. C. (1990). "Music, mood, and marketing", *Journal of Marketing.* 54, pp.94-104.

Burgoon, M., Hunsaker, F. G., & Dawson, E. J. (1994). *Human communication.* (3rd ed.), Sage Publications.

Chrokhite, G. (1969). *Persuasion: Speech and behavioral change.* Indianapolis: Bobbs-Merrill.

Cohen, B. (1963). *The press and foreign policy.* Princeton, N. J.: Princeton University Press.

Cohen, A. R. (1957). Need for cognition and order of communication as determinants of opinion change. In C. I. Hovland (Ed.). *The order of presentation in persuasion* (pp.102-120). New Haven, CT: Yale University Press.

Cohn, A. R. (1964). *Attitude change and social influence.* New York: Basic Books.

Comstock, G., Chaffee, S., Katzman, N., McCombs, M. & Roberts, D. (1978). *Television and human behavior.* NY: Columbia University Press.

Curran, J., Gurevitch, M., & Woollacott, J. (1984). "The study of the media: Theoretical approaches", in M. Curevitch, T. Bennett, J. Curran and J. Woollacott (Eds.) (1984c), *Culture, society, and the media.* N.Y.: Methuen & Co. Ltd.

DeFleur, M. (1970). *Theories of mass communication.* New York: David McKay.

DeFleur, M. & Ball-Rokeach (1975). *Theories of mass communication,* London: Longman.

Devito, J. A. (1986). *The communication handbook: A dictionary.* Ney York: Harper & Row.

Elliott, P. (1974). Uses and gratifications research: A critique and a sociological alternative. In J. G. Blumler and

E. Katz (eds.), *The use of mass communications: Current perspectives on gratifications research,* pp.249-268. Beverly Hills, Calif.: Sage.

Farquhar, J., Maccoby, N., Wood, P., Alexander, J., Breitrose, H., Brown, B., Haskell, W., McAlister, A., Mash, J., & Stern, M. (1977). "Community education for cardiovascular health", *Lancet,* pp.1192-95.

Feshbach, S., & Singer, R. (1971). *Television and aggression.* San Francisco: Jossey-Bass.

Festinger, L. (1962). *A theory of cognitive dissonance.* Palolto, CA: Stanford University Press.

Finnegan, J. R. & Viswanath, K. (1997). "Communication theory and health behavior change". In Glanz, K., Lewis, F. M., & Rimer, B. K. (Eds.) *Health behavior and health education: Theory, research and practice.* 2nd Edition. Jossey-Bass Publishers.

Gerbner, G. & Gross, L. (1976). "Living with television", *Journal of Communication,* 26, pp.173-199.

Gerbner, G., Gross, L., Morgan, M., & Signorielli, N. (1986). Living with television: The dynamics of the cultivation process. In J. Bryant & D. Zillmann (Eds.), *Perspectives on media effects.* (pp.17-40). Hillsdale, N.J.: Lawrence Erlbaum Associates.

Gitlin, T. (1978). "Media sociology: the dominant paradigm", *Theory and Society.* 6, pp.205-53.

Greenberg, B. S., & Miller, G. R. (1966). The effects of lowcredible sources on message acceptance. *Speech Mono-graphs,* 33, pp.127-136.

Hiebert R. E., Ungrurait, D. F. & Bohn, T. W. (1996). *Mass Media VI: An introduction to modern communication.* NY: Longman.

Hirsch, P. (1979). "The role of television and popular culture in contemporary society", In H. Newcomb (Ed.), *Television: The critical view* (2nd ed., pp.249-279). New York: Oxford University Press.

Hovland, C., Lumsdane, A., & Sheffield , F. (1949). *Experiments on mass communications.* Princeton. NJ: Princeton University Press.

Jeffres, L. (1986). *Mass media process and effects.* Prospect Heights, IL: Waveland Press.

Katz, E. & Lazarsfeld, P. F. (1955). *Personal influence.* New York: Free Press.

Katz, E. (1959). Mass communication research and the study of popular culture: An editorial note on a possible future for this journal. *Studies in Public Communication,* 2:1-6.

Katz, E. (1960). "Communication research and the image of society", *American Journal of Sociology,* 65, pp.435-40.

Klapper, J. T. (1960). *The effects of mass communication.* New York: Free Press.

Korhonen, T., Uutela, A., Korhonen, H. J. & Puska, P. (1998). "Impact of mass media and interpersonal health communication on smoking cessation attempts: A study in

North Karelia, 1989-1996", *Journal of Health Communica-tion.* 3, pp.105-18.

LaPiere, R. T. (1934). Attitude vs. action. *Social Forces,* 13, 230-237.

Lazarsfeld, P. F., Berelson, B., & Gaudet, H. (1944). *The people's choice.* New York: Free Press.

Lefkowitz, M. M., Eron, L. D., Ealder, L. O., Huesmann, L. R., (1972). "Television violence and child aggression: a follow-up study", In Comstock, G. A. and Rubistein, E. A. (Eds.), *Television and social behavior (Vol.3): Television and adolescent aggressiveness.* Washington: U. S. Government Printing Office.

Liebert, R. & Sprafkin, J. (1988). *The early window.* New York: Pergramon Press.

Lometi, G. E., Reeves, B., & Bybee, C. R. (1977). Investigating the assumptions of uses and gratifications research. *Communication Research,* 4: 321-338.

Lowery, S. & DeFleur, M. L. (1983). "The Payne Fund Studies: The effects of movies on children", In Shearon Lowery & Melvin L. DeFleur (Eds.). *Milestones in mass communication research.* pp.31-57, Longman Inc.

Lowery, S. & DeFleur, M. L. (1983). *Milestones in mass communication research: Media effects.* (2nd ed.) NY: Longman.

McCombs, M. E., & Gilbert, S. (1986). "News influence on our pictures of the world." In Bryant & D. Zillmann (eds.), *Perspectives on media effects* (pp.1-15). Hillsdale, NJ: Lawrence Erlbaum Associates.

McCombs, M.E., & Shaw, D. L. (1972). "The agenda-setting function of mass media", *Public Opinion Quarterly,* 36: 176-87.

McCombs, M. E., & Shaw, D. L. (1976). "Structuring the Unseen environment", *Journal of Communication,* Spring: 18-22.

McLeod, J. M., Becker, L. B., & Byrnes, J. E. (1974). "Another look at the agenda-setting function of the press", *Communication Research,* 1:131-66.

McQuail, D., Blumler, J. G., & Brown, J. R. (1972). "The television audience: A revised perspective". In D. McQuail (ed.), *Sociology of mass communications,* pp. 135-136. Harmondsworth, Eng.: Penguin.

McQuail, D. (1994). *Mass communication theory: An introduction.* 3rd edition, pp.77-80, London: Sage.

McQuail, D. & Windahl, S. (1995). *Communication models for the study of mass communication.* Longman Group Limited.

Mendelsohn, H. (1973). "Some reasons why information campaigns can succeed". *Public Opinion Quarterly,* 37, pp. 50-61.

Miller, N., & Campbell, D. T. (1959). "Recency and primacy in persuasion as a function of the timing of speeches and measurements". *Journal of Abnormal and Social Psychol-*

ogy, 59, pp.1-9.

Mills, J., & Aroson, E. (1965). "Opinion change as a function of the communicator's attractiveness and desire to influence". *Journal of Personality and Social Psychology.* 1, pp. 173-177.

Noelle-Neumann, E. (1974). "The spiral of silence: a theory of public opinion", *Journal of Communication,* 24, pp.24-51.

Noelle-Neumann, E. (1984). *The spiral of silence.* Chicago: University of Chicago Press.

Noelle-Neumann, E. (1991). "The theory of public opinion: the concept of the spiral of silence", in Anderson, J. (ed.) op. cit., pp.256-87.

Palmgreen, P., & Rayburn, II J. D. (1982). "Gratifications sought and media exposure: An expectancy value model". *Communication Research* 9: 561-580.

Rogers, E. M. (1995). *Diffusion of innovations.* 4th edition. pp.71-73. NY: Free Press.

Schramm, W. (1971). "The nature of communication between humans", in W. Schramm & Roberts (Eds.), *The process and effects of mass communication,* rev. ed., University of Illinois Press, pp.3-53.

Sears, D. O. & Freeman, J. L. (1972). "Selective exposure to information: A critical Review", In W. Shramm & D. Roberts (Eds.), *The process and effects of mass communication.* Chicago: University of Illinois Press.

Severin, W. J. & Tankard, JR. J. W. (1997). *Communication*

theories: Designs, methods, and uses in the mass media. 4th edition. NY: Longman Inc.

Shaw, D. L., & McCombs, M. E. (1977). *The emergence of American political issues: The agenda-setting function of the press.* St. Paul, MN: West.

Straubhaar, J. & LaRose, R. (1996). *Communications media in the information society.* Wadsworth Publishing Company.

Swanson, D. L. (1977). "The uses and misuses of uses and gratifications." *Human Communication Research,* 3: 214-221.

Swanson, D. L. (1979). "Political communication research and the uses and gratifications model: A critique." *Communication Research,* 6: 37-53.

Tan, A. S. (1985). *Mass communication theories and research* (2nd ed). N.Y.: Wiley.

Walster, E., & Festinger, L. (1962). "The effectiveness of overheard persuasive communications." *Journal of Abnormal and Social Psychology,* 65, pp.395-402.

Watson, J., & Hill, A., (1997). Eds. *A dictionary of communication and media study.* p.72, Arnold Publication.

White, R. A. (1994). "Audience 'interpretation' of media: Emerging perspectives". *Communication Research Trends* 14 (no. 3): 3-36.

Winett, L. B. and Wallack, L., (1996). "Advancing Public Health Goals through the Mass Media". *Journal of Health*

Communication, 1, pp.173-196.

Wright, C. R. (1986).*Mass communication: A sociological Pperspective* (3rd.). New York: Random House.

第 6 章

新聞與信息

黃惠英

內容摘要

　　當我們發現我們每天跟朋友家人所談論的話題與新聞報導內容相去不遠,才知道原來新聞亦步亦趨地走入了我們的生活,才知道原來傳播媒介每天一筆一畫地把世界圖像畫進了我們的腦海。藉著傳播科技,地球宛如一個小村莊,隨時隨地呈現眼前。但呈現在我們眼前與烙印在我們腦海的圖畫,是現實世界的傳眞抑或縮影?當我們逐步認識世界之時,我們也應該對製造世界圖畫的機器有所瞭解。

　　新聞從業人員每天採訪新聞、編輯新聞,對新聞,每個人的定義不盡相同。一般而言,新聞媒體較喜歡用時效性 (timeliness)、接近性 (proximity)、顯著突出 (prominence)、後果 (consequences) 等作爲選擇新聞的標準。若由媒體組織觀點而言,新聞是知識產品也是經濟商品,新聞必須符合企業目標,來自企業內部的控制很難避免,而新聞媒體也必須與其他政經團體互動。再者,新

聞除了是企業成品外，更是新聞人員綜合其專業素養與人生歷練的文化產物。

　　雖然客觀、準確與平衡公正是新聞品質的主要象徵，但經過層層的產製與守門過程，新聞實在很難達成絕對客觀與公正。不管新聞客不客觀，新聞媒體無可否認的仍是一般大眾社會訊息的主要來源，仍是我們瞭解這世界的主要工具之一。在我們日復一日依賴媒體之際，在長期的學習認知過程中，記者與編輯人員無形中為我們提供社會現實。從媒體一而再、再而三強調的主題，我們知道某些事件似乎特別重要，媒介的焦點內容也逐漸變成大眾論談的主題，媒介議題經過時間累積，極可能成為公眾議題。雖然相同議題對不同人可能具有不同的影響力，傳播研究證實媒體議題設定效果的存在。

　　不管新聞報導的影響力有多大，新聞畢竟來自不同的傳播媒體，平面媒體與電子媒體各具特色也各有優缺。電視與廣播時效性強，但稍縱即逝，內容不夠完整；報紙與雜誌雖時效性不強，但解釋分析功能非廣播電視媒體所能比擬。而電子報興起，猶如平面與電子媒體的綜合，新聞隨時更新又無篇幅限制，作者和讀者線上溝通互動性強，只是目前台灣家庭電腦普及率並不高，網路硬體設施亦尚未完備，閱讀電子報新聞顯得有些耗時費力。但展望未來，電子報的潛能不可忽視。

　　本篇章共分八小節，從新聞價值的定義與新聞選擇的過程談起，再進入新聞品質好壞的判別。從新聞的選擇牽引出議題設定的功能說，從新聞媒體間的激烈競爭談到SNG（Satellite News Gathering）的應用與濫用，最後在比較不同新聞媒體的優缺點後結語。

新聞價值

　　世界各地每天所發生的事情不可勝數，新聞人員從中選擇他們認為具有新聞價值的事件告知社會大眾。不同的新聞媒體可能強調不同類型的新聞，也可能以不同的語氣描述相同事件。調查發現，日報所涵蓋的新聞種類有四十多種，而犯罪新聞版面比文化事件版面大，體育版面又比國際新聞版大 (Hiebert et al., 1991)。 究竟犯罪新聞與文化事件何者重要？體育版與國際新聞版孰輕孰重？可確定的是，記者與編輯每天在選擇新聞，也不得不選擇新聞。他們必須選出值得搬上報紙版面或電視螢幕的新聞事件 (news events)，他們必須決定那些訊息具有新聞價值 (news values)。

　　到底什麼樣的事件具有新聞價值？新聞價值是新聞從業人員在選擇新聞題材時所憑藉的標準，是新聞決策者主觀的認知與判斷，判斷事件的重要性與對閱聽大眾的吸引程度 (蘇蘅，1995)。新聞價值的判斷雖不盡相同，但新聞價值有助於記者決定採訪那些事件，有助於編輯決定如何選擇並編排新聞。在充滿時間壓力的編採過程，新聞價值是新聞從業人員製造新聞 (news-making) 或建構新聞 (news construction) 的依據。

　　新聞價值的判斷與新聞蒐集過程的技術息息相關，也與廣大閱聽人的需要如影隨形。根據麥奎爾 (D. McQuail, 1987) 的研究，新聞價值包括人 (people)、地 (location) 與時間 (time) 三個最主要因素。就人而言，新聞大多與人有關，也經常牽涉到重要人物，而記者通常也有自己的「訊息來源人物」。就地點而言，越接近都會

地區或目標群眾的新聞似乎越重要。就時間而言，時效性（timeli-ness）、新奇性（novelty）及關聯性（relevance）與新聞密切相關。關聯性意指新聞從業人員必須選擇對於消費群眾與社會最有意義的新聞加以報導，雖然社會大眾與新聞工作者對新聞的認知可能有差距存在。姑且不管傳者與受者間的認知鴻溝，新聞的重要性可說是時間、地點與人等因素的結合，新聞價值的判斷也由此產生。

傳播學者宣偉伯（W. Schramm）認為，新聞可分為即時與延遲報償兩類型，即時報償（immediate-reward）新聞提供閱聽大眾及時的滿足，諸如犯罪、災難或娛樂新聞等。而延遲報償（delayed-reward）新聞則如教育、科學或公共事務訊息，對消費者的影響與刺激並非立竿見影。兩相比較之下，新聞經常以閱聽大眾為取向，強調即時報償類新聞勝於延遲報償類新聞。

「壞新聞」通常比「好新聞」更吸引人，也在媒體上更占分量。換句話說，新聞記者對時效性強、地理與文化鄰近、後果嚴重的訊息具有相當的興趣，也因此，新聞媒介的描繪裡充滿罪惡、暴力與腐敗，而我們的新聞似乎經常忘記報導大部分守法有愛心的民眾。

總之，新聞媒體喜歡用及時性、重要性、無法預期、文化與地理接近性、持續性等作為新聞選擇的標準（McQuail，1994）。赫伯等學者（Hiebert et al., 1991）指出，信息無法變成新聞，除非符合以下五標準：時效性（timeliness）、接近性（proximity）、顯著突出（prominence）、後果（consequences）與人類興趣（human interest）。與上述看法相當一致的是柯瑞根（D. Corrigan, 1990）的研究結果，他強調及時、鄰近、顯著、影響（impact）、衝突（conflict）與奇特（oddity）等，為新聞從業人員的判斷依據。但也有學者持不同看法，福德與史地勒（J. Foote & M. Steele, 1986）針對電視晚間新聞的研究分析發現，不同媒體對新聞價值的

判斷並非完全一樣。也有學者認為新聞價值的概念很難一言以蔽之，不同媒體有其不同的選擇 (Eberhard, 1982)。

新聞選擇過程

　　新聞編採過程對新聞工作者而言是新聞「選擇」與「加工」的過程。所謂選擇是指從眾多新聞原料的挑選到新聞成品傳遞的一系列決策。所謂加工是指工作常規或慣例對新聞產品所產生的影響 (McQuail, 1994)。在同樣的社會文化環境裡，在傳媒組織對消費群眾口味有所瞭解的情況下，如果事件符合文化或組織的標準、或事件配合專業工作常規，極有可能被選擇並加工成為新聞。因此，新聞內容必須通過層層關卡，有的雀屏中選，有的被棄之如敝屣，這一新聞選擇過程既複雜卻又相當常規化。

　　記者與編輯人員的工作表現必須配合組織目標、專業水準、廣告客戶及閱聽大眾等的需要。從媒體組織的觀點而言，新聞要符合組織目標，因此有些事件必定會被拒於門外。新聞從業人員並非獨立的個體，他們的工作需符合組織的需要，他們必須遵守新聞室的「行規」，而老闆通常是新聞媒介內部頗具權力的守門人。新聞專業的客觀標準很重要，但老闆的好惡不無影響稿件取捨，新聞室內的社會控制對新聞人員的影響相當大 (翁秀琪，1993)。

　　不同的媒體組織著眼不同的政治、經濟利益，企業本身的利益有時凌駕新聞專業，消息來源的選擇可能直接或間接反映報社立場，造成某些新聞機構可能特別偏好某類型或價值觀的新聞，對編採政策的影響不容忽視。因此，媒體組織對新聞選擇的偏好、組織

內部的編輯邏輯或新聞室的控制皆很難避免。新聞人員可能並不認同組織觀點，卻可能久而久之潛移默化，在日復一日的組織例行作業流程中，記者編輯常會依據媒體的編輯目標和政治經濟立場編採新聞（蘇蘅，1995），新聞人員知道該報導什麼或如何報導才能符合組織目標。

　　而爲了工作過程的便利，對於消息來源，記者通常選擇專業或權威人士作爲採訪對象。大部分的媒體在路線分派上常以較具規模的官方組織或大企業爲主，而弱勢團體資源既不豐富，人力財力更不足，在媒體曝光的機會相對減少（孫秀蕙，1994）。費斯曼（J. Fishman, 1980）在其書中指出，新聞記者偏好名人，新聞較注重官方與社會菁英的聲音，而弱勢團體的聲音經常被忽略。甘斯（Gans, 1979）在探討新聞從業人員與消息來源兩者關係時指出，消息來源人物與記者彼此在尋求接近、引導對方，消息來源人物儘量使自己成爲可用的資訊提供者，而記者必須決定那些消息來源適合新聞。消息來源人物的動機、所掌握的權力、提供資訊的能力等皆影響記者的選擇。塔克曼（G. Tuchman, 1978）也指出，那些對組織最不具危險性、有事實根據、可證實、與訊息來源具權威性的新聞最有可能被搬上檯面。文化研究學者霍爾（S. Hall, 1986）也認爲，新聞產製過程中的時間壓力與須遵守客觀公正的原則，無形中加深記者對特定消息來源的依賴。

　　除了專業訓練與組織利益之外，記者編輯個人的家庭背景、人生歷練與個人觀點亦可能影響其對新聞的選擇，亦即，新聞從業人員個人的價值觀、信仰或直覺可能不知不覺中左右其新聞報導。由此可見，新聞的取捨事實上受到多重因素的影響，雖然某類型的新聞出現比率較高，但個別的新聞組織也可能存在不同的「新聞價值編碼架構」（Corrigan , 1990）。

新聞品質

　　大部分的新聞媒介強調新聞品質至上，宣稱自己的報導客觀公正又準確。若我們將新聞品質定義為客觀 (objectiviety)、準確 (accuracy)、公正 (fairness) 和平衡 (balanced) 的話，我們將發現新聞報導很難達成如此完美境地。

　　就客觀而言，所謂客觀，是指既然是新聞報導而非評論分析，則應一五一十照事實報導，不應摻雜記者或編輯個人意見；既然是新聞報導，則應超黨派，新聞人員只要傳遞事實，既不該搧風點火，也無須鼓吹說教。因此，客觀是對報導對象採取超然中立的立場，沒有偏見、忠於事實。但是，雖然具有專業素養，新聞從業人員依舊很難做到完全的客觀。記者或編輯個人的理念與利害關係、組織的目標等皆可能使新聞報導有偏好的存在。客觀是目標也是理想，但傳播學者專家告訴我們，主觀很難避免。既然如此，讀者應瞭解偏見的存在而參閱多種媒體、多種觀點，做出更好的判斷。

　　其次，準確無誤也是新聞品質的象徵。但是，幾乎沒有一個記者真正目睹事件的全部過程。記者只能就他個人見聞選擇重點記錄下來，就算他眼觀四面、耳聽八方，也難免有所疏忽，也有個人的選擇性注意存在。就編輯而言，為求版面漂亮或時間控制，刪稿難免，倒金字塔新聞寫法方便編輯擷取重點，但故事也因而缺乏完整性。更何況新聞講究時效，時間對記者與編輯而言是龐大的壓力，若要分秒必爭，如何能夠鉅細靡遺、準確無誤？因此，為求準確，記者對細節的披露應小心謹慎、盡量避免以偏蓋全。

平衡公正也是新聞品質的重要因素之一，所謂平衡是指記者應均等引述消息來源，提供民眾多元的消息來源與意見做適當判斷（McQuail, 1992）。不管是電視廣播新聞在時間上的分配或平面媒體在版面上的安排，記者必須公正，提供事件雙方同等說話的時間或空間，提供相關的可供選擇的內容，閱聽大眾才能在平衡的報導中尋找事實真相。記者的偏向時而可見，要做到完全的平衡與公正實非易事。蘇蘅（1995）針對許歷農退黨事件所做的報紙內容分析發現，除了《自由時報》外，《中國時報》、《聯合報》與《自立早報》的報導就政黨關係而言，可算相當中立平衡，頗值得肯定。

新聞消息來源可能多樣化，但新聞報導卻不一定客觀（蘇蘅，1995），也不一定完整。忠於事實的客觀報導不含評論，沒有誤導與偏見，而且必須可以根據消息來源進行查證。準確象徵完整與正確，公正代表立場中立，平衡意指必須對事件的各種觀點與解釋提供平等的或成比例的時間／空間。但新聞報導涉及選擇過程，不管是選擇新聞或選擇觀點，閱聽大眾必須認清，客觀、準確或是公正平衡在新聞報導過程難以輕易達成。

議題設定與議題建構

既然新聞媒體所做的報導是選擇性的報導，那麼媒體對論題的選擇、報導量的多寡與版面或時間的安排，都可能影響閱聽人對事件重要性的認知。早在二〇年代初，李普曼（Lippman, 1922）即指出，傳播媒介會影響閱聽大眾對公共事務的認知與對外在世界的瞭解。而真正首先對媒介的議題設定功能提出實證報告的，是麥康姆

和蕭（M. McCombs & D. Shaw, 1972）針對1968年的美國總統大選所做的研究。他們發現，民眾所認定的有關選舉的主要議題與媒體所報導的議題有很強的正面關係存在，換句話說，新聞媒體具有議題設定（agenda setting）的功能；從媒體所強調的議題，民眾知道事件的重要程度。

　　至於什麼是議題（agenda）呢？不同的人對議題有不同的定義。麥康姆和伊瓦特（McCombs & Evatt, 1995）認為議題是「對世上重要或顯著之事務的排列方式」。麥康姆和蕭（McCombs & Shaw, 1972）也提出事件（event）與論題（issue）間的分別。所謂事件是指受限於某時間地點獨立發生的事件，論題是將相關事件整合與擴大，而議題則是由論題所組成，是「一組彼此競爭注意力的公共論題」。因此，議題可能是人們關心的事物，可能是國家目前所面臨的重要問題，可能是社會政策的選擇，也可以是具爭議性的政治或經濟論題等。各類型議題可能每天都出現在媒體上，但影響力因媒體而異也因閱聽人而異。有的議題可能與每一個人息息相關，如經濟不景氣；有的議題可能距離我們很遙遠（Lang & Lang, 1981），如墨西哥瓦斯爆炸對我們而言似乎頗遙遠。

　　麥康姆和蕭的議題設定模式代表新聞從業人員與閱聽大眾的互動過程，其中涵蓋媒介的新聞選擇過程及閱聽人尋求資訊的過程與反應。就新聞傳播媒介而言，記者與編輯人員在編採過程為閱聽大眾守門並建構社會現實，把外在世界點滴繪成我們腦海中的圖畫。就閱聽人而言，閱聽人因為本身的興趣或知識上的需求或為了降低對環境的不確定性（uncertainty），會主動尋找某些資訊。從社會學的角度而言，議題設定是一種社會學習過程，透過傳播媒介的報導，閱聽大眾知曉國內外重要議題。而就個人心理層面而言，閱聽大眾有需要導引的需求（need for orientation）。當個人對某議題興趣

濃厚卻又資訊不足時，極可能使用媒介尋找訊息，以滿足需求並降低其不確定性。

但研究亦指出，不同的人對相同議題的敏感程度並不同，議題設定並非對所有人、在所有時間、對所有主題都能產生同等的影響（McComb, 1981）。議題設定的效果受議題性質、媒介性質、閱聽人特性、時間等條件的影響（Winter, 1981）。較高程度的導引需求會有較佳程度的議題設定效果（McCombs & Weaver, 1973; Swanson, 1988）；例如，個人尋求資訊的動機、暴露於媒介的時間、或主題與個人的相關性等，皆會影響議題設定功能。議題設定的功能也可能經由人際傳播產生，在人際傳播過程或大眾媒介傳播過程中，政府、菁英份子與一般民眾的意見產生持續不斷的交互作用，議題設定者可能是其中任一角色（翁秀琪，1993）。

而國內自八○年代初至今亦累積了十多篇關於議題設定的實證研究，蕭永勝（1991）針對1990年第一屆國大代表第八次集會期間對《中國時報》議題及其讀者議題進行內容分析與調查時發現，《中國時報》對其讀者有議題設定效果存在，而人口變項、閱報時間與閱讀新聞型態在知曉層次方面對議題設定效果有所影響。金溥聰（1994）在1992年立委選舉期間所進行的調查發現，《聯合報》、《中國時報》與《自由時報》三報設定了選民議題，但三家無線電視台則無。李郁青（1996）研究候選人形象設定理論在台灣選舉的應用性時發現，報紙選舉新聞中所強調的候選人特質對選民而言該特質也較明顯重要。陳靜芬（1997）針對1996年首屆總統大選研究發現，報紙總體新聞在選舉前後皆對公眾議題具有設定作用。

除了新聞媒介對論題的強調程度不同會影響閱聽大眾對事件不同程度的注重外，對於政治事件的報導，大眾傳播的影響力似乎更明顯。尤其當新聞媒介將某些政治議題以別有用心的話語或字眼來

表達時，有如將之貼上標籤一般，將會引起民眾的注意，媒介在此一政治傳播過程便扮演了議題建構（agenda building）的角色。議題建構的過程中媒介不只強調某些事件，更將這些已引起注意的事件與相關事件連結在一起，並貼上標籤，框架出來（framing），使得該事件儼然成為政治生態中重要的一環，這整個過程也使得一事件逐漸擴大成為議題。因此，整個議題建構的過程涵蓋媒介議題、政策議題、公眾議題三者間的交互影響，羅記斯與蒂凌（Rogers & Dearing, 1988）乃將此媒介議題、公眾議題與其他因素交互影響政策議題的過程稱之為議題建構。

不論如何，議題設定理論在七〇年代可說異軍突起，顯示媒介效果雖不及「皮下注射」，但似乎也不只是強化態度（reinforcement）罷了，因此議題設定的研究可說為媒介效果研究開啓另一新的窗子。從議題設定與議題建構的研究發現可知，雖然媒介守門人的專業準則是客觀與公正，但事實上新聞從業人員可能不只選擇議題，而且選擇觀點，不只報導事件而且渲染事件。他們可以平實報導，也可以建構訊息（蔡美瑛，1995）。在議題建構過程中他們可以加以操縱，強調他們所要強調的事件或立場。

新聞媒介更上層樓

新聞有無議題設定功能對媒體企業而言並不是最重要的事，重要的是新聞收視率的高低或發行量的多寡。為了因應新聞戰，各種新聞傳播媒體無不卯足勁。SNG頓時蔚為潮流，搖身一變為電視新聞利器，隨時連線，宛如新聞事件就在自家客廳上演。平面印刷媒

介正面迎戰，傳統印刷報紙強調深入報導與豐富內涵，電子報加強互動性與個人化。各種新聞媒介不只力求「要做就做最好的」，更希望是「最多人收看的新聞」。

一、SNG

自1950年代蘇俄發射第一顆人造衛星史普尼克一號，直至今天的衛星連線新聞報導（SNG），傳播科技的發展對新聞作業的影響不可等閒視之。SNG的作業過程通常倚靠一輛配備齊全的衛星外勤轉播車，導播坐鎮轉播車內，除了監看螢幕與監聽聲音外，必須靠車內的通訊設備與電視台主播記者聯繫，將攝影機拍得的訊號藉SNG設備將訊號送上衛星再傳回電視台，以便呈現立即轉播。因此，SNG記者必須在事件發生後的最短時間內呈現最詳盡的現場報導。

利用衛星連線做現場即時報導乃爲強調新聞的時效性、增加民眾的臨場感。記者由新聞發生地點及時取得新聞呈獻給觀眾，讓觀眾宛如親臨事件現場，時效性實非其他新聞媒體可比擬。甚且只要是屬於衛星涵蓋範圍內之任一點，皆可進行上下鏈訊號接收。衛星轉播車機動性強，造就彈性又經濟的即時轉播方式，與傳統新聞報導模式大異其趣。而由於同步立即播出，傳統編輯室的修剪、控制能力也逐漸喪失，有助於新聞自由化。

但無可厚非的，SNG報導有其缺失存在，衛星容易受日蝕、太陽黑子與雨雪的影響。SNG雖是潮流所趨，但在強調同步立即播出之際，極易有報導不夠深入切題、來龍去脈不完整、作業倉促出差錯或傷害當事人隱私等狀況出現。而且，並非所有新聞事件的報導

都需要衛星轉播模式，也並非所有記者皆適合現場連線播報方式。SNG對記者而言豈是輕而易舉，記者的新聞專業素養、臨場反應、新聞取捨、文字組織能力、現場口語表達等皆面臨挑戰。

　　SNG作業模式幫助電視媒體迅速傳送新聞，在時效性與臨場感方面，對觀眾頗具吸引力。就編採過程而言，SNG的現場直播特性降低守門人的掌控程度，相對增加閱聽人直接取得新聞資訊的機會。但必須強調的是傳播科技的發展不僅象徵科技層面的升級，資訊品質的加強更是重要。若是光有硬體設備，卻缺乏內涵、錯誤百出，那新科技的應用並無意義可言。

二、電子報

　　電子報是平面印刷媒體的革命，是將新聞經由電腦網路來傳送。傳統報紙速度不夠快、篇幅受限、紙張與油墨不環保，再加上紙價上揚等多重壓力，因此在電腦網路蓬勃發展之際，電子報因應而生。

　　就電子報本身而言，電子報新聞可隨時更新、容量大、又無篇幅限制，傳輸更無遠弗屆，只要有電腦網路的地方，便可發展電子報。對閱聽人而言，讀者可依自己的興趣與生活習慣，主動選擇閱讀內容與時間。且相較於傳統報紙讀者與編輯間缺乏互動的狀況，電子報的讀者可透過電腦網路與記者編輯直接在網上溝通。但相對於傳統報紙攜帶方便與隨時可讀的優點，電子報使用螢幕閱讀的方式既不方便又未必習慣。

　　電視新聞報導具有多媒體的優勢，SNG與call-in的應用更讓電視新聞如虎添翼，但與閱聽大眾互動的程度卻仍舊微乎其微。而電

子報目前雖還未能對既有的新聞媒體造成威脅，但化單向為雙向的新聞傳播方式相當獨特。報紙不再局限於早晚出刊，閱聽人可隨時上線取得最新消息，隨時回饋。對講求報導深入的閱聽人而言，數位化報紙無篇幅限制，更能發揮特色。而傳統報紙冗長的黑白文字色調在炫麗影音的搭配之下，對年輕世代而言，不無吸引力。因此，電子報的問世雖未能一鳴驚人，但新聞的展現方式無疑更多元化了。

媒體與新聞報導的比較

一、新聞媒體的比較

多年來新舊媒體並存，社會百態紙上排列、螢幕搬演。電視無法取代廣播，傳統報紙與電子報共存。廣播新聞、電視新聞、雜誌新聞、傳統報紙新聞與電子報新聞各具特色，對忙碌的現代社會而言，大家各取所需，依自己的習慣、需要或興趣接觸各類型的新聞媒體。

就廣播新聞而言，其時效性強，若遇重大突發新聞，廣播往往先馳得點。而收聽廣播時可同時進行其他工作，無須使用全部心力。但也因僅靠聲音傳達，內容易消失，若聽新聞過程不甚留心，很難瞭解內情，亦不容易記憶。再者，廣播新聞在固定時間播出，時間的限制讓很多人無法從廣播獲取新聞。雖每小時播出一次整點新

聞，內容卻過於簡短，難窺全貌。此外，廣播新聞因時間與技術限制，內容缺乏詳細深入的追蹤報導，故事的來龍去脈欠缺完整性。

電視新聞除了聲音、語言與音樂外，還有畫面，是視聽兼具的媒介。電視的聲光影像效果配合傳播衛星科技的發展，臨場感增強，帶給觀眾高度參與感，相對吸引觀眾的注意力。但就深入報導而言，電視限於時間因素，偏重重點新聞，如浮光略影，較難提供詳細報導。

平面媒體新聞與電子媒體新聞最大差別在於時效，報紙需經過編採、編印與發行的過程，雖有傳真、衛星等科技的輔助，報紙新聞仍無法趕得上電子媒體的速度。雖然在時效性上略遜一籌，但報紙所提供的詳盡內容是電視與廣播新聞無法相提並論的。除此，報紙提供讀者自由選擇閱讀與重複閱讀的優點，更有攜帶方便的好處。

雜誌與報紙皆屬平面媒體，雜誌就時效性而言更不及報紙，但雜誌的特質是提供一週、兩週或一個月來的重要新聞，並針對某些重大新聞作追蹤報導。報紙內容廣泛，老少咸宜，雜誌走向分眾化與專業化，與報紙屬性明顯分野。報紙強調事實與評論分家，雜誌多半以小說方式敘述故事，事實與評論難分。報紙以文字為主、圖片為輔，雜誌的圖片與照片比率明顯比報紙多。而雜誌無明顯篇幅限制，遇重大新聞可彈性增添頁數，充實內容。

不管是平面新聞媒體或是電子新聞媒體或是新興的電子報，各種新聞傳播媒介各具特色，相輔相成，提供閱聽大眾多樣化的媒體選擇，也提供多元意見市場的可能性。

二、調查性新聞報導

傳統報紙雖缺乏時效，但多年來帶給讀者不少膾炙人口的調查性新聞報導（investigative news reports）。所謂調查性新聞報導是指記者扮演類似調查員的角色，以客觀新聞為線索，以可信資料為依據，揭發政府缺失、社會病態或人為弊端。與一般新聞性質不同的是調查性新聞報導所強調的也許並非時效性，而是記者針對新聞來源企圖掩蓋的內幕消息，從事必要的追蹤報導與論述，題材可能是新近發生的事件也可能是積弊已久的社會內幕。其作法類似美國早期新聞界的扒糞作風，其目的不止挖掘醜聞以饗閱聽大眾，更希冀能帶動社會革新。

調查性新聞報導經常是記者們群策群力的工作結晶，他們可能組成一個工作團體，分工合作，日以繼夜追蹤，蒐證調查與文誅筆伐的背後可能冒著生命的危險。調查性新聞報導歷年來成績可觀，獲得普立茲獎者亦不在少數。十九世紀末年，《紐約世界報》的記者為揭發杜鵑窩內不人道的情況，曾偽裝精神病患進入瘋人院；六○年代，《紐約時報》記者報導越南戰爭並揭發不為人知的政治內幕；1970年代洛杉磯報紙對水壩危機的系列報導終於讓政府當局認識到水壩的重重危機；而最為人樂道的是《華盛頓郵報》記者伍德華德（R. Woodward）和伯恩斯坦（C. Bernstein）所報導的水門事件，揭發許多尼克森總統的醜聞，導致尼克森於1974年下台。

傳統印刷報紙歷久不衰其來有自，調查性新聞報導是其特色之一。調查性新聞報導令人讚嘆之處在於其可信的資料與完整的報導。不管是事件或人物，不管是背景資料或新近消息，經過新聞人

員的整理分析，深入追蹤，社會眞相躍於紙上。

結　論

　　新聞自由與傳播科技並不一定是新聞品質的保證。我們的新聞媒介激增、我們也有了SNG連線、我們的網路新聞也隨時更新，但新聞品質仍無法確保。我們常指責新聞報導煽色腥（sensationalism），膚淺又不準確，我們常要求完整且不偏不倚的報導，但，容易嗎？新聞從業人員偏愛時效性強、顯著突出、後果嚴重、或在地理與文化方面與預期閱聽人接近的新聞。時間、地點、人、組織、文化背景等的連結成爲新聞選擇過程的重重關卡。閱聽大衆有知的權利，新聞品質有改進的必要，但不可否認的是，新聞編採過程有其技術局限，而政治、經濟、時間等壓力更是層層相疊。

　　傳播學者麥奎爾（1994）認爲，資訊的品質與兩大因素有關：一方面需有新聞專業人員，另一方面需有公民參與民主決策。我們的社會逐漸走向公民參與的民主社會，我們也有無數科班出身的新聞專業人員，但我們的閱聽大衆仍不斷在聲討新聞品質。閱聽大衆必須認清的是，新聞編採過程不乏把關者。首先，社會文化環境與新聞媒介內容息息相關，不同的社會文化環境產生不同的意識形態，不同的意識形態影響新聞的選擇。除此，傳媒企業和政治經濟利益也間接影響新聞取捨，對新聞內容的影響不可等閒視之。再則，新聞室社會化的影響力也是學者多年來研究的重點，當然個人特質不可否認的亦左右新聞內容。無論是從鉅觀或微觀的角度而言，新聞內容要達成不偏不倚的客觀報導極不容易。

既然新聞內容的形成可能受到多方面的操縱，那閱聽大衆對新聞運作的認知無疑更加重要。每一個人的人生經驗有限，再加上世界實在太過複雜，我們對新聞資訊的倚賴程度與日俱深。從大衆媒介所選擇、所組織、所強調的新聞，我們知道這世界發生了那些重要的事件。久而久之，媒介議題似乎成爲公衆論談的焦點，媒介所呈現的世界彷彿是我們的眞實世界。虛虛實實之間，媒介與閱聽人互動，在互動互享的過程，有的閱聽人受媒介議題設定的強烈影響，有些人則較不爲所動。

　　不管民衆受媒介影響與否，新聞媒介間的競爭依舊激烈。不同的媒介有不同的結構與風格，有不同的長處與限制。利用SNG連線報導方式，電視新聞的時效性更上層樓，觀衆彷彿親臨事件發生現場。但是SNG的濫用與誤用也處處可見，更何況新聞不只要求速度，更要求準確。傳統印刷媒體強調證據確鑿的重要性，調查性新聞報導的豐富內涵遂成其特色之一。而電子報的出現更象徵電子與平面媒介的結合，無限的可能似乎即將開展。但閱聽大衆在欣喜傳播科技的日新又新之餘，才又猛然發現面對著電腦螢幕讀報並不怎麼輕鬆愉快。電視新聞也好、印刷新聞也好、電子報新聞也好，在我們理所當然的要求迅速確實之餘，應瞭解時效的加強也許不難，但客觀、準確、不偏不倚的報導絕非易事。

複習重點

1. 何謂新聞價值？請以同一天的不同報紙為例，說明比較新聞工作
   人員選擇新聞的標準。
2. 何謂即時報償？何謂延遲報償？請以新聞事件為例說明。
3. 如果評斷新聞品質的標準是客觀、準確與平衡公正，依你之見，
   我們的新聞媒體是否達成此目標？
4. 新聞選擇的過程極為複雜，請說明哪些因素可能介入新聞編採過
   程？
5. 何謂議題設定？議題設定功能對閱聽大眾可能產生哪些影響？
6. 何謂議題建構？新聞從業人員如何建構議題？
7. 調查性新聞報導與一般性質的新聞報導有何差異？
8. SNG的特質為何？請以任一則電視SNG新聞報導為例，說明
   SNG應用的狀況。
9. 電子報的特質為何？對傳統報紙而言，電子報是傳統印刷報紙的
   左右手還是競爭對手？

參考書目

一、中文部分

李郁青（1996），〈媒介議題設定效果的第二面向——候選人形象設定效果研究〉，台北：政治大學新聞研究所碩士論文。

翁秀琪（1993），《大眾傳播理論與實證》，台北：三民書局。

孫秀蕙（1994），〈環保團體公共關係策略之探討〉，《廣告學研究》，第三集，頁159-165。

陳靜芬（1997），〈一九九六總統大選期間之議題探析：議題設定理論的觀點〉，台北：國立政治大學新聞研究所碩士論文。

蘇蘅（1995），〈消息來源與新聞價值——報紙如何報導「許歷農退黨」效應〉，《新聞學研究》，第五十集，頁15-39。

蔡美瑛（1995），〈議題設定理論之發展——從領域遷徙、理論延展到理論整合〉，《新聞學研究》，第五十集，頁97-123。

蕭永勝（1991），〈議題設定功能之研究——以第八次國大代表集會為例〉，台北：私立輔仁大學大眾傳播研究所碩士論文。

二、英文部分

Corrigan, D. M. （1990）. "Value Coding Consensus in Front Page." *Journalism Quarterly*.

Eberhard, W. B. （1982）. "News Value Treatments Are Far From Consistent Among Newswriting Texts". *Journalism Educator*. 50 （Spring）: 9-11.

Fishman, J. (1980). *Manufacturing News*. Austin: University of Texas Press.

Foote, J. S. & Steel, M. E. (1986). "Degree of Conformity in Lead Stories in Early Evening Network TV News-casts." *Journalism Quarterly*. 63: 19-23.

Hall, S. (1986). "Cultural Studies and the Center: Some Problematics and Problems." In S. Hall, D. Hobson. A. Lowe. & P. Willis (Eds.). *Culture, Media, Language*. London: Hutchinson.

Hiebert, R. E., Ungurait, D. F. & Bohn, T. W. (1991). *Mass Media VI*. New York: Longman.

King, P. (1994). "Issue Agendas in the 1992 Taiwan Legislative Election." Unpublished Doctoral Dissertation, University of Taxes at Austin, Texas.

Lang, G. E. & Lang, K. (1981). "Watergate: An Exploration of the Agenda-Building Process." In D. L. Protess & M. McCombs (Eds.). *Agenda Setting: Reading on Media, Public Opinion and Policymaking*. New Jersey: Lawrence Erlbaum Associates, Inc.

Lippman, W. (1922). *Public Opinion*. New York: Macmillan.

McCombs, M. E. & Shaw, D. L. (1972). "The Agenda-setting Function of Mass Media." *Political Opinion Quarterly*. 36 (2): 176-189.

McCombs, M. E. & Weaver, D. H. (1973). "Voters' Need for Orientation and Use of Mass Communication." Paper presented at the annual meeting of the International Communication Association.Montreal.

McCombs, M. E. (1981) . "The Agenda-setting Approach." In D. D. Nimmo & K. R. Sanders (Eds.) . *Mass Communication Review Yearbook 2.* CA: Sage.

McCombs, M. E. & Evatt, D. (1995) . "Issue and Attributes Exploring a New Dimension in Agenda Setting." Manuscript presented for Communication Sociedad. A Publication of the University of Navarra in Pamplona. Spain.

McQuail, D. (1987) . *Mass Communication Theory: An Introduction.* CA: Sage.

McQuail, D. (1992) . *Media Performance: Mass Communication and the Public Interest.* London: Sage.

McQuail, D. (1994) . *Mass Communication Theory: An Introduction.* 3rd ed. London: Sage.

Rogers, E. M. & Dearing, J. M. (1988) . "Agenda-Setting Research: Where Has It Been, Where Is It Go?" *Communication Yearbook,* 11: 555-594.

Swanson, D. L. (1988) . "Feeling the Elephant: Some Observations on Agenda-Setting Research." *Communication Yearbook,* 11: 603-619.

Tuchman, G. (1978) . *Making News.* N.Y.: The Free Press.

Winter, J. P. & Eyal, C. H. (1981) . "Agenda-Setting for the Civil Rights Issues." *Public Opinion Quarterly.* 45: 376-383.

──**第 7 章**──

新聞評論

彭懷恩

內容摘要

　　新聞評論是大眾傳播的重要功能之一，它提供閱聽大眾觀察、思考新聞事件的觀點，幫助閱聽大眾更深入的掌握事件的真象。因此，從近代報業萌芽到電子媒介發達的傳播發展史，新聞評論的地位一直歷久不衰，惟其形式卻日益多元。

　　新聞評論應堅守自由民主、公平正義、公共利益等原則，克盡社會責任。以發揮媒體的積極功能。為此，有志於從事新聞評論的人應加強專業知識，培養邏輯思考能力，並強化語文表達能力，至於開放的心靈，尊重異己等態度亦是不可或缺的。

新聞評論的界定

　　新聞評論，顧名思義是對特定新聞事件予以分析、闡釋、批評與建議的論述（discourses）。早在報業萌芽之初，新聞評論即是報刊雜誌的主要內容訊息，在當時新聞報導與意見評論是不可區分的，直到十九世紀中葉，新聞才在大眾傳播中獨立，即建立了新聞報導與新聞評論應該分開的基本原則，或說是新聞學的傳統。①

　　雖說新聞評論是溯及早期報業、雜誌等平面媒體，但隨著廣播、電視等電子媒體出現後，評論性節目的影響力也與日俱增。並且由於公民參與的意識抬頭，新聞評論不再只是新聞媒體菁英、學者專家等社會菁英的專利，一般民眾亦可透過讀者投書、call-in節目來表達他們對新聞事件的看法，因此，新聞評論從單向式、由上而下的傳播，進入到雙向式、互動的溝通。

　　作為民主國家「第四權」的媒體，新聞評論實則扮演分權制衡的關鍵角色，因為行政、立法、司法等政府運作日益專門化，若非透過新聞評論，民眾很難瞭解政治新聞事件的意義，也不易察覺政治新聞與公共利益的關係，這些都有賴大眾媒體提供適時的分析、解釋與評論，使民眾能夠瞭解，進而採取適當的態度與行動。

　　當然，新聞評論不是囿限於政治領域，在經濟、社會、文化、藝術、體育等範疇，新聞評論的重要性一樣是不可或缺的。例如，在經濟方面，究竟目前經濟是景氣或蕭條？貨幣應升值或貶值？利率應上升或下降？應減稅或增稅？這顯然不是一些冷冰冰的數字所能傳遞訊息的，而需要財經專家加以解讀、判斷。

在社會文化方面，新聞評論依然是大眾討論的重要參考依據。例如，是否應保留公娼？應否開放離島賭博？網際網路的色情應如何管制？大學聯招應否廢除等攸關社會的公共議題（issues），媒體的功能不單是報導事實，且必須為社會大眾提供多元的意見，使媒體發揮公共領域充分溝通的良性功能。

再如藝術、體育等領域，新聞評論的價值依然是與新聞報導等量齊觀。隨著休閒社會的來臨，人們享受藝術與體育生活的機會愈來愈多，面對眾多的藝術表演活動、電影娛樂節目或體育轉播節目，閱聽人應如何取捨？要如何欣賞？應如何評價？仍然需要新聞評論的指南，就好像《紐約時報》周日版的書評專欄，為美國知識圈提供了去蕪存菁，瞭解思潮動向的參考架構。

總之，新聞評論與新聞報導一樣，都是大眾媒體的必備內容。雖然絕對的客觀在經驗世界（empirical world）是不可能的，換言之，新聞報導要以「純事實」出現，而無任何人為的主觀是不可能的，但我們依然要強調，新聞媒體應努力釐清事件的報導與評論，將前者交給實然（what is）的世界，後者納入應然（what ought to be）的世界。因為如此，才能實踐大眾媒體的告知者（informer）與勸服者（persuader）的雙重角色。

新聞評論的功能

拉斯威爾（Lasswell）在其著名的論文〈傳播在社會中的結構與功能〉中，提出大眾傳播的三種功能：守望環境、協調社會各界對環境的反應，以及傳遞社會遺產。其中「協調反應」（correlation）

功能部分，拉斯威爾進一步闡釋是指媒體選擇及解釋與環境有關的資訊，對事件提出批評及若干解決途徑。媒體在進行協調反應時，常會利用如社論、宣傳等方式，以便疏導社會不同意見，進而建立共識（consensus），此外，媒介亦會授予某些個人（如知識份子、學者專家等）獨特地位，使其負起監督政府的責任，促進社會的進步與整合（integration）。②拉斯威爾的看法，很清楚的指出新聞評論在大眾傳播中的正面功能，惟我們亦不能忽視許多媒體的評論可能是強化安於現狀；維持既有建制（establishment）；支持主流意識（霸權）；壓抑求變與創新；無視弱勢團體聲音等負面功能（dysfunction），這也是我們在研究新聞評論功能時不能不自覺的。

研究新聞評論的功能，主要是探討大眾媒體透過新聞評論在社會上發揮了哪些作用，歸納學者的觀點，分述如下：

一、分析新聞事件

新聞事件的事實報導並不能給閱聽人完整的訊息，因為事件的陳述再真實與具體，若不能賦予更廣闊的背景分析，是無法使閱聽人掌握真相。舉例來說，在越戰期間，美國政府經常提供越共與美軍傷亡人數的數據，媒體也如實報導，給予美國人民的印象是北越的損失遠比美國多，因此美國是打勝戰。但事實的發展是美國陷入叢林戰的泥沼不能脫身，若非當時採訪越戰的記者如杜諾萬（Hedley Donovan），克朗凱特（Walter Cronkite）及時指出美國越戰決策錯誤，即華府決策者所依恃的「骨牌理論」（domino theory）使美國扮演反共十字軍的角色，卻無視於越南的真正情況。這些「異

議」有如暮鼓晨鐘般的喚醒美國朝野，終於改變了越南政策。③

　　許多新聞事件並非孤立，而是有其歷史淵源或特定時空背景，例如，愛爾蘭共和軍的爆炸行動與美國奧克拉荷馬州聯邦政府爆炸案，雖然都屬恐怖主義，但其背景及影響顯然有很大區別，必須透過新聞評論的分析，才能提供閱聽人更清晰的認知地圖。

二、監督政府功能

　　作為民主政治下的第四權，新聞媒體理應透過公共事務的報導，使大眾（mass）成為資訊充足（well-informed）的公眾（public）。惟依政治學者對歐美民主國家的實證研究發現，大多數的公民對政治事務並不關心，且知識水準也不足以對複雜的公共政策進行判斷。④因此，欲求大眾主動監督政府，理想層次太高。就現實層次而論，媒體菁英應扮演為民喉舌的角色，即從民間社會的角度來監督國家機關的作為，不失憲政主義（constitutionalism）的理想。誠如學者克蘭（James Curran）所說：「傳統自由主義思想認為，媒體所背負的主要基本民主角色，便是作為替公眾監督政府的守望者。」⑤

　　惟我們必須瞭解，這種監督政府的守望者必須在自由市場的運作下，才不至於淪為某些資本家或媒體擁有者威脅政府的工具。換言之，自由競爭的媒體市場才能保障多元意見的百花齊放，可是隨著歐美媒體壟斷（media monopoly）的日益嚴重，特別是廣電媒體因技術的因素走向集中化，媒體的發展與國家機關的媒介政策息息相關，造成媒體監督政府的功能矮化，也是不容否定的事實。

三、反映民意功能

民主政治立基於民治（by the people）的原則，這民治原則除了定期的選舉外，平時是以民意政治形式表現。民意的呈現固然有多種方式，從個人寫信、打電話給公職人員到全國性的民意調查（poll）等，但媒體卻是最重要的民意通路（channels）。因為大眾媒體已成為工業社會最重要的訊息來源，不只是一般民眾的政治資訊來自媒體，連政府官員都要靠媒體來瞭解廣大民眾的看法、意見。所以，媒體的新聞評論不單是反映學者專家的主張，也必須成為廣大民意呈現的公共領域（public sphere）。

公共領域的概念在西方雖早有探討，但近年來受到哈伯馬斯（J. Habermas）的影響又重新熱烈討論。哈伯馬斯認為，近代資本主義社會出現，提供民眾許多公共領域，如沙龍、圖書館、報紙、雜誌等，促進西方民主政治的發展。⑥基此，作為民意表達的「公共領域」——大眾媒體，應提供公眾反映民意的「空間」，如報紙、雜誌的讀者投書版，廣播電視的call-in時段，體現「參與民主」（participatory democracy）的理想。

四、引導變革功能

新聞評論不應只是消極的批評，且應正面提出建議，引導輿論，促進改革與進步。因為新聞評論的閱聽人在接收到評論的訊息後，往往會要求行動的指南（reference），因此，在著手新聞評論時，一

方面應分析事件的背景（context），予以解析與檢討，另方面亦應從宏觀（macro）與比較（comparative）的途徑，提供可供選擇的方案（alternatives）與選項（options），如此可培養閱聽大眾多元思考的能力，進而形成企求變革的需求，彙成改變現狀的共識（consensus）。

新聞評論的形式

在大眾媒體上，新聞評論有各種的形式，但從新聞學的傳統來看，報紙的社論仍居首要地位，其次，專欄亦是正規媒體所必須具備的評論空間。由於電子媒介的發達，電視廣播的重要性已不下於報紙，因此，電視廣播的新聞頻道中亦包括了評論性節目，使新聞評論日漸多元化，以下簡單介紹新聞評論在大眾媒體上呈現的主要形式：

一、社　論

據考，最早在出版品上同時刊載新聞報導與新聞評論的是，丹尼爾‧狄福在1704年於倫敦出版的《評論》（*Review*）。英美早期的報紙並沒有單獨的社論版，記者對事件的意見是以一種觀察的形式附加在新聞的末尾，或常以假名用「讀者投書」形式發表。直到美國獨立前後，才有報紙的社論，並且多是由主編一個人撰寫。到二十世紀現代報業出現，多數報紙社論是由為數不多的社論主筆以不

署名的方式表達報紙的看法。⑦

主筆們撰寫社論雖然是代表報社立場，但仍應堅守公正等原則，他們有義務提供讀者正確資訊，並應對所評論的主題具備相當水準的知識。誠如《紐約前鋒論壇報》的社論主筆派森斯（Geoffrey Parsons）所說，「作者的背景愈豐富，則他便愈能啓發讀者對事情的思想。一位卓越的主筆是一位教師、哲學家或評論家等所能達到的理想境界，他不須知道太多，但須隨時保持注意力。」⑧

二、專　欄

根據美國對報紙內容閱讀的研究，看專欄的讀者比看社論的讀者多，這或是因爲大眾化社會，閱聽人的興趣多元化，喜歡看自己興趣的題材。惟專欄的出現較社論爲晚，大約是在十九世紀七〇年代，但很快就成爲報紙、雜誌的主要內容，在美國，報紙專欄少部分爲專屬的作家撰寫，但出名的和被全國報紙廣泛採用的專欄，是由資料社（syndicates）供應的。相對的，我國報紙的專欄完全沒有資料社的供稿，專欄文章部分是由報紙的專業新聞人（主筆或撰述委員）執筆，部分來自向學者專家約稿或自由作家的投稿。

專欄與社論最大的不同是專欄是署名的，並不代表刊載媒体的立場，而是反映撰稿者個人的意見，因此專欄的成功與否取決於專欄作家的知識權威、意見的精闢，以及文筆的流暢等，能夠吸引到一定讀者的認同與喜好。

專欄的字數有五百字到三千字不等，但平均而言，專欄字數在一千字左右。由於報紙、雜誌等平面媒體多採分版編輯，所以，從國內政治版、國際政治版、經濟版、理財版、體育版、娛樂版到副

刊版，都會有不同形式的專欄出現。這些林林總總的專欄類型，大體可分為：

■ 評論專欄

評論專欄（the signed editorial column）在形式上與社論相似，但它是署名的，代表專欄作家的思想與意見，這些作家的文章特色是立論嚴謹，邏輯清晰，主張明確，扮演輿論領航者的功能。這類專欄著名的代表如早期的李普曼（Walter Lippmann），當代的喬治威爾（George Will）。

■ 標準專欄

標準專欄（the standard column）的特徵是以較輕鬆的文章表達對新聞事件的評論，有時也是報社編輯部、主筆部的集體創作，美國早期著名的「拾穗」（Gleanings）即屬此類代表，台灣《聯合報》的「黑白集」亦可算是這種形式的專欄。

■ 雜碎專欄

雜碎專欄（the hodge podge column）多出現於副刊、男女生活版，多以社會新聞為對象從事夾議夾敘的評論，專欄作家的筆觸形式多樣，有時還夾帶著打油詩，增加文章的可看性。

■ 投稿者專欄

投稿者專欄（the contributors column）從學者專家、作家，到一般人士皆有，這種專欄是吸引特定興趣的讀者閱讀，因此必須具有真知灼見或看法超群才能獲得編輯守門人（gate-keeper）青睞。

■ **論文專欄**

論文專欄（the essay column）此類近乎學術的專題討論文章在大眾報紙上並不多見，美國報紙也只有周日版提供了這長篇大論文章的發表空間，台灣報紙則只有在特定的企劃編輯下，才會出現這類專欄。相對的，在雜誌上此類專欄文章就屢見不鮮，顯示出雜誌仍以深度分析為市場「利基」。

■ **內幕專欄**

內幕專欄（the dopester's column）多為第一線的資深政治記者署名撰寫，主要是對重要政治新聞提供內幕分析，我國《中國時報》駐美記者傅建中的專欄就屬此類，經常透露美國白宮對華政策的決策內幕。

■ **服務性專欄**

服務性專欄兼具評論性與公共服務性質，如影評、學評、藝術評論的專欄，一方面客觀評論某新聞或活動，讓讀者瞭解這些消息的意義，另方面也提供讀者參與的參考指南，這類專欄的成功與否和執筆者的專業素養及對民意流行的掌握有關，服務性專欄是多元社會的媒體不可或缺的公共服務。

三、讀者投書

早期大眾媒體是菁英對大眾的單向傳播，但隨著公民意識的抬頭，公眾媒體接近使用權（public access）開始被重視，基此觀念，

媒體應提供閱聽大眾表達他們對新聞事件及公共事務看法的機會。讀者投書正是體現這觀念的形式之一。誠如學者所描述：「大眾媒體有責任鼓勵每個人無拘無束的公開交換意見和自由表達看法。今日大眾媒體比以往任何時候都更加自願的承擔此責任，而各報的讀者投書版面也與日俱增。」⑨

不僅報紙開闢讀者投書，新聞雜誌多把讀者投書欄置於雜誌內文的首要地位，事實上，一般讀者也喜歡閱讀「讀者投書版」，因為他們也想知道其他人的看法，而非學者專家或社論主筆怎麼說。

四、廣播、電視評論

自廣播出現以後，新聞評論即從平面媒體擴大到電子媒體的領域，與新聞報導是居同等重要的地位。早期廣播評論是如報社社論般的表達方式，其後展現出電子媒體的風格，即以談話性節目形式出現，而在八〇年代以後call-in節目大行其道，使廣播、電視的新聞評論出現了多元化的風貌。大體而論，廣播、新聞評論的類型有下列幾種：

■新聞時勢分析

新聞時勢分析是由主持人或學者專家從專業的角度來分析國際新聞、國內政治、經濟等情勢，提供解釋、分析與評論，是屬於教化、傳播知識的性質，屬於較為靜態的方式。

■新聞專題

這類節目可以CBS的「六十分鐘」為代表，一方面是調查性新

聞（investigative reporting），另方面也反映社會多元意見。此類型節目由於報導深入，並以動態方式呈現，影響的層面更大。

■ 談話性節目

這類節目是由主持人在電台或電視台中進行專訪或舉行座談，針對新聞話題各抒己見，辯白討論，有時還以call-in、call-out方式與廣大閱聽人進行討論，這種談話性節目似成廣播、電視處理新聞的主流。惟如法羅斯（J. Fallows）在《解構媒體迷思》（*Breaking the News,* 1996）一書中所述，談話性節目過於膚淺、煽情，已失理性評論的功能。⑩

新聞評論的原則

當代歐美新聞媒體運作的主要原則是受到自由主義（liberalism）與社會責任論（social responsibility theory）的影響，具體來說，大眾媒體在從事新聞報導與評論時，必須尊重自由開放的民主政治精神，同時也應考慮到媒體是社會公器，必須克盡社會責任，如尊重隱私權，不惡意誹謗；遵守相關法律規範等。⑪

傳播學者麥奎爾（D. McQuail）進一步提出了發展理論與民主參與理論，前者反映第三世界的新聞制度規範中有責成媒體為國家現代化而貢獻之角色。後者是對歐美菁英民主（elite democracy）的反省，重視公民從下而上的參與（participation），重視閱聽大眾接近使用媒體的權利（right to access），這些都屬於新聞學的規範理論（normative theory）⑫，可以提供我們確立新聞評論的基本

原則，茲分述如下：

一、自由民主原則

由於憲政民主制度是當代多元媒體制度的基礎，因此新聞評論必須尊重十七世紀以來民主政治所樹立的基本規範，如人權、自由、平等、民意等，特別是在體現言論自由的同時，也能恪遵法治主義 (rule of law)。

二、公平正義原則

新聞媒體在評論新聞事件或臧否公共人物時無法避免價值判斷 (value-judgement)，但是這些評論應符合正義 (justice) 的原則。就如《正義論》(*The Theory of Justice*) 的作者羅爾斯 (John Rawls) 所述，正義應立基於公平與平等的基礎上。運用於新聞評論上，不僅要求以相同的標準來評斷，且對弱勢團體予以更多的寬容，才符合公道。⑬

三、公共利益原則

大眾媒體與其他商業活動不同，是具有增進公共利益的基本任務，特別是在政治與文化領域，因此媒體上的新聞評論，不應成為私人謀取不當利益的工具，而應從公共領域的福利與發展出發。雖

然公共利益很難明確界定，但社會對公益與私利之間的分野，是有基本共識的。身為新聞媒體的傳播者不應利用媒體謀取不當利益，而應從整體社會福利（welfare）或安全（security），從事分析、解釋、評價與建議。

除了上述的自由民主、公平正義、公共利益等原則外，我們應注意麥奎爾提出的傳播在社會中的基本價值，即自由、正義／平等、秩序／團結。這些價值是從事新聞評論時，所應銘記於心的。⑭

美國全國主筆會議（National Conference of Editorial Writers）曾提出作為輿論的塑造者所應遵守的「倫理信條」（Code of Ethics），呈現了新聞評論的責任。這信條指出，主筆一如科學家，如果他是忠誠於他的行業與他的社會的話，無論他要引導什麼，都應追隨真理。信條的要點如下：

1. 應忠實而完全的表明事實。
2. 應從所述的事實中得到客觀的結論，根據他們明顯的證據以及被承認的至善觀念。
3. 不應以個人利害為出發點。
4. 應理解自己不是沒有錯誤的人，並且應給讀者有表達不同意見的機會。
5. 應檢查自己的結論，如果發現其基於以前的誤解，應予以改正。
6. 應有悔悟的勇氣，且不寫違背良心的事。社論版不是一個人不智的產物，集體判斷要比個人判斷的成就大。且經過思考的個人意見應受尊重。
7. 應支持他的同事們在職業上固守的最高標準。⑮

以上原則雖是針對社論主筆而定出的，但依然適用於其他從事

新聞評論的專欄作家或時勢分析家，提醒這些參與媒體公共論述（discourses）的傳播者，必須尊重公共利益與理性客觀的精神，如此才能發揮傳播評論分析的良性功能。

如何從事新聞評論？

由於新聞評論是對新聞事件從事分析、解釋、評價，有時還要提出建議，因此寫作者在知識與寫作能力上是較從事新聞報導的記者為高。一般而言，報社的主筆或撰述委員的層級是較記者為高，往往是資深記者才能勝任負責專欄或社論的寫作工作，同樣的，在廣播或電視的評論性節目，無論是主持人或參與評論的來賓，都被期許為專家身分，這是因為評論是立基於理性權威基礎之上。換言之，有志於從事新聞評論必須加強專業知識與表達能力。以下進一步探討如何從事新聞評論的問題，由先決條件與實務進程兩方面介紹。

一、新聞評論的先決條件

■ 專業知識

在社會結構日趨分化，各行專業日益專門化的時代，我們不能期望「上知天文，下知地理，博學多聞」的通才來從事新聞評論工作，適度的分工是必要的。理想的新聞評論者是在專業領域中的通

才，例如，在政治新聞方面，報社社論主筆應該是對國內政治各層面的問題，具備與學者教授等量齊觀的專業知識，避免寫出來的文章悖離學理，昧於外國政治制度而貽笑大方。但社論主筆又不能像學院象牙塔中的教授，只鑽研某些艱深的題材，見樹不見林；所以專業領域中的通才是從事新聞評論的首要先決條件。

■ 邏輯思考能力

由於新聞評論是發揮理性智慧的權威，因此科學的哲學 (philosophy of science) 的「方法論」訓練是不可或缺的。即從概念的界定，命題的陳述，到結論的形成，都必須符合邏輯，才能符合理性論述 (discourse) 的判準。中國古代論文的「起承轉合」，或歐美論文重視的三段論證。（大前題、小前題、結論），基本上就是隱含著邏輯推理的結構，因此多研讀中外著名的評論文章，亦可強化邏輯思考能力，進而運用在評論寫作上。

■ 明晰表達的能力

無論是在平面或電子媒體，成功的新聞評論都是立基於良好溝通（傳播）的能力，如報紙、雜誌的社論或專欄，自然需要文筆典雅流暢的寫作能力。又如廣播、電視的新聞評論，口齒清晰。論理有力的口語傳播 (speech communication) 能力，亦是必要條件。

■ 民主開放的態度

從事新聞評論切忌剛愎自用的封閉心態 (closed mind)，唯有以民主開放態度來彙納多元聲音，才能避免因偏見、刻版印象、權威人格 (authoritarian personality) 所可能帶來的一己之見。面對不同的異見，必須抱持尊重與寬容的態度來接納反省，如此才能展

現民主風度,並且推動理性論述的公共領域之建立。

二、新聞評論的實務

　　新聞評論的理想是幫助閱聽人深入瞭解新聞事件,進而引導輿論,因此在進行新聞評論之前,首先必須儘可能蒐集有關新聞事件的所有事實 (facts),唯有在周全的事實資訊 (informations) 的基礎上,才不至誤解真相,無的放矢。所以,多方閱讀資訊,查詢事件來龍去脈,甚至訪問當事人等都是必要的,即愈多的事實,愈少的偏見。

　　其次,新聞評論的寫作與小說、散文、詩的寫作截然不同,不宜以煽情方式表達,減少訴諸情緒的論述語言。應以精確的概念表達評論者的思想與立場,提供讀者另類思維的途徑 (alternative)。

　　由於媒體的空間與時間都是有限的,因此新聞評論宜以簡明扼要方式表述。例如,報紙社論不宜超過一千五百字(美國社論皆在一千字以內),專欄理想的字數應在五百字到一千字之間。一般而論,廣播評論宜在十五分鐘以內,談話性節目也不宜超過一小時。電視評論節目雖常以一小時進行,但宜分節討論,倘若冗長論述則不易吸引觀眾的注意。

　　總之,大眾媒體的新聞評論必須掌握大眾傳播的特性,以「新、速、實、簡」的原則處理新聞主題,才能適時發揮評論的作用,達到傳播的效果。

小　結

1. 新聞評論是對特定新聞事件加以分析、闡釋、批評與建議的論述。
2. 新聞評論涵蓋政治、經濟、社會、文化、藝術等多元領域，兼具告知者與勸服者的雙重角色。
3. 新聞評論的功能包括：分析新聞事件、監督政府、反映民意、引導變革等。
4. 大眾媒體上的新聞評論包括了：社論、專欄、讀者投書、廣播評論、電視評論（含談話性節目）。
5. 新聞評論應遵守自由民主原則；公平正義原則；公共利益原則；且應恪守新聞倫理（ethics）。
6. 從事新聞評論之先，應強化專業知識；邏輯思考；明晰表達的能力，並培養民主開放的態度。
7. 新聞評論的工作，應先蒐集完整的事實資訊，以理性而非情緒的態度處理題材，並以簡明扼要的方式表述。

註　釋

①R. E. Hiebert，D. F. Ungurait and T. W. Bohn，潘邦順譯，《大眾
傳播媒介》，(Mass Media, Ⅲ)，台北，風雲論壇，1996，第十七章。

②H. Lasswell, "The Structure and Function of Communication in
Society", in L. Bryson (ed) , The Communication of Ideas, New
York: Harper and Row, 1948, pp.32-51。

③同註①，頁699-701。

④G. A. Almond and S. Verba, "The Civic Culture Revisited," Bos-
ton Little, Brown, 1980。

⑤J. Curan，唐維敏譯，〈大眾媒體與民主〉，出自唐維敏等譯《大眾媒介
與社會》，台北：五南，1998，頁109-163。

⑥Jurgen Habermas, "The Structural Transformation of the Public
Sphere： An Inquiry into Category of Bourgeois Society."
Thomas Burger with F. Lawrence (trans.) , Cambridge, MA: MIT
Press, 1989。

⑦F. F. Bone，陳諤，黃養志合譯，《新聞學概論》，台北：正中，1988，
台十版，頁187。

⑧同上註，頁188。

⑨同註①。

⑩J, Fallows，林添貴譯，《解構媒體迷思》(*Breaking the News*)，台北：
正中，1998。

⑪F, Siebert, T Peterson, and W. Schramm, *Four Theories of the
Press.* Urbane, IL: University of Illinois Press, 1956。

⑫D. McQuail，潘邦順譯，《大眾傳播理論》(*Mass Communication Theory*)，台北，風雲論壇，1996，頁193-194。

⑬J, Rawls, *The Theory of Justice*, Oxford: Oxford University Press, 1971。

⑭同註⑫，頁206-224。

⑮同註⑦，頁188-189。

複習重點

1.何謂新聞評論？新聞評論與新聞報導有何不同？

2.試論新聞評論能發揮怎樣的功能？

3.試述新聞評論有哪些形式？並申論你認為好的社論應具備那些條
　件？

4.試論新聞評論應遵守的基本原則？

5.你是否想從事新聞評論工作？若是，為什麼？若不，為什麼？

第 8 章

新聞媒介和政府公共關係

成天明

內容摘要

　　本章內容共分：新聞媒介、輿論和公共關係及政府公共關係三部分。新聞媒介的探討，係以歷史研究法及內容分析闡述時代演變的新聞媒介、傳播媒介報導的新聞、傳播媒介占統治地位的影響，期使明瞭新聞媒介的特性及其對社會的影響力。

　　透過新聞媒介的傳播報導，始能顯現出輿論的影響力與公共關係的重要性，並提出傳媒與社會政經體系的關聯、公共關係與輿論形成及公共關係理念的說明。

　　有關政府公共關係的探討，係就政府公共關係的原則，並例舉總統府、行政院新聞局、省政府、台北市政府在政府公共關係運作的特色，提出探討。對於政府公共關係之研究，以實證調查、法律案例研究等實例說明政府公關的運作。

　　隨著時代變遷，自由民主的風潮蔚為時代主流，亦彰顯新聞媒介與政府公關必然廣受重視，俾促使人類邁向更美好的康莊大道。

前 言

　　新聞媒介在社會化的過程中，具有關鍵性的作用和影響力，為求公正、平衡、客觀的正確報導，新聞媒介往往採取專業的立場，超越單一事件的觀察和分析，提供新聞報導，以期服務公眾並促進社會的進步。在不斷進展中的社會，新聞媒介發揮了傳播信息、影響價值觀和態度等諸多的社會功能。對於政府與其公民之間，新聞媒介成為最具效力的一道公共關係的溝通橋樑，彼此相通，互相影響。尤以現代公關的作用已由注意其產品或事件，發展到傳遞信息和傾聽反饋信息的雙向溝通觀念上，把公共關係視為一種管理過程，運用傳播來幫助一個機構調整其適於公眾能支持的行為，進而用以解決衝突和促進瞭解 (Hiebert et al., 1991: 151)。

　　然而從事公關業者，為遂行其公關的目的，認為新聞媒介是充當公共說服及宣傳最主要的手段和工具，縱然公關專業的取向更形細部分化，但與新聞媒介的關係互動卻極為重要，人們日常所看到、聽到的相關新聞報導，仔細地分析，大多係由政府、政黨、企業、非營利機構、民間團體及個體等許多公關專家們所精心策劃的，尤其現今是一個傳播科技精進的時代，在多元化愈形複雜的社會中，新聞媒介更對社會具影響力。藉由報導新聞的方式，既能幫助政府推行公共政策，同時亦能反應公眾輿論，以監督政府，調整其施政方針。在本章的探討中，亦採用一些時事報導的案例提供分析說明，期使能增進對新聞媒介與政府公關的探討。

新聞媒介

一、時代演變的新聞媒介

英國哲學家洛克（John Locke 1632-1704）可說是經驗主義的先導，認為一切知識皆得自經驗，眞理是一種暫時存在和需要經常體認的現象。他形容人的頭腦是多種思維的組合，其存放的方式，異於靜態書架的書本，大腦內在機動性的操作，能將思想分門別類予以組合，這一組織能力，是人類使用語言、文字的最佳憑藉，同時也是人與人之間交換訊息的工具（鄭瑞城，1991：11；Cherry, 1957: 59）。

人類為生存、求發展，明瞭不能遺世獨立而生活，當進化至群體生活時，便自自然然地構成社會行為、互通音訊、傳遞信息，由傳播過程共同謀求改進生活的共存方式，這種人類互動的社會行為，就是公共關係的肇始。

最原始的生活，只是靠著簡單的人際溝通方式來傳播，攜手並進，一旦進化至群體生活且逐漸擴張區域更為遼闊時，運用個人體能的傳播方式，顯然已是力不從心，加上智慧的開啓，人類開始運用身體以外的器具來達到傳播的效率，例如：光火訊號、鼓笛號角、烽火驛站、結繩記事等。眞正懂得利用身體以外的器具來傳播，這就是使用傳播媒介的濫觴。所以麥克魯漢（Marshall McLuhan）

在媒介理論中指出：「媒介是身體的延伸」，是饒富意義的(徐佳士，1992：41；李金銓，1990：86)。

從社會變遷和文化演進來看，推進人類文明的進步有三件大事：(1)火的發明；(2)家畜馴養；(3)勞力分工。其中以勞力分工影響互動最鉅，愈是現代化的社會其分工愈細，也愈具效能。因為從總體分工之後，如何聯絡社會中的各部門、交換訊息、作成決策，便有賴各部門之間的溝通表達方式，而新聞報導藉由媒介運作，致使今日所謂的「新聞媒介」遂爾成為影響社會舉足輕重的角色（石麗東，1991：5）。

從古到今，無論中外，「新聞媒介」都在當代發揮了主導人類進化的社會功能。只是當時還沒有這麼時髦的名詞，直到近代傳播學研究方興未艾，蓬勃發展，新聞媒介遂成為傳播領域探討的重要議題，因為它給人們帶來了生存的訊息，介入了傳播過程，每每扮演了社會化過程中極為關鍵的因素，進而影響了人類互動的公共關係，舉些新聞報導的例子來說明：

公元1998年6、7月間，經由「新聞媒介」廣泛地報導兩則舉世矚目的新聞。一則是美國總統柯林頓訪問中國大陸，柯江會談所表徵的涵義及互動的影響，陸續引發了一連串「政治議題」的新聞，不但激起兩岸華人及美國人的關切、更令世界各國對國際關係新局勢引領以望。另一則是世界盃足球競賽，透過新聞媒介生動的報導，風靡了上十億的球迷連日來生活在瘋狂起伏的情境中。再從新聞媒介中一段摘錄的報導來看：

（美聯社、法新社巴黎十日電）法國還沒有贏得世界杯冠軍，但是艾非爾鐵塔十日晚間一片火樹銀花，同時迴盪著世界三大男高音嘹亮的歌聲（《民生報》，1998，0712：1）。三大男高音在第三次攜手合作的世界盃演唱會，兩小時四十五分鐘的精彩演出，令十五

萬名聽衆如醉如癡。在意猶未盡和如雷的掌聲下，多唱了四首安可曲。

　　足球賽是三大男高音的共同興趣。自1990年起，他們嘹亮的歌喉，便與世界盃的高超球技和緊張的情緒結合為一。

　　1990年在羅馬舉行世界杯第一場演唱會的現場錄音CD，一直是最暢銷的古典音樂會唱片。1994年在洛杉磯舉行的第二場世界杯演唱會，在一百多國轉播，電視機前的觀衆在十三億以上。十日的演唱會至少在七十五個國家做現場直播，電視觀衆約在二十億人之譜，唱片將於8月在世界各地發行。(《民生報》，1998，0712：19)

　　據媒體所描述，在巴黎為世界杯所舉行的露天演唱會，現場使用十八具攝影機，一百六十五支麥克風的先進音效系統，將三大男高音引吭高歌的實況透過電視傳播的網路向全世界各地播出，這種分享的感受可想見而知。

　　從這段屬於軟性新聞的報導中，新聞媒介所發揮的魅力及影響力往往擴及全球。況且世界各地，每天都會不斷地發生許許多多的事件，經由媒介的傳播成為新聞。尤其是重大新聞更是與世人息息相關。因此研究傳播的學者認為：毫無疑問，信息就是力量。為爭相獲得它，每個人就各種文化似乎以調檔變速，轉入高速檔；為爭相傳送它，傳播者已集合成巨大網路，或變成巨大網路的一部分。對這個傳播時代極富重要性的是，以傳播媒介而知名的那些機構。這些機構是極少的獨特行業；它們現在是強大的高速信息和娛樂系統的組織部分，在各個社會，各個次級文化，各個家庭和各個個人內引起了變化 (Hiebert et al., 1991: 3)。

二、傳播媒介報導的新聞

㈠傳播學者的觀點

　　新聞媒介從業者通常認為，新聞有軟硬之分，屬於輕鬆面的描述是軟性新聞；而以純淨新聞事件為主的報導是硬性新聞。經由媒體披露出來的新聞事件內容，或多或少須具備下列幾項要素：(1)時宜性(timeliness)；(2)鄰近性(proximity)；(3)衝突性(conflict)；(4)顯要性 (prominence or eminence)；(5)影響性 (consequence or impact)；(6)情趣性(human interest) (黃新生，1994：52-53)。從前述舉例的二則新聞，可體會出新聞中所包含的要素越多，就越具吸引力，越發顯得其新聞的重要性。

　　宣偉伯 (Wilbur Schramm) 認為新聞必須對個人具某些內在的價值，新聞提供滿足人們某種需要的「即時報償」(immediate-reward) 或「延遲報償」(delayed-reward)。宣氏並以為，大多數新聞主顧在即時報償新聞上花較多時間，並在即時新聞中找到更多的樂趣，而且也更加關注即時新聞 (Hiebert et al., 1991: 413)。

　　國內的傳播學者在論著上也提到，以往拉斯威爾 (Harold Lasswell) 提出的「五W論」(Who Say What in Which Channel to Whom With What Effect) 的公式裡獨漏Why (或With What Intention 或for What)。傳播的行為動機又可細分為兩個層次：一是受眾的心理動機，即他們為什麼使用傳播媒介，企圖滿足什麼需欲；二是傳播組織的社會文化動機，即發明、創造、把持先進傳

播科技的社會團體（如政黨、財團），究竟想用它作何用途（李金銓，1990：19）。

事實上，大傳與媒介是脫離不了關係的，傳播給社會中每個人帶來信息、娛樂、憤怒、教育和說服。它從情感和理智上把我們與別人、別的團體和別的機構聯繫起來。在功能上，它經常被定義為「分享感受」（the sharing of experiences）或「傳遞信息或價值觀」（transfer of meaning or values）。當前的媒介全球化發展步伐已把傳播推到了這樣的地步，以至於有些文化護衛者刻在抗爭並設法保護他們心目中的本土觀點（Hiebert et al., 1991: 3）。

從傳播社會學觀點來看，媒介是站在社會與人之間作媒的實體，幫助人建構社會的現實。亦即探討社會、媒介、人的三個環節的交互關係。

傳播媒介可說是人類文明進展的產物，更是孕育於社會背景之中，聯繫了人與人，人與社會，以及社會與社會之間的關係（李金銓，1990：10）。

傳播學者拉斯威爾指出：任何社會有三種傳播活動，「偵察環境、集合眾議、傳衍習俗」。從遠古至今，社會猶如一個生物有機體，須偵察環境，保護族類的生存。人類能超越萬物，稱為萬物之靈，是因人能發揮傳播行為，創造語文，以符號引發邏輯思維，藉媒介傳播並展現其擴張延續性的文化，保存記錄，澤及後代，共創福祉。

而其他動物，雖有靈性，但因缺乏組織性的思維能力，所以只能留滯在原始的表達方式。荀子在國家起源論曰：「草木有生而無知，禽獸有知而無義，人有生有知亦且有義，故為天下之貴也，力不若牛，走不若馬，而牛馬為用，何也?曰人能群，彼不能群也。」充分地寫照人之生存於世上，不但能傳播訊息且能匯集經驗成為文化，以思維溝通的方式能義、能群，所以為天下貴也。

宣偉伯曾明白指出：「大衆媒介能開闊眼界……可以讓人看到和聽到他從未到過的地方，認識他從未謀面的人。」顯然，從傳播進化而言，這是大媒在社會發展中的一個重要作用，但在任何快速發展變化的社會裡，大媒也會有其相應的作用（Hiebert et al., 1991: 548）。

(二)新聞媒介與社會化

當新聞媒介進入全球化的時代，傳媒環境就越來越大，越來越普遍，質言之，其影響也就更大了。因此，傳媒在社會化中的角色就更形重要了。事實上，社會化就是一個學習過程，並使每個人成爲社會的成員。波士頓大學教授格哈特‧威伯（Gerhart D. Wiebe）對於大媒在社會化中的角色曾分析：把傳播過程分成三段（這三段同處在一個連續系統上），從而強化了社會化的定義（Hiebert et al., 1991: 568-569）。

指導信息（directive message）——在增加知識見解方面起著指導（command）、告誡（exhort）、教育（instruct）、說服（persuade）、激勵（urge）等作用。這些信息來自權威人士，並需要學習者付出大量而自覺的智慧來努力。大多數的研究顯示，意圖指導兒童行動或改變兒童行爲的信息，若不和有組織且面對面的師生關係相連，就不會具有成效。因而傳媒豐富了正規教育，而不是完全取代了正規教育。

維繫信息（maintenance message）——告知在日常生活中做些什麼？在那裡能找到食物？應避免什麼危險？何時應繳納稅金？怎樣能獲得駕駛執照？應把誰當朋友、把誰當敵人？這種信息需要付出自覺的腦力勞動相對地減少。大媒在透過傳播新信息（new information)、分析 (analysis)、詮釋 (interpretation)、勸誡 (persuation)、促銷 (sales promotion) 等活動,發揮著廣泛的作用。但是,傳播信息對維持社會規範而產生作用之前,必須具備三個條件:

1.受衆必須先傾向於沿信息中指定的路線作出反應。
2.必須具備推進這些活動的社會條件。
3.信息本身必須對受衆有吸引力。

復健信息 (restorative message) ——更新和恢復因忙於社會關係應對所消耗的能量。這些信息包括:幻想,藉此逃避現實生活;幽默,解除一天的緊張;戲劇和暴力,可宣洩挫折和憂鬱的情緒。就這類復健信息的傳播,大媒在社會化的過程中也許扮演了非常重要的角色。

從上列三段信息,顯然可看出大衆媒介在社會化過程中的重要性。事實上,社會化就是一個學習過程,並使每個人成為社會的成員。

根據傳播學研究,總體上一致認為,大衆媒介影響著一個社會的價值觀和個人的態度。影響的程度、速度和持久性,仍是有爭議性的。

大媒創造態度,要比改變看法更加容易,這是大多數的研究證據支持這樣的假設。大衆媒介為人們設定議題 (agenda-setting),提示人們注意那些訊息,致使新聞議題決定著人們思考什麼,也決定著人們,或精英領導份子會採取什麼樣的行動 (Hiebert et al., 1991: 549)。

三、傳播媒介占統治地位

㈠麥克魯漢的詮釋

傳播大師麥克魯漢認爲，人類歷史可分爲三個階段，都與傳播媒介息息相關，而且每一階段又都是由當時占統治地位的傳媒所引起的 (H. U. B., 1991: 567-568)。

■「前文字」或「前書面語」階段

第一階段爲「前文字」或「前書面語」階段 (the pre-alphabet or pre-written-language)，人 們 生 活 在 聽 覺 空 間 (acoustic space)，只曉得在直接接觸的環境中，感受聽到和看到的東西，他們的天地只限於部落之內，往往受當時部落群體情緒的掌控，是一種既神秘又共同參與的世界，沒有書面通訊和大眾傳播，生活在善惡文化而非法律文化，在情感文化而非思想和信息的文化中。

■「文字」階段

第二階段爲「文字」階段，以文字的產生爲標誌，推動人類進行邏輯思考。以文字作爲主導傳播的方式出現，使人們能以聯貫而連續的線性方式進行思考。可脫離部落獨立個體思考，並且創造了一個基於邏輯而理性的法治世界，還創造了邏輯思維方式，這種方式導致了科技的發明，開闢了工業社會的形成，促使生產裝配線的設立和大量的生產。

印刷機的發明，聖經的發行，引發了宗教革命，文字的傳播與資料的觀察運用，促使科學更進，並深深地影響人類的經濟和政治發展。

■ 「電子媒介」階段

第三階段「電子媒介」的出現，肇起於十九世紀電報的發明。電子傳媒改變了線性的思維方式，在理解資訊方面使聽覺和觸覺再次變得重要，麥氏認為，透過電波遠距離傳送高速資訊，正在改變著人們的時空觀念。

當新聞電訊服務獲得較佳發展後，電報成為當時新科技的基礎，使國際間的電訊交流在速度及數量上均向前邁出了一大步。跨國界的新聞交流，在報導上更為即時且廣泛。在1840年代主宰國際性新聞主流的通訊社也因應而起 (Straubhaar & LaRose, 1997: 124)。

(二)電子媒介的演變

1920年代，美國商用廣播電台相繼問世。

1927年，貝爾實驗室公開了黑白電視，這項新發明，匯集了聲音、影像、文字的優勢，加入了新聞報導的競爭行列。

由於電話的發明已然成為整合傳播科技的關鍵角色，也促使今日資訊社會 (information society) 的形成。事實上，無線電廣播及電視大部分的發明均源自電話公司的研究。甚多新傳播科技的基礎結構 (形成整體或系統) 均以運用電話來接合。傳真 (faxes) 是由電話線路所傳送，資訊網路 (internet) 係由電話路線所傳送。線上服務 (online services) 例如非凡 (Prodigy) 和美國線上 (American online）兩家線上服務系統，也都需靠電話線路傳導。電視節目、電影、電子遊戲、郵購產品目錄、電視互動教學、整合性數位化服務網路（ISDN）及各項資料庫等，均係經由電話線路快速地傳送到人們居家的手中。電話及基礎結構的電纜勢將成爲傳播環境中的中樞系統（S. LaRose, 1997: Ⅶ）。

由於電子科技的蓬勃發展，使電腦的發展日益精進，電腦並運用在傳播生產系統之內。編寫、採訪、分析、推銷、廣告、財務、會計、圖資及圖片等。新的傳播趨勢俱是運用電腦技術作業，促使國內各報社及其他媒體都鼓勵記者、編輯及新聞從業人員使用電腦撰寫、編排，並在行政管理及發行業務上引用電腦處理，既快捷又實用。

電子媒介不僅可以改變著人們的感覺和知覺，並且可以改變人們的思維方式、生活方式、價值觀，甚至支配自己的方式。人們因電子傳媒的進步，能減緩或加快對事實的記錄，進而改變對自然現象的感知。採用高速攝影，能拍到一滴水落入玻璃杯中的情形，可以看到小球放在水面上所出現的螺紋。電子傳媒能向人們「即時重播」（instant replay ）一場足球競賽，允許從許多不同的角度觀察慢動作或快動作。1998年世界杯足球賽，就是最好的寫照。

亦因傳播科技的精進發展，加速形成地球村（global village）猶若遠在天邊，近在眼前，凡影響世人的新聞訊息透過媒介傳播，使人類成爲傳播的消費者，大衆傳播科技的消費，實際上已支配了人類食衣住行的生活行動。

輿論和公共關係

一、傳媒與社會政經體系

　　社會的政經體系結構往往塑造了當地的傳媒制度，政府所導引的社會體系與媒介的互動關係，直接或間接影響著新聞報導的目的和方式。最顯而易見的，當同一新聞議題(尤以意識形態最為敏感)，進入不同的地區國家，特別是政、經體系不同的社會，常常所產生的新聞詮釋意義差異甚大。例如，一個中國的議題，兩岸表述的意義有所不同，因此所形成的輿論影響力也就大不相同。傳播學者歐茲爾 (Herbert Altschull) 稱媒介為「權力的代理者」(S. LaRose, 1997: 26)。馬克思 (Karl Marx) 曾認為：並非大眾媒介決定社會體系，而是社會體系 (特別是政治、經濟體系) 決定了大眾媒介制度 (鄭瑞城，1991：10)。

　　許多學者曾試圖創出全球媒介系統種類的理論，俾使各種不同的國家依據這些基本的理論來建構其媒介制度。在冷戰期間，大部分的理論趨向兩極化，反應傾向美國、蘇聯兩大集團。1956年新聞學者塞伯特 (Fred Siebert)、彼得森 (Theodore Peterson) 及宣偉伯合著《新聞媒介的四種理論》(*The Four Theories of the Press*)。把媒介區分為下列模式 (model)：威權主義者 (authoritarian)、自由主義者 (libertarian)、社會責任者 (social responsibility) 和蘇維埃/極權主義者 (Soviet/totalitarian) 等模式。蘇維埃模式已隨1991年蘇聯解體之後幾乎消失。亦有學者曾建議對「第三世界或開發中國家」(Third World or Developing Countries) 提出開發中的模式 (S. LaRose, 1997: 26)。

愛荷華大學新聞系教授海其登 (William A. Hachten) 將傳媒和政治依存關係分為五型,把自由主義和社會責任論合併一類,稱為西方型,依序還有威權主義、極權主義、開發中國家型 (developmental model) 和革命型。開發型則著重支持國家經建,促進政治團結,掃除文盲,消除貧窮。革命型代表革命時期的地下刊物,或國外印行的刊物,常被革命組織用來推翻不滿意的政府。還有歐茲爾以經濟生產方式劃分為市場經濟型、馬克思 (共產極權) 型和開發型。市場經濟型即前述西方型,開發型與海其登所論類似 (石麗東,1991 : 28)。

在不同的國家,媒介系統 (media systems) 可用許多方法來比較,其中基本的哲學或理論是媒介應以何方式來組織,而其與政府的關係又為何。下列的這些理論,有助於說明各種不同的媒介在不同的國家如何發展 (S. L., 1997: 116)。

1.自由主義者:政府對媒體的經營儘量少控制或是完全不控制 (Media operate with minimal or no government controls.)。

2.社會責任者:媒體是自由的,但是需要受節制或是自我節制 (Media are free but are regulated or self-regulated.)。

3.威權 (獨裁) 主義者:政府對媒體施以各種的控制 (Government exercises a variety of controls on media.)。

4.開發的 (developmental)：媒介及政府相互合作以期社會的發展改變 (Media and government cooperate for social change.)。

也有學者把社會體系概分為：資本主義社會、社會主義社會(又分為社會民主主義、社會威權主義)、共產主義。

從大眾媒介所有權歸屬可分為：(1)民營制；(2)公營制；(3)黨營制；(4)國營制；(5)混合制。

再從所有權歸屬及商營 (賴廣告營運而定) 兩準則可劃分為：(1)公營制 (包括國營及公營，兩者有所區別)；(2)商營制；(3)公商並營制 (鄭瑞城，1991：11-19)。

民營的大媒多屬於商營，公營的大多屬於非商營。黨、國營則須視情況而定，商營或非商營兼而有之，但以前者可能性較大。

各種社會文化背景的不同，連帶影響各式各樣大媒制度的形成，尤以政經体系扮演了主導因素，有時亦因大媒的特質也列為考量的因素。至於何種社會勢力會影響大媒，例如，民營制就較受經濟左右，國、黨營制則較受政治 (政府) 的影響。偏向民、商營制的媒介在其社會中所呈現的言論自由尺度大。國、黨營制的媒介在其社會常受黨政控制，言論尺度自然較小。由是觀之，媒介本身的制度、社會政經體系和政府的互動都是息息相關的。

二、公共關係和輿論形成

從傳播媒介對人類社會化的影響來看，顯而易見的，傳媒往往主導著社會上輿論的形成，影響互動式的生活，進而促使人們學習

如何來適應社會，在社會化的學習過程中，使能成為社會的成員。事實上，人生活在世上，每位個體都必須依靠兩個不斷動作的系統來維持生存。一是新陳代謝系統，另一是神經系統，係攝取非物質的「原料」，加以處理，形成資訊，以協助生命體來適應環境，或做出行動，使環境讓其能適應。從處理資訊的功能而言，可說是一個傳播系統，人類在社會性的行為中有傳播行為外，在基本的生理體系中也有傳播，如自身傳播 (intrapersonal communication)，而這個傳播系統在維持人的生存必要性，是與新陳代謝系統相等的(徐佳士，1992：8)。

新陳代謝系統是屬物質層面，係維繫生命，促成生長；而傳播系統是屬精神層面，係影響思想，促進成長。文明的進步，文化的形成，往往由傳播表達意見，形成輿論，指導行動，而近代主導輿論最鉅的就是「新聞媒介」。因此，新聞媒介便自自然然地成為精神主導力量，在邁入現今「知識社會」(knowledge society) (余德培，1995：11) 的時代，尤不能缺少所謂的「精神食糧」，來指導如何應對，妥善地開闢未來的日子。

即使在沒有發明文字媒介以前的前文字階段，在缺乏文明的環境，人類幾乎生活在弱肉強食的情境中，那時通常是憑藉著情感，部落群體情緒的控制，所遭遇的是直接感受，是一種共同參與的局限世界。這種直覺的情感、情緒、感受、善惡、共同參與等所形成的共識，易言之，就是意見的表達，輿論概念的形成，進而導致他們下一步會採取什麼樣的行為動作，以適應其生存的延續。

人類文明隨著時日俱進時，促使民智得以啓迪，人們開始漸漸懂得學習用討論與辯論作為建立共識的基礎。當統治者勢力範圍愈來愈擴張時，為求長治久安，不得不從分歧中尋求彼此間的共識，以形成輿論的影響力，來維繫其統治者的權力。這種權力的憑藉，

愈發使得統治的說服力及權力的鞏固，並不能僅建立在武力之上，而是應以言詞作爲建立說服力的基礎 (S. LaRose, 1997: 390)。

歷史說明了經歷長期文化的洗禮，期間依然不能避免諸多爭端，歷經多少局部戰爭，時至近代，經過兩次世界大戰，成立聯合國，仍不能避免韓戰、越戰、冷戰、以阿戰爭、波斯灣戰爭等，世界民主政治的風潮，日益興盛，新聞的傳播導引著世界潮流的趨勢，以致影響蘇聯瓦解，東西德的統合，東歐共黨國家相繼變革（波蘭、匈牙利、東德、捷克等），乃至於台海兩岸問題、西藏、印巴、以阿爭端等，在在地顯示出並不能以武力戰爭得以妥善解決，最後終究還是回到談判桌上，努力爭取輿論的支持、國際關係的共識，以求取解決問題。科技愈發達，愈令世人深深覺得毀滅性的戰爭不能輕易開啓，一旦發生，無人能置身事外。全球化的利益，和平共存的理念，已然蔚爲國際社會輿論的主流。

從歷史悠久的中華文化來看，所謂「天矜下民，民之所欲，我必從之」、「天聰明自我民聰明，天明畏自我民明威」、「民可近，不可下；民惟邦本，本固邦寧」、「天視自我民視，天聽自我民聽」……。由這些文化名言中可體會出傳統中華文化常重言責，重視民意趨向，換言之，可看出爲政者其重視輿論之一斑，所以孔子曰：「湯武革命，順乎天，而應乎人」。

亦有學者認爲，我國雖經改朝換代，但始終保持一個主流的文化，一個整合的大社會，能屹立於世界之上，非持武力，而是一種文化的力量。就現代民主政治的大方面觀之，三個文化因素最爲主要，即天從人欲的民主思想，溝通上下的民意制度，和以仁爲本的倫理道德。尤以「民本思想」早西方而有之，是爲我國政治哲學的根源（王洪鈞主編，1998：4）。中華文化一向遵奉王道精神，重視儒家民本思想，民心的向背，成爲輿論的指標，引導著執政者的方

向。當前台海兩岸問題，國際間以美國爲首的柯林頓政府公開表明「新三不政策」，以和平解決爲原則，兩岸協商會談，往往或因意識形態，或因實質問題等，立場不同，各自表敍，難達共識。依照國際現勢及中國傳統文化，兩岸問題並非武力可妥善解決，勢將趨向制度上的競爭。換言之，即在爭取民意的共識與支持，進而獲得國際社會輿論的認同與支持。

在古羅馬時代，諸如：「Vox popli, Vox Doi」(the voice of the people is the voice of God) 人民的心聲，就是上帝的心聲。「res publicae」(public affairs) 公共事務，其涵義就是「共和政体」(republic) (S. LaRose, 1997: 390)。回顧歷史，中外皆然，對於民意與輿論，乃至於和民眾互動的公共關係至爲重視，以民意的導向，作爲施政的圭臬，始能長治久安。

在一些古老文化中，如幼發拉底河的閃族 (Sumeria) 人、巴比倫 (Babylonia)、亞述 (Assyria)、波斯 (Persia) 王朝等的領導者，往往巧妙地利用詩歌或是著作，來描述在戰場中的英勇事蹟及政治上的英明卓越。在埃及的古老藝術及建築中的表現，大都是爲了讚美祭司、貴族及作家的偉大，讓民眾產生深刻的印象，以形成輿論來提升名望。

古代羅馬帝國凱撒 (Julius Caesar) 在西元前四十九年橫渡義大利北部的盧比肯 (Rubican) 河之前，就先發布了其統治高盧 (Caul) 豐功偉業的報導，其目的就是讓羅馬人都能支持這次遠征的行動。

所謂「正義之師」、「王者之師」，除了具有強而有力的權力 (power) 之外，尚須輿論影響力的支持。因此，凱撒發表過許多評論 (commentaries)，以作爲自我宣傳。凱撒也體認到新聞具有塑造輿論 (public opinion) 的力量，所以他發行了稱爲 *Acta Diura*

的日報。其目的便是報導「本日的活動」或「每日的記錄」。這份報紙，持續了長達四百年之久，內容有出生、死亡及婚嫁的公告，並包括政令及火災，天候的記事等（S. LaRose, 1997: 390），可說是「新聞媒介」最初的雛型。

古代的以色列，以聖經及宗教作品，廣傳教義，成為塑造民眾思想最佳的事例之一，因此，有教育家（J. Grunig, T. Hunt）認為：「如果說公元一世紀，使徒在已知的世界傳播基督教所取得的成功，是歷史上公共關係的偉大成就之一，這並非言過其實。使徒保羅（Paul）和彼得（Peter）運用演說、書信、開展各種活動，以及進行類似的公關活動，來吸引注意力，贏得追隨者建立新的教會」（Hiebert et al., 1991: 150）。以宗教神權，亦復需要傳播，闡揚教義，蔚為輿論，舉行活動，影響公眾，建立公共關係，始能發揚光大。

在地中海文化中，隨著希臘統治地區逐漸的開展，手寫或是口述的語文，發展成為社會整合的力量之一。在雅典的市集，也成為民眾相互討論商業經營與公眾生活的中心地區。雄辯術開始蓬勃發展，而公眾利益也成為哲學思考的一項中心教義（S. LaRose, 1997: 390）。

印刷術的發明，使得聖經得以印刷及發行，進而改變了教會力量。天主教神父馬丁·路德（Martin Luther）認為，每個人都能夠閱讀聖經，並按自己的良心而不是以教士的旨意來為人處世。馬丁·路德清楚印刷文字的影響，並把一生大部分的時間致力於印刷文字的著作，來影響民眾。喬治·威爾（George Will）在馬丁·路德誕辰五百周年（1983）紀念日，撰文稱讚馬氏是與大眾傳播息息相關的第一個偉人，並以馬丁·路德的所做的貢獻說明了有形（印刷術）如何能夠塑造無形(一個制度化的教會思想)(Hiebert et al., 1991:

566-567)。足見，透過媒介的傳播，其穿透力是多麼深遠。

　　隨著新的知識以及進行各種新形式的傳播，例如，將聖經由拉丁文譯成各國的日常語文，以及十五世紀時開始大量印行書籍與報紙，所謂的輿論 (public opinion) 名稱於是也隨之出現 (S. LaRose, 1997: 391)。

　　因為有些與人民自由有關的傳世文件出現，才使得輿論的力量能夠具體化，例如，英國的大憲章 (the Magna Carta)，1789年法國宣布「人權宣言」(Declaration of the Rights of Man and Citizen)」：人們擁有自由表達及傳播思想的權利，爾後便成為美國憲法 (the U. S. Constitution) 的啟示文件。這些著名的文獻，造成往後自由民主的思想風潮，影響擴及世界各地區，即以我國而言，國父深受西化民主自由思潮所影響，以一介書生倡導革命建立民國，期間戮力創辦報刊，尤以政論為主，喚起民心，形成輿論，舉國支持，推翻專制。這些都說明輿論之於民心能塑造出勢不可擋的磅礴力量。揭櫫自由民主的美國能成為領導世界的超級強國，其新聞媒介居功甚偉，在其社會改革運動中，如種族、公民權、婦女、人權、和平運動等社會問題，均係透過媒介，展現社會正義，形成輿論，爭取公眾支持，使其社會邁向健全之路發展。

　　即以當代頗富爆炸性的新聞，美國總統柯林頓 (Bill Clinton) 於1998年8月18日在白宮透過閉路電視就陸文斯基 (Monica Lewinsky) 緋聞案，向大陪審團作證的新聞事件來看，各媒體不但以顯著新聞來處理，並引起民間廣泛地論談，隨即並有美國有線電視網 (CNN)、美國廣播公司 (ABC)、哥倫比亞廣播公司 (CBS) 及《紐約時報》、國家廣播公司 (NBC) 及《華爾街日報》等重要媒體，以民意調查來分析對柯林頓的支持度 (《聯合報》，1998，0819：2)。這件新聞顯然成為舉世注目的焦點。獨立檢察官史達 (Kenneth

Starr）的查證效力取決於輿論、民意、參衆兩院的態度（依公衆的支持度）。在調查過程中白宮、國會、獨立檢察官的互動運作，顯示出美國在行政、立法、司法三權分立的尊重與維持，例如，柯林頓同意「自願」作證，獨立檢察官就同意撤回傳票。美式民主運作裡，立法與行政部門之間的互動，尤須考量民意取向，彈劾總統可能帶來憲政危機，因此民意視爲重要因素，民意調查將近七成認爲，如果沒有僞證或敎唆僞證，柯林頓就可不必爲此事下台，換言之，民意顯示出不贊同國會進行彈劾。由此觀之，新聞媒介的報導何其重要、形成輿論、影響民意，民意的壓力不但可能影響獨立檢察官在調查報告中的用字遣詞，且會使國會在決定發動彈劾程序之前，必須愼思明辨的。總結而言，柯林頓總統的政治前途，取決於新聞的報導，輿論、民意及白宮、國會、司法的互動運作。其後，柯林頓總統總算受到民意支持安全的過關（圖8-1）。

三、公共關係

㈠公共關係敎育環

　　人置身社會便好像處於一無形的公共關係網，公共關係可以說是研究人類如何和睦相處的一種藝術。有人說是以態度、語言、文字來影響大衆，而希望獲得印象良好的社會活動總稱。也可以認爲公共關係是宣傳與社會責任的良好結合。

　　公共關係可以說是現代人類社會活動的主要內容，隨著身分主體的變動，進行公共關係的對象也隨之變動，而呈現多重角色（如

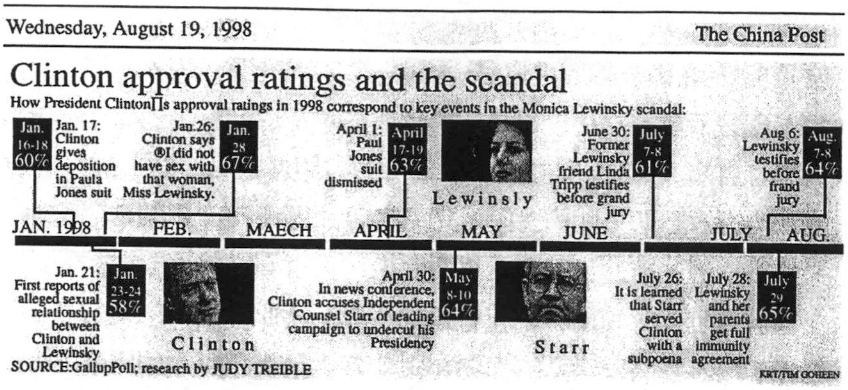

Wednesday, August 19, 1998
The China Post
Clinton approval ratings and the scandal
How President Clinton∏s approval ratings in 1998 correspond to key events in the Monica Lewinsky scandal:
Jan. 16-18 60%
Jan. 17: Clinton gives deposition in Paula Jones suit
Jan. 26: Clinton says ®I did not have sex with that woman, Miss Lewinsky.
Jan. 28 67%
April 1: Paul Jones suit dismissed
April 17-19 63%
Lewinsly
June 30: Former Lewinsky friend Linda Tripp testifies before grand jury
July 7-8 61%
Aug 6: Lewinsky testifies before frand jury
Aug. 7-8 64%
JAN. 1998
FEB.
MAECH
APRIL
MAY
JUNE
JULY
AUG.
Jan. 21: First reports of alleged sexual relationship between Clinton and Lewinsky
Jan. 23-24 58%
Clinton
April 30: In news conference, Clinton accuses Independent Counsel Starr of leading campaign to undercut his Presidency
May 8-10 64%
Starr
July 26: It is learned that Starr served Clinton with a subpoena
July 28: Lewinsky and her parents get full immunity agreement
July 29 65%
SOURCE:GallupPoll; research by JUDY TREIBLE
KRT/TIM GOHEEN

圖8-1　柯林頓誹聞案支持比率圖

資料來源：*The China Post*, August 19, 1998.

圖8-2)。尋求公共關係最適定義並不容易，英國公共關係中心(British Institute of Public Relations, IPR) 把公共關係定義是一種「名譽管理」(reputation management) 甚爲簡潔清楚，認爲「公共關係就是關於名譽，你所說所做的一切結果，以及別人對你所作的評價，公共關係實際上是在照顧名譽的一種方法 (discipline)，其目的是獲得公衆的理解與認同，以爭取最大多數人的支持」。(Newsom, Turk and Kruckeberg, 1996: 4)。你所做所爲的一切結果，以及別人對你所做的評價，是不是能夠帶來公衆對你的信任、理解與支持，這就是公共關係。簡言之，即是「名譽管理」。Newsom, Tuck&Kruckeberg並以「公共關係教育環」(the wheel of education for public relations) 闡明公共關係的本質 (Newsom, Turk and Kruckeberg, 1996: 11) (如圖8-3)。

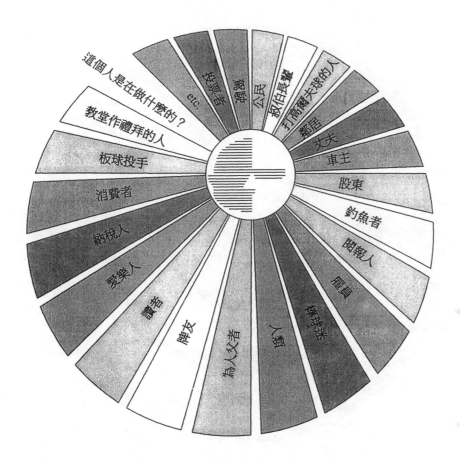

圖8-2 個人公關的角色

資料來源：Reprinted by permission of Macmillan Publishing Co., Inc, from
Communicanions: The Transfer of Meaning by Don Fabun. Copyright
© 1968 by Kaiser Aluminum and Chemical Corp., reissued in 1987.

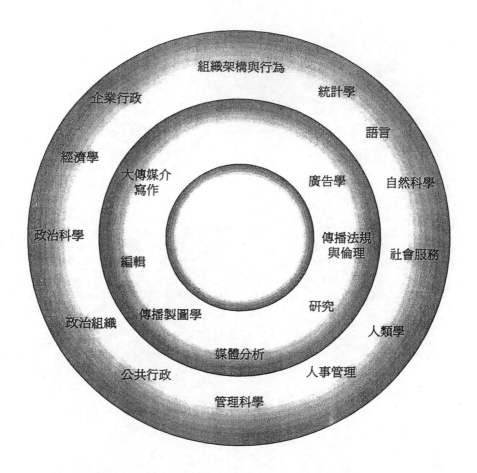

對一個有意晉身公關專業的學生而言，其養成教育課程可由大中小三個同心圓系列方式圖示。最小的圓所涵蓋的主題係強調公關實務；中圓所包含的主題為傳播學相關的領域；大圓所表示的主題為人文與人類學課程。上列各學科是一個成功的公關業者學能養成的基本要件。

圖8-3　公關教育環

資料來源：Reprinted from "Public Relations Education—Recommendations and Standards" (September 1990), p. 2, with permission of the International Public Relations Association.

(二)公共關係運作理論基礎

理論建構的目的在於涵攝錯綜複雜的社會暨自然現象,歸納整理出因果關聯的命題,用以描述、解釋並預測客體被研究的諸般現象。從公共關係運作角度來看,溝通可說是公共關係決策執行的核心,早期美國政治學者拉斯威爾在1948年時,就已提出「五W論」、「溝通過程五階段論」,拉斯威爾研究重點在於政治宣傳,與公共關係恰有相通之處,但是資訊傳遞者與接受者之間的角色差別,卻未加辨別。隨後傳播學者宣偉伯提出傳播溝通循環模式,強調傳播循環過程之互動回饋影響與非直線性,彌補了拉斯威爾過於直線單調的傳播方式。

解釋公共關係運作的傳播理論,除有宣偉伯的傳播溝通循環模式 (circular model) 外,還有Jack McLeod and Steven Chaffee 於1973年提出的共同取向模式(co-orientation model) (McLeod and Chaffee, 1973: 469-499),共同取向模式指的是意見領袖、大眾與媒體三者之間,對於同一議題的認知、態度與立場,如果是一致的,那麼就沒有必要去研究對這一議題的認知、態度與立場,如果社會成員對於某一議題的認知、態度與立場極為分歧,那麼就有溝通與協調、避免衝突以尋求共識,儘可能追求共識,共同取向模式確實替溝通理論與實務,提供一個實證性的分析架構。另外,W. J. McGuire於1981年提出「資訊運動的理論基礎」(theoretical foundations of campaigns),是集傳播、宣傳、心理說服之研究於一體者 (McGuire, 1981: 55)。

新聞媒介與政治公關的關聯,在政治學教本內容裡多半是把新聞媒介視為是政治社會化 (political socialization) 最重要的工

具。家庭、學校、同儕團體與新聞媒介並列爲形塑個人政治認知圖框 (political cognitive map)，而新聞媒介又是獲取政治知識的主要工具 (Ranny, 1995: 58-59)。1960年時美國民主黨總統候選人約翰‧甘迺迪 (John F. Kennedy) 與共和黨候選人理查‧尼克森 (Richard Nixon) 的首次電視直播辯論 (the first television debate) 爲發端，其後卡特與雷根 (G. Carter vs. R. Reagon)、布希與杜卡契斯 (G. Bush vs. M. S. Dukakis) 的電視辯論，電子傳媒的超高收視率，不僅發揮了對總統候選人的重大影響，同時也讓大衆目睹總統候選人的臨場反應，而有助於投票的判斷 (Boller, 1996: 298)。

早在1972年就有公共議題模式，(McCombs and Shaw, 1972: 176-187) 認爲公共議題是媒體建構之產物。後來演變成爲 H. W. Chase之議程管理模式 (public issue management) (Chase, 1977: 25-26)。

1992年，美國馬里蘭大學新聞學院教授詹姆斯‧格魯尼格 (James Grunig)在「國際商業傳播者協會」(International Association of Business Communicators, IABC) 研究基金贊助下，有計畫的研究「組織與公衆和媒體的關係」，從實務上出發，歸納已往所有公共關係運作分爲下述四種模式：

■新聞代理模式

新聞代理模式 (press agentry/ publicity model) 通常指的是公共關係初期發展作法，不管透過何種管道，目的是把組織的產品及服務公開化即可，例如，一般D.M.或電視影劇宣傳活動，只是單向溝通，無所謂回饋問題。

■ 公共宣導模式

公共宣傳模式（public Information model）即傳統上的召開記者會，發布新聞背景資料及新聞公關稿，對新聞媒體做好聯絡關係，主要目的在告知大眾，次要目的是說服。公共關係前輩 Ivy Lee 的公關溝通型態屬於此種型態。另外，政府法令公開方式亦屬於此一模式。

■ 雙向不對等溝通模式

雙向不對等溝通模式（two-way asymmetric model）即傳播者運用反饋來裁剪信息，使接受者相信傳播者的觀點。James Grunig認為資訊發出者與資訊收受解碼者有相互交流活動，較穩健發展的大型企業所進行的公關溝通，皆屬雙向不對等溝通模式；而一般常見的政府公共關係多半亦屬雙向不對等溝通模式。通常政府除了是遊戲規則（法規）的制定者及監督遊戲規則的執行裁判外，甚至可能也是競賽的一方。

■ 雙向對等溝通模式

雙向對等溝通模式（two-way symmetric model）即傳播者運用反饋處理衝突，促進理解，甚至導致改變傳播者的行為。雙向對等溝通以促進共同理解為目的，雙方溝通時有交流並有回饋，溝通的結果在於讓各方都能受惠，J. Grunig認為該「對等溝通模式」是為公共關係最高境界典範（paradigm）。Grunig（1992: 285-325）並以Edward Bernays所作活動最符合對等溝通模式情境，是為雙向對等溝通模式的代表。**表8-1**分別說明此四種模式。

可是亦有學者質疑此一對等溝通模式，認為對等溝通模式有其

表8-1　詹姆斯・格魯尼格的公共關係四種模式

模式	新聞代理模式 (press agentry/ publicity)	公共宣導模式 (public information)	雙向不對等模式(two-way asymmetric)	雙向對等模式 (two-way symmetric)
目的	宣傳	資訊散布	科學性說服	互相瞭解
溝通特徵	單向溝通，不需提供完整的真相	單向溝通，強調真相	雙向溝通，單向說服效果（不平衡）	雙向溝通，雙向說服效果（平衡）
溝通模式	來源－接收者	來源－接收者	來源－接收者－來源，有回饋作用	團體對團體
研究特性	很少研究；統計參與活動人數	很少研究；多屬可讀性及讀者群調查	前置調查，評估公眾態度	前置調查，評估雙方理解程度
領導人物	P. T. Banum	Ivy Lee	Edward Bernays	Bernays、教育家、專業領導者
應用領域	運動、戲劇、產品促銷	政府機構、非營利組織、商業	競爭性的商業機構	具管理性的事業機構
執行機構（估計%）	15%	50%	20%	15%

資料來源：adapted from Gruning and Hunt（1984:12）.

概念化與實證研究測量上的問題（孫秀蕙，1997：75-80），例如，在參與溝通過程中，政府與民眾的資訊不可能完全對等，地位也不可能完全相等。Leichty and Springston並重新檢證Grunig理論建構的方法論（methodology）、論證以及證立的程序，認為在方法論上直接正面的支持數據薄弱（Leichty and Springston, 1993: 327-339）。因之，對於對等溝通模式效果將是公關運作最佳典範的命題，大表懷疑。

世界各國在推行民主憲政體制結構下，議會政治、權力分立、定期選舉、任期限制、政黨輪替執政、重視基本人權保障、強調新聞自由以及人民有知的權利情形之下，不論是國家、政府、政黨、企業與個人都需要懂得別人在做什麼，也需要別人懂得自己在做什麼，隨著電子媒體的興盛以及傳播科技的發達，後現代社會（post-modern society）也已進入合於時勢潮流的公共關係時代。

㈢政府、政黨、企業與個人的公共關係

　　以公共關係的行動主體是政府而言，政府公共關係和政黨、企業與個人的公共關係差異很大。企業重視公共關係的原因在於溝通、產品行銷、社會責任與利潤的追求。個人重視公共關係的原因則為雙向溝通、促進和諧、增進瞭解、名譽管理及履行社會責任等。政黨公共關係在於推出候選人，追求透過選舉而贏取執政權，以進行社會價值的權威性分配（the authoritative allocations of social values），因此，爭取選票以獲取執政權，就成為政黨所努力的方向。如前所述，通常政府除扮演球員角色外，同時也連帶是遊戲規則（法規）的制定者、監督遊戲規則的裁判者，以及執行對違反遊戲規則的制裁者。國內政府公關所進行的型態，則大多是公共宣導或雙向不對等溝通模式，人民知的權利仍有加強空間。

　　美國憲法第一增補條文（the Amendment I）規定如下："Congress shall make no law respecting an establishment of religion, or prohibiting the free exercise there of; or abridging the freedom of speech, or of the press; or the right of people peaceably to assemble; and to petition the government for a redress of grievances." 美國憲法「言論自由」之保

障範圍而引發外交事務與國家安全的著名案例，是1971年時的「紐約時報控訴美國政府案」(New York Times Co. vs. United States, 1971)，案情是《紐約時報》刊登了兩篇「五角大廈文件」，但美國司法部取得禁制令禁止《紐約時報》繼續刊登，《紐約時報》中斷刊登十五天，直到最高法院做出判決，其要旨是「如果政府有足夠的證據證明文件內容，若披露會對戰爭結果或是對國家安全產生嚴重影響時，政府可以為了大眾的利益，而禁止新聞媒體披露這些機密的真相」(Padover, 1983: 161-171)，此案表面上由新聞界獲勝，但是種下爾後只要政府能夠說明對國家安全有影響的話，就可以限制新聞媒體的新聞自由之權。總而言之，研究新聞媒體與政府公共關係兩者關聯，事實上是很複雜的。今日美國政府除有白宮、參眾兩院的國會以及聯邦最高法院三權分立機關構造外，新聞媒介早已被封為第四權。

政府公共關係

一、政府公共關係的原則

政府公共關係的前提（充分要件）是政府施政能夠「正確決策、執行嚴謹」，前者在於判斷正確符合民意需求，後者在於踏實公平。若違反此一前提，政府公關將障礙多多、問題重重。政府公關原則第一要務是重視「資訊公開」，政府決策要與民間做好充分的溝通，

制定明確施政方針，儘可能「雙向溝通管道暢通」，廣泛吸取民意，正視國會政策辯論，勇往直前貫徹執行，重大政策興革更要充分溝通。我國自報禁解除後，媒體環境大為改變，媒體間收視、閱讀、收聽率及市場占有率，競爭異常劇烈，各媒體惟恐競爭落後，記者積極認真搶新聞的情形，有目共睹。如白曉燕案，警方圍捕三綁匪的槍戰，透過媒體大幅報導，成為全國民眾收視、閱讀、收聽的注意焦點。

政府公關原則第二是做好「危機管理」，如民國85年以來的彭婉如案、伍澤元案、白曉燕綁架撕票案，對於政府是相當嚴厲的考驗和打擊，尤其是白曉燕案，透過媒體密集的大幅報導，只要警方一日不破案，簡直沒有任何政府公關迴旋的空間。做好「危機管理」的重點在於坦誠處理，且不能對公眾說謊，或者隱瞞部分事實及真相，應儘速妥善解決現實問題。

二、我國憲政體制的政府公共關係

依據我國憲政體制，政府主要是指五院政府──行政院、立法院、司法院、考試院與監察院，而五院政府中之行政院院本部、行政院各部會及各部會相關國營事業，又占了政府公關的絕大部分比重。憲法第五十七條規定行政院對立法院負責，因此行政院公共關係就必須重視國會關係（指立法院，不是國民大會）。隨著憲政改革、總統改為直選之後，總統府的政治角色功能已大幅增強。

而政府公關運作的三大重點是：(1)傳播媒體；(2)國會（立法院）；(3)大眾（李瞻，1992：72）。新聞媒介擁有政令宣導與監督政府的雙重功能，政府推行公共政策是大量依賴新聞媒體公布資訊，

甚至專文專欄分析，以為大衆參考。

㈠總統府的公共關係

總統府設有發言人室，總統府召開例行年度記者會，或者臨時記者會，都成爲媒體大事。自民國85年3月23日總統進行直接選舉方式以來，總統府的動向已隱隱然成爲國內外媒體報導的重心，總統直選再加上當時的中共導彈試射議題的密集報導，美國三大電視網ABC、CBS、NBC及CNN、《時代週刊》、《紐約時報》、日本放送協會（NHK）、英國國家廣播公司、德、法國媒體齊聚台北，台北一時成爲國際傳播媒體薈集之地，前新聞局長邵玉銘博士說：「這是中華民國繼二次大戰勝利以來，國際聲望達到最高點的時候，有人問新聞局想要做到這樣的國際宣傳得花多少錢，其實這根本無法用金錢衡量，媒體也不接受政府贊助，怕影響新聞中立」。（王瑩，1996：28-35）修憲後，總統一職在我國政治制度運作分量大幅加重，總統府的公共關係愈形重要。

㈡行政院新聞局公共關係職掌

民國43年政府發言人室改組爲行政院新聞局，但到民國70年行政院新聞局組織法修正，設國內新聞處、國際新聞處、出版事業處、電影事業處、廣播電視事業處、視聽資料處、資料編譯處、綜合計畫處、聯絡室等業務單位。行政院新聞局的業務職掌雖多，但主要是針對國內、外新聞界做好公共關係。

中央政府公共關係主要內容有五：(1)新聞發布；(2)提供背景資料；(3)與新聞界溝通；(4)舉行記者會；(5)舉辦民意調查（李瞻，

1992：71-77)。而政府公關的功能如下：

1.提供資訊，滿足新聞界與人民知的權利與要求。
2.透過政黨協商，改善政黨關係，使立法過程順暢進行。
3.舉辦民意調查，瞭解民眾需求與願望，以制定施政方針。
4.調查研究公共政策，以為政策興革之張本。
5.處理人民請願訴願案。

不過，對於新聞局角色職掌認定與功能的發揮，有輿論主張大幅縮減，而重新定位整裝出發者（陸以正，1998：15）。

㈢地方政府公共關係

台灣省政府雖然已成為歷史名詞，台灣省曾首度實施民選省長，省府公共關係的運作，強調發揮省政府團隊精神，尤以修憲後，精省、凍省等現實問題甚多。省府與中央、地方各縣市及省民之間的互動，時而在「政治語言符號運用與形象塑造」（黃榮護，1998：535）的表現上，使省長宋楚瑜經常成為新聞媒體報導的焦點，亦使其保持高度的民意支持度，彰顯省府公共關係的運作相當突出。

在當前我國外交困境之下，各地方政府對外公關或者城市外交公關亦有其發揮性，如前台北市長陳水扁於民國87年3月應邀訪美國華府及紐約曼哈坦，出席「美中全國關係委員會」舉辦的座談會，接著並拜訪《華爾街日報》與《紐約時報》，爭取國際間的新聞報導。台北市時而舉辦大型公關活動，如青少年飆舞活動等，亦具有其特色。

三、政府公共關係之研究方法

㈠實證調查

關於我國政府公共關係之研究，首要著作是於民國79年時政大李瞻教授所作，對於政府一百一十九個單位的公關業務進行「我國政府公共關係現狀」的意見調查，李瞻教授於民國81年曾經執行研究（李瞻，1992：33-51）。亦常見政府公共關係之研究，採用民意調查（poll survey）、或者採用分數評比的聲望調查，如立法委員之問政評鑑，由國會記者團評分數。另外，行政院人事行政局於民國87年8月7日，與台視及中華電信公司合作，接受電視現場call-in，調查「12月25日行憲紀念日應否放假？」，結果贊成與反對者之比是125966：27870（電話訪問歐副局長）。到底行憲紀念日應否放假？行政院人事行政局採取以電視call-in方式調查，一來讓大眾正視此一問題，二來充分運用媒體。人事行政局適時運用現代媒體進行決策，表現出一個開放進步的實際案例。

㈡法律案例研究（legal case study）

例如我國於民國85年發生「劉泰英自訴《亞洲週刊》與陳朝平誹謗案」（《亞洲週刊》第43期，〈國民黨捐給白宮一千五百萬美元？台灣捲入美政治獻金案醜聞〉），台北地方法院於民國86年4月判決，「報導內容已經合理之訪查、報導係屬善意，並非全然無據，而涉

及政治獻金問題與公共利益有關，為可受公評之事，被告並無毀損他人名譽惡念……應諭知無罪」，是一典型案例。

四、新聞媒介與政府公關廣受重視

自民國76年政府宣布解嚴之後，近年來我國媒體環境變動極為快速，傳播媒體生存空間及經營環境已經發生重大的變化（鄭瑞城等著，1993：519-553；馮建三，1995；張作錦，1997）。首先報禁解除，報紙及雜誌平面媒體大幅增加（王洪鈞等著，1997：1-154），有線電視開放設立、無線電視台的第四張執照發給反對黨民主進步黨黨員蔡同榮、余陳月瑛為首的申請人。公共電視雖已開台試播，但受制於公共電視法立法三讀過程之一波三折，延擱多年，總算在民國87年才正式開播，亦使我國媒體環境初步邁入完整雛型。而政府公共關係的主角之一──行政院新聞局，其法定職掌繁複，如對傳播媒體法規與政策制定與執行、監督與指導；各類政策之聲明與疑問解答；有線電視法、廣播電視法修正案、公共電視法、衛星電視法草案等，都屬新聞局之法定職權。另外，國家對外公共關係，如國際政治傳播與國際宣傳，亦屬於新聞局法定職掌。新聞媒介與政府公共關係業已廣受重視。行政院本部、各部會及各部會之國營事業，如經濟部國營事業中油、台電等或再如中央健康保險局等，非常重視公共關係。至於兩岸交流活動，中共《人民日報》與我國《中央日報》的媒體互動報導，對於兩岸交流活動氣氛也起了很大的作用（宋國誠撰，1992：97-121）。另外值得一提的是，國內公共關係學界較少研究政黨公關，然而做好媒體關係確實是政黨公關第一要務。例如，國民黨百年老店新開、民進黨體質之轉型、新黨競選總

經理制等，仍有加強討論之餘地。

結　論

　　新聞媒介占有現代人生活時間的比重越來越大，「世界杯足球賽」、「瑪丹娜搖滾音樂會」、「1997年香港主權移轉中國大陸」透過新聞媒介廣播電視的全程報導，尤其香港主權移交中國（run-up to China）在6月30日午夜的全程轉播過程（兪旭，1997：193-217），英國查爾斯王儲在儀式完成搭乘艦艇離去的一幕，從電視螢光幕看去，好似1842年到1997年，長達一百五十五年的戲劇正式落幕，而這一幕給人的感覺，也眞的是象徵一個歷史時代的結束。在主權移交過程中的廣播電視，發揮了無遠弗屆的功能和影響。

　　事實上，新聞媒介有報導客觀事實，留下歷史紀錄的作用，新聞媒介對政府而言，有政令宣導與監督政府的雙重功能，而政府則是推行國家各種公共政策的主角，政令宣導有賴媒體。對媒體而言，政府旣是法規的管制者，也是政策的執行者，政府政策鬆綁，媒體就不會縛手縛脚，動則得咎，但媒體不能僅限於政府傳聲筒的角色，而尙有推動社會進步的責任。在新聞媒介與政府公共關係已廣受重視的今天，新聞媒介好比藍天，而藍天是最好的防腐劑，政府運行接受更多藍天偵察探照，相信政府更易成爲民主而有效能的政府。

複習重點

1. 闡述新聞媒介對社會的影響。

2. 新聞媒介隨科技進展而有演變，試說明演變軌跡及分期。

3. 試比較我國解嚴前後媒體經營環境之差異。

4. 何謂公共關係？試說明並論述之。

5. 輿論和公共關係對社會有何影響？列舉實例說明。

6. 以「公共關係」的觀點，闡述如何發揮政府公共關係的運作。

7. 公共關係運作理論基礎有所謂拉斯威爾的「溝通論」以及宣偉伯的「傳播溝通循環模式」(circular model)外，還有Jack McLeod and Steven Chaffee提出的「共同取向模式」(co-orientation model)，試說明之。

8. 政治學教科書有所謂政治社會化 (political socialization)，認為新聞媒介與家庭、學校、同儕團體是政治社會化進行的主要工具，此說是否有其見地？試論述之。

9. 試說明傳播學者詹姆斯‧格魯尼格有計畫的研究「組織與公眾和媒體的關係」，歸納所有公共關係運作而成的四種模式，並進一步討論我國政府機關，如總統府、行政院進行的公共關係究屬何種模式？

10. 詹姆斯‧格魯尼格認為雙向對等溝通模式是公共關係之典範，你同意嗎？若不同意，其缺失為何？試說明之。

11. 何為公共議題模式？議程管理模式？試說明之。

12. 美國憲法第一增補條文內容為何？試說明之。

13. 1971年時的「紐約時報控訴美國政府案」，案情為何？其影響又為

何？試說明之。

14.政府公共關係之研究方法有那些？試說明之。

15.比較研究各國新聞媒介與政府公共關係之運作，美國政府的公共
關係有何特點？

參考書目

中文部分

1.書籍類

王洪鈞等著 (1997)，《九〇年代我國的新聞傳播事業：中華民國新
　　聞年鑑》，台北：中國新聞學會。

王洪鈞主編 (1998)，《新聞理論的中國歷史觀綜論》，台北：遠流。

石麗東 (1991)，《當代新聞報導》，台北：正中書局。

李瞻 (1992)，《政府公共關係》，台北：理論與政策出版社。

李垣等譯 (1994)，《傳播學導讀》，宣偉伯著 (Wilbur Schramm)，
　　台北：風雲論壇出版社。

李金銓 (1990)，《大眾傳播理論》，台北：三民書局。

宋國誠撰 (1992)，〈官方媒體在兩岸交流中的角色分析：以《人民
　　日報》和《中央日報》爲例〉，收於李英明等編著：《新聞媒體與
　　兩岸交流》，台北：學生書局。

林靜玲、吳宜蓁、黃懿慧合著 (1996)，《公共關係》，台北：國立空
　　中大學出版。

涂瑞華譯 (1996)，《傳播媒介與資訊社會》，台北：亞太圖書出版
　　社。

徐佳士 (1992)，《大眾傳播八講》，台北：正中書局。

孫秀蕙 (1997)，《公共關係：理論、策略與研究實例》，台北：正中。

張慧元 (1998)，《大眾傳播理論解讀》，台北：五南圖書出版公司。

張作錦 (1997)，《試爲媒體說短長》，台北：天下文化圖書公司。

馮建三 (1995)，《廣電資本運動的政治經濟學：析論1990年代臺灣廣電媒體的若干變遷》，台北：台灣社會研究叢刊，第5期。

馮建三譯 (1996)，《美國與直播衛星：國際太空廣電政治學》，台北：遠流圖書公司。

黃新生 (1994)，《電視新聞》，台北：遠流出版公司。

傅崑成、吳俊德等譯 (1993)，《美國大眾傳播法——民主傳播與憲法》，台北：123資訊公司。

黃榮護主編 (1998)，《公共管理》，台北：商鼎。

鄭瑞城 (1991)，《透視傳播媒介》，台北：天下文化。

鄭瑞城、馮建三、翁秀琪、李金銓等著 (1993)，《解構廣電媒體：建立廣電新秩序》，台北：澄社報告。

潘邦順譯 (1996)，《大眾傳播媒介》，台北：風雲論壇出版社。

2.期刊、報紙

王瑩 (1996)，〈國際聚光燈下的世紀大選〉，《光華雜誌月刊》，第21卷第4期，頁28-35。

俞旭(1997)，〈主權移交過程中的廣播電視〉，《廣播與電視學報》，第3卷第1期，台北：國立政治大學廣播電視學系，頁193-217。

余德培 (1995)，〈「新」資本主義的興起？〉，《聯合報》（民意論壇，1995：03：09），第11版。

陸以正(1998)，〈新聞局重新定位整裝出發〉，《中國時報》（時論廣場，1998：06：03），第15版。

（美聯社、法新社電）《民生報》，台北：1998.0712，第1版、19版。

《聯合報》社論，台北：1998.0819，第2版。

二、英文部分

1.Book

Boller, Paul F. (1996) .*Presidential Campaigns.* New York, Oxford University Press. revised edition. p.298.

Chase W. H. (1977) . Public issue management: The new science. *Public Relations Journal.* Vol. 33, (10). pp.25-26.

Colin Cherry (1957) . *On human communication.* Boston, Ma. M. I. T. Press.

Doug Newsom, Judy Vanslyke Turk, Dean Kruckeberg (1996) .*This is PR: The Regulations of Public Relations.* U. S. A., Wadworth Publishing Company. p.4. p.11.

David Halberstam (1979). *The Power That Be.* Dell Publishing Co. Inc. New York. U. S. A. (此書國內遠流圖書公司譯有上下冊)。

Frank Luther Mott (1962). *News in America.* Boston Ma. Harvard University Press. p.1.

M. Oettinger, J. Stirn, V. Kreutzer (1985) .*The Role of the Media.* World Today Press.under the American Institute in Taiwan (AIT) .

Grunig, J. E. and L. A. Grunig (1992) . *Models of Public Relations and Communication.* in Grunig. J. E. (ed.) , Excellence in Public Relations and Communication Management. Hillsdale. N. J. Lawrencce Erlbaum. Associates. pp.285-325.

Grunig, James E. and J. White (1992) . *The Effect of World*

Views on Public Relations Theory and Practice. in Grunig, J. E. eds. Excellence in Public Relations and Communication Management. Hillsdale. N. J. Lawrencce Erlbaum. Associates. pp.31-64.

James Grunig and Todd hunt (1984) . *Managing Public Relations*. New York: Holt Rinehart and Winston. p.12.

Heath, R. L. (1991) . "Public Relations Research and Education: Agendas for the 1990s." *Public Relations Review* Vol. 17: 2, pp.185-194.

Ray Eldon Hiebert, Donald F. Unqurait, Thomas W. Bohn (1991). *Mass Media* Ⅵ. N. Y. Longman Publishing Group. (此書有譯本參見中文文獻)

Jones, B. L. and Chase, W. H. (1979) . "Managing Public Policy Issues." *Public Relations Review*. Vol. 5: 2, pp.3-23.

Joseph Straubhaar Robert LaRose (1997) . *Communication Media in the Information Society*. Belmont. California, International Thomson Publishing Inc. (此書有譯本參見中文文獻)

Leichty, G. and Springston J. (1993) . "Reconsidering Public Relations Models. " *Public Relations Review*. Vol. 19: 4, pp. 327-339.

McGuire, W. J. (1981) . *Theoretical Foundations of Campaigns,* in Renald E. Rice and William. J. Paisley. (eds.) . Public Communication Campaigns. Beverly Hills. CA. Sage. p.55.

McLeod, J. M. and Chaffee, S. H. (1973) . "Interpersonal Approachs to Communication Research. "*American Be-*

havioral Scientist: No. 16, pp.469-499.

McCombs M. E. and D. Shaw. (1972) . The Agenda-Setting Function of Mass Media. *Public Opinion Quarterly.* No. 36, pp.176-187.

Padover Saul. K. and landynski Jacob. W.(1983). *The Living U. S. Constitution.* NAL Penguin INC. N. Y. U. S. A. 1983. pp.161-171.

Ranny A. (1995) .*Governing: An Introduction to Political Science.* Prentice-Hall Co. Ltd. U. S. A. (revised edition.) . pp.58-59.

2.Periodicals

The China Post. from June 25 to July 4, 1998.

Time. "Does the U. S. Still Care?" June 22, 1998. pp.24-28.

Public Relations Review.

The China Post. Taipei. August 19, 1998. p.1.

第 9 章

報　業

荊溪人

內容摘要

　　本章所述，是將中國報業的史實，分為七個階段來敘述，其中特別強調的是近一百八十年以來，中國近代報業的蓬勃發展，已追上國際水準。

　　自1815年第一份中國文字的月報開始，中國報業發展的歷史，一直循著「新聞自由史觀」在進行。台灣報業在中國報業的發展史中，扮演了非常重要的角色，在華文報新聞自由的奮鬥中，交出了亮麗的成績單。隨著二十一世紀的來臨，配合資訊時代的要求，在台灣的中國報業，將更現代化、自由化、國際化。

　　本章重點，將長達一千八百年的「官報獨占時期」，予以濃縮，僅供緬懷中國報業中古時代的脈絡。將近代一百八十多年來，中國報業發展的重點，分為「革命宣傳時期」、「台灣日治時期」、「報禁時期」和「報禁開放時期」，使學者瞭解中國報業和台灣報業，有不可分割的依存關係。因有中國報業的過去，才有台灣報業的今天；

也會因有今天的台灣報業，才會有中國報業的明天。

　　　展望二十一世紀的中國報業，中國大陸終會因受到台灣報業的影響，擺脫極權，重獲自由！

前　言

在資訊日益發達的今天，有人認為電子媒體將取代平面媒體，認為報紙的功能，已在逐漸萎縮。尤其近年來「網路」的崛起，更認為大眾急於上網，都不再屬意上報。其實這些都是似是而非的觀念，報紙的功能，和她與社會間互動的關係，永遠是無法取代的。

首先，我們要瞭解報紙的功能，不同於其他資訊媒體，她並不限於新聞的報導，她是多元化的，是新聞言論、副刊和廣告的綜合體。她的功能有四：一是翔實報導新聞和生活資訊，留下人類行為的紀錄；二是提出公正的言論，指導社會的趨向；三是供給豐富的休閒和人文資訊，充實人類的精神生活；四是刊載有用的廣告資訊，來滿足讀者的消費需求。這些功能，電子媒體也同時擁有，但卻是短暫的、一時的；當您要捕捉它時，它已消逝了；即使影像重現，也是要言不繁，常使讀者不能滿足。唯有報紙，她永遠是讀者的忠實朋友，形影相隨地呈現在您的眼前，進入您的腦際。

報紙的歷史，已有二千多年，中外差不多同時發生。兩個世紀以來，由於印刷術的進步，科技的發達，資訊的充實，報紙的面貌，日新又新。也證實了報紙必須與其他媒體相結合，才能發揮更大的功能。現在進入二十一世紀，電子媒體和網路的發達，將使報業進入另一個新紀元。同時，報紙資訊的正確性、公正性和持續性，也將提供給電子媒體和網路的相對服務。

報紙與社會的關係

　　由於報紙的功能有不可替代性,她和社會間的關係,也更加密切。古代的報紙,是政府的公報,是由上至下的單向傳播,根本無所謂反映民意。到了中世紀,由於印刷術的進展,將報紙帶到另一境界。民間的意見,也可反映到宮廷,而報紙不再是專為帝王和諸侯傳遞訊息。近世紀是報紙最受人青睞的時代,歐美近代報業興起,給全世界帶來震撼。報紙有了「輿論」評論的力量,往往超越新聞,常常影響政局。由於報紙為自由思想鼓吹,全世界掀起了民主思潮,認為政治是眾人的事,不是帝王可以世襲的,也不是強人可以主宰的,要聽小老百姓的意見,而這些意見,多半要靠報紙來傳達。因此,報紙大大發揮了輿論的功能。

　　在電子媒體受到科技之賜,已無遠弗屆,毋須專門借重報紙,而可以更快的速度,來閱聽更多的資訊,以致在二次大戰以後,有二十年的時間,世界各地報業走入困境,英國艦隊街和美國各大城市的報紙,大量流失。但不多久,世界報業的景氣又很快恢復。報紙的彩色時代雖已開始,但全世界有名的大報仍以黑白印刷為傲,彩色並沒有增加他們的發行量。只有《今日美國》(*USA Today*),創造了奇蹟,成為全世界彩色報最大的業績。檢視《今日美國》的內容,她已歸納了更多的資訊,使得電子媒體和網路,也必須與她相互依存,已不存在誰來淘汰的絕對因素。

　　現代報紙與社會互動的關係,可從四方面來說明。

一、與政治的互動關係

報紙與政治的互動，可說明極權政治和民主政治的差別，也是驅使兩種不同政治消長的因素。在極權政治的理念中，「報紙是爲政治服務的」；而在民主政治的理念中，報紙是代表大部分民意。美國兩位新聞學者勞倫斯‧康貝爾（Laurence, R. Campbell），和羅倫特‧魏斯萊（Rolancl E. Welseley），合著了一本《新聞採訪與寫作》（*How to Report and Write the News*），有一段值得我們推敲的話：

> 我們的世界不是統一的，而是分裂的，我們處在一個爭鬥的世界裡，這種爭鬥，包括了人們的體能、心智和靈魂。因爲人類的文化，絕不能一半享自由，一半被奴役，人類的文化不能同時侍候兩位主人——民主思想和共產思想。

他們又說：

> 新聞是民主社會所必須的，透過新聞，人們方能理解這個危機四伏的世界的本質，進而享有自由，去理解事實和問題，再公開討論，而描繪出一個美好的未來。

在民主社會裡，言論自由保障了報紙對政治的批評，但在共產國家中，報紙只有隨著政權的需要而互動。例如，中共到今天仍沒有採訪、言論和出版的自由，各報所刊載的政治新聞，是同一來源，同一內容，同一標題，同一圖片，而且同時發表。所以，政府永遠

是對的，輿論無法監督，報紙只是宣傳的機器。但在自由民主國度裡就不一樣了，台灣自報禁開放後，新聞自由固稍嫌氾濫，但政治常受到報紙的影響，不能自我放縱。這雖不是民主政治的健康現象，卻發生了民主政治的推手作用。

二、是社會進化的動力

報紙對社現象極為關注，除了突發的社會新聞外，近年來更注重環保、保育、醫療、弱勢團體和社會公益事業的推動，使台灣的社會發展和過去大不一樣。這些由報紙推動的社會運動很廣，如果沒有報紙參與，就不會發生普遍的影響力。今天的社會是多元化的，每一個人都要生活在社會中，社會的脈動，也是每一份子結合起來的，而報紙，成了這一脈動的樞紐。

三、成為有力的第四權

在民主社會中，政府、議會和人民，扮演不同的角色，也掌握了不同的權力。政府的權力是永續的，議會的權力是階段性的，人民的權力只能在選舉中展現，當選後的政治人物，往往不能盡符人民的要求，如果政府和議會狼狽為奸，人民無能為力。只有報紙，她們有永續監督政府和議會的能力，也反映了民意的權力，報紙就成了政治制衡的第四權。

台灣近年來，民意高張，挾民意而駕凌行政，無視選民而自求政治利益的民代和地方民選首長，缺乏有力的監督，報紙就擔負了

這一任務。但報紙自身的健全最爲重要，所以報紙應有自律的功能，調整第四權的角式，能成爲公平、正義、合法、合理的代言人。

中國報業發展的軌跡

　　中國報業的發展，已有二千一百年的歷史。最早的報紙，當推漢代的《邸報》，比羅馬的《每日紀聞》（紀元前六年問世），還早一百年。但《邸報》的名稱，並不是當時稱謂的，到唐代才予確定。當時朝延與諸侯之間，必須互動訊息，諸侯在京師設邸，朝內奏議建諭，乃發交邸府，亦類似官方的公告。以後歷代有不同的名稱；漢唐稱《邸報》，宋元稱《朝報》，明淸稱《京報》，都是由官方爲主辦的《宮門鈔》。其主要的任務，是將重要政務傳達到地方機關去，但不及於百姓的。

　　中國報業發展的軌跡，大別可分爲七個階段（如表9-1）。《邸報》兩字，最早見於唐代的《全唐詩話》及《開元雜報》，但唐代的《開元雜報》，不是裝訂成冊的，而是「書條」，是將宮廷中的事，以「書條」傳到宮外去。

　　宋代的《朝報》已具報業組織的雛形，據趙巽所撰《朝野類要》的記載：

　　　　朝報，日出事宜也，每日門下後省編定，請給事判報，才行下都進奏院，報行天下。其有所謂內探、省探、衙探之類，皆衷私小報，有偏洩之禁，故隱而申之曰新聞。

　　上文中的「門下後省」，是編《朝報》的部門，給事是編輯，進

表9-1　中國報業發展示意表

階段 ＼ 時期 ＼ 地區	中國大陸	台　灣	海　外
第一階段（漢唐宋明清）	官報時期		
第二階段（清末民初）	文人辦報	日據時期	新聞信
第三階段（北伐抗戰）	宣傳辦報	日據時期	大字報（港澳除外）
第四階段（1945~1954）	政黨控制時期	調適時期	大字報（港澳除外）
第五階段（1955~1987）	政黨控制時期	報禁時期	海外版
第六階段（1988~2000）	政黨控制時期	商業化自由競爭時期	
第七階段（二十一世紀）	自由化・現代化・專業化時期		

資料來源：八十年《中國新聞年鑑》。

奏院是新聞局，內探是宮內（中央）記者，省探是州府記者，衙探是地方記者，也出現了「新聞」兩字，可見《朝報》是有固定組織的機構，而且每日出版。

　　公元一千年前，宋代畢昇發明木刻活字，這又是印刷術上的一大進步，但僅用之於書版。到了明崇禎時，《京報》才用活字排版，以竹紙印刷，同時傳到日本，日本的印刷術因而突飛猛進。我國直到清朝末年，十九世紀初，1815年才有第一份華文報問世，她出現在南洋麻六甲，是英國傳敎士辦的，就是《察世俗每月統紀傳》

（*Chinese Monthly Magazine*）。後1822年到1910年間，在中國各地出版的外文報，分別用英、萄、西、法、德、日、俄等文字出版的，多達一百四十六家。

國人所辦最早的報紙，是同治十二年（1873）在漢口出版的《昭文新報》，其次爲1874年，在上海出版的《彙報》，1887年在廣州出版的《廣報》。上海《申報》也很早出版（1872），但是英商所辦，到1912年，才由國人史量才接手。

《廣報》的型式與《申報》相似，1891年因觸怒總督而被查封，這是我國報紙被政府查封的第一家。在文人辦報時代，報社都以有名的文人爲中心，而以主筆爲重心，批評時政，新聞的分量並不多。老報人曾虛白曾在〈中國報業發展經緯〉一文中說：

> 在這一時期（指清末民初），文人與報人打成一片，能文之士，就必定是辦報能手。但文人辦報，不善經營，往往不成氣候，類多夭折。

從外國人辦報到文人辦報，報紙的品質並不高，而且無病呻吟和迂腐的文字特別多，還有一些坊間流言。所以戈公振在其《中國報學史》中指出：

> 嘉（慶）道（光）間，報紙都係送閱，咸（豐）同（治）間，報紙多係挨戶乞閱，光（緒）宣（統）間，報紙且遭拒閱。報紙始漸流行，猶茶餘酒後之消遣品也。且有父兄以告子弟曰：「不可閱報」。

中國近代報業的演進

　　中國近代報業，當1895年開始，在這一階段裡，中國大陸和台灣，在政治上都有非常大的變化。清廷與日本甲午戰後，將台灣割讓給日本，也是中山先生領導反清革命的時刻。這一時期交織了「文人辦報」和「革命宣傳」的兩個階段，也讓中國大陸和台灣的報業分道揚鑣。中間經歷了兩次世界大戰和中日戰爭，也穿插了五四運動。這些巨浪，給中國報業，帶來了新的面貌。

一、革命宣傳對報業的影響 (1895～1930)

　　國父中山先生，於1896年倫敦蒙難後，在1899年，就命陳少白在香港辦《中國日報》，鼓吹革命。1911年廣州光復，《中國日報》遷入廣州。這時，天津有《大公報》(1902) 和《益世報》(1915)，上海有《時事新報》(1902)、《蘇報》(1902)、《上海時報》(1904)、《新民叢報》(1907)、《神州日報》(1907)《民呼報》、《民吁報》(1909)、《民立報》(1910) 和《民國日報》(1916)，北京有《世界日報》(1925)、《華北日報》(1929) 和《晨報》(1930)，南京有《民生報》(1927)、《中央日報》(1928)，莫不鼓吹革命，支持中華民國的誕生。到民國24年，中國大陸的報紙，已一千七百三十六家。

　　這時，中山先生在日本東京，成立革命根據地，1905年創《民報》月刊，他在發刊詞中就提出民族、民權、民生之說。1909年，

《民報》被東京督察所查禁，在這一時期，海外僑報紛紛出版，分別在東南亞的新加坡、馬來西亞、泰國、緬甸、印尼和菲律賓；美國的檀香山、舊金山、紐約；加拿大的溫哥華；中南美洲、澳洲和法國的巴黎，一體鼓吹革命。

為革命宣傳較為突出的報紙，要推上海的《蘇報》，因介紹鄒容所撰《革命軍》一書而被查封，繼而以《警鐘日報》代替，又被查禁。革命黨人于右任出版《神州日報》(1907)，不幸焚於火。于右任不屈不撓，續辦《民呼報》(1909)，被逮解出境，同年秋天，改出《民吁報》，發行僅一月，也被查封；1910年，于氏三辦《民立報》，曾刊黃花崗七十二烈士成仁殉國情況。民國2年 (1913) 討袁失敗，《民立報》也撰文報導。這些革命報紙，雖僅曇花一現，但在中國報業史上，卻占有重要的一席之地。

民國元年，開放言論自由，北京報紙增至五十家，絕大多數傾向革命，所以，許多報名都用含有「中華民國」和「五族共和」的意義來命名。其中有《亞細亞報》，是替袁世凱鼓吹帝制，記者黃遠庸，不願附和，遠避日本、美國，1915年12月在舊金山，遭愛國討袁人士誤刺，他是我國新聞記作者受害的第一人。

民國3年，北洋軍閥在北京秉政，歐戰開始，日本對德宣戰而強占青島。民國4年，日本向北洋政府提二十一條件。民國7年，我對德宣戰，翌年歐戰結束，要求收回青島及山東一切權利，列強均曲從日本，是年5月4日，北京學生罷課遊行。其後，愛國運動轉變為新文藝運動，將中國的報紙，也推向白話化。當時，北京和上海的副刊，有三大報作為「五四」新文藝運動的急先鋒。他們是上海《時事辦報》的「學燈」，上海《民國日報》的「覺悟」，和《北京晨報》的「副鎸」，也稱「北晨」。

民國15年，北京《京報》的記者邵飄萍和北京《社會日報》的

社長林白水，先後爲軍閥所殺害。當時中國的報紙已開始爲國民革北伐打倒軍閥而努力，也逐漸感受到日本在北京的壓力，和干預北洋政府的勢力，逐漸伸張，國難時期的宣傳性質，也漸浮現。

二、國難、北伐、抗戰的宣傳時期（1931～1945）

國難時期應自民國20年（1931）9月18日，東北被日本竊據時開始。當時新聞和通訊都受到交通和器材的限制，所以，副刊就成了報紙競爭的力量。副刊又受新舊文學的衝擊，各報都有新舊兩類副刊。到了抗戰開始，「戰鬥文學」產生，所以三〇年代的新文藝大放光茫。後民國28年到30年間，上海報人被日本特務暗殺的，有朱惺公、張似旭、程振章、李駿英（以上《大美晚報》）、邵虛白大光通訊社社長和金華亭《申報》等人。珍珠港事變後，滬港報人紛紛逃避前往大後方和海外，繼續爲抗日戰爭宣傳而效力。

抗戰時期的大後方報業，以重慶爲大本營，日晚報共有二十一家，其中以《大公報》最大，日銷一萬二千份；《時事新報》和《新民報》（親共）次之，日銷八千份；《中央日報》（國民黨報）、《掃蕩報》（軍報）和中共機關報《新華日報》，日銷均爲七千份。因大後方物資缺乏，民生艱苦，民間訂報的不多，各報均在通街大衢和公共場所豎立報牌，供民衆閱讀。在抗戰末期，日空軍在民國31年5月3日、5月4日兩天，對重慶大轟炸，各報損失慘重，改出聯合版，共渡時艱，不出數日，各報又在廢墟中重建，這就是抗戰精神。

由於抗戰，大後方的新聞發布，採取事先檢查，並且十分嚴格，分別由「國際新聞處」對外籍記者傳送電訊的檢查，由「警備司令部」負責國內報刊的檢查。當時中共的《新華日報》爲抗議這一新

聞措施，常在第二天報上「開天窗」，即在版面上被檢查掉的新聞和言論留一空白。

　　抗戰勝利後，民國35年，全國有日報一千五百餘家，其中包括國民黨報四百多家，共產黨營的報紙五十多家，報紙發行總數，已超過五百萬份。同時，各地的報團也已形成：

1. 中央報團：包括各大都市的《中央日報》，各省市和香港的《民國日報》和《國民日報》，還有上海和杭州的《東南日報》、《武漢日報》和《華北日報》（小型報）。
2. 和平報團：有《和平日報》（原軍報《掃蕩報》），分別在上海、南京、漢口、廣州四地發行。
3. 益世報團：屬於天主教，在北京和南京出版《益世報》。
4. 大公報團：分別在天津、上海、重慶和香港，出版《大公報》，屬民營。
5. 世界報團：在北京有《世界日報》、《世界晚報》，在重慶有《世界日報》，在上海有《立報》，由報人成舍我經營。
6. 大剛報團：所屬《大剛報》，分別在南京、漢口出版。
7. 大光報團：所屬《大光報》，分別在廣州、汕頭、海口發行，是南方大報。
8. 力報報團：抗戰時崛起，勝利後，在貴陽設總社，分別在貴陽、長沙、桂林三地，出版《力報》。

日據時代的台灣報業

公元1895年，日本割據台灣，直到1945年，台灣光復，整整五十個年頭，在這五十年中，台灣的報業是充滿了辛酸和痛楚的歷史。從台灣第一份日本創辦的《台灣新報》，到最後由日人投降而移交的《台灣新報》(1945)，這雖是一個巧合，但也好像早已被註定，《台灣新報》貫穿了日本軍閥統治下五十年的殖民地報業。

1896年，日本大阪原任警政部長的山下秀實，得到樺山總督的支持，並接受津貼，辦了《台灣新報》(週報)，並定為總督府公報。同年11月改為日報，而且全是日文，據《台灣治績志》記載，全部有價報僅四千八百一十一份。

台灣第三任總督乃木，任命其同鄉川村隆實，創辦《台灣日報》與《台灣新報》相抗衡，並爭奪主流，兩報員工也勢不兩立，時生毆鬥。當時又有日本眾議員佐佐木安五郎，1898年10月創辦《高山國報》，先是週報，三年後改為日報，卻因抨擊日督屠殺「台灣民主國」革命黨人七千人一事，於1902年12月底，被迫停刊。在此同一時段，有1896年台南的《產業新報》和台北的《台灣政報》，1898年台北的《台灣商報》，1899台南的《新報》，也都因言論受到限制，短期內紛紛關閉。

1898年，《台灣新報》與《台灣日報》已水火不容，第四任總督兒玉，在同年5月，成立《台灣日日新報》，取兩報合名，內容六頁，首次以中日文字應用在同一報上。當時國學大師章炳麟（太炎）因逃避清廷追緝而來台，與連橫、李越濤等，在報社中文版工作，因

事受警告後，不久即離去。1900年之後，又有《台灣民報》成立，也是日人創辦，到一千號時（1905），曾舉行慶祝會，卻在同年5月，又被總督查封。嗣後雖續有四家報社出版，因日本在台報人，推動新聞自由，反對日督，都逃不出被查封的命運。

《台灣日日新報》中文版，在1903年單獨發行，日俄戰爭（1905）發生後，中山先生曾兩度來台。中文版銷路日增。1910年10月，擴版為一大張，深受台灣同胞歡迎，且駕凌日本版之上。1911年，日督深恐台灣受中國革命的影響，遂將維持出版達六年之久的中文版停刊，再度併入日本文版中。

第一次世界大戰後，民族自決怒潮澎湃，久受日人壓迫的台灣同胞，亦提出「自治」口號，進而達成回歸祖國的目的，先後組成「台灣青年會」、「東京新民會」和「台灣文化協會」，會址都在東京，同時出版《台灣青年》（1917）月刊，因社長蔡培火的發刊詞反日，第一期就不准在台灣登陸。1920年，將《台灣青年》改為《台灣》，仍在東京發行。又因《同盟會》成立，《台灣》月刊受到波及，大捕台灣青年三百餘人，蔡培火、林呈祿、陳逢源，都在其中。

1923年，《台灣》雜誌改為《台灣民報》，仍在東京發行，1924年改為週刊，直銷台灣，胡適在第一期中，曾撰喜劇小說〈終身大事〉，極受歡迎。《民報》銷台，不時被總督查扣，更誣《民報》讀者為叛徒。不料《民報》反而欣欣向榮，日本總督改採懷柔政策，於1925年，准許該報遷台發行，並增設日文版，卻以中文為主。總督為抑制《台灣民報》，勾結一批台灣御用士紳，創辦《昭和新報》來對抗，為總督效力，卻不恥於台胞，1928年10月創刊，一年後只好自動停刊。

1930年4月，《民報》改為《台灣新民報》，由林獻堂擔任董事長，出版兩大張，大受本省同胞青睞。「九一八」事變後兩年（1933），

中日關係惡化，《新民報》更受歡迎。直到二次大戰爆發，日本軍閥
控制新聞，採取新聞「許可」和「檢查」雙重限制，警察特務常駐
報社，凡批評政治、指責日本軍閥、談到民族思想的文字，一律不
准見報。

　　1936年，日督小林濟造推行「皇民化政策」，舉凡有反日言論，
一律不准刊登，其重點有五：(1)統一發布新聞稿；(2)廢止中文報，
一律改用日文；(3)台胞姓名日本化，並採用日語，改變中國習俗；
(4)設情報部統制報紙；(5)日本御用報紙記者，方可派往中國戰場。

　　1941年12月8日，太平洋戰爭爆發，日軍閥猶作困獸之鬥，台灣
報紙的命運，更爲可悲。所有新聞都必須由日本大本營發布，且捏
造事實，枯燥無味。當日軍節節敗退，盟軍轟炸台灣，讀者已不信
任報紙，加上物質缺乏，日軍閥乃有合併各報之議。1944年4月，宣
布將全台灣六家日報，合併爲一家，成立《台灣新報》，合併發行，
日銷二十五萬份。直到日軍投降，台灣行政長官公署，接管《台灣
新報》，更名爲《台灣新生報》。

光復後的台灣報業

　　台灣光復後，長官公署接管《台灣新報》，更名爲《台灣新生
報》，報頭由黨國元老名書法家于右任親撰，出對開一大張，其中四
分之一（一頁）爲日文版。翌年，全部改爲中文版，另附送一小張
日文「軍民導報」，由長官公署出資印行。同年12月，增爲二大張，
第三年增爲二大張半，仍送「軍民導報」，發行量二十五萬份，獨占
台灣報業市場。

光復後的台灣報壇可分爲三個時期，一爲「調適時期」（1945-1954），在這十年中，從社會文化各方面，都不能完全適應，報紙亦復如此；二爲「報禁時期」（1954-1987），報紙受政治控制，限定了張數，不准新報登記出版；三爲「報禁開放時期」（1988-），可以自由辦，新聞自由獲得保障。

　　在調適時期中，本土的民營報，多如雨後春筍，但各報均不能長期立足，在《新生報》的壓力下，很少生存空間。民國38年中央政府遷台，大陸來台報人甚多，紛紛申請辦報，當時連同存活的本土報，台北市計有《全民日報》等十四家，台灣省內有《民聲日報》（台中）等十六家。還有從大陸遷台的報紙，有《中央日報》、《和平日報》、《東南日報》和《華北日報》等，後來只有《中央日報》一家復刊，一直出版到現在。

　　民國40年10月，《全民日報》、《民族報》和《經濟時報》，合併爲《聯合版》，二年後，改稱《聯合報》。民國39年成立的《徵信新聞》通訊社，本來發行油印稿，到39年10月，以報紙型態出現，49年元旦，正式更名爲《徵信新聞報》。

　　民國40年，政府實行「新聞紙供應辦法」，限制各報篇幅，到民國43年，完全不准新的報紙出版，就進入《報禁時期》。

一、報禁的形成

　　報禁的形成，並非全由政府主導，而是新聞界的領導人，爲了報業競爭而作繭自縛。

　　《新生報》在民國43年，四層新厦落成，採用彩色套色機印刷，發行和廣告大增。當時中央、中華、聯合、徵信各報，就以報業公

會名義，向政府建議，以節約用紙爲名，厲行減張，《新生報》首當其衝，由四大張縮爲一大張半，是爲報禁的開始。《新生報》社長謝然之曾以〈我對報學及報業的體驗〉一文（刊於世新《新聞學報》第三期）中，有這樣的敍述：

> 當《新生報》業務發展到最蓬勃的時候，由於廣告篇幅太擠，每天出版到四大張半，因此引起若干人的嫉妒，於是千方百計制出一個「節約用紙，縮減篇幅」爲一張半的巧妙辦法，居然以皇皇法令，公布實施。《新生報》減了三大張，廣告和發行被多報爭食，我們全體同仁，牢記這件事，猶如寒天飲冰水，點滴在心頭。
>
> 我個人爲此，曾前往淡水海邊，去晉見我最敬愛的一位先生（按：即經國先生），他同我一邊散步，一邊指著浩瀚的大海和藍天，勸我要有壯闊的胸懷，不必爲這件事過分激動。現在，回首往事，心境已很坦然。

報禁後有四項特色：

1. 登記證不開放，報紙可以轉讓，出讓價碼從一百二十萬元到四千萬元新台幣。
2. 報紙不得任意遷移，各地報紙不得遷入台北市和高雄市。北部的報紙可南遷，南部的報紙不可北遷；西部的報紙可東移，東部的報不可西移。報紙遷移，必須得到國民黨中央第四組（文工會）的同意。
3. 民營報的兼併。《聯合報》於民國54年，收購《公論報》，改爲《經濟日報》；65年收購《華報》，改爲《民生報》。《中國時報》於65年，收購《大眾日報》，改爲《工商時報》，奠立

了兩大民營報團的初基。

4. 變相的擴版。在篇幅限制下,各報先由十九欄,改為二十欄,接著各報實行換版,在不同的地區,出現不同的版面,如《聯合報》和《中國時報》,各換十九個版面,每一縣一個版,等於出了十九種報紙。而財力不足的各報,也換北、東、中、南部四個版面。各報又運用印刷技術,將廣告排三十二欄,以照相縮小為二十欄;新聞排二十四欄,縮為二十欄印出,而且廣告隨新聞換版,嚴重影響到讀者和廣告客戶的利益。

在報禁時期,台澎金馬出版的報紙,共有三十一家,其中黨營報五家,政府報三家,軍系報六家,民營報十一家,專業性報紙四家,英文報二家。

這一時期,也並非乏善可陳,台灣報業在這有限的空間內,發揮了無比的勇氣,任何國家重大變革,諸如我退出聯合國、先總統蔣公崩逝、中美斷交、兩次能源危機、完成十大建設、經濟起飛等。各報雖無充分新聞自由,但報紙的建言、呼籲、評論,成為當時對社會安定的力量。報業本身也有劃時代的進步,尤其在排版,印刷方面,更突破了很多困境。民國50年,《中國時報》引進天然彩色印刷,民國73年,《聯合報》發展電腦排版,國內報業紛紛採用電腦排印,進而採用電腦編寫。

二、台灣報禁開放

民國77年1月1日,經國先生實現開放報禁的諾言,台灣報業進入了自由競爭的時期。從這一天起,國人可以自由辦報,沒有張數

的限制，也沒有地區的拘束，更重要的是，享有充分的言論自由。但因為行政單位沒有做好準備工作，在開放前兩個月，新聞局才在全省各地舉辦學者、業者和讀者的座談會，沒有釐訂出任何方案，可以供已有的和未來的報紙有所遵循。於是，由報社負責人控制的報業公會，在強勢的運作下達成「八項協議」，但對各報並無法律上的約束力。這「八項協議」是：(1)新聞字體不得小於六號或新六號，即電腦字體12級；(2)報紙張數上限六大張，下限一大張；(3)廣告版面不得多於新聞版面；(4)77年元旦正式受理申請登記，原有報紙也須重辦登記；(5)各報在不同地區印刷，也應辦理登記；(6)由學者專家組成九人小組，加強新聞評議功能；(7)報紙不得刊登不實不良廣告；(8)報紙定價，由報業公會商決。

　　報禁開放不到三年，這些協議就成了具文，除了第(4)、(5)、(6)三項外，其他各項均已跳票。反而是新聞自由沒有任何約束，幾乎氾濫成災。大的報團根本無視於這「八項協議」，儘量擴充，早已在每天出版十大張以上，將台灣報業的競爭，帶進了戰國時代，而報紙的品質，卻並未因開放報禁而提升。

　　報紙為了競爭，紛紛推出訂報贈獎活動，至今未歇。在新聞上許多道聽途說，捕風捉影，妨礙隱私權的報導，比比皆是；至於情色風化、八卦新聞，更是不脛而走。報紙成了「製造業」——造謠生事；「販賣業」——抄襲轉播；「修理業」——將新聞對象修理得體無完膚。在政治上，競選中，報紙成了最大的消息來源和口水戰場，部分新聞工作者，成為台灣最無情無義的人！

　　台灣報禁開放後依據新聞局出版處的統計，全台灣地區到87年底止，已陸續出版的報紙，共有三百四十二家，但維持出版登記證的，有一百七十九家，不每天出版的有一百六十三家。實際上，每天出版而行銷市場上的報紙，只有三十多家，和報禁前差不多。可

見報紙在激烈競爭下，市場能接受的報紙，並沒有因報業開放而增加（如圖9-1）。

其次，在報禁開放十年中，各報團也產生一些變化，聯合、中時在北、中、南都設有印刷廠，加強了兩大報與地方報的競爭。聯邦報團旗下的《自由時報》異軍突起，加強促銷，成為閱讀率較高的第三大報。公營報、黨報和軍報，因自由競爭而報價大幅滑落，都虧損累累。《台灣日報》與自立報系也紛紛易手，引發了不少紛爭。《天下雜誌》報導《自由時報》的發行數而涉訟，《聯合報》與《自由時報》因發行競爭而互控，成為台灣報壇的話題。

民國88年1月12月，通過廢止「出版法」，但沒有新的「新聞法」和「新聞記者法」來代替，許多問題依然存在。例如，我國報業採登記發行，規定在「出版法」中，該法廢止後，申請登記就沒有法源。又如新聞的更正，是保障讀者應有的權益，詳列在「出版法」

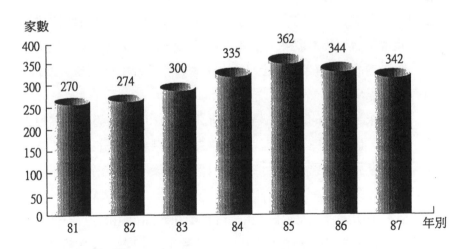

圖9-1　報社家數統計圖

資料來源：八十七年《出版年鑑》。

中。今該法已廢止，報紙就不需要對錯誤的報導負責了，這將留下許多爭議。

中國大陸和海外的報業

中共的報紙，在1980年代，揚言改革開放，到1987年，共有二千五百七十八家。1989年「天安門事件」後，僅餘一千四百九十六家。近年來，又增爲已超過二千家，其中共黨機關報有四百多家，民主黨派的報紙，只有十多家。其餘也多由共產黨人所辦，自由報業幾乎等於零。

中共報紙的新聞和言論，都受到嚴格的控制，報紙的發行也不普及，報紙的內容，食古不化，以宣傳共黨教條爲職志。新聞自由在中國大陸更是一種禁忌，台灣記者前往大陸採訪常被拘捕或刑求，外國記者也屢遭驅逐。中共的新聞工作者，缺乏專業訓練，素質也無法提高，約有半數以上（約一千家）的報社主持人和總編輯，只有高中程度。

大陸報業最大的問題，是沒有新聞自由，所以報導的新聞和言論，缺乏可信度。在1980年代，曾倡言制定「新聞法」由於改革派和保守派意見不能整合「六四天安門」事件後，保守派抬頭，「新聞法」就胎死腹中。

但在中國大陸，也並不是完全沒有嚮往新聞自由的聲音，例如，人民大學教授甘惜芬，他在《上海經濟導報》，發表〈多種聲音，一個方向〉專文，對中共報紙的評價是：

國內的報紙有六項特色：一是迫切需要瞭解的新聞不多，而不感興趣的新聞太多；二是不把眞相告訴人民；三是對領導人一味歌功頌德，沒有輿論監督；四是不敢大膽批評時弊，繞著矛盾走；五是不能代表人民向國際發言；六是沒有新聞自由，沒有與官方不同的意見。

　　大陸有名的記者劉賓雁，也認爲中共的報業是一黨包辦，採取封鎖視聽的政策，造成人人精神冷漠，甚至愚昧無知，使有責任感的人無能爲力。他還深信，「新聞自由是拯救中國的重要途徑」。因此，他至今流亡海外。

　　中國大陸的報業，至今還停留在「政黨控制時期」，感傷地走進二十一世紀！

　　海外的華文報以美國爲大本營，在1930年從前，還停留在「新聞信」和「大字報」的時期，直到1950年以後，華僑陸續湧進美國，才有華文報的出現。現在，美國華人已超過四百萬，不但港、台和大陸各大報在美國發行分版，當地華僑所創辦的報紙，也十分有力量。其中日報有二十七家，週報有四十六家，其他雙週刊和月刊有十七家。發行全美的華文報，有《世界日報》（聯合報系）、《星島日報》、《國際日報》、《僑報》和《自由時報》。《世界日報》發行最廣，占有一半市場，《國際日報》係由台僑創辦，經轉手後爲親中共人士收買，已停止出版。《星島日報》來自香港，有固定讀者，《僑報》是中共所辦，《自由時報》有來自台灣的背景。

　　加拿大有華人九十萬，香港九七大限，香港移民增至六十萬人，台灣近年移民十一萬人，來自中國大陸的移民有十九萬人。加拿大有華文日報七種，週報十五種，還有少數雙週和月刊。日刊中的《世界日報》、《星島日報》、《明報》、《成報》都是美國來的分版。

中南美洲不同於北美洲，這是華文報的「沙漠地帶」，尚未見到來自台、港和大陸的日報，當地只有巴拿馬和巴拉圭，有兩家華文週報，還採用中文植字排版，經營型態係留在傳統僑報時代，銷路不到四、五千份。

香港的華文報最發達，共有三十多家日報；馬來西亞次之，有十五家日報；澳門和泰國各有七家，菲律賓五家，新加坡三家，印度兩家，印尼和韓國，都有一家，以上都是日報，週報沒有統計在內。奇怪的是日本沒有一家華文日報，只有幾家週報，卻有「台獨」的報紙。歐洲的華文日報也不發達，在法國的《歐洲日報》，是聯合報系的報紙，法國和英國，都有兩家華文日報。

瞻望二十一世紀華文報業的前景

二十一世紀即將來臨，中國報業將有重大變革。中文電腦已突破重重障礙，終於使我國報業，在二十世紀末葉，揚棄了傳統的檢字排版，進入電腦化的階段。近年來，資訊科技突飛猛進，網路打通了傳播事業間的隔閡，今後資訊的充分利用，將使中國報業面目一新。報業的製作，從採、編、校、排，經由影像處理到印刷，將邁向全自動化，這是人類改變生活的資訊革命。

這場資訊革命，在美、日和新加坡正積極推動所謂「資訊高速公路」(information super highway)，基本理論上，是整合所有的電子資訊網路，載負量將十分驚人，每分鐘以傳送二百萬頁A4大小的中文資料，任何人都可進入選擇，擷取所需要的資訊。因此，消費者只要打開電腦，可由網路將報章雜誌「送貨到家」。

面對這一報業革命,有長久歷史的中國報業,是否會面臨淘汰?顯然的,只要報紙能追上資訊時代,她依然有生存的價值。資訊高速公路雖然快捷,但它也有一些不能克服的缺點:

1. 網路閱讀,必須透過電腦,任何人都不能揹著電腦走,而報紙可以摺放在公事包或拿在手中,適合在任何地方閱讀。
2. 對有價值的報導和文章,必須仔細閱讀,網路係驚鴻一瞥,難滿足閱讀者的需要。
3. 編者和讀者的意見,需要溝通,在網路上粗糙的文字,要完成一篇有價值的評論,恐無法達成。
4. 報紙的價格便宜,購買方便,可以接收多種的訊息,是維繫讀者與社會溝通的媒介,都沒有被其他媒體取代的跡象。

因此,在步入二十一世紀的時刻,我國報業除了在技術上與網路資訊結合外,在新聞報導和輿論的功能上,應有若干調整:一是繼續爭取新聞自由,而是負責任的新聞自由,對讀者負責,絕不濫用新聞自由;二是進入國際化,華文報不能孤芳自賞,必須與國際相交流相融合,要將我國的資訊,充分供給國際資訊市場,也要將國際資訊,充分吸收利用;其三是現代化,報紙的製作和經營都要現代化,與歐美日本各大報業,並駕齊驅。

最後值得一提的;在全球四十九種有名的報紙中,日本只有一家《朝日新聞》,我國一家也沒有,最大的原因是中國文字的艱深難解。所以,在二十一世紀來臨的時候,要將華文報推上國際報壇,也能占有一席重要的地位。

複習重點

1. 試述報紙的功能，和對社會互動的關係。
2. 我國在官報時期，歷代有不同的官報名稱爲何？
3. 略述中國報業發展，可分幾個時段？
4. 官報時期中，那一朝代已有報紙的雛型組織，試與近代報業組織比較之。
5. 試述二十世紀前後(1895-1910)，有那些傑出的「革命宣傳」報紙，簡述其內容。
6. 國難時期 (1931-1945) 的報紙，有那些特色？
7. 台灣日治時代，台灣人創辦了什麼報紙？並述其奮鬥情形。
8. 二次大戰中，日本「皇民化政策」，對台灣報業有那些影響？
9. 台灣光復後的報禁，是怎樣形成的？
10. 報禁開放後，對台灣報業有那些正面和負面的影響？
11. 中國大陸報業，目前最大的問題是什麼？試申論之。
12. 展望二十一世紀的中國報業，在功能上應如何調整？

參考書目

1. 《中國報學史》，戈公振著，台灣學生書局。

2. 《中華民國出版年鑑》，86、87年版，行政院新聞局。

3. 〈台灣報業發展歷程及現況〉，黃肇松撰，《出版年鑑》，87年版。

4. *How to Report and Write the News* Roland E. Welseley Lautence R. Compbell Printice Hall Inc., 1961。

5. 《聯合報》，83年8月27日，84年12月2日，85年7月14、15日，85年7月27日，87年1月2日，88年1月11日，13日，26日。

6. 《中國時報》，88年10月16日，余紀忠在世新學院講詞。

7. 《中國新聞年鑑》，80年版，荊溪人撰《報業》。

8. 《中國新聞發展史》，賴光臨撰。

9. 《中國新聞史》，曾虛白著。

10. 《報學》，編輯人協會出版，第1卷1期、2期、9期，第2卷5期，第8卷3期、4期、5期。

11. 〈光復以前的台灣報業〉，洪桂己撰，《報學》，第2卷10期。

12. 《台灣新生報》創刊號。

13. 《世新學報》，謝然之文，世新編採科出版，第2期。

第 10 章

現代廣播概論

侯志欽・劉新白

內容摘要

　　我國廣播事業起源於民國11年12月，美籍商人歐斯本在上海開辦中國無線電公司。遷台之後，在政府電台及民營電台努力下，廣播曾經是最受民眾歡迎的大眾媒體之一。電視興起曾對廣播事業產生重大衝擊，廣播收聽率降低，廣播廣告收入也低於電視、報紙及雜誌。民國82年起，政府陸續以八個梯次開放一百六十九個廣播頻道供設立新電台之用，並核准申設一百一十八個電台，至民國88年6月底共有六十八家電台完成申設取得廣播執照，使我國廣播事業開啓了發展新契機。民國88年政府再度釋出七十二個頻道（中功率四十二個、小功率三十個頻道），將促使我國廣播生態未來進入更爲區隔化、專業化且多元化的新階段。

廣播起源及功能

　　我國習稱的「廣播」是指音訊播送（sound broadcasting）或收音機廣播（radio broadcasting）。基本廣播系統是用麥克風將聲波轉換爲電波，再將此一電波與中頻或高頻無線電波進行調變成爲載波，經由發射機及天線發射，並向四面八方廣爲傳播。廣播訊號經由收音機天線接收後，先檢出無線電波並加以濾除，再將聲音電波放大，並經由喇叭或耳機轉換爲聲波播出。

　　1901年義大利人馬可尼在英國康瓦爾（Cornwall）波渡半島（Poldhu）發射無線電波及代表S字母的電報信號，經過數週的測試，信號成功地傳送了三千五百公里，到達大西洋彼岸最接近歐洲的紐芬蘭島（Newfound Land）。馬可尼的實驗爲人類運用無線電波傳送訊息帶來曙光。二十世紀初期，許多先驅實驗電台在歐美各國展開測試，並且開始實驗性的提供音樂及訊息服務。1920年美國西屋公司在匹茲堡設置第一個商業電台KDKA，不但獲得聽衆喜愛，也帶動廣播事業快速發展。廣播事業在歐美興起之後，民國11年12月美籍商人歐斯本在上海開辦中國無線電公司，並在大來百貨公司設立中國第一座廣播電台，可說是中國廣播事業的起源。

　　由於電晶體與積體電路的發明，收音機變得十分小巧且便於攜帶，目前除了家庭中的音響組合、床頭音響、手提收錄音機中有接收廣播功能外，車上的收音機、個人使用小型收音機或隨身聽更讓我們可以在行動中收聽廣播節目，因此廣播不但是設備形式最多樣化、使用最靈活的媒體，也是價格最便宜、普及率最高的電子媒體。

根據美國國家廣播協會（NAB）調查，美國每個家庭平均擁有收音機6.8部。我國學者（潘家慶、王石番、謝瀛春、鄭自隆，民84）調查研究顯示，台灣地區家庭擁有收音機數量平均為2.4台，家庭中擁有兩台收音機以上的比例超過六成。民國87年新聞局委託國立政治大學傳播學院進行「調頻中小功率廣播頻道既需開放申設電台之可行性評估」研究（黃葳威、劉美琪），發現台灣地區受訪民眾（有效樣本一千零九十五人）每戶擁有收音機為3.61部。數量及家戶擁有率高於電視機或電腦。

從使用方面來說，聆聽廣播不具感官獨占性，不論工作、讀書、開車時均能收聽，因此成為許多人最佳的陪伴，另外，由於個人擁有率提高，節目收聽從過去家人共同欣賞轉為個人單獨收聽，因此成為廣播已經成為個人化的媒體。在現代社會中，雖然各種媒體不斷推陳出新，但是廣播仍能扮演下列各項功能：

1.製播即時新聞，提供最迅速的重要訊息及實用資訊。

2.播出音樂或製作綜藝、戲劇、體育節目，提供大眾娛樂。

3.製作教育、文化節目，提升人民知識水準及人力素質。

4.透過意見交流與互動，建立公共論壇。

5.提供公共服務訊息及發布緊急通告。

6.保存少數族群語言及文化。

7.製播廣告，促進商業活動。

我國廣播事業發展現況

　　政府遷台初期，廣播電台僅有公營的軍中電台、空軍電台及民營的民本電台和中廣所轄七個分台。經過四十餘年的發展，至民國82年為止共計有依法設立廣播機構三十三家，其中軍公營電台為十二家，民營電台為二十一家，發射機四百三十五部，發射功率總計16596.5KW。(鄭瑞城，民82) 目前幼獅電台已繳回頻率，復興崗電台則調整為校園實習電台不予列計，原有廣播機構共計三十一家。

　　民國82年2月至85年6月之間，政府以八個梯次開放一百六十九個廣播頻率供社會大眾及團體申請設立電臺，在審議委員會審查及面談後，進行籌備及試播之後，取得正式電台執照及廣播執照。總計政府在五年間共釋出一百一十八個頻道，包括一個調頻大功率(供設置全國網電台)、四十七個調頻中功率、六十七個調頻小功率、三個調幅頻率，各梯次開放申請及核配如表10-1所列。

　　上述核准電台中，為符合金馬地區發射工程需求，金馬地區調頻小功率電台發射電功率為750W以下，發射半徑為十公里。在資本額方面，財團法人寶島客家廣播電台以服務客語族群為對象，其登記資本額為新台幣三千萬元 (如表10-2、10-3)。

　　經過八個梯次的開放之後，獲准籌設電台雖為一一八家，但小功率電台「消費者之聲」已自行撤銷，此外獲准籌設大功率全國網的申請單位亦放棄設立，如果其他獲准設立電台均完成籌備順利開播，各縣市電台數量如表10-4 (以下統計含地方分台)。

　　民國83年起，新電台陸續開始播音，至民國88年6月底共有六十

表10-1　各梯次廣播頻道開放及核配一覽表

開放梯次	頻率類別	開放公告日期	核配公告日期	申請件數件數	公告頻率	核配頻率
第一梯次	調頻中功率	82.02.01	82.12.11	62	28	13
第二梯次	調頻中功率	83.01.29	83.09.06	29	29	11
第三梯次	調幅	83.06.29	84.01	4	6	2
	調頻小功率	83.08.31	83.12.24	194	99	46
第四梯次	調頻中功率	83.08.31	84.08.17	45	28	11
	調頻大功率	83.08.31	84.10.13	14	1	
第五梯次	調頻小功率	84.02.15	85.01.18	136	53	21
	調幅		85.02.13	6	4	1
第六梯次	金馬調頻	84.05.16	85.02.13	1	10	1
	調幅			2	1	0
第七梯次	調頻中功率	84.11.22	85.09.02	54	17	10
第八梯次	台北地區客語調頻中功率	85.01.15	85.06.15	2		1
合　　　計				529	169	118

資料來源：行政院新聞局網路。

表10-2　新核准設立電台籌設相關規定一覽表

電台類別	數量	資本額	發射功率	涵蓋範圍
調頻大功率（全國網）	1	新台幣5,000萬元	30KW以下	全國
調頻中功率	47	新台幣5,000萬元	30KW以下	半徑20公里
調頻小功率	67	服務社區之電台應符合公司法股份有限公司100萬元最低資本額限制	250W以下提高為750W	半徑5公里加大為半徑10-12公里
調幅	3	新台幣5,000萬元	1KW以下	半徑40公里

資料來源：資料來源：行政院新聞局網路。

表10-3　台灣地區廣播頻道類別一覽表

電台類別	發射功率	播送範圍	電場強度
甲類調幅電台	低於1000W	半徑40公里	低於每公尺500微伏
甲類調頻電台	低於250W	半徑10公里	低於每公尺500微伏
乙類調頻電台	250至3,000W	半徑20公里	低於每公尺500微伏
丙類調頻電台	3,000至30,000W	半徑60公里	低於每公尺500微伏
金馬地區調頻電台	低於750W	半徑10公里	低於每公尺500微伏

資料來源：行政院新聞局網路。

八家完成籌設，取得廣播電台執照。這些新電台的出現，為我國廣播事業帶來新的局面，而開放無線頻道供申設新電台，除了回應社會各界開放廣播頻道的呼籲，滿足社會大眾參與經營廣播事業的熱切期望之外，已經達成下列多項目標：

1. 使寶貴的無線頻譜資源得以充分有效的運用，提供廣播事業新的發展空間。
2. 透過民營電台增設平衡公民營電台比例，如果核配頻率電台均完成籌設將可增加民營電台一百一十八家，使公民營電台數量比率由原來的1:2，調整為大約1:10。
3. 建立較為開放的廣播媒介環境，透過競爭促進廣播事業經營管理現代化。
4. 大量民營電台使用調頻頻率，調頻電台倍增，改進整體廣播服務音訊品質。
5. 客語族群及原住民透過合法程序申設建立電台（如寶島客家電台及蘭嶼電台），保障弱勢族群接近使用媒介的機會。
6. 金馬地區首度設立電台，使過去長期因為處於戰地而被忽略的傳播權益得以被正視。

表10-4　各縣市廣播電台數量統計表

地區	現有電台數量（含分台）	籌設中電台數量	共計（含分台）
基隆	2	2	4
台北市	25	2	27
台北縣	4	3	7
桃園	4	2	6
新竹市	3	2	5
新竹縣	1	4	5
苗栗縣	2	5	7
台中市	12	2	14
台中縣	1	2	3
南投縣	1	3	4
彰化縣	4	3	7
雲林縣	2	4	6
嘉義市	4	3	7
嘉義縣	1	0	1
台南市	5	3	8
台南縣	7	3	10
高雄市	16	0	16
高雄縣	2	1	3
屏東縣	1	7	1
宜蘭	4	9	13
花蓮	9	3	12
台東	5	3	8
澎湖	2	3	5
金馬	0	1	1
總計	116	66	182

資料來源：行政院新聞局網路。

7. 地區電台及社區電台增加，提升廣播媒介的地區及社區服務功能。

8. 社會團體（包含宗教團體）得申請設立電台，使社會公益團體、宗教團體等得以透過廣播服務社會大眾。

在經過市場經營及新電台發展之後，小功率電台由於涵蓋範圍及服務區域有限，經營十分困難，因此業者組成「社區廣播電台聯誼會」，向交通部提出陳情，經過調整後各小功率電台發射功率提高為750W，涵蓋範圍擴大為半徑十至十二公里。

此外為了擴大市場規模，分享節目資源，降低營運成本，許多新設立的電台進行節目聯播、策略聯盟或以聯播網型態進行經營，目前我國已形成全國聯播網路的電台如表10-5。

新興電台的合作初期採取節目連線或聯播方式，例如，台北之

表10-5　公民營廣播電台分／聯播台統計表

廣播電台／公司名稱	總台	分台／聯播台數
警察廣播電台	台北	7
教育廣播電台	台北	4
漢聲廣播電台	台北	7
復興廣播電台	台北	3
中國廣播公司	台北	10
正聲廣播公司	台北	6
台灣廣播公司	台北	4
飛碟聯播網	台北	8
亞洲調頻廣播網	桃園	2
大眾聯播網	高屏	4
快樂聯播網	高屏	8
台北之音音樂網	台北	3

音、全國廣播、大眾電台進行節目聯播，隨後有些電台進一步以策略聯盟或聯播網型態營運，這些合作或結盟對現有廣播電台及整體廣播產業已經產生相當影響。其中飛碟聯播網以台北飛碟電台結合苗栗中港溪電台、台中真善美電台、雲嘉民生展望地台、高雄南台灣生活資訊調頻台、台東知本電台、花蓮太魯閣之音、宜蘭北宜產業電台、澎湖社區電台等建立聯播網路；快樂聯播網結合全景快樂電台、望春風電台、嘉樂電台、歡樂電台、東樂電台、澎湖電台、風聲電台形成全省聯播網路，大眾KISS聯播網則結合台南之音廣播電台、南投廣播電台、大苗栗廣播電台，目前在總收聽率及廣告成長率都有相當成長。此外台灣北區的台廣、正聲、華聲、中華、天南、基隆、益世、先聲等調幅電台也計畫進行聯播。

在節目傳送方面飛碟聯播網及大眾聯播網採用衛星傳送節目，高雄港都電台與台中全國廣播電台採用ISDN系統傳送節目。根據調整後的節目聯播規定，地區性中功率電台每天聯播時間不得超過播音時間50%，小功率電台不得超過70%。對於目前中小功率多以聯播方式播出節目，也有部分學者認為已經失去原有開放電台以服務社區及地方民眾的功能。

台灣地區廣播收聽行為

廣播頻道開放以來，由於電台數量迅速增加，對廣播收聽行為產生相當大的影響，廣播電視發展基金會在民國85年委託哈里士國際調查台灣分公司進行「電台聽眾收聽行為」調查，得知台灣地區聽眾基本收聽行為如**表10-6**。

表10-6　廣播收聽行為統計表

收聽行為	13-24歲	25-30歲	31-40歲	41-50歲	51-60歲	61歲以上
每週收聽天數	平均每週3-4天	幾乎每天收聽	一週收聽5天以上	幾乎每天收聽	幾乎每天收聽	每天收聽
週一至五收聽時數	每天1小時以下或1-2小時	每天收聽1-2小時或3-4小時	每天收聽1-2小時	每天收聽3-4小時	每天收聽1-2小時或3-4小時	每天收聽1-2小時或3-4小時
主要收聽時段	20:00-21:59	9:00-10:59	8:00-10:59	8:00-10:59	8:00-10:59	20:00-22:00
主要收聽地點	家中	家中、上班地點、車上	家中、車上	家中、車上	家中	家中
收聽情況	休閒或睡覺時	上班或開車時	開車或上班時	開車或休閒時	休閒時	休閒時
收聽頻段	調頻	調頻	調頻	調頻	調頻	調頻及調幅
收聽節目	國語歌曲節目、call-in節目、綜藝節目	國語歌曲節目、新聞性節目、資訊及知識性節目	新聞性節目、路況報導、資訊及知識性節目、輕音樂節目	新聞性節目、國語歌曲節目	新聞性節目、閩南語歌曲節目、資訊及知識性節目	新聞性節目、閩南語歌曲節目
收聽原因	欣賞音樂、打發時間	欣賞音樂、獲取新知、打發時間	收聽新聞、獲取新知或資訊、欣賞音樂	收聽新聞、獲取資訊或新知	打發時間、欣賞音樂	打發時間、作為陪伴

資料來源：廣播電視發展基金會《電台收聽行為研究》。

　　此外，根據電台雜誌委託愷聯國際有限公司在民國87年2月3日起兩週期間，針對十二至六十歲人口進行電台及廣播節目收聽率研究（有效樣本二千七百六十九人），結果顯示,台灣地區有將近52%有收聽廣播的習慣，轉換為人口數約為七百九十萬人，經統計分析後歸納主要收聽行為如下:

1. 一般民眾平均每週收聽廣播四至五天，每天收聽節目二至三小時。
2. 最常收聽時段為上午七時到十一時及晚間八時到十二時。
3. 最常收聽的廣播節目內容分別是國語流行歌曲、新聞氣象、熱門歌曲等三類。
4. 收聽廣播的主要原因是打發時間、喜歡節目內容、習慣性收聽等。
5. 最常收聽廣播的情況是上班工作時、開車時、無事發呆時。

　　此外，學者研究結果顯示，台灣地區民眾每日收聽電台數平均為2.03台，平均收聽時間為150.35分鐘。主要收聽時段分別為上午八至十時、下午四至六時、晚間十至十二時、上午十至十二時、早上六至八時、晚間八至十時、中午十二時至下午二時、下午六至八時、晚上十二時以後（黃葳威、劉美琪，民87）。

現代廣播節目製播

　　根據廣播電視法第三章第十六條規定，廣播節目分為新聞及政令宣導節目、教育文化節目、公共服務節目、大眾娛樂節目四大類。第十七條規定新聞及政令宣導節目、教育文化節目、公共服務節目三類節目之播放時間所占每週總時間，廣播電台不得少於45%。第十八條規定電台具有特種任務或為專業性者，其所播放節目之分配，由新聞局會同有關機關定之。目前由於廣播電台數量增加，各新興商業電台為凸顯特色，多根據主要目標聽眾規劃其節目製播方

向，以下說明主要廣播節目製作方式與原則。

一、廣播音樂節目

　　廣播音樂節目可以提供輕鬆的娛樂或作爲陪伴，因此成爲最受歡迎的廣播節目，且之再加上製作方式容易、製作成本合理等因素，已經成爲目前數量最多的廣播娛樂節目。

　　音樂節目的基本要素包括音樂播放或現場演唱、DJ（disc jockey）談話、來賓訪談、點歌、call-in、遊戲或贈獎活動等。一般綜合電台電台音樂節目多由主持人或DJ依其喜好自行選歌播放，音樂電台則根據音樂種類安排曲目，國外常見的音樂節目包括搖滾樂、爵士、藍調、鄉村音樂、舞曲、重金屬、另類音樂、新時代音樂、民族音樂、宗教音樂、民謠、古典音樂等，而國內音樂節目仍以國語流行歌曲爲主要內容，流行音樂電台或頻道與流行唱片產業結合，播放當前推出的流行歌曲，也成爲唱片及歌手促銷的管道。音樂電台通常由音樂編輯或音樂指導（music director）選擇及編排音樂，由DJ或主持人進行音樂介紹及銜接。

　　目前台灣地區流行音樂電台數量相當多，較具代表性的包括中廣流行網、大衆聯播網、台北國際社區廣播電台，台北之音音樂網、人人廣播電台、亞洲調頻廣播電台、台中的大千廣播電台與好家庭廣播電台、彰化調頻廣播電台、雲嘉地區的雲嘉廣播電台、台南地區的Touch廣播電台、花蓮的後山Top電台等。

　　除流行音樂電台之外，國內的較成功的音樂電台或頻道包括有如國外優美音樂電台（easy listening）的中廣音樂網，及以西方古典音樂及爵士樂爲主要內容的台北愛樂廣播電台。

廣播音樂節目由DJ以自控自播方式進行,優良DJ除了具有良好的主持技巧、豐富的音樂知識之外,應該具備良好的控音能力,尤其是許多舞曲節目的DJ更能以優異的播控技巧掌控節目進行。在音樂節目製播設備方面,過去採用唱機、卡式錄音座、盤式錄音機播出音樂,隨後為配合點歌需要大量使用匣式放音機,目前則普遍使用雷射唱機、數位錄音機、迷你光碟等數位錄音媒體,此外許多音樂電台將數千首歌曲、音樂輸入電腦中,再以曲目編排軟體安排播出順序,播出時由DJ依序播放或由電腦控制自動播放,操作更為靈活準確。

　　廣播音樂節目為了滿足聽眾的新聞及資訊需求,除了音樂及DJ談話之外,經常在整點或半點加入重點新聞,或在節目中加入二至三分鐘一節的資訊單元。例如,中廣流行網每天加入7節重點新聞,每節七分鐘或五分鐘,高雄大眾電台過去以生活資訊單元滿足聽眾資訊需求,目前也加入整點新聞。

二、廣播談話節目

　　談話節目 (talk program) 是透過講述、訪問、座談、電話對談等方式,達成傳遞訊息、提供專業知識、促進意見交流、建立公共論壇等功能。國外談話節目多半是在調幅頻段播出,也有許多談話類型電台或新聞/談話電台,我國在綜合電台、新聞頻道或公共服務電台都有談話節目,至於音樂電台也有軟性的談話節目或單元。其中新聞性或政治性談話節目可以探討重大事件及反映社會脈動,軟性談話節目則可提供流行資訊或實用生活訊息,是目前重要的廣播節目形式之一。

談話節目多半爲一至二小時，爲避免節目過於冗長，通常採取段落式設計，以大約八至十五分鐘爲一單元，或配合廣告將節目分段。常見的談話節目基本結構包括主持人開場、介紹來賓、說明主題、提出問題、回答問題、追問問題或轉換話題、開放電話連線討論、簡短結論等段落。以下是談話節目進行結構及單元時間分配的實例：

1. 開場、主題說明、節目進行方式說明（約二分鐘）。
2. 來賓介紹（約一分鐘）。
3. 來賓訪談（約六分鐘）。
4. 廣告（約二分鐘）。
5. 來賓或專家訪談（約六分鐘）。
6. 聽衆call-in與討論（約八分鐘）。
7. 廣告（約二分鐘）。
8. 來賓或專家訪談（約七分鐘）。
9. 聽衆call-in與討論（約五分鐘）。
10. 廣告（約三分鐘）。
11. 來賓或專家訪談（約六分鐘）。
12. 聽衆call-in與討論（約八分鐘）。
13. 來賓結論（約三分鐘）。
14. 主持人結語、預告明天或下次主題（約一分鐘）。

　　製作談話節目應先界定節目主要聽衆，選擇聽衆感興趣的主要內容和適當議題。其次進行脚本撰寫，談話節目通常採取大綱式脚本，撰稿內容包括主題背景說明及問題分析、來賓介紹、討論題目、單元之間或廣告前後的引導語（lead out、lead in），提出聽衆感興趣的話題，滿足聽衆的好奇心。其他製播準備工作包括安排適當來

賓，告知主題、預定討論重點及節目進行方式，及協助主持人完成準備等。

　　擬定討論問題是談話節目前置準備的重點，節目企編人員根據資料將所要探討的重點轉換為大約十至二十個問題，並應儘量使用口語化方式撰擬問題，使主持人提問時較為流暢易懂，撰擬問題後應將問題分類，例如，分為背景說明問題或導入問題、延伸的問題、關鍵性的問題、彈性運用的問題或備用問題，並且初步分配各題討論時間，以便於掌控節目進度與整體長度。

　　電話連線對談（call-in）是談話節目經常用來蒐集聽眾意見、增加參與及互動的方式，在進行電話連線前，應先對主題作適度背景說明，並隨時提醒主題及討論重點，以避免離題太遠。開放連線之前應再度提醒聽眾參與討論規則，開放連線討論時可由二至四位聽眾針對每一問題表達意見，每一段連線討論以三至八分鐘為宜，以免太過冗長使節目流於鬆散。

　　優良主持人是談話節目成功的重要因素。主持人應該具備流暢的表達能力和發問能力，並且能與來賓及聽眾作適切的互動，此外，應事前將資料完全消化，以充分瞭解議題。在節目進行中，主持人應適切分配發言機會和討論時間，掌控節目進行節奏，並專心聆聽、關心別人的觀點和感受。目前的談話節目多半採取現場播出，其討論過程應儘量保持開放態度，以維持討論的公平性及客觀性。不過也有一些以政治議題為主的談話節目，為了吸引特定群眾，也可能選擇具有強烈個人色彩或觀點的主持人。

三、廣播新聞製作

　　廣播新聞具有高度的時效性，又適合在行動中收聽，因此即使在台灣地區新聞媒體極多，廣播新聞仍然占有重要地位，並且常成為許多人每天的第一新聞來源。

　　廣播電台之主要新聞時段包括早晨通勤時段、午餐時段、下午通勤時段、晚間時段，以及整點或半點的重點新聞。每節新聞除了新聞播報之外，還包括氣象、路況、空氣品質、紫外線指數等生活資訊。

　　廣播新聞中除了新聞播報之外，另有針對重要新聞製作專題報導進行或新聞評論等。專題報導又稱為新聞特寫或深度報導，是以較長時間對新聞事件做較完整之報導，通常包括背景探討及影響分析。新聞評論則由專業人士或資深記者撰稿，針對新聞事件進行評述或提出建言。較具代表性的如中廣新聞網的鑽石報導、正聲廣播公司的正聲短評及漢聲廣播電台的漢聲短評等。

　　目前製播廣播新聞的主要電台包括中廣、飛碟、台北國際社區廣播電台、警廣、正聲、教育、漢聲、復興、台廣等，其他部分區域性或地方性電台如台北之音、台中廣播公司、台中全國廣播電台、台南古都調頻廣播電台、高雄港都廣播電台、大眾廣播公司、蘭陽廣播電台、花蓮調頻廣播電台、中廣播電台、天南廣播電台、民本廣播電台、綠色和平廣播電台、佳音廣播電台等也都提供新聞服務。部分電台因未設立新聞部，所以採取轉播電視新聞方式提供新聞服務，例如，亞洲調頻廣播網、快樂聯播網轉播民視新聞；台中天天電台則聯播無線衛星新聞；高雄大眾電台也與中視進行新聞聯播。

目前設有新聞部的綜合電台通常在晨間、中午、晚間分別製播每節十五至三十分鐘的國內外新聞或地方新聞。音樂電台則多半提供以每節三至五分鐘的重點新聞。飛碟聯播網和台北之音除整點播報重點新聞之外，晨間（7:00-9:00）、中午（12:00-13:00）及傍晚（17:00-19:00）分別進行新聞評論及新聞性談話節目。中國廣播公司新聞網是國內目前唯一的新聞/談話節目專業頻道，除了新聞專題、新聞評論、生活資訊及談話節目之外，每日自凌晨至上午六時提供整點新聞每節十分鐘，上午七至八時為聯播節目，上午八時至晚間十一時則持續製播國內外新聞、新聞話題及相關專題，每節為三十分鐘。每天並有多節整點重點新聞在流行網、音樂網、寶島網同步播出。

廣播新聞來源包括由記者實地採訪的新聞、編譯人員改寫通訊社新聞稿或外電，以及報紙、電子媒體、電腦網路新聞資料等。在新聞採訪方面，編制較大、作業流程完整的廣播電台每日舉行採訪會議，在會議中分析新聞線索、確定採訪路線與重點後，再由記者實地採訪。新聞部編制較小的電台則以較彈性方式，如隨時以電話聯繫決定採訪路線及重點。

在記者進行採訪的同時，編輯人員進行外電選擇、編譯，蒐集氣象、路況、財經及各類活動資訊，並完成撰稿。此外廣播新聞編輯還包括新聞稿修改、採訪帶剪輯、撰寫新聞提要及各則新聞間的轉接語，以及為了配合新聞長度進行新聞稿改寫等工作。

廣播新聞的製作人或相關主管在採訪會議之後就開始構思新聞播出順序，隨著新聞稿件、採訪帶、外電譯稿陸續傳送及完成，製作人會持續增刪新聞，並初步進行新聞排序。在新聞播報之前，編輯人員進行最後順稿及計時，製作人召開編輯會議，或與採訪、編輯主管共同研商，決定正式播出順序。

新聞排序是依照新聞價值來安排播出順序，除考慮新聞的重要

性、時效性、爭議性、鄰近性等因素外，並依照新聞類別或時空因素加以組合。頭條新聞通常安排重要國內或國際大事、重大災難或社會事件，也可能是極為重要的重要地區新聞，其次則安排影響重大的政治、財經、內政、環保、交通、教育、衛生醫療等新聞，科學、文藝、體育及娛樂，其他軟性新聞則安排在新聞的後半，至於氣象、路況或重要財經指數等，在早晨或晨間通勤時段常安排在每節新聞開始播出，或在新聞開始及結束各播報一次。

　　為了發揮廣播新聞的機動性與時效性，現代廣播新聞已經直接採用電腦化方式製播。過去電台記者撰稿後多半以電話聽稿或傳真送回新聞稿，目前許多電台記者使用手提電腦輸入新聞稿，並透過數據機和電話線路傳回電台，輸入電腦新聞編輯系統。現場採訪錄音部分，經過剪輯之後也透過電話線路傳送，或將採訪錄音透過電話傳送再由電台編輯人員進行剪輯。記者播報部分，過去經常透過電話連線將音訊傳回，錄製在盤式錄音帶上再加以剪輯，目前部分電台採用電腦音訊工作站，聲音訊號可輸入電腦，記錄成數位化聲音檔案並在電腦中進行剪輯，剪輯完畢可以配合播報排序播出。廣播新聞作業電腦化加快新聞發稿和編輯的速度，提高新聞播報的靈活度及新聞資料管理的方便性，如與網際網路結合可提供新聞檢索及新聞選播服務，將成為未來廣播新聞的主流。

　　為了增加臨場感與互動性，近年來多數廣播節目已經採取現場（live）製播方式，其中包括中廣流行網也將現場化，在節目種類方面，音樂節目、談話節目與廣播新聞及新聞性節目，成為主要內容，廣播劇因為製作時間較長、劇本編寫不易、製作成本高昂等因素，製作數量大為減少，部分電台則改採廣播小說形式製播。如何繼續發展合乎現代聽眾需求、製作流程及成本合理的節目形式，是現代廣播節目規劃的一大挑戰。

我國廣播事業未來展望

　　民國82年我國開放廣播頻道，這可說是無線電子媒體解嚴的開始，政府解除對廣播頻道的管制，廣播電台審議委員會成為新電台申請設置的機制，電台申設者以營運計畫書說明其營運理念與計畫，營運計畫書代表其對社會大眾提供服務的公開承諾。民營電台開播之後不但帶動廣播事業的現代化，也使更多社會大眾再度重視及收聽廣播，為廣播生態注入蓬勃的朝氣，經過數年的快速成長，當前我國廣播事業雖逐漸進入穩定發展階段，為了建立現代化廣播事業體系仍有下列需要努力的方向：

一、促進軍公營電台及民營電台平衡發展

　　我國軍公營電台的設立具有其時代背景與目的，近年來，民營商業電台已能滿足社會大眾娛樂及生活資訊需求，因此，運用公共頻道資源、經費、人力所設置的軍公營電台也應配合環境變遷，加速調整定位與釐清方向，積極扮演現代傳播媒體的角色。以台北電台為例，近年來雖曾將調幅頻道及部分節目時間提供作為客語及原住民族群製播節目之用，但其設立宗旨及營運方式仍受台北市議會質疑而將預算刪除，使其節目製播及各項服務陷於停頓。

　　除了具有特定功能的教育、警察、漁業廣播電台之外，軍公營電台應朝向提供新聞、公共服務節目、教育節目、藝術文化節目及

少數族群服務節目發展，使公、民營電台能相互區隔並發揮互補功能。近年來復興廣播電台以探討兩岸事務、促進交流爲主要方向，漢聲廣播電台則增加文化記錄或藝術活動報導節目，其他軍公營電台亦應超越政治因素，積極規劃其節目製播及公共服務方向，以充分發揮公共廣播資源功能。

二、建立電台功能分類

世界傳播先進國家對其廣播電台屬性及功能予以適當規範，以美國爲例，在現有超過一萬一千個電台中，約有將近一萬個商業電台，另有大約一千三百個非商業電台，商業電台透過提供廣播節目吸引聽衆及播出廣告，以獲取商業利益，除了遵守傳播相關法令之外，是依據市場法則作自由競爭；非商業電台包括公共廣播電台、社區廣播電台、校園電台、少數族裔電台、宗敎電台等，主要以服務社會大衆、社區民衆或特定弱勢族群、增進其福祉爲宗旨，此類電台雖可接受捐贈及節目贊助（sponsorship），但所有收入均作爲電台發展及營運之用，不得以營利爲目標。

我國開放新電台設置申請以來，僅以大功率、中功率、小功率及調幅、調頻等技術規範作爲電台設置類別，可說只有功率大小區別卻無電台功能規劃。因此，原本期望扮演社區服務功能的小功率電台，目前均採商業化經營，並於開播後，不斷反映其涵蓋區域過小，廣告收益無法維持生存，目前已經透過修法，加大其電波涵蓋範圍爲半徑十公里，此一發展可能使商業電台數量過多且生存競爭更加激烈，並使廣播事業服務社區或特定社會團體的功能萎縮。由此現象可知，在建立現代化廣播事業體系時，應合理規範各類電台

屬性，使其發揮適當角色與功能。

三、制定合理規範，提升節目品質

　　由於商業廣播電台之間競爭激烈，爲了增加電台或節目收益，在節目中爲流行歌曲促銷的情形屢見不鮮，以贈獎或各種資訊單元進行商品宣傳等節目廣告化現象亦所在多有，過去還有部分節目以情色或靈異題材吸引聽衆，這些現象除了透過業者自律、法令規範、聽衆監督加以導正之外，也有待廣播電台主管單位透過有效管理與執法加以消除，此外廣播電台應建立一套聽衆訴願處理流程，聽衆對節目有任何意見應加以正視並妥爲處理，廣播業者也唯有確實尊重聽衆權益，製播高品質節目，方能成爲眞正受聽衆歡迎的節目和電台。

四、善用數位科技，增進傳播效果

　　由於數位音訊科技發展迅速，全數位廣播時代已經來臨。在製作方面，各種數位音訊媒體具有音質優異、反覆剪輯無失眞、操作方便等特性，因此，雷射唱機、數位錄音機、迷你光碟機、電腦硬碟錄音系統等，逐漸取代類比音訊器材，成爲廣播電台的重要製作設備。廣播新聞從採訪、編輯、播報都可以運用電腦化系統完成。運用可做多軌錄音與非線性剪輯的數位音訊工作站 (digital audio workstation) 可做音樂錄製、編輯、點播及自動播出，更適合進行高品質的廣告及廣播劇製作。

在節目傳送方面，國內電台已經透過衛星轉送節目，進行跨區域或全國聯播，甚至做海外廣播。另一個極為重要的廣播科技是數位廣播的發展。日本在發射直播衛星後，即運用衛星發射PCM數位廣播節目，可說是數位廣播的先驅。

歐洲國家在1986年提出推動數位廣播構想，期望建立符合未來五十年需求的新廣播系統。1987年起，英國、德國、法國、荷蘭等歐洲國家提出Eureka 147數位廣播計畫 (Digital Audio Broadcasting, DAB)，第一階段以四年為期進行系統研究與發展。1992年至1994年推動第二階段計畫，則完成各項關鍵元件、接收機、數據資訊服務、發射系統等重要開發工作。1992年世界無線電管理會議制訂DAB全球頻段分配計畫，地面廣播採用L-BAND (1452-1692MHz)，衛星廣播及地面輔助廣播採用S-Band (2535-2664MHz)。1993年歐洲電信標準組織 (ETSI) 通過成為歐洲廣播標準。同時，各國也積極進行各項測試及試播。

DAB系統音質優異媲美雷射唱片，可做多聲道環繞音效，且具有多媒體整合功能，訊號可透過地面、衛星、線纜等方式傳送。數位收音機使用小型天線即可接收穩定優良的音訊，不會有訊號衰減或多重路徑接收而產生的雜訊。而且接收機具有液晶面板，可傳送文字、圖形等資料，可作為節目輔助資訊服務及各種資訊服務，因此，世界各國均將其視為廣播科技的第三波革命。

英國BBC認為DAB是將英國導入數位傳播時代的關鍵科技，因此在1995年9月率先開播，涵蓋英國人口達到60%，目前民間廣播電台也積極推動，並進行傳送以DAB系統傳送網際網路資料的測試。德國在一百一十家廣播電台中已有三十家以數位廣播播音，並有五十家提供數位資訊服務，涵蓋區域約有三千萬人，約占總人口數35%，預定2000年涵蓋總人口數80%，2008年可涵蓋全國。除上述

各國外，到1999年為止，比利時、瑞典、丹麥、芬蘭、法國、西班牙、瑞士等均已開播。

北美地區加拿大很早加入Eureka 147計畫，並有相當完整的推動計畫，1992年組成數位廣播工作小組，1994年至1996年在多倫多、蒙特婁、渥太華、溫哥華等地進行試播，1996年已經正式開播，1992年2月已涵蓋八百九十萬人口，預計2000年涵蓋總人口的75％。澳洲也在1995年使用衛星完成測試，並將在2001年正試播出。

亞洲地區中國大陸、新加坡、南韓和日本有較積極的推動計畫。中國大陸稱DAB計畫是中國廣播事業的分水嶺，積極和歐盟建立官方合作關係，目前在廣東省的廣州、佛山、中山進行單頻網路試播。新加坡在1997年已經進行試播，香港RTHK也在1998年8月開始地面廣播。我國數位廣播規劃在87年起由電信總局委託工研院進行數位廣播綜合比較研究，目前原則上決定採用歐洲DAB系統，並將甄選實驗電台進行試播，逐步推展新一代的廣播系統。

在美國方面，由於現有廣播業者認為採用DAB使用新頻段，屆時電台以新頻率播音，勢必流失所有現有聽眾，而且歐洲DAB計畫使用的頻段現由軍方使用無法讓出，因此，主張運用現有FM頻段和相同頻率（In-Band On-Channel, IBOC），進行地面數位廣播。其系統雖已開發完成，並且經過FCC認可作為美國數位廣播標準，不過，由於實際測試後發現聲音品質未能獲得大幅改善，目前尚未獲得許多國家採用。

除上述各種數位廣播系統之外，許多新一代的數位式直播衛星系統均提供數十個頻道的數位音訊服務。所以，運用數位音訊進行廣播節目傳送將成為廣播媒體的新播送方式。

除了數位廣播之外，網際網路（internet）的蓬勃發展對廣播事業也有極大助益，各電台設置網站除了可以提供節目資訊、電台介

紹、主持人介紹、活動訊息之外，還可經由電子郵件蒐集意見或者供聽眾點歌，另外，許多電台（例如，中廣、ICRT、台北之音、台北愛樂、教育廣播電台等）已經透過網路播出節目，只要電腦配備音效卡、喇叭和音訊解壓縮軟體，就可透過網路在電腦上收聽，或點播儲存在節目資料庫中的廣播節目。

　　近年來我國廣播事業隨著新電台的開播及原有電台的更新，已經呈現嶄新的面貌。成功的電台除了善用製播科技與節目策略，創造現代化的聽覺感受之外，還運用現代媒介經營方法，建立良好企業體質，奠定長期發展的基礎。此外，多數電台也致力於電台推廣與行銷，不斷舉辦活動和參與公益事業，不但擴大服務的能力與範圍，也吸引更多廣播聽眾。未來我國廣播事業如能繼續吸引優異人才，提升和其他傳播媒介的競爭力，將能開創廣播的另一個黃金時代。

複習重點

1. 請簡述我國廣播事業發展歷程及廣播頻道開放對廣播生態的影響。
2. 請蒐集最新的廣播收聽調查資料，歸納分析我國廣播聽眾收聽行為。
3. 請就個人興趣，選擇兩個廣播音樂節目比較分析其節目內容及優缺點，並提出改進建議。
4. 請蒐集某一電台資料或進行實地訪談，說明現代廣播科技對節目製播的影響。

參考書目

1. 黃葳威、劉美琪，民國87年9月，〈調頻中、小功率電台廣播頻道繼續開放申設電台之可行性評估研究〉，行政院新聞局委託研究計畫成果報告。

2. 盧景海，民國87年4月，〈我國廣播事業的發展與前瞻〉，《廣電人》，頁45-48。

3. 吳育昇，民國87年3月，〈收聽率調查反應收聽眞相〉，《廣播月刊》，頁32-33。

4. 盧景海，民國87年3月，〈我國廣播事業的發展與前瞻〉，《廣電人》，頁45-48。

5. 魏久峰，民國87年3月，〈全國收聽率大調查〉，《電台雜誌》，頁36-38。

6. 彭家發、侯志欽等著，民國86年，《認識大眾傳播》，台北：臺灣書店，頁207-227。

7. 廣播電視事業發展基金會，民國85年6月，〈電台收聽行爲研究報告出爐〉，《廣電人》，頁2-7。

8. 馮小龍，民國85年，《廣播新聞原理與製作》，台北：正中書局。

9. 侯志欽，民國84年，〈數位音訊科技帶您進入聽覺新境界〉，《廣播與電視》，第59期，頁96-99。

10. 潘家慶、王石番、謝瀛春、鄭自隆，民國84年6月，《台灣地區民眾傳播行爲研究》、台北：行政院國家科學委員會。

11. 侯志欽，民81年，〈廣播科技發展趨勢及其應用〉，台北：廣播事業研討會。

12.廣電媒體分布，行政院新聞局網際網路資料，網址：www.gio.
gov.tw

第 11 章

電視產業：發展現況與觀衆

鍾起惠

內容摘要

　　電視是二十世紀最重要的傳播科技發明物之一，在二十一世紀時，此一媒體將與電腦、電信接軌，成爲兼具資訊與娛樂的超級媒體。

　　本文從「無線」與「有線」等二個面向，分述電視發展概況，並談及台灣電視發展歷程。

　　以「無線電視」而言，美國商業電視的發展約可區分爲四個主要階段，分別是：(1)黃金期（1950-1960）；(2)電視網全盛期（1960-1975）；(3)競爭期（1975-1990）；(4)成熟期（1990-2000）。預估到2000年時，美國商業電視台將逼近一千二百家之多。不過，近年來，過去經營規模較大的地方電視網已出現營收衰退、裁員及破產的局面。此乃受到衛星與有線電視快速成長，分食廣告、挖角，以及有線電視全球頻道的興起（如美國有線新聞網）等諸多外環境因素，直接觸發地方電視網及全美三大電視網朝向更白熱化的競爭。

以台灣情形爲例，民國84年6月由民間全民電視公司籌備處取得第四家無線電視台的經營權，並於民國86年6月開播，成爲繼台視、中視與華視之後的第四家無線電視台。

　　再以「有線電視」而言，傳播管理學者Sherman將美國有線電視的成長區分爲三個時期，分別是：(1)社區共同天線時期（1950s-1970）；(2)發展期（1970-1990）；(3)保持戰果期（1990-迄今）。預估至2000年時，全美有線電視系統家數將突破一千二百家，且訂戶普及率亦將接近100％。而台灣有線電視的發展，以民國87年爲例，普及率亦已超過80％。似乎有線電視帶來的多頻道電視環境，已經改寫了寡占的無線電視市場。

　　至於電視環境的改變，亦使得觀衆收視行爲的內涵意義產生質變。基本上收視行爲有朝向分裂化、兩極化與主動選擇能力提高等三種特徵。此外，有線電視創造出的多頻道，亦將觀衆帶向「小衆」化的收視。

　　最後，電視在二十一世紀將觸及的新議題，將朝向：(1)全球化與垂直整合；(2)科技整合；(3)經濟與媒體的管理；(4)電訊管理等四個面向，準此，電視媒體的議題探討，又將是宏觀的「電訊」面貌。

前　言

一、科技成長歷程

　　八〇年代傳播學者威廉斯（Frederick Williams）曾經將人類的傳播科技歷程，生動地濃縮爲一天二十四小時。從三萬四千年前人類使用語言等同於午夜零時開始，直至2000年爲止，人類所熟悉的新傳播科技，絕大部分是在一天結束之前的十一時五十五分之後才被發明的。例如：（Williams, 1982: 29）

時／分／秒	傳播科技的發明
23:55:47	無線電報、電影攝影機
23:56:48	商業廣播電台
23:57:40	電腦
23:58:02	彩色電視機
23:58:28	第一顆商用衛星
23:58:59	家庭錄影機、雷射傳眞
23:59:11	傳播革命加速進行中……

　　從這個具體地比擬中可以發現，現代傳播科技的陸續湧現，幾乎是本世紀、乃至於第二次世界大戰結束之後，傳播科技才有了重大突破與跳躍。其中，電視的發明，又堪稱是本世紀最重要的傳播

科技發明物，因為在本世紀結束時，由於傳播技術的躍升，可以預見的電視媒體，基本上已經與電腦、電信接軌，而成為兼具資訊與娛樂的超級媒體。

二、電視媒介的產品／功能特性

傳播學者在分析當代媒體的產品與功能特性時，曾經提出一幅電子媒體景觀圖(Fombrun and Astley, 1982:61，轉引至Sherman, 1995: 10)，如圖11-1所示。

基本上此一景觀圖是從產品面（軟體與硬體）與功能面（娛樂

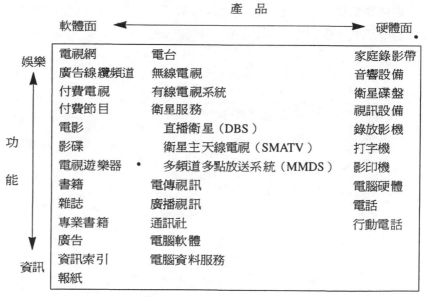

圖11-1　電子媒體景觀圖

資料來源：Sherman（1995），p.10.

與資訊）等面向，所組合成的四個區域概念來分割現代媒體的位置。從圖11-1中可以清楚地看出，電視媒體包括，無線電視、有線電視、電視網、付費電視／節目等，多集中在圖11-1中間偏上方的位置，這個位置凸顯出傳播學者視「電視媒體」是娛樂功能導向（非資訊導向），且軟硬體科技兼具的產品特性。

　　值得一提的是，這個景觀圖的核心傳播科技，正是「電視」此一媒體，由於科技的整合與相容技術不斷地突破，在可預見的未來，「電視」將成為連結「電訊產業」與「消費者」的介面體。

無線電視

一、頻譜與公共資源

　　為了避免廣播訊號的重疊干擾，以及確保有限的頻譜可以獲致公平的分配，因此由「國際電訊聯盟」（International Telecommunication Union, ＩＴＵ）透過國際協定方式，將全球規劃出各頻譜波段的使用用途與範圍。

　　根據「國際電訊聯盟」（ITU）的規定，全球的無線電波頻譜（radio spectrum）共區分為八個波段。**表11-1**顯示不同波段與傳播用途之間的關係。

　　以無線電視為例，其使用的波段是「特高頻」（very high frequency, VHF）與「超高頻」（ultra high frequency, UHF）①。

表11-1　無線電波頻譜與其傳播用途

VLF（特低頻） 30千赫以下	無聲傳播 無線電助航（導航電台），航海等用
LF（低頻） 30千赫到300千赫	航空，航海，雷達定位 無線電助航（導航電台）等用
MF（中頻） 300千赫到3,000千赫	調幅廣播，業餘，災難，工業 公共安全，危急求救等用
HF（高頻） 3兆赫到30兆赫	長程，國際，業餘，大眾波段 無線電傳真，與其他用途
VHF（特高頻） 30兆赫到300兆赫	電視，調頻廣播，太空電測器，衛星，地上移動物 ，航海，太空無線電，航空，與其他用途
UHF（超高頻） 300兆赫到3,000兆赫	電視，衛星，工業，太空研究，大眾波段，航行， 公共安全，及業務等用
SHF（至高頻） 3GHZ到30GHZ	衛星，電視接收，雷達，業務，太空研究 無線電航行，與其他用途等
EHF（極高頻） 30GHZ到300GHZ	太空研究，太空無線電，電達定住，實驗及業餘等 用

資料來源：莊信凱譯（1997），pp.25-26.

美國管理頻譜結構分配的機構是「聯邦傳播委員會」（FCC），針對無線電頻譜分配與合理使用，以及電視經營執照的審核等工作，皆由此一機構負責。

　　而台灣的頻譜管理結構，除了受到「國際電訊聯盟」的國際性管制之外，分配台灣無線電頻譜的管制機關包括交通部、新聞局與國防部（鄭瑞城，1993：24）②。

　　在民國84年以前，分配到電視頻道使用的有三家電視台（台視、中視與華視）。根據學者針對所有權的分析（鄭瑞城，1993：46-

47），台視應可視爲民營，然在實際運作上因台灣省政府占絕大優勢，幾乎與國營無異。中視股權中，中國國民黨黨營文化事業占60.27％，故視之爲黨營可能更貼切。至於華視，則國防部相關機構，持股比例達70.68％，可歸爲國營。

　　換言之，國內三家無線電視台如純由股權區分，應是民營、黨營、國營三分天下，而實質上更趨近於國營。因此，國內無線頻譜中，爲電視所用之特高頻（VHF）與超高頻（UHF），實質上均歸屬於政府所用，亦即政府壟斷所有的電視頻道資源。此一現象則至民間發起「黨政軍退出三台」運動及民國82年政府採廣電政策自由化之後，才出現第四家無線電視台（民視）。

二、商業電視的成長與現況

　　以美國的情形而言，商業電視（commercial television）的發展已超過四十年，此一媒體早已深入美國每個家庭。從早期的小型黑白電視到目前具有數位立體音效環繞的大型彩色電視；電視節目也從肥皂劇、綜藝節目等線性節目，進入更多元化的非線性節目，例如音樂片（MTV）或體育活動的轉播等。

　　傳播學者往往視美國商業電視的運作邏輯，爲電視產業資本主義制度發揮淋漓盡致的代表。簡言之，商業電視特指電視台營收絕大部分是依賴廣告主（advertiser）贊助節目廣告，因此形成了電視台、觀衆與廣告主等三者之間的環環相扣關係。

　　傳播管理學者歇爾曼（Barry L. Sherman）特將美國商業電視的發展區分爲四個主要階段，分別是：(1)黃金期（the golden age）（1950-1960）；(2)電視網全盛期（network heyday）（1960-1975）；

(3)競爭期（competitive TV）(1975-1990)；(4)成熟期（matura-tion）(1990-2000)（Sherman, 1995: 104）。並據此估計四階段（1950-2000）商業電視台家數。

　　從圖11-2的商業電視四階段發展過程中可以得知，從1950年代開始商業電視台的家數即快速成長，直至1980年代成長家數達到九百家的高峰之後，本世紀最後二十年商業電視台的成長，仍然呈現緩慢成長的態勢。預估到2000年時，商業電視家數將逼近一千二百家之多。此外，在1995年之後，「超高頻」（UHF）電視台的家數也超過「特高頻」（VHF），後者的家數從1990年代之後，即呈現停滯

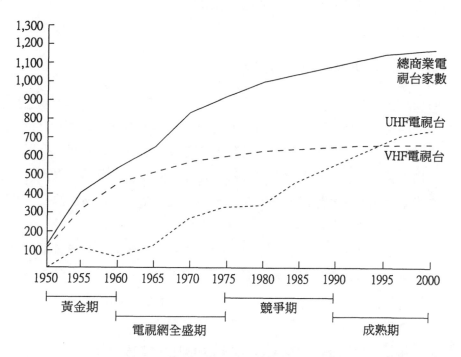

圖11-2　美國商業無線電視台家數（1950年～2000年）

資料來源：Sherman（1995），p.104.

成長，而前者在1980年代初期之後③，則是呈現倍數成長的趨勢。

雖然電視台的總數仍持續成長，但不可否認的是在1993年全美地方結盟台（affiliates）脫離全國三大商業電視網的比例④，首度超過20%以上，此為美國電視史上最高的比例（Sherman, 1995: 108）。這些脫離三大電視網的結盟台，紛紛朝向與有線電視頻道，例如FOX，或各地電視網相互結盟，形成區域聯網等締造新形式的結盟關係。

此外，部分過去經營較佳且規模較大的地方電視網也陸續出現營收衰退、裁員乃至於破產倒閉的局面。同時，在六〇至七〇年代於海外設立的新聞部門也面臨了關閉命運。究其原因實乃衛星與有線電視的快速成長，不但分食了廣告市場大餅，從地方電視網挖角，甚或由於有線電視全球頻道的崛起，例如，美國有線新聞網（CNN）等，皆迫使地方電視網或全美三大電視網的競爭，呈現白熱化的現象。至此傳播學者也對過去一張電視經營執照等於印鈔機（a license to print money）的說法，抱持不以為然的態度（Sherman, 1995: 109）。

以台灣的情形而言，無線電視台創始於民國51年2月教育電視實驗電台的開播，當時電功率為一百瓦，電波涵範圍約十公里，每天播出二小時的教學節目。民國51年10月「台灣電視公司」開播，台灣正式進入電視時代，第二家無線電視台「中國電視公司」於民國59年10月開播，而教育電視台於民國60年擴大改組成「中華電視台」。為因應社會大眾對電子媒體開放的需求，新聞局於民國82年對無線電波頻道開始鬆綁管制法令，民國84年6月由民間全民電視公司籌備處取得第四家無線電視台的經營權，並於民國86年6月開播，成為第四家無線電視台⑤。

前文提及台灣無線電頻譜的管制機關為交通部、新聞局與國防

部。直言之，無線電視雖屬公共財，管制機關審核經營執照之後，有關電視台的節目營運管理皆應有高度自主性，原是商業電視的基本精神。但是從台視、中視與華視的股權結構分別爲台灣省政府、國民黨與國防部所控制，以及歷任董事長與總經理的遴選多爲股權主控協商的結果來看，三家電視台的確不具備民營電視台的管理機制。此外，民視雖強調其股權分散的作法，但其董事成員亦多爲民進黨黨員，使得民視的民營化色彩亦不存在。

針對戒嚴時期台灣無線電視的管理精神而言，學者提出四項特色，包括（王振寰，1993：79）：

1. 法令與政策明白賦予媒體特定任務與目標，例如，廣電法第一條述明廣電媒體的目的在闡揚國策，宣導政令等。
2. 由行政機關而非由司法機關認定媒體是否違法與處分，例如，可吊銷媒體執照的機關是新聞局，而非法院。
3. 國家機器對媒體實施審查制度，例如，廣電法第二十一條對電視節目進行事前審查。
4. 軍事單位介入電視等。

雖然民國76年解嚴之後上述政治力介入電視台經營的情形或有減輕，且廣電法中的部分條文亦將相應修改⑥，以及在學界、立委與民間要求黨政軍退出三台的外在壓力下，三台目前已著手進行股票公開發行與上市的準備。

在內部組織架構方面，四家無線電視台的規劃大致類似，依功能職掌基本上可區分爲五個部門，包括節目部、新聞部、業務部、工程部與行政管理等部門。其中台視、中視與華視平均每家電視台的員工人數爲七百五十八人，惟員工人數有逐年減少的趨勢，預估至民國90年時，三台平均員工人數將控制在不超過七百人（平均六

百九十九人）（彭芸，1997：111）。此外民視的員工人數則明顯較三台少（民國86年7月，達四百五十六人）⑦。

在無線電視台的營業收入方面，民國82年之後，三台的年平均營收皆超過五十億元，其中廣告占總營業收入之比例，皆高達94%（以民國85年為例），預估至2010年時，台灣無線電視產值約達一百三十九・八四億元，其中廣告占總營收比例為90%。此外若從1993-2010年為分析時段，則1993年的總營收為一百六十四・四億元，1994年攀升至一百七十三・一五億元之後則逐年呈負成長（彭芸，王國樑，1997：51）。究其原因仍是受到有線電視系統與頻道分占廣告市場有關，此一現象與九〇年代以後美國商業電視所面臨的經營困境頗為類似。

三、公共電視：另一種選擇

教育電視（educational television）、公共廣播（public broadcasting）或公共電視（PTV），都可視為是非商業電視（noncommercial television）的類型。這些不以營利為目的的電視台，最初是為了教育的需要，其後也製作有關地方文化與公益性的節目。

六〇年代美國社會出現了嚴重的分裂，例如，越戰、反越戰運動、城市暴力、劫機、政治暗殺與民權運動等，一幕幕驚心動魄的暴動與示威畫面，透過電視傳遞給觀眾。社會上開始出現聲勢浩大的反商業電視色彩的抗議運動。於此同時，暴力委員會（National Commission on the Causes and Prevention of Violence）出版了系列研究報告，其中由貝克（R. K. Baker）與包爾（S. J. Ball）所編的《暴力與媒介》（*Violence and Media*）反映出電視描述暴

力與眞實暴力之間的關係。此報告不但成爲大眾傳播研究的經典作品，同時也開啓了涵化理論（cultivation theory）的方向。該理論的核心觀點即是：「電視內容可以建構觀眾的世界觀」，尤其是電視中的暴力將增加兒童與青少年的侵略行爲⑧。

除了暴力、色情對兒童、青少年的影響之外，商業電視台最爲人詬病之處尚包括，競逐收視率與廣告主，而使節目品質流於媚俗、新聞娛樂化、節目廣告化、競相製作高收視率的節目等。

爲了順應民意，1967年美國通過公共電視法案（Public Broadcasting Act of 1967），將原「教育廣播電台」(Educational Broadcasting) 易名爲「公共廣播電台」(Public Broadcasting)，同時設立「公共廣播公司」(Corporation for Public Broadcasting)，作爲吸納聯邦基金以統籌分配運作的主體。1971年，成立「國家公共廣播電台」(National Public Radio)，並以「公共電視網」(Public Broadcasting Services, PBS) 的名稱，製作與提供各地節目聯線與播出的服務。

公共電視是電視制度的一種範型⑨，有別於商業電視台的特色之一即是，電視台的資金來源爲政府（納稅人）或收視戶，而非廣告主，以防止電視台的運作全面受到商業資本的操控。

此外，公共電視的另一項特色即是「公共利益」(public interest) 的精神，以美國1967年公共電視法爲例，其中指出的公共服務理念是（Kahn, 1978: 542-560）：

1.提供健康、教育與其他公共或社會服務的資訊。
2.服務公共利益，並使媒體達到教育性之目的。
3.提供地方性與全國性的節目。
4.反映地方與全國民眾的利益與興趣。

5.民眾有參與公共媒體的權利。

6.獨立、不受任何因素的干擾與控制。

以台灣公共電視設置為例，民國69年間，社會對三家電視台的商業走向多所訾議，遂有提出設立公共電視的構想。民國81年公視法草案進入立法院審查，法案審查延宕數年，其間民國85年10月由學術、文化與公益團體成立「公共媒體催生聯盟」，成為支持公視建台的關鍵力量。至民國86年5月始三讀通過該法。公視於民國87年7月1日正式開播。惟目前公視資金來源，絕大部分為立法院編列之預算，公視法附帶決議明列，公視年度經費第一年由行政院編列十二億元預算，往後逐年遞減10%，換言之，公視勢必朝向從民間自籌財源的途徑發展。

有線電視

一、有線電視系統的成長與現況

有線電視是第一種足以對無線電視構成結構性挑戰的新傳播科技。出現於五〇年代的「社區共同天線電視系統」（community antenna television, CATV）最初的目的是，提供電視訊號給偏遠山區無法直接正常接收視訊的觀眾。早期有線電視的傳輸方式是將一座大型天線放在山頂，以方便接收無線電視台的訊號，然後將所

接收到的訊號擴大，再透過連接的線纜傳送到訂戶家中的電視。

　　與無線電視最大的區別之一是，有線電視是付費電視（pay cable），訂戶需定期付費始能獲致有線電視系統（cable system）傳送的節目。為了爭取訂戶，有線電視系統不但改善視訊品質（例如，傳輸訊號的線纜從同軸電纜提升到光纖，這也使得傳輸視訊的容量增加），提供更多頻道／節目，以及針對特定觀眾需求而有的額外付費節目（pay-per-view）等，這些致力於提升訂戶服務品質的作法，直接改變了電視產業的生態結構。

　　傳播管理學者歐爾曼特將美國有線電視的成長區分為三個時期，包括（Sherman, 1995: 133-134）：

■ 社區共同天線時期（1950s-1970）

　　此時期皆屬小規模小範圍的有線電視系統，系統經營者多為工程技術人員，管理與維修大型天線，主要傳輸無線電視台的節目。

■ 發展期（1970-1990）

　　有線電視系統家數在此時期快速成長、無論是工程、技術、管理與財務等，皆趨向專業化，此外，在節目／頻道方面，也陸續出現電影、體育等有別於無線電視台的節目。

■ 保持戰果期（1990-）

　　經過二十年的發展，有線電視系統出現了多系統經營者（multiple system operations, MSOs），這些大規模的系統經營者不但擁有水平式的各區域系統經營權，也垂直掌握各種頻道／節目供應來源。不過由於受到家庭錄影帶的衝擊，九〇年代之後系統經營者的經營目標不再是擴張市場而是鞏固訂戶的流失。

圖11-3爲歇爾曼預估2000年時有線電視系統家數之趨勢將突破一萬二千家。而根據1996年的資料顯示，美國最大的有線電視系統有四家，分別是TCI、Time Warner、COM、CAST-A等，前二大系統就擁有美國38%的有線電視訂戶（彭芸，1997：2）。

　　以1993年爲例，美國有線電視的市場普及率已達75%，約有五千六百萬的基本頻道訂戶，其中四千二百萬皆爲付費頻道之訂戶（Sherman, 1995: 137）。

　　此外，圖11-4爲歇爾曼根據過去有線電視市場普及率來預估2000年之趨勢。從預估趨勢來看，2000年時有線電視市場普及情形

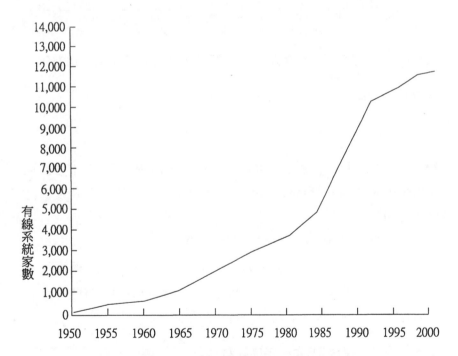

圖11-3　美國有線電視系統經營者家數（1950年～2000年）

資料來源：Sherman（1995），p.133.

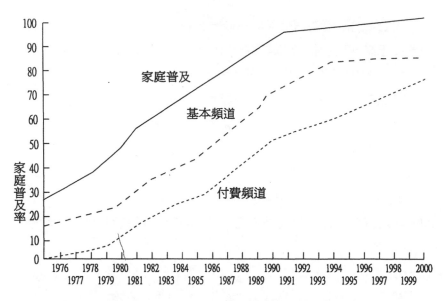

圖11-4　有線電視市場普及，基本與付費頻道訂戶比例（1975年～2000年）

資料來源：Sherman（1995），p.136

將邁向100%。以基本頻道（basic cable）的訂戶而言，其市場普及率將超過80%，以付費頻道（pay cable）的訂戶而言，其普及率也將超過70%。

　　以台灣有線電視系統的發展而言，事實上可追溯自民國58年，在歷經二十五年的萌芽、成長與正式立法開放經營，此一傳播科技的發展，一直是民間帶頭起跑，政府在後追趕的情形。整體而言，台灣有線電視的發展，約略可分為四個階段：

■第一階段（民國58年～民國67年）

　　此時期有線電視的出現，是為了協助花蓮豐濱住戶改善因高山

地形阻隔,所造成的收視不良,初始以電纜為主軸的共同天線系統,服務範圍約五百戶。直至民國60年前後,受高山地形隔的地區,例如,台中大甲、龍井、清水一帶,也出現了小區域性的共同天線系統。此時期有線電視經營者的技術與經營方式,仍處於原始萌芽的時期。

■第二階段(民國68年～民國77年)

此一時期,專業經營者介入有線電視市場,民國68年政府並訂定「共同天線電視設備設立辦法」,提供共同天線法源基礎。共同天線經營者亦於民國75年組成「共同天線電視設備協會」。值此之際,「第四台」以播映侵權錄影帶,以及接收日本直播衛星(小耳朵)節目蔚為風潮,再加上民國77年經營者公開促銷收看「漢城奧運」等因素,都直接使得「第四台」與「共同天線」的用戶快速激增。由於受到美國著作權要求的外在壓力,以及國內電影片商與錄影帶經營者的抗議,此時期,政府對待「第四台」的態度,完全是以「剪刀」代替「管理」,取締行動頻繁;惟「第四台」卻未見消失,反而日漸壯大。

■第三階段(民國78年～民國82年)

行政院於民國78年5月核定開放有線電視;一年之後「有線電視法草案」出爐,惟草案中的一區一家經營上限條文引起各方爭議;民國81年行政院通過「有線電視法草案」。同年,政府首次同意將現有第四台納入合法管理;民國82年「有線電視法」完成三讀程序。

■第四階段(民國82年迄今)

在民國82年11月依「有線電視法」授權制定「有線電視節目播

送系統暫行管理辦法」發布施行開放「第四台」業者登記，計有六百零七家播送系統取得登記證營運。茲因系統申設有二億元資本額限制，系統間進行整合結盟以擴大經濟規模，至民國83年公告受理有線電視系統申設並經五梯次審議，有籌設許可執照的經營者計一百一十一家（新聞局，1997：24）。民國87年6月第一家有線電視公司基隆市之「吉隆」正式開播之後，台灣有線電視的發展已邁向法制規範的新階段。

圖11-5顯示從民國79年至今台灣有線電視的市場普及率情形，從民國82年「有線電視法」通過，也依暫行辦法讓「第四台」在籌

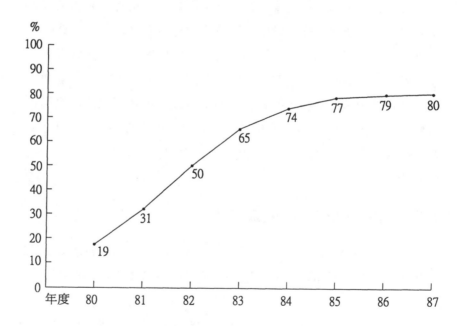

圖11-5　台灣有線電視市場普及率

資料來源：民國80年～86年為AC Nielsen / SRT(1997)《電視媒體生態報告》，
　　　　　民國87年為廣電基金《電視收視行為研究》報告（1998）。

設許可執照取得前仍繼續營運的情形下，市場普及率即從50％逐年攀升至目前的80％。換言之，台灣每五個家庭中，即有四個家庭都已裝設有線電視。

有線電視系統的組織架構基本上以工程／維修、廣告／業務、節目／企劃、客戶服務等部門為主。以民國85年為例，平均每個系統員工總數為九十四・六九人（彭芸，1997：119），估計民國85年有線電視系統的從業人數約在九千九百人至一萬二千人之間（關尚仁，侯志欽（1996），且從業人數至2000年時，仍呈正成長（彭芸，1997）。

有線電視系統的營收主要來源為訂戶，以美國1990年為例，基本頻道訂戶收益來源占全部營收的最大比例（56％）、其次為付費頻道收益（28％），而廣告（4％）、付費節目（2％）或其他（8％）等收益來源比例相對較低（Sherman, 1995: 148）。而台灣的情形，則訂戶收益的比例更高達至82.8％（劉幼俐，1998：57）。

二、有線電視與多頻道環境

構成有線電視產業的兩大主體，一是系統經營者（亦可稱為頭端，意即架設大型天線接收無線電視與衛星訊號，並舖設／維修線纜的經營者）；二是頻道／節目供應者。唯有線電視法中亦允許系統經營者可經營部分頻道與製作節目。換言之，提供電視多頻道節目來源者除了無線電視之外，尚包括有線電視系統經營者及頻道／節目供應者，這多管道的節目製作來源，亦使得電視頻道／節目內容趨向更多樣的面貌。

整體而言，有線電視改變傳統無線電視媒體的環境，傳播學者

歸納這些改變包括（Heeter and Greenberg, 1988: 1）：

1. 有線電視的最大特色是頻道，並已打破美國三大無線電視網長期壟斷的現象。
2. 對擁有電視機的人來說，電視不再是經濟性的公共財；訂戶需付費接收頻道。
3. 頻道專殊化的結果，出現了特定的節目型態。
4. 就算人們居住在同一城市中，也已不再收視一套相同的節目。
5. 有線電視的訂戶，絕大多數擁有遙控選台器。

如果將上述的五項影響一言以蔽之，即是電視已邁向「多頻道環境」（multichannel environment）。以目前台灣的情形而言，稍具規模並有自製節目能力的頻道商約有一百三十家之多，以民國86年可接收到的頻道爲例，根據筆者的粗略統計，頻道商提供的節目類型，約20%爲綜合性頻道、電影頻道約占15%、10%爲新聞頻道、體育類頻道占10%、日語頻道約占5%、資訊／知識類頻道約占5%、MTV/音樂頻道占5%、大陸衛星頻道約占5%、休閒旅遊頻道約占3%、卡通頻道約占2%，特殊小衆頻道（如地方性節目、宗教性節目、購物頻道與成人節目等）亦各占約5%左右。

此外，在台灣最受觀衆歡迎的頻道是「家庭票房電影院」（HBO）、「無線電視台」（TVBS）、「無線電視台超級新聞網」（TVBS-N）等（紅木公司，1997），而有線系統經營者則認爲內容最好的頻道是「探索」（Discovery）（《中國時報》，1997.11.26，p. 22）。

三、有線電視對整體電視產業的影響

　　根據學者的研究顯示，至2000年時，台灣有線電視系統經營的總營業收入將達一百四十五億元，且2000年至2010年時，每年仍有5%～10%的成長率。在頻道／節目供應方面，至2000年時的總營業收入將可達九十七億元，且2000年至2010年時，每年仍有6%～13%的成長率發展。同時，頻道／節目供應者的營業額中，將有四分之三以上的收益將來自於廣告營收（彭芸、王國樑，1997）。此外，有線電視可跨業（電信與資訊產業）經營時，一般估計，有線電視與電信、資訊產業整合時的年產業營業額，將可創造出市場千億以上的水準。

　　從上述的分析來看，台灣有線電視對整體電視產業的生態變化將是全面性的。根據筆者的觀察將有六個方向的影響：

1. 將電視整體環境帶向多頻道電視的時代，換言之，過去只有無線電視台的電視環境已改觀，有線電視系統、頻道商、直播衛星以及無線電視台等四類媒體生產者，皆是多頻道環境中的成員，同時由於有線電視市場普及率已高達80%，又反映出觀眾付費收視的習慣已養成。

2. 對無線電視的影響，特別是將瓜分無線電視的廣告市場與觀眾，例如，新開播的民視無線台已不具有無線電視台傳統上的優勢性。

3. 頻道／節目趨向多樣化與分殊化，節目時程安排亦從線性轉向非線性。

4. 國際衛星頻道，例如，美國有線新聞網 (CNN)、日本放送協會 (NHK)、大陸中央電視台、中天等頻道，加速電視全球化的趨勢，並由於即時同步將國際資訊傳遞，亦促使區域性與國際性連動的影響漸次升高。

5. 有線電視系統經營者掌握通路優勢之後，未來在法規進一步開放後 (如跨業投資的鬆綁)，配合國家資訊基礎計畫 (NII)、有線電視系統經營者可兼營電信業務時，則有線電視系統的第二次產業革命亦將啓動。

6. 在有線電視法中將有線電視定位成地方／區域型的媒體，惟由於合法有線電視公司遲遲未能全面成立，在法的精神無法具體落實下，目前有線電視地方特色亦尚付之闕如。

多頻道環境與觀衆收視

一、觀衆收視行為的變化趨向

無可諱言的，「電視改變了世界」。英國文化研究大師威廉士 (Raymond Williams) 曾經將這個命題作了九點延伸 (馮建三譯，1992：23-24)：

1. 電視的資訊與娛樂功能，使得過去的媒體 (資訊、娛樂) 功能為之改觀。

2.電視的社會傳播力量，使得過去社會制度與社會關係的形式
　爲之改觀。

3.電視媒體的內在特性，使得人類對於眞實的基本認識爲之改
　觀；也使得人際間的關係、人類與世界的關係爲之改觀。

4.電視提高了人的機動性 (physical mobility)，使社會的形式
　與性質爲之改觀。

5.電視成爲資訊與娛樂媒體後，造成了人們無法預見的後果，
　也威脅到其他資訊、娛樂媒體的存在；同時家庭、文化與社
　會生活的核心也隨之改觀。

6.電視有潛力提供集中且同質化的娛樂型態，形成集中且同質
　化的民意，並形塑同質化的行爲模式。

7.電視使得家庭消費經濟領域，成爲可供賺取利益的一環。

8.電視的特性使得人類在文化或心理層面的墮性更形擴大或強
　化，電視儼然成爲這些墮性的代表。

9.電視滿足新而複雜的社會，且造就了原子化的人際關係；同
　時，新社會的質素也被電視加以利用與催化。

　　歸納上述九點的分析，都可以集中在一個核心命題上，那就是
「電視的使用」。簡言之也就是觀衆「收視行爲」的問題。

　　傳播學者在檢視七〇年代至九〇年代的收視行爲變化時，發現
了觀衆看電視的時間仍在持續增加中。究其原因不外有三點
(Xiaoming, 1994: 358)：

1.消費者的經濟力提高及電視機的量產促使價格大幅下降，電
　視成爲人人可以擁有的電子媒體。

2.有線電視與衛星的發展，使得電視節目的傳輸與接收都變得
　更快速也更容易。

3.新傳播科技的發明，例如，遙控器、畫質清晰與大螢幕等，
都使得觀看電視更便捷。

究竟多頻道環境中的新電視媒體與舊電視媒體有那些特性差異
呢？⑩（如**表11-2**）。

首先，在節目內容方面。從電視的發展史可知，八〇年代以前
電視節目類型與內容設計主要是為了訴求最大多數的觀眾，這使得
節目內容形式趨向同質性與標準化；同時，節目所傳遞的價值觀也
趨向單一化。然而新電視媒體的「多頻道」特性，卻正意味著以多
元化節目來吸引觀眾，以小眾與窄播（narrow-broadcasting）區隔
觀眾市場。

其次，與頻道的關係。基本上舊電視媒體是以「節目」而非以
「頻道」來區隔觀眾，而在新電視媒體的時代，由於有多頻道可供
經營，因此頻道經營者應運而生，對這些頻道商而言，將同類型節
目規劃到同一頻道的作法，一方面可定位頻道分殊同質的特性，而
發揮單一頻道的影響力，另方面亦可降低製作成本。

最後，在節目／頻道獲取程度方面。在舊電視媒體時代，一架
電視機等於三台，觀眾的收視選擇是單一的。但是在新電視媒體中，
觀眾可以在同時段中選擇多樣分殊的頻道。

表11-2　新舊電視媒體本質特性比較

	舊電視媒體	新電視媒體
節目內容	單一／同質／標準化	多樣化
與頻道的關係	無關	有關
節目／頻道獲取程度	普同性取得	分殊性取得

資料來源：Webster,（1989），pp.198-202, 轉引至鍾起惠，彭芸（1995），p.3.

因此，在新電視媒體的多頻道環境中，觀衆收視行爲出現三種本質上的變化，包括：(1)觀衆的分裂化現象出現；(2)觀衆的兩極化趨向更明顯；(3)觀衆主動選擇暴露能力提高（鍾起惠，1997：26-28）。

■ 觀衆的分裂化現象出現

許多的實證研究顯示，全美三大電視網黃金時段的觀衆持續滑落，換言之，三大電視網流失的觀衆，大部分轉向有線電視、公共電視、獨立電視台或錄放影機。這也正是從大衆轉向分衆的精義所在。因此，觀衆分裂化現象來臨時，已經沒有任何一個頻道具有絕對優勢來掌握分裂的觀衆了。

■ 觀衆的兩極化趨向更明顯

對舊電視媒體而言，因爲節目訴求傾向最大多數的觀衆，所以觀衆兩極化的問題相當模糊。但是在新電視媒體環境中，節目愈趨多樣／分殊的結果，觀衆就愈傾向精挑細選自己喜歡的節目，同時，也能有意識地避開自己不喜歡的節目。另外，因爲「頻道忠誠度」（channel loyalty）的現象出現，也使得觀衆收視其他頻道的可能性降低。是以「收視」與「不收視」的兩極化現象益發凸顯。

■ 觀衆主動選擇暴露能力提高

因爲遙控器的普及，也使得這個裝置成爲觀衆收視節目的一個決策工具。觀衆在便利的前提下，有相對自主性決定自己的收視行爲。

二、收視行為研究指標舉隅

　　本文將以實證研究的數據指標，來說明三項台灣地區觀眾收視行為的現況與意義。現分述如下：

■一戶多機時代已來臨，電視漸成為個人媒體，而非家庭媒體

　　根據最近的實證研究資料顯示，台灣家庭擁有電視機的比例已達100%，其中每三個家庭中就有二個家庭（67%）是屬於多機家庭（擁有二台及以上的電視機）（AC Nielsen／SRT, 1997）。另外，再根據民國87年的收視行為研究也顯示，台灣家庭平均擁有的電視機架數為2.1架；同時有47.4%比例的觀眾，擁有個人的電視機，擁有個人電視機者，又以二十五至五十四歲年齡的觀眾最明顯（廣電基金，1998）。

　　從這些數據來看，台灣家庭不但已是一戶多機的情形，同時電視機也成為近半數比例觀眾的個人媒體了。

■無線電視的觀眾已大幅流失，而有線電視的收視則大幅成長

　　從表11-3的數據中可以發現，從民國83年至民國86年之間，觀眾平均每日收看電視時數從2.17小時逐年遞減至2.08小時，看電視時間呈負成長（-4.1%）。同時，平均看三家電視台的每日平均時數，也從民國83年的1.52小時，逐年遞降至國86年的1.06小時。相對而言，平均每日看有線電視時數，則從民83年的0.65小時，大幅增加至民國86年的1.02小時，成長率達56.9%。

　　簡言之，以觀眾平均每日花2小時時間看電視來看，其中就已有

表11-3　觀眾平均電視收視時數（民國83年～民國86年）

	民國83年	民國84年	民國85年	民國86年	收視成長率(註)
平均看三台時數	1.52	1.25	1.14	1.06	-30.3%
平均看有線電視時數	0.65	0.85	0.97	1.02	+56.9%
平均看電視時數	2.17	2.10	2.11	2.08	-4.1%

註：收視成長率以民國83年之時數為基期，比較民國86年之收視成長變化。

資料來源：AC/Nielsen/ SRT （1997）《電視媒體生態報告》。

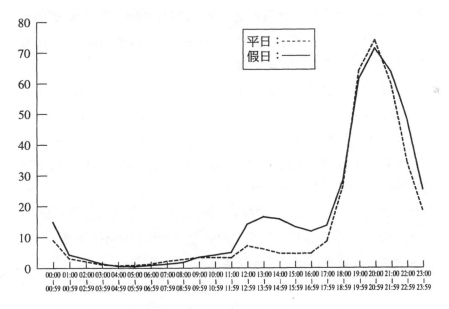

圖11-6　觀眾平日與假日收視時段趨勢

資料來源：廣電基金（1998）《電視收視行為研究》報告。

一半時間（1小時）是收視有線電視的節目。從此一變化來看，在短短四年中三台收視人口已大幅流失。

此外，從圖11-6的收視時段比較，晚上七點至十點可謂收視時段

的高峰期，而假日在晚上十點之後至凌晨二點的收視頻率也較平日來得高。

■ 節目類型偏好與小衆收視

有線電視的出現，改變了電視媒體環境，也改變了觀衆對節目的選擇（Roger, 1986；Heeter & Greenbeg, 1988: 5; Webster, 1989: 197; 鍾起惠，1997：31）。根據Barnes （B. E. Barnes）與Thomson（L. M. Thomson）的研究發現（Barnes and Thomson, 1994: 89），絕大多數的有線電視頻道，其觀衆同質偏好的組成相當明顯。以美國的情形爲例，有線電視的平均觀衆同質指數爲44.5，而三大無線電視網的觀衆同質指數卻僅爲13.2。

從表11-4的觀衆人口同質指數可以得知，有線電視頻道中的WTBS與美國網（USA Network）等二個有線視頻道，觀衆異質成分與三大無線電視網觀衆異質成分類似之外，其餘的各有線電視頻道觀衆，同質偏好的組成相當明顯。尤其是自動點唱機頻道與財經新聞網的觀衆，其偏好與重複收看該頻道的情形，又高於其他有線電視頻道甚多。另外，從有線電視頻道的平均觀衆同質指數爲44.5，相較於三大無線電視網的觀衆同質指數僅13.2的結果來看，有線電視的觀衆同質性，高達三大無線電視網三倍有餘。

這些數據，正可以支持有線電視的確是分衆媒體的事實，也符合有線電視的專業頻道邏輯，正是爲了滿足觀衆多元偏好的收視意義。

此外，從觀衆節目類型偏好的角度來看，筆者引用民國84年針對台北縣有線電視新店經營區六百七十二位十五歲及以上民衆的實證資料，來彰顯觀衆節目類型偏好與小衆收視行爲之關係（鍾起惠，1996）。表11-5的研究發現，在十四種節目類型中，觀衆對新聞（19.

表11-4　觀眾人口同質指數

頻道／網	觀眾同質指數
全國無線電視網（ABC／CBS／NBS）	13.2
有限電視網	
自動點唱機頻道	94.1
財經新聞網	79.8
音樂頻道（MTV）	67.6
有線新聞網（CNN）	65.0
探索（Discovery）	50.9
頭條新聞網（HNN）	49.9
氣象頻道	48.8
藝術與娛樂（晚間時段）	46.1
體育頻道（ESPN）	42.4
黑人娛樂電視	38.2
綜藝頻道（Showtime）	36.7
藝術與娛樂（日間時段）	36.7
家庭頻道	33.6
透納電視網（Turner Network TV）	32.6
日常時光（Life Time）	30.1
家庭票房電影院（HBO）	27.6
WTBS	12.0
美國網（USA Network）	11.6
平均有線電視頻道觀眾同質指數	44.5

註：同質指數越高，表示觀眾人口組成的同質性越高；反之亦然。
資料來源：Barnes, and Thomson(1994), p.89.

表11-5　觀眾節目類型偏好

節目類型	全部觀眾		有線電視訂戶		非有線電視訂戶	
	N	%	N	%	N	%
新聞	392	19.5	268	18.4	124	22.3
電影	328	16.3	271	18.6	57	10.3
資訊／科技／知識	128	6.4	103	7.0	25	4.5
戲劇	180	8.9	103	7.0	77	13.9
體育	114	5.7	104	7.1	10	1.8
綜藝／歌唱（餐廳秀）	189	9.4	128	8.8	61	11.0
ＭＴＶ／音樂節目	57	2.8	55	3.8	2	0.4
卡通	56	2.8	35	2.4	21	3.8
宗教節目	2	0.1	1	0.1	1	0.2
購物	2	0.1	2	0.1	0	0.0
教學	7	0.3	5	0.3	2	0.4
民俗戲曲	17	0.8	13	0.9	4	0.7
社教	7	0.3	7	0.5	0	0.0
其他	14	0.7	13	0.9	1	0.2
不確定偏好	592	25.9	351	24.1	170	30.6
總回答數	2,015	100.0	1,460	100.0	555	100.0

註：訪問未提示節目類型，且僅詢問受訪者最喜歡的三個節目類型。
資料來源：鍾起惠（民86），p.34.

5％）與電影（16.3％）等二類節目的偏好程度最高。其次則爲綜藝／歌唱類（9.4％）、戲劇類（8.9％）、資訊／科技／知識類（6.4％）及體育（5.7％）等節目類型。

　　如果將觀眾區隔爲「有線電視訂戶」與「非有線電視訂戶」等二類受訪群時，則研究進一步發現，「有線電視訂戶」偏好電影（18.6％）、體育（7.1％）、資訊／科技／知識類（7.0％）及ＭＴＶ／音樂節目（3.8％）等類型的偏好比例，皆高於「非有線電視訂戶」。

　　此一發現，似乎又印證了有線電視所發展出的多樣化節目類

型，例如，電影、體育與MTV／音樂節目，已經成功塑造了觀衆的偏好類型。

　　此外，對「非有線電視訂戶」而言，其節目類型偏好比例較高者，則以新聞（22.3%）、戲劇（13.9%）與綜藝節目（11.0%）爲主，而這三種節目類型，也正是無線商業電視網的主力節目類型。

三、電視產業的未來發展

　　在可預見的將來，電腦、電話與電視將整合成一個兼具家庭資訊與娛樂的裝置。1996年的美國電信法案通過後，有線電視與電信公司也開始趨向整合，衛星公司也以提供視覺、聲音與資料的服務快速進入此一電視產業。媒體聚合的時代已經屆臨，本文中僅觸及了無線電視（包括商業電視與公共電視）與有線電視的討論，但是在電視硬體與軟體的產業環境中，尚包括直播衛星（DBS）、頻道商、節目製作／供應者等。用較廣義的定義也可以名之爲「電訊環境」(the telecommunications environmemt)，也就是政治人物經常掛在嘴邊的「資訊高速公路」(the information superhighway)或「電訊基礎建設」(the telecommunications infrastructure)。

　　二十一世紀必然是一個「電訊環境」的時代，從此一環境中必定挾其新科技，提供新服務，同時，處於這樣的環境中一定有新的投資者，隨時進行著異業結盟關係。因此，傳播學者在研究「電視」這個媒體時，其思考的眼光與角度，自然要擺脫傳統將「電視」視爲「電子媒體」的靜態觀點。簡言之，未來研究「電視」，勢必放在「電訊產業」這個宏觀的架構下，才能更貼近電視這項重要的傳播科技產物的變貌。

本小節將援引傳播管理學者歐爾曼對整體電訊產業的四項未來發展趨勢，作爲探討電視未來議題的思考方向。這四項發展趨勢分別是 (Sherman, 1995: 406-413)：(1)全球化 (globalization) 與垂直整合 (vertical integration) 的速度將加劇；(2)新傳播科技的整合；(3)經濟與媒體的管理；(4)電訊管理與社會變遷。

■ **全球化與垂直整合的速度將加劇**

全球性的傳播集團，例如，日本的新力公司 (Sony)、德國的博德曼集團 (Bertelsmann)、澳洲的新聞集團 (News Corporation)，以及美國的時代華納 (Time-Warner) 與迪士尼 (Disney) 等跨國性傳播集團已然形成，這些傳播集團不但擁有軟硬體公司，還掌握了全球的節目製作、分銷與通路。至二十一世紀時包括從軟體的新聞、資訊與娛樂等，到硬體的電視機、隨身聽、音響、電腦、數位化裝置、行動電話，乃至於虛擬實境 (virtual-reality environments) 等，絕大部分將掌握在這些跨國性傳播集團手中。

■ **新傳播科技的整合**

新傳播科技上的整合基本上有二類發展方向，一是家庭科技產品的單一整合 (in-home technological convergence)，例如，電話、電視、錄放影機、音響、個人電腦、電子遊樂器與家用電腦等，皆將彙整成立體電視，並以智慧型的遙控器 (smart remote control)操縱即可。二是「家戶外科技整合」(away-from-home technological convergence)，例如，隨身聽、傳呼機、行動電話、筆記型電腦等都可被壓縮至單一的傳播裝置中，並可便於在汽車、飛機、船上等及全世界各地相容使用。

■ 經濟與媒體的管理

由於全球化的發展，電訊產業將更依賴於大量資本的投入，因此與經營運作及利益回收等問題將變得更複雜艱深，也更需要高級專業者的介入。

■ 電訊管理與社會變遷

傳播科技的快速整合變遷，將使得國家舊有的傳播政策與電訊管理將面臨新的挑戰，例如網際網路的規範問題等，同時，新一代的觀眾已浸淫在電視多頻道、全球化的環境中，因此，電視將培養出更多的多族群 (multiethnic audience) 以及多文化的閱聽人 (multicultural audience)，乃至於國際性的閱聽人 (the international audience)。這對整體社會乃至於全世界的改變都具有深遠的影響。

註　釋

① 針對「頻譜」(spectrum)相關科技知識,可進一步參閱莊信凱譯(1997)《電子媒體管理》第二章,台北：廣電基金,或莊克仁譯 (1987)《傳播科技新論》 第一章,台北：美國教育出版社,或鄭瑞城等人 (1993)《解構廣電媒體》第一章,台北：澄社。

② 「國際電訊聯盟」(ITU) 分配台灣的頻譜範圍為88-108兆赫,根據交通部與新聞局截至民國87年7月止的管制分配是；中功率電台已有四十六家（尚餘四十六家執照未釋出）,小功率電台已有六十六家（尚餘三十一家執照未釋出）,以及四家無線電視等。至於尚未釋出的中功率及小功率電台,管理機關擬於民國87年9月之後陸續釋出開放民營。

③ 美國「聯邦傳播委員會」(FCC) 在六〇年代初期通過「全頻道接收器法案」(All Channel Receiver Bill),規定1964年之後製造生產的電視機必須同時可接收「超高頻」(UHF) 與「特高頻」(VHF) 的訊號之後,採用前者訊號的電視台家數與觀眾才大幅增加。有關美國商業電視成長的相關資料可參閱：莊信凱譯 (1997) 《電子媒體管理》,第一章,台北：廣電基金。或潘邦順譯 (1996) 《大眾傳播媒體》,第八章,台北：風雲論壇。或Sherman, B. L. (1995) . *Telecommunications Management*. 2nd Edition, Ch5. New York : McGraw Hill, Inc.

④ 美國三大全國商業電視網分別是美國廣播公司 (ABC)、哥倫比亞廣播公司 (CBS) 以及全國廣播公司 (NBC)。這三家公司的前身,在二〇年代皆經營電台,四〇年代後才陸續轉型為電視網經營者。可進一步參閱前註③所羅列之相關資料。

⑤ 有關台灣第四家無線電視的頻道釋出過程與諸多爭議,可參閱馮建三

(1995)《廣電資本運動的政治經濟學》,第二章,台北:台灣社會研究叢刊。

⑥廣電法再修正草案之重要議題可參閱行政院新聞局(1997)《廣播電視白皮書》,第七章,台北:行政院新聞局廣電處編印。

⑦相較於三家無線電視台的員工人數而言,民視員工人數偏低的部門為「節目部」(僅有二十八人,三台則達百人以上)(劉幼琍,1998:40)。此乃民視將節目委託外部傳播公司／電視節目製作公司執行,以降低編制內人事成本所致。

⑧有關「電視與暴力」、「電視與社會行為」方面的討論,可參閱王嵩音譯(1993)《傳播研究里程碑》,第十一、十二章,台北:遠流。

⑨有關公共電視制度、特色精神以及台灣公共電視建台爭議與諸多討論,可參閱馮建三(1993)〈公共電視〉,收錄在鄭瑞城等人(1993)《解構廣電媒體》,台北:澄社。

⑩這裡指的「新電視媒體」特指觀眾藉由有線電視、衛星所接收到多頻道電視而言;而「舊電視媒體」則特指在有線電視尚未出現前,觀眾自行接收之無線電視台。

複習重點

1. 美國商業電視的成長歷程如何？台灣無線電視的發展狀況又如何？

2. 為什麼公共電視會從商業電視環境中脫穎而出？它具備那些異於商業電視的精神？

3. 請簡述台灣有線電視發展狀況？

4. 有線電視的特色為何？其對無線電視產業的衝擊又為何？

5. 「有線電視已經改變了觀衆的收視行爲」，請分述討論這句話的涵義。

6. 台灣地區觀衆的收視行爲，有那些特色？

7. 電視的未來發展，將朝向那些方向思考？

參考書目

一、中文部分

AC Nielsen ／SRT (1997)，《電視媒體生態報告》，台北：台灣環亞公司。

王振寰 (1993)，〈廣播電視媒體的控制權〉，收錄在鄭瑞城等人 (1993)《解構廣電媒體》，台北：澄社。

《中國時報》(1997)，〈有線協進會調查顯示：觀衆最愛HBO〉，11月26日，第22版。

紅木市場研究顧問公司 (1997)，《1997上半年度有線電視指標》。

莊信凱譯 (1997)，《電子媒體管理》，台北：廣電基金。

彭芸 (1997)，《我國媒體人才供需研究》，台北：行政院新聞局。

彭芸 (1997)，〈變化中的美國有線電視系統〉，收錄在彭芸，鍾起惠編著 (1997)，《有線電視與觀衆》，台北：廣電基金。

彭芸、王國樑 (1997)，《影視媒體產業 (值) 調查分析》，台北：行政院新聞局綜計處。

馮建三譯 (1992)，《電視：科技與文化形式》，台北：遠流。

新聞局 (1997)，《廣播電視白皮書》，台北：行政院新聞局廣電處編印。

廣電基金 (1998)，《電視收視行爲研究調查報告》，台北：廣電基金。

鄭瑞城 (1993)，〈頻道與頻道資源之管理與配用〉，收錄在鄭瑞城等人 (1993)，《解構廣電媒體》，台北：澄社。

劉幼琍（1998），《多頻道電視與觀眾》，台北：時英。

鍾起惠（1995），〈從新傳播科技本土化衍生歷程看研究論述的知識生產意涵：以錄放影機、有線電視與衛星為例〉，《廣播與電視》，第2卷第2期，頁75-109。

鍾起惠（1996），〈多頻道環境觀眾頻道與節目類型偏好之研究〉，第三屆廣電學術與實務研討會。

關尚仁，侯志欽（1996），〈台灣有線電視事業人力資源概況初探性之研究〉，第三屆廣電學術與實務研討會。

鍾起惠，彭芸（1995），〈多頻道環境中的觀眾行為研究：觀眾擁有的頻道數與節目類型偏好數量探討〉，第二屆廣電學術與實務研討會。

鍾起惠（1997），〈多頻道與觀眾節目類型偏好〉，收錄在彭芸，鍾起惠編著（1997），《有線電視與觀眾》，台北：廣電基金。

二、英文部分

Barnes, B. E. and L. M. Thomson (1994). "Power to the People (Meter)：Audience Measurement Technology and Media Specialization," in J. S. Ettema and D. C. Whitney, *Audiencemaking.* Londo: Sage.

Heeter, C. and B. S. Greenberg (1988). "Introduction: A Context for Studying Cableviewers," in C. Heeter and B. S. Greenberg (eds.), *Cableviewing,* pp.1-7. New Jersey: Ablex Publishing.

Kahn, F. J. (1978) *Documents of American Broadcarting.* New Jersey: Prentice Hall.

Rogers, E. M. (1986). *Communication Technology: The New*

Media in Society. New York: Free Press.

Sherman, B. L. (1995). *Telecommunications Management: Broadcasting/Cable and the New Technologies.* Second Edition. New York: McGraw-Hill, Inc.

Webster, J. G. (1989). "Television Audience Behavior: Patterns of Exposure in the New Media Enviroment," in J. L. Salvaggio and J. Bryant (eds.), *Media Use in the Information Age,* pp.197-216. New Jersey: Lawrence Erlbaum Associates.

Williams, F. (1982). *The Communications Revolution.* Beverly Hills : Sage.

Xiaoming, Hao (1994). "Television Viewing Among American Adults in the 1990s," in *Journal of Broadcasting & Electronic Media,* 38(3): 353-361.

第12章

法律規章與媒體的關係

張冀明

內容摘要

　　媒體所涉及的法律規章衆多，舉凡憲法、民法、刑法、廣播電視法、有線電視法及著作權法等，均有相關規定。憲法第十一條之規定，提供「新聞自由」的基本保障，然而，刑法第三百十一條所定誹謗罪，似又使媒體從業人員常有「寒蟬效果」(chilling effect)，而引發對刑法誹謗罪是否應廢除的討論。

　　新聞報導所應謹守的分際爲何，值得深思。廣播電視法及有線電視法等，對於偵查中或審判中的訴訟事件及其相關司法人員，均規定不得評論；且對於錯誤的新聞報導應如何救濟，上述法律亦有明定。除上述法律規定外，新聞記者信條亦提供媒體「自律」的規章，因此，新聞報導的分際與新聞採訪的原則，除有賴法律規範外，新聞從業者仍宜自律之。

前　言

　　法律規章乃國家用以維繫安定、繁榮的重要基石。過去君主專政時代，法律規章雖係君王的統治工具，然而，它也提供社稷安定的功能。現今民主法治時期，「依法行政」已是潮流所趨，從而，法律規章益加顯示其在各國的重要性。

　　「民主政治」即是民主法治，也是民意政治，所以，一切政治均應以民意為依歸，而反應民意的重要工具之一就是媒體。在一個民主社會中，不同意見的表達是社會進步的原動力，而不同文化內涵的表現，更孕育了多彩多姿的社會現象。因此，健全的媒體促進了民主社會的進步，且提供民眾討論法律規章是否得宜的良好管道；另一方面，法律規章提供媒體一套遊戲規則，使媒體在明確的規範中，盡情揮灑，促進民意進步，所以，法律規章與媒體間，彼此共榮，相得益彰。

　　資訊科技日新月異，提供人們目不暇給的生活享受，且生活水準普遍提升，亦使民眾關切周遭公共議題。另一方面，國際互動，往來漸頻，使彼此產生共榮共存的現象，凡此均有賴媒體資訊的報導與連結。然而，資訊快速傳遞不免發生不良後果，例如，錯誤報導影響受報導者的名譽，甚或侵害個人隱私，甚至引起民眾恐慌。基此，法律規章應如何提供一健全的媒體報導環境，使人民在充分享有「知的權利」下，不致犧牲他人的隱私；同時，在保障民眾隱私時，亦能兼顧「新聞自由」。

法律規章與媒體

　　大眾傳播媒體原則上可分爲印刷媒體及廣電媒體。前者以報紙、雜誌等較常見；後者則以廣播、電視等較普遍。不同媒體有著不同的呈現方式，因此，規範不同媒體工具的法律規章即有所不同，惟其間仍有性質相同的法律規定。茲以不同法律規章爲主，簡介其與媒體間的關係。

一、憲法與媒體

　　憲法是一國的根本大法，僅規定國家立國精神、政府組織及人民與政府間的關係。我國憲法於民國35年12月25日經國民大會制定，並於民國36年1月1日公布，且於同年12月25日施行。憲法共分爲十四章，一百七十五條。其中「總綱」揭櫫我國體及政體外，並分別規定五權政府的組織架構；另就「人民的基本權利義務」乙章，亦揭示諸項人民的權利，如平等權、自由權等。由於我國政治處境的特殊性，使得憲法自民國80年以降，經過多次增修，惟有關人民的權利義務乙章，並無增修。因此，憲法所揭示的言論、出版等自由，依然受到憲法保障。

　　有關憲法與媒體間的關係，論者常引用憲法第十一條規定：「人民有言論、講學、著作及出版之自由」。惟此規定是否適用於媒體新聞自由的保障①。通說認爲該條所規定的言論、講學、著作及出版

等，是規定言論或意見表達的各種方法或形式，例如，以口頭發表其意見者，謂之言論；藉文書圖畫發表其意見者，謂之著作；以其著作印刷、或以攝影、錄音等方式而傳布於眾者，謂之出版；以其意見在學校講授者，謂之講學②。由於報紙雜誌及廣播電視等新聞媒體，係以印刷或以攝影錄音方法，將欲傳達的各種資訊或意見散布於眾，應屬「出版」的形式之一，故憲法第十一條規定的「出版自由」，應包含保障新聞媒體出版的「新聞自由」。

憲法為什麼要保護言論自由，常見理論有下列三種：(1)追求真理說 (truth-seeking theory) ③；(2)健全民主程序說 (democratic process theory) ④；(3)自我表現說 (self-expression theory) ⑤。除上述三種學說外，尚有所謂「第四權理論」(the fourth estate theory) ⑥。此理論是由已故的美國最高法院大法官Potter Stewart於1974年提出。Stewart大法官認為憲法保障新聞自由的目的，不在於保障新聞媒體成為一個公眾討論的中立性論壇，也不是要將新聞媒體當成是政府與民間一個中立的訊息溝通管道；他認為憲法保障新聞自由的主要目的，是要維護新聞媒體的自主性，以保障新聞媒體能成為政府三權之外的第四權，使其能發揮監督政府的功能⑦。然而，政府何以需要監督？我國學者認為：政府濫用權力所造成弊害的嚴重性遠大於私人濫用權力所可能產生的弊害，因為政府被賦予並擁有使用「合法的暴力」(legitimized violence) 的權限，而這是一般私人——不論其是否為一組織龐大或資產雄厚的私人——所未有的權限，而且，政府經由其嚴密的階層組織，也較私人容易動員其所擁有的資源及行使其權限，因此，通常政府的決定將比私人決定更能獲得人民的遵從，而政府官員如濫用這種權限，勢必對人民及社會整體帶來極大的傷害。尤其，為因應現代社會組織的日趨龐大，以及人們互相依賴的特性，現代政府常成為一個組織

繁複的政府，從而，人民日常生活幾乎常受到政府的干預，因此，政府如濫用權力，所造成的弊害，益加嚴重，為了防止政府濫權，對政府作適當的監督實有必要。⑧

各國憲法對於言論自由或新聞自由的保障方式，有直接在憲法中明文規定，如美國聯邦憲法第一修正案規定：「國會不得制定法律……剝奪言論自由或出版自由」，學者稱為「直接保障」。此外，有些國家憲法未明文規定，國會或政府機關不得立法限制言論自由與出版自由，僅由一般法律加以保障言論自由或新聞自由，此種情形學者稱為「間接保障」。

我國憲法第十一條雖明白保障言論自由，但是，憲法第二十三條又規定：「以上各條列舉之自由權利，除為防止妨礙他人自由，避免緊急危難，維持社會秩序，或增進公共利益所必要者外，不得以法律限制之。」因此，我國憲法對言論自由或新聞自由的保障，並非絕對性的保護。所謂「為防止妨礙他人自由之必要」，如為防止妨礙他人夜間安寧，制定社會秩序維護法，禁止深夜喧嘩；所謂「為因避免緊急危難之必要」，如國家遭遇天災、人禍；所謂「為維持社會秩序之必要」，如防範黑槍走私，維護社會秩序；所謂「為增進公共利益之必要」，如環境污染防制等。如果不合於本條規定要件時，政府即不得以法律限制人民自由權利，其中自然包括言論自由。至於所制定的法律是否合乎上述標準？是否確有上述四種情形的必要？端視法律內容及社會變遷而定，尚無定論。

二、出版法與媒體

出版法是國家管理、限制與保障出版品的重要法規。由於，媒

體運作及其範圍與程序以及出版品的發行均涉及人民所享「知的權利」，因此，出版法的內容，直接反應國家對出版品的政策及文化事業的基本態度，且對新聞自由的保障範圍有極大的影響。

我國出版法於民國19年12月16日由國民政府頒布，歷經五次修正，最後一次修正是民國62年8月10日，並經總統明令公布。由於出版法制定之始，我國尚未進入憲政時期，所以還未實施憲法，因此，憲法第十一條所定言論自由的保障，是否為出版法所定精神涵蓋，誠有可議⑨。另一方面，我國係於民國76年解除戒嚴，而出版法最後一次修正是民國62年，當時國家尚處於動員戡亂之戒嚴時期，因此，有學者謂整部出版法深具戒嚴性，數項法條和施行細則都明顯違反憲法保障出版自由的精神⑩。

由於出版法有特殊形成背景，因此，本法律規章是否尚有存在的價值，多數學者曾提出質疑⑪。另一方面，主管機關基於本法制定背景及時代演變，對於本法所定相關不太合乎時宜的條款，並無嚴格執法的態度，以免造成業界太大的反彈，然此作法僅是治標之策，實非治本之方。基於上述歷史背景及多數學者多方鼓吹下，政府終於在民國88年1月12日將本法廢止。不僅使新聞自由的保障更往前跨足一步，也能使社會大眾不致誤認政府無執法決心，而使一般民眾認為無須遵守法律。在本文即將付梓前，本法雖已廢止，不再施行，惟瞭解過去出版法的相關規定，不但能知悉本法的立法精神與目的，更能精確掌握「新聞自由」的潮流演進，在社會科學研究上，仍有一定的價值。

過去出版法共分為七章，四十六條。第一章總則，乃就與出版品相關之人、物為立法定義。本法第一條明定，「出版品」為用機械印版或化學方法所印製而供出售或散布之文書、圖畫。此外，發音片也視為出版品。有關出版品的種類可分為三種：

1.新聞紙類：
　　· 新聞紙：指用一定名稱，其刊期每日或每隔六日以下之期
　　　間，按期發行者而言。
　　· 雜誌：指用一定名稱，其刊期在七日以上三月以下之期
　　　間，按期發行者而言。
2.書籍類：指雜誌以外裝訂成本之圖書冊籍而言。
3.其他出版品類：前兩種出版品以外的一切出版品均屬之。

　　此外，本法第二章及第三章乃針對上述三種出版品的發行及出
版等程序，為行政程序的規範。而第四、五、六章之規定，即係主
管機關對於出版品的獎勵保障、限制與處罰。

　　整部出版法與媒體息息相關，由本法第九條第一項及第十六條
第一項之規定⑫，可知出版法係採「事前登記」制度，此項規定顯不
符合現代「新聞自由」的思潮。另外，出版法第六章所定「行政處
分」，其中第三十六條規定：「出版品如違反本法規定，主管官署得
為下列行政處分：一、警告。二、罰鍰。三、禁止出售散布進口或
扣押沒入。四、定期停止發行。五、撤銷登記」，更與憲法第十一條
保障新聞及言論自由的精神有違。司法院大法官會議第一○五號解
釋文⑬，雖認上開規定乃屬憲法第二十三條所定之必要情形，該解釋
理由載謂：「憲法對於違法出版品之處分方式並無限制，出版法為
貫徹其限制之目的，採用行政處分方式，尚難謂為違憲」，惟由此解
釋文的時代背景以觀，因當時我國尚處於動員戡亂時期，媒體受相
當程度的干預所致。本法既已於民國88年1月12日廢止，則大法官會
議上述解釋文已成歷史文獻，而無再引用之必要。

三、廣播電視法與媒體

　　廣播電視法是管理及輔導廣播及電視事業的法律。由於廣播電視事業體是將資訊或有關國家政令及教育等其他訊息，透過聽覺及視覺的方式，傳遞予一般大衆，因此，對於該事業體的設立及運作，自應有一套完整管理法令，以爲業者遵循的方向。由於有線電視法已於82年完成立法，因此，爲有別於該法規定以及法律適用上的明確，本法正研擬修正爲「無線廣播電視法」。

　　我國廣播電視法於民國65年1月8日制定實施，歷經二次修正，目前有效施行的本法是81年8月2日修正。參以前述出版法的規定，發音片屬出版品，因此，廣播及電視節目應可視爲出版品的一種；反之，過去出版法的規定，出版品並非全然爲廣播及電視節目，因此，廣播電視法屬於出版法的特別法，由於本法制定之始，我國已實施憲政，所以，本法所定內容與出版法相較，應屬較進步的法律。

　　廣播電視法共分爲七章，五十一條。第一章總則，乃就本法制定之目的，及相關廣播及電視事業爲立法定義。所謂「廣播」是指：以無線電或有線電傳播聲音，藉供公衆直接之收聽。另，所謂「電視」是指：以無線電或有線電傳播聲音、影像，藉供公衆直接之收視與收聽。第二章則就事業體之設立，規定應遵循的程序。至於其他章節，則規範節目管理、廣告管理及相關獎勵與罰則等。

　　由於新聞事件透過廣播或電視等方式傳達時，因轉播現場的處理及新聞本身的特性，常會因處理時間的急迫而發生錯誤，因此，本法第二十三條第一項規定：「對於電台之報導，利害關係人認爲錯誤，於播送之日起，十五日內要求更正時，電台應於接到要求後

七日內，在原節目或原節目同一時間之節目中，加以更正，或將其認為報導並無錯誤之理由，以書面答覆請求人」。值得注意的是，本條規定利害關係人應於電台播送之日起十五日要求更正時，電台應於接獲要求的七日內播送。不過，如果利害關係人一時疏失，未於播送十五日內提出要求，或於播送後十五日始知悉時，則電台有無義務於接獲要求之七日內更正之，筆者認為，本條立法意旨應係為平衡廣播電視報導及利害關係人間之權益，因此，倘該報導果係錯誤時，無論利害關係人有無於播送之日起十五日內提出，電台均應依本條規定處理，以求報導的公正。或謂超過播送後之十五日時，該報導已遭眾人淡忘，則此錯誤報導已無更正之必要。惟本條立法意旨應以保護媒體報導的公正性及維護利害關係人的名譽，因此，是否應更正，應以該報導對利害關係人的影響為主要考量因素，而非以該報導是否已超過十五日為評斷標準。

另一方面，如果此錯誤報導致利害關係人的權益受有實際損害時，依前述條文第二項的規定，電台及其負責人與有關人員應依法負民事或刑事責任。所謂「民事責任」，應指依民法有關侵權行為規定的責任；而就「刑事責任」而言，一般即指刑法第二十七章所定「妨害名譽罪」。

前述所謂「錯誤的報導」，均是指對事件為事實的報導而言；另就媒體評論而言，依本法第二十四條的規定，廣播、電視的評論如果涉及他人或機關、團體，致損害其權益時，被評論者，如要求給予相等之答辯機會，電台不得拒絕。

四、有線電視法與媒體

　　依有線電視法的規定⑭,有線電視是指以舖設纜線方式,傳播影像、聲音,供公眾直接收視、收聽。而廣播電視法第二條第二項亦規定,「電視」是指以無線電或有線電傳播聲音、影像,藉供公眾直接之收視與收聽,似乎將有線電視納入廣播電視法的規範。不過,由於實務上並無任何單位依廣播電視法取得有線電視的許可,故廣播電視法尚未具備規範有線電視之完整功能,故廣播電視法似乎僅規定無線電視方面⑮。

　　我國有線電視法於民國72年7月開始起草,由當時政務委員費驊邀集有關單位討論,認為有線電視具有許多優點,足以適應未來國民對資訊、教育及娛樂三方面的需要,乃於民國78年6月,由新聞局及交通部共同研議,而由新聞局負責研擬有線電視法草案,並由交通部負責研擬技術標準,示範區選定及網路規劃等事宜。民國80年2月26日有線電視法草案出爐,報請行政院審核,於民國81年2月13日送立法院審議,而於民國82年7月16日完成三讀,並於同年8月11日由總統公布施行。施行細則乃於民國82年12月20日由行政院新聞局發布施行。

　　有線電視法是我國第一部深具民意基礎的電子媒體法律,例如,設置有線電視審議委員會(本法第八條),且委員組成份子中,主管機關代表居於絕對少數(本法第九條第一項),而該委員的任用應經立法院同意(本法第十條前段)。有線電視法與科技產品結合,可提供消費者多樣化的享受,不過,由該法第一條的規定⑯,可知本法僅設限於提供較多的頻道,以建立有線電視的秩序與維護聽眾權

益,即立法者仍將有線電視當做電視來看,將其定位為廣電事業的一環。

有線電視法共分為九章,七十一條。第一章總則,乃就有線電視的相關名詞及主管機關等為立法界定。其次,針對有線電視的電視架設及網路舖設等特性,特別明定架設方法及主管機關監督的職責,該法特別於第二章規定「有線電視審議委員會」,且規範有線電視之設立、許可及營運。

有關媒體新聞報導與本法的關係,主要在於第五十二條至五十五條的規範⑰,而其與廣播電視法的規定相類似,亦即「對於有線電視之節目或廣告,利害關係人認有錯誤,得於播送之日起十五日內要求更正。系統經營者於接到要求後十五日內,應在同一時間之節目或廣告中,加以更正。系統經營者如果認為節目或廣告無誤時,應附具理由,書面答覆請求人」(本法第五十三條);「有線電視之節目評論涉及他人或機關、團體,致損害其權益時,被評論者,如要求給予相同答辯之機會,該機構不得拒絕」(本法第五十四條);「系統經營者或頻道經營者因經營業務致他人權利受損害時,依有關法律規定處理」(本法第五十五條)。

五、民法與媒體

民法是規範人與人間一切私人生活關係的法律規章⑱,基此,民法第一條規定:「民事,法律所未規定者,依習慣,無習慣者,依法理」。所以,如果私人間發生任何民事權益上的糾紛時,民法即提供最基本的解決途徑⑲。我國民法共分為五編,依序為總則編、債編、物權編、親屬編及繼承編。由於民法所應規範的是一般私人間

日常生活的法律關係，所涉及的問題甚爲複雜，因此，雖是一部民法法典，然而，各編制定的日期前後不同⑳。民法前三編是規範有關私人間財產關係的法律；後二編則主要規範身分上的關係。各編歷經多次修正㉑，最近一次修正爲民國88年4月2日，主要針對民法債編之條文增修之。

有關媒體新聞報導可能觸犯的民事糾紛，常見的即是前述廣播電視法及有線電視法所定，錯誤報導所引發利害關係人的權益受損情形。該兩種法律雖提供重要的法律依據，但在請求權的行使及受損的賠償問題上，民法仍提供一基本的內容。民法第一百八十四條第一項規定：「因故意或過失，不法侵害他人之權利者，負損害賠償責任；故意以背於善良風俗之方法，加損害於他人者，亦同」。第二項規定：「違反保護他人之法律者，推定其有過失」。此規定的成立要件爲㉒：

■ **須有加害行爲**

所謂加害行爲，在一般侵權行爲中，應爲自己的行爲。其中包括作爲及不作爲兩種。前者固可成立侵權行爲；後者非於下列三種情形下，不成立侵權行爲：(1)在法律上有作爲義務，而不作爲；(2)契約上有作爲義務，而不作爲；(3)不作爲則違反公序良俗。

■ **行爲須不法**

所謂「不法」，狹義言之，乃違反法律的強制禁止規定；廣義言之，則違背善良風俗。而此「不法」，不僅限於侵害法律明定之權利，即違反保護個人法益的法規，或廣泛悖於規律社會生活之根本原理的公序良俗者，均屬之，最高法院55年台上字第2053號判例可參。

■ 侵害權利或利益

侵權行為中,所遭受侵害的對象須為權利或利益。所謂「權利」是指私權而言,如人身權及財產權兩大類。人身權尚可分為人格權與身分權兩類,而人格權包括:姓名權、生命權、身體權、健康權、名譽權、自由權、信用權、隱私權、貞操權;身分權包括:夫權、妻權、親權、子權、家長權、家屬權等。另,財產權包括物權、準物權、無體財產權及債權等。

■ 須致生損害

民事責任的目的,在於填補被害人的損害,故如果無損害的發生,雖有加害行為,也不能成立侵權行為。所謂「損害」,是指於財產上或其他法益上,受有不利益之謂。損害可分為財產的損害與非財產的損害(精神的損害);又可分為積極的損害與消極的損害。而損害的發生與前述的加害行為間,必須有因果關係。

■ 須有責任能力

此種能力的有無,以識別能力(意思能力)之有無定之。蓋在過失責任主義之下,既以故意過失為侵權行為的主觀要件,自應以識別能力之存在為其前提,否則對於行為之違法性若毫無認識時,即無故意或過失可言。

■ 須有故意或過失

故意者,乃明知其行為可生一定之結果,而竟有意為之的一種心理狀態。又,過失是指行為人雖非故意,但按其情節應注意,能注意,而不注意,或對於構成侵權行為的事實,雖預見其發生,而

確信其不發生者，換言之，過失乃怠於注意的一種心理狀態。

　　只要新聞媒體有故意爲錯誤報導，或一時疏失誤查，有錯誤報導，而構成上述要件時，該行爲人及媒體業本身均須負損害賠償責任㉓。

　　侵權行爲要件成立後，有關損害賠償的方法，民法規定是以回復損害發生前的原狀爲原則，而以金錢賠償爲例外㉔。換言之，如果媒體的報導不法侵害他人權益時，媒體原則上應公開道歉，並爲更正啓事，且其道歉方法，參酌廣播電視法及有線電視法等規定精神，應於同一時段節目或同一版面中，以相同的方式爲更正或道歉；且若利害關係人仍受有精神上的損害時，更應以金錢賠償之㉕。

六、刑法與媒體

　　刑法的目的是對於有危害社會國家或他人權益的加害人，由國家動用刑罰權，對該加害行爲作一處罰規範。由於刑罰懲處是對於個人身體及自由等權利的限制，因此，刑法第一條特別規定：「行爲之處罰，以行爲時之法律有明文規定者，爲限」，此即學說所謂的「罪刑法定主義」。換言之，如果一行爲並非刑法或刑事特別法所規定應處罰的對象時，國家即不得任意處罰該行爲人，此即「罪」的法定；另一方面，行爲人之行爲雖應處罰，但若法律規定的處罰範圍最高只有拘役或罰金時，則國家科以刑罰的範圍，即不得爲有期徒刑，此即「刑」的法定。

　　我國刑法於民國17年3月10日公布，並於同年9月1日施行。其間歷經七次修正，最後一次修正爲民國86年10月8日。本法共分二編，即總則編及分則編。總則編是規定犯罪成立的一般要件及科刑原

則；分則編則有三十五章，即為三十五種犯罪類型，而每章節的犯罪類型，又以各條款規定分為數個不同的犯罪型態。

有關媒體新聞報導可能涉及的刑事法律，常見的為第二十七章所定「妨害名譽罪」。其中最常發生者，又以該法第三百一十條所定「誹謗罪」㉖。該條文第一項規定：「意圖散布於眾，而指摘或傳述足以毀損他人名譽之事者，為誹謗罪，處一年以下有期徒刑、拘役或五百元以下罰金。」第二項規定：「散布文字、圖畫犯前項之罪者，處二年以下有期徒刑、拘役或一千元以下罰金。」茲將誹謗罪的構成要件析述如後：

■ 須指摘或傳述具體事實

「指摘」是指示摘發之意，係就某種事實予以揭發而言；而「傳述」是指宣傳轉述之意，係就他人已揭發的某事實，加以轉載揭發。指摘或傳述必須有具體事實，否則，如果只是抽象空洞謾罵，並未描繪具體事實時，則屬侮辱，而非誹謗。

■ 指摘或傳述足以毀損他人名譽之事

「名譽」是人在社會上一般的評價。人與生俱來的特質，享有一定的名譽，即人格；又，憑依本人的資力、才智、地位、經歷、名望或功勳等後生的努力，而經社會評價，亦享有一定的聲譽。誹謗罪所指摘或傳述的事實，必須足以毀損他人人格或社會聲譽始可。

所謂「足以毀損他人名譽之事」，指具體宣布他人惡性，足使他人的名譽有受毀損之危險；至於是否足以毀損他人名譽，應依被害人在社會上的人格、地位與聲譽，以及遭指摘或傳述之事實內容，客觀方面予以認定。只要所指摘或傳述的事實，足以毀損他人名譽

即可；至於，被害人是否知悉其受誹謗，或被害人之名譽果否遭受毀損，或如何毀損，或被害人是否在場，均不過問，且不問被害人的心理感覺是否痛苦。蓋本罪處罰的目的，在於禁止任意非法蔑視他人名譽，並非在於要求對他人名譽如何的尊敬。

所謂「足以毀損他人名譽」，應以能根據誹謗的言語或文字，辨識出係對何人毀損其名譽，因此，行為人不以指名道姓為必要，亦即，如果根據其指摘或傳述的內容，或其他事實推測結論，或依傳聞風評，即能明確辨識出所指何人時，即屬誹謗。相反地，如果無法辨識或推知何人時，即難成立之。

■ 須意圖散布於眾

誹謗罪除指摘或傳述足以毀損他人名譽之事外，行為人必須有散布於眾的意圖。換言之，行為人主觀上有欲將該事實傳播於不特定人，使大眾知悉之明知及意圖。一般而言，新聞媒體誹謗的情形，均是意圖散布於眾，因為新聞媒體通常無一不公然發行。

由前述誹謗罪的構成要件可知，誹謗罪在行為人的主觀上必須有誹謗的故意及意圖散布於眾的故意，且在客觀上要有上述行為，所以，並非所有不實的報導，均會構成誹謗罪，因此，有學者認為妨礙名譽行為有無必要犯罪化，有檢討餘地的說法㉗，仍值商榷。另一方面，對於新聞報導有無構成誹謗或侵害他人權利，在英美判例中，已形成多項原則，例如，「眞正惡意原則」、「合理評論原則」及「眞實抗辯原則」等㉘。因此，在「罪刑法定主義」的刑法大原則下，誹謗罪並非會全然扼殺新聞自由。

七、著作權法與媒體

著作權（copyright）是人類對其精神創作的結晶所享有的權利㉙。其與商標權、專利權等同為「智慧財產權」的內容，也就是一般所稱的「無體財產權」。著作權與商標權及專利權最大的不同是，著作權著重在文學、科學、藝術或其他學術的創作；而商標權乃是著重保障表彰商品標記或服務標章㉚；另，專利權是保障商品的新發明、新型及新式樣等專利範圍㉛。

我國著作權法於民國17年5月14日公布，其間歷經九次修正，最後一次是87年1月21日修正。近年來，由於智慧財產權的保護漸為國際社會所重視，加以國與國的交往日漸緊密，因此，過去國人不太重視智慧財產權保護的觀念，因歐美先進國家的強烈要求，及我國為加入WTO世界貿易組織的雙重壓力下，著作權法也配合數次修正，以因應國際社會及世界貿易組織的要求㉜。

著作權法共分為八章，一百一十七條，主要是規定：「著作人」、「著作」及「著作權」等內容。依本法第三條第一款至第三款的規定，「著作」是指屬於文學、科學、藝術或其他學術範圍的創作；「著作人」是指創作著作的人；而「著作權」是指因著作完成所享的著作人格權及著作財產權。有關「著作人格權」，依本法第三章第二節的規定，主要有三種權利內容：一、公開發表權（第十五條）；二、姓名使用權（第十六條）；三、同一性保持權（本法第十七條）；另一方面，有關「著作財產權」的內容，依不同種類的著作㉝，享有不同的權利內容，惟一般有：一、重製權（本法第二十二條）；二、公開口述權（本法第二十三條）；三、公開播送權（本法第二十四條）；

四、公開上映權（本法第二十五條）；五、公開演出權（本法第二十六條）；六、公開展示權（本法第二十七條）等。著作人格權原則上由著作之原始作者取得，其特性是一身專屬權，亦即不得轉讓或繼承(本法第二十一條)；惟著作財產權則可以契約約定轉讓或授權他人使用，且可以為繼承的標的（本法第三十六條、第三十七條及第四十條）。

有關著作權法與媒體新聞的關係，主要在於新聞報導中，常需引用他人著作；相反地，新聞報導的內容亦屬著作權保護的著作，因此，對新聞媒體者而言，如果欲引用他人著作為新聞報導時，於未取得著作權人的同意，新聞媒體不能任意使用他人的著作；另一方面，著作權法的規定，也提供新聞媒體保護該報導的著作完整性，以防止他人非法剽竊。

媒體報導者若欲引用他人著作時，媒體從業人員固應取得該著作之著作權人同意或授權使用始可。惟若無法達成此目的時，著作權法有所謂「合理使用」等規定，期使相關著作得以充分發揮其功能，換言之，在特定條件下，雖著作權人未授權使用該著作，然依本法第四十四條至第六十六條相關之規定，媒體從業者得依情形，主張「合理使用」，如本法第四十九條規定：「以廣播、攝影、錄影、新聞紙或其他方法為時事報導者，在報導之必要範圍內，得利用其報導過程中所接觸之著作」；又，第六十四條第一項規定：「利用他人著作者，應明示其出處」等規定，可供參考。

八、記者信條與媒體

新聞記者信條是於民國39年1月25日，由台北市報業公會成立大

會通過，且於44年8月16日，由中華民國報紙事業協會成立大會通過，後於46年9月1日，由台北市新聞記者公會第八屆會員大會通過。記者信條雖非法律㉞，但此信條亦提供記者從業人員於採訪及報導新聞時的行為準則。基於上述規定，台北市新聞評議委員會二屆十次會議，於63年6月29日，亦通過「中華民國報業道德規範」、「中華民國無線電廣播道德規範」及「中華民國電視道德規範」等，且於81年8月27日亦由中華民國新聞評議委員會七屆十二次會議修正通過。

上述規範提供媒體從業人員為新聞報導的方針及原則，雖不具法律的強制力，但仍可提供前述媒體報導的相關法律規定之解釋與適用的原則。舉例言之，中華民國報導道德規範明定：「檢舉、揭發或譴責私人或團體之新聞，應先查證屬實」；又，中華民國無線電廣播道德規範規定：「廣播電台對於轉報聽眾提供之新聞與其他資訊，應負查證之責」；且中華民國電視道德規範明定：「新聞採訪未經證實之消息，不得報導」。由上述規範可知，媒體從業者對於事件仍負有一定查證的義務，因此，在未經查證，而報導錯誤，致他人受損害時，被害人於引用民法侵權行為的相關規定時，上述規範內容，對於媒體從業人員是否有「過失」情形，且其過失程度為何，均可提供較明確的解釋。

再者，中華民國新聞評議委員會所定「處理陳訴案件及檢舉案程序」第八條規定：「陳訴案、檢舉案或主動評議案一經委員會議裁決後，即可發布新聞稿，並由秘書處於七日內發裁定文或決議文」。本規定雖未說明該委員會所為裁定的內容為何，但可確知，此裁定結果，於發布新聞稿時，必造成媒體從業人員的壓力，且足生一定的效果。因此，上述所謂「媒體自律條款」，於報導新聞時，仍應遵守，以免觸「法」。

值得法律與媒體省思的問題

一、「評論」與「事實報導」

　　新聞媒體固然可以監督政府，不過，對於訴訟事件是否可以任意報導或評論。我國廣播電視法及有線電視法等均規定：「對於尚在偵查或審判中之訴訟事件，或承辦該事件之司法人員或有關之訴訟關係人，不得評論，並不得報導禁止公開訴訟事件之評論」㉟。違反本條規定時，該媒體將遭受一定的處罰㊱。然而，實務上，顯少聽聞媒體違反上述法律規定，此原因是媒體從業人員均能知法守法，自我約束？抑或主管機關並未嚴格執法？此值得新聞從業者及法律工作者深思的課題。

　　所謂「偵查或審判中之訴訟事件」，是指在檢察機關偵辦中或司法機關審理中的訴訟案件。惟若檢察機關業已起訴，且移送司法機關審理，而司法機關尚未審理；或第一審法院判決後，不服判決的一方上訴第二審法院，惟第二審法院尚未審理前，該訴訟事件得否評論，即生疑義。採廣義說者謂：凡在偵查中，或偵查結果提起公訴的案件，從移送法院到最後判決確定的這一階段內，均不得評論，只有刑事偵查結果不起訴處分確定和法院判決確定的案件，才能夠加以評論；採狹義說者，則指在檢察官偵查期間，或法院審判期間的訴訟案件，不得評論，因此，凡刑事案件只須經檢察官偵查終結，

無論其結果爲不起訴或起訴，都可以評論。而起訴的案件在移由法院開始審判以前，也可以評論。就法院審理的案件，無論爲刑事或民事案件，在法院宣示判決後，就可加以評論。上訴案件在上訴法院審判中不能評論，上訴法院判決後，也可以加以評論。筆者以爲，上述規定的立法精神，在於保障偵查或審理中的案件均能獲得公平的待遇，不致因媒體的評論，影響司法人員辦案；也毋須使尚未確定的案件，令一般大衆有先入爲主的觀念，造成俗稱的「媒體審判」後果㊲。因此，本條規定應採廣義說爲宜，即訴訟事件尚未判決確定前，或偵查案件尚未爲不起訴處分確定前，均爲上述法律所定「偵查或審判中」的情形，媒體即不得評論之。

　　至於，所謂「不得評論」所指爲何？其與「事實報導」間的差異爲何？解釋上，「評論」與「事實報導」不同，因此，該規定似准許媒體對於偵查或審判中的案件爲「事實報導」。然而，應如何區分某一陳述爲「評論」或「事實報導」？依學者引用美國實務及學理的通說㊳，可由下列四種方式辨別：

1. 分析所涉及的陳述，其一般正常用法及意義，可否被認定爲一種「事實」或「評論」。
2. 分析該陳述是否可被驗證爲眞或僞。
3. 瞭解表達該項陳述時的事實情境及全部的陳述，以確定涉及爭議的陳述的眞正意涵，而判斷其應被視爲「事實」或「評論」的陳述。
4. 探求表達該項陳述時的客觀社會狀態，以判斷當時社會對該陳述會認定其爲「事實」或「評論」的陳述。

　　簡言之，所謂「評論」應是指陳述者對於某事件的個人看法，亦即，其係以問題分析爲中心，表達對該事件的主觀看法意見；反

之，「事實報導」則指對事件為客觀上的陳述，不涉及個人好惡。然而，「評論」與「事實報導」實不易區別，因此，本條在適用上仍有疑義，例如，媒體對於犯罪新聞，訪問法律專家漫談犯罪行為人應負的法律責任，而於報導時，以依「法界人士」、「司法界人士」等方式表達，則究係「評論」，抑或為「事實報導」，恐有爭論㊴。

有謂本條規定是為防止媒體審判。換言之，在保護媒體新聞自由的原則下，也應重視個人名譽及隱私權的保護。我國媒體常於報導犯罪事件或訴訟事件時，在警方協助辦案階段的偵查期間，大肆報導，且警方並以「破案」方式，對媒體宣稱辦案績效。惟該破案的「凶嫌」，嗣後若遭法院判決確定無罪時，竟少有媒體追蹤報導，以還該「凶嫌」的清白，則該「凶嫌」的名譽及其在審判過程中的人權，是否應予以保障，確值深思㊵。因此，由於「事實報導」與「評論」不易區分，媒體於處理訴訟事件陳述時，宜就事論事，儘量摒除情感語句，以維持媒體客觀公正性。與其深究區分本條項所定「評論」與「事實報導」的不同，毋寧強調媒體從業者應牢記「中國新聞記者信條」第四點：「吾人深信：新聞記述，正確第一。凡一字不真，一語不實，不問為有意之造謠，或無意之失檢致誤，均無可恕。明晰之觀察、迅速之報導、通俗簡明之敍述，均缺一不可」。

二、「誹謗罪」確否為記者的白色恐怖

目前接二連三的記者遭誹謗追訴，引起媒體的注意，結果有些記者幸獲判決無罪㊶，有些記者則不幸遭有罪判決㊷。究竟刑法所定誹謗罪是否會使媒體產生「寒蟬效果」，進而影響「新聞自由」，學者有不同的看法。誹謗罪是否與新聞自由相互牴觸，而應予以除罪

化，首先應瞭解刑法誹謗罪的規定。

有關刑法第三百十一條的規定及其構成要件，已如前述㊸。簡言之，誹謗罪的客觀不法構成要件，必須有指摘或傳述足以毀損他人名譽之事的誹謗行為，且必須是足以損害被害人名譽之具體事件內容；至於，行為人主觀不法構成要件，則必須具有誹謗故意與散布於眾的不法意圖，而為前述客觀誹謗行為，始能成立本罪。然而，言論自由既為憲法第十一條明文保障的基本人權，因此，為調和憲法與刑法有關規定間的衝突，刑法乃分別在三百一十條第三項規定：「對於所誹謗之事，能證明其為真實者，不罰。但涉於私德而與公共利益無關者，不在此限」，此即學者所稱之「真實抗辯原則」。又，刑法第三百十一條規定：「以善意發表言論，而有左列情形之一者，不罰：一、因自衛、自辯或保護合法之利益者。二、公務員因職務而報告者。三、對於可受公評之事，而為適當之評論者。四、對於中央及地方之會議或法院或公眾集會之記事，而為適當之載述者」，此即學者所稱之「善意抗辯原則」。

前述「真實抗辯原則」所指的「真實」，是指新聞報導者對於其報導的內容，若證明係屬「真實」時，得為免責的抗辯。換言之，本條所定內容是賦予新聞報導「免責抗辯」的權利，並非以報導有無「真實」為犯罪成立的要件。然而，司法院25年院字第1143號解釋文及台灣高等法院暨所屬法院62年度法律座談會刑事類第14號提案之法律座談結論，竟認：「報館負責採訪之記者，以及負責審查之編輯，對於他人之投稿或提供之資料有查明虛實，而後刊載之義務，如其登載之內容，非僅涉於私德，惟足以妨害他人名譽或信用，而不能證明為真實者，則無論其所登載者係自撰文字或轉載他人之投稿，均應負刑事責任」。此項法律解釋與見解乍看之下，似與上述規定相同。不過，上述刑法規定並未課予新聞從業人員有查明虛實

而後刊載的義務，該條項的規定是賦予記者對於其所報導的事項，得以「眞實」爲抗辯，以期獲得無罪判決的免責條款。上述實務見解將免責條款反面解釋，而認只要媒體記者無法證明報導內容是眞實，即成立誹謗罪，此顯與上述刑法規定的立法意旨不盡相符。詳言之，「眞實抗辯原則」的「眞實」，不是要求記者對於所報導的事項，有查證虛實而後報導的義務，而是讓記者得以其所報導的事項係屬「眞實」，而爲抗辯的免責條款。因此，在訴訟過程中，如果記者有爲此項「眞實抗辯」時，法院始須查證事項的眞實情況如何，如果記者未主張時，法院可不必調查，然法院不可因此即認定記者有罪。

有關「眞實」的精義，究竟是要求新聞報導本身要逐字逐句都屬實，還是大體屬實即可，學者有不同意見，但多數學者認爲，報導文字所涉範圍廣泛且涉時效，下筆難免一時疏漏，要逐字逐句要求眞實，確屬強人所難，因此，記者不須逐字逐句證明報導全爲事實，只要證明報導內容大體屬實即可㊹。而實務見解，也有許多判決肯認此項看法㊺。然而，無論如何，眞實抗辯原則在取得證據證明之前，所有中傷他人名譽的報導，常會被法院以不確實看待，所以，要以報導確屬眞實來作爲抗辯理由，確是一件不容易的事。

此外，誹謗罪所謂「眞實之陳述」，並非指事實的眞相，其所指的「眞實」是媒體應將採訪所得的內容，如實陳述，至於其採訪所得是否與該事件的確實眞相相符，並非所問，是媒體從業人員如確有將採訪所得（不等於事實的眞相）爲「眞實的陳述」，媒體從業人員即無蓄意匿飾增捏之「眞正惡意」，縱最後發現事實的眞相確與媒體從業人員的採訪所得不符，媒體從業人員也不因此構成誹謗罪責。

其次，有關「善意抗辯原則」，就刑法第三百十一條之規定，較

有爭議的應屬第三款:「對於可受公評之事,而為適當之評論者」。我國學者常認本條規定係針對意見表達,即所謂「評論」,而非針對「事實報導」⑥。然而,美國鮑威爾 (Powell) 大法官在Gertz. Bobert Welch, Inc.一案,認為:「在言論自由之下,並無所謂的虛偽或不實的意見,任何一個意見,不論其是多麼的惡毒,我們並不依賴法官或陪審團的良心來匡正它,而是藉由其他意見與該意見的競爭來匡正」,鮑威爾大法官似不認為評論應遭受處罰。惟無論如何,本條項所定「適當之評論」,是主張免責的前提。所謂「適當」,並非指評論本身所選擇的字眼或形容詞是否適當,而是指評論本身所根據的事實是否已為大眾所知曉。如果不是,評論者在評論同時,有無將該「事實」一併公開陳述。換言之,適當的評論並不是一種沒有事實根據的意見表達,因為,沒有事實根據的意見表達,很可能淪為謾罵,而一旦淪為謾罵,就可能構成刑法所定的「公然侮辱罪」。再者,適當的評論,所根據的是「真實的陳述」,而非「真實的查證」,換言之,如果評論人意見表達,是根據事實論斷,不論是否惡毒,即可不罰。不過,所謂「真實根據」,並不是要求評論人必須根據業經翔實調查,而與事實相符的事實,才可做評論,亦不須要求評論人就該「事實」先去做查證翔實與否,或盡合理查證義務的工作,而是只要求評論人要有「真實陳述」的義務,評論人只要有將其所認知的事實,公開陳述,並依此事實去做評價工作,即應推斷評論人是做「適當的評論」⑰。

所謂「惡意」的評論是指表意人為評論時,其動機是以毀損被評論人的名譽為唯一的目的,此即「真正惡意原則」(actual malice) 所揭示之精神。此原則源於1964年New York Times乙案。該案的美國聯邦最高法院法官宣示:「凡報導或批評政府官員執行公務行為之言論,縱使侵害了被批評或報導者的名譽,原則上都為憲法言

論自由所保障；而且，即使其言論內容不實，也只有在具有「眞正惡意」(actual malice) 的情形下，才須受法律制裁而不爲憲法所保障」⑱。該判決認爲，旣然言論自由的主要目的，在保障一般大眾對公眾事務的自由發抒評論，以健全民主政治。爲貫徹其目的，對於批評政府或政府官員執行公務行爲的言論，縱使其內容「不實」，而侵害了受批評者的名譽，也必須予以保障。因爲，人民參與公共事務討論爭辯的過程中，難免會產生錯誤，如果對此種不實內容的言論加以法律制裁，將會使表意人在意見表達之前先作了「自我的事前檢查」(self-censorship)，甚至造成表意人可能過於疑懼其表達將會受到處罰，而使表意人喪失意願或勇氣參與公共事務的討論。

美國聯邦最高法院在判斷是否適用「眞正惡意原則」時，仍要就言論所涉及「人」的身分，以及其內容所涉及「事」的性質，一併考慮。簡言之，凡善意報導或批評公務員或公眾人物，如其報導或批評的內容爲與公益有關的事務，不論其內容的眞實性，亦不論其是否侵害到被報導者的名譽，均受到憲法言論自由的保障，即使表意者所言內容並非眞實，然而，只有在此種不實的言論，侵害被害人名譽，且能證明表意人於發表言論時，明知其所言並非眞實，或過於輕率，而未探究其所言是否眞實，表意人始要受到法律制裁。

由上述美國聯邦最高法院所揭示的「眞正惡意原則」，可知其所適用的對象是針對公眾人物及公益有關的事物，此與我國上述刑法規定所謂的「可受公評之事」，有相類似的情形。值得注意的是，美國法院就上述「眞正惡意原則」是適用於民事案件，因此，有關民事舉證責任在於原告即被害人必須能證明報導者是出於「故意或重大過失」，而以「內容不實」的言論侵害其名譽⑲。反之，我國刑法上述規定，在刑事審判中，法院固然應對被告有利與不利的犯罪事實均應調查⑳，惟由上述刑法規定以觀，被告宜就出於「善意」乙事，

應儘量提出說明，並舉證之，以期獲得無罪之諭知。

結　語

　　法律規章多如牛毛，是現代人對於法律的看法，此也表達了一般人對法律的無奈。然而，生活在現代社會中，若不熟悉法律，可能使自身的權益喪失而不自知，也可能遭致他人的傷害而投訴無門。爲了個人與家庭的安全及保障，身爲現代人實有必要瞭解法律。

　　媒體法律是一部較爲專門且特別的法律領域。不過，媒體既是現今社會大眾取得資訊的不可或缺管道，更是自我學習的主要方式之一。所謂「秀才不出門，能知天下事」，既然媒體與我們日常生活如此密切，則無論從事媒體工作者，或關心媒體事業者，抑或利用媒體資訊者，均有必要瞭解有關媒體的法律規章，讓我們在享受資訊豐富迅速的現代生活中，瞭解所處的法律背景，使我們確實在資訊快速傳遞過程中，獲得知識，也能在瞭解法律規定中，獲得生活保障，而讓「新聞自由」與「個人隱私」取得平衡。

註　釋

①「新聞自由」與「言論自由」是否為相同概念,有學者認兩者不盡相同,
　參林子儀先生所著《言論自由與新聞自由》,1993年,第1版,頁65;有
　學者謂兩者相同,參尤英夫先生所著《新聞法論》上冊,83年,第5版,
　頁4。

②林紀東先生所著,《中華民國憲法逐條釋義㈠》,71年2月修訂初版,頁
　155。

③此學說最早提出,有謂其源於英國十七世紀文學家兼哲學家John
　Milton.

④此學說首先由Alexander Meiklejohn 教授提出。

⑤此學說源於康德 (Immanuel Kant) 哲學。

⑥林子儀先生前揭書,頁73。

⑦參STEWART, supera note 10, at 634.

⑧林子儀先生前揭書,頁78。

⑨司法院大法官會議於53年10月7日,以釋字第105號解釋,表示出版法第
　四十條及第四十一條不違憲。該解釋文載謂:「出版法第四十條及第四
　十一條所定定期停止發行或撤銷登記處分,係為憲法第二十三條所定
　必要情形,而對於出版自由所設之限制,由行政機關逕行處理,以貫徹
　其限制之目的,尚難認為違憲。」

⑩86年12月30日,《中國時報》舉辦「新聞自由與司法制度」座談,與會
　學者林世宗先生曾評述之 (參《中國時報》86年3月31日第4版)。

⑪參上述座談會討論記錄。

⑫出版法第九條第一項規定:「新聞紙或雜誌之發行,應由發行人於首次

發行前，填具登記聲請書報經該管直轄市政府或該管縣（市）政府轉報省政府，核與規定相符者，准予發行，並轉請行政院新聞局發給登記證。」同法第十六條第一項規定：「有左列情形之一者，不得為新聞紙或雜誌之發行人或編輯人：一、國內無住所者。二、禁治產者。三、被處二月以上之刑在執行中者。四、褫奪公權尚未復權者。」

⑬同註⑨。

⑭參有線電視法第二條第一款。

⑮參尤英夫前揭書，下冊，頁207。

⑯有線電視法第一條規定：「為促進有線電視業之健全發展，保障公眾視聽之權益，增進社會福址，特制定本法。」

⑰有關第五十二條之規定，請參第三節。

⑱此種關係為私法關係，而規範此種關係之法律為「私法」，參洪遜欣先生所著《中國民法總則》，頁8。

⑲民法規定與刑法規定不同。刑法是處罰犯罪行為，因此，刑法第一條規定：「行為之處罰，以行為時之法律有明文規定者，為限」，參後述。

⑳民法總則編於民國（下同）18年5月23日公布實施；債編於18年11月22日公布實施；物權編於18年11月30日公布實施；親屬編於19年12月26日公布實施；繼承編於19年12月26日公布實施。

㉑民法總則編曾於71年1月4日修正；債編於88年4月2日修正；物權編曾於84年1月16日修正；親屬編曾於74年6月3日，85年9月25日及87年6月17日修正；繼承編曾於74年6月3日修正。

㉒鄭玉波先生所著《民法債編總論》，頁144以下。

㉓民法第一百八十八條第一項規定：「受僱人因執行職務，不法侵害他人之權利者，由僱用人與行為人連帶負損害賠償責任。」

㉔民法第二百十三條規定：「負損害賠償責任者，除法律另有規定或契約另有訂定外，應回復他方損害發生前之原狀。因回復原狀而應給付金錢

者,自損害發生時起,加給利息。」同法第二百十五條:「不能回復原狀或回復顯有重大困難者,應以金錢賠償其損害。」

㉕民法第一百九十五條第一項規定:「不法侵害他人之身體、健康、名譽、自由、信用、隱私、貞操或不法侵害其他人格法益而情節重大者,被害人雖非財產上之損害,亦得請求賠償相當之金額。其名譽被侵害者,並得請求回復名譽之適當處分」,參照之。

㉖最近幾年發生的誹謗罪訴訟,有:簡又新自訴郁慕明案;劉泰英自訴《亞洲週刊》記者邱立本、王淑媛、謝志良及陳婉瑩等人案;《自由時報》自訴《天下》雜誌發行人殷允芃、刁曼蓬及游常山等記者案;陳蔓蒂自訴《時報週刊》多位記者案。

㉗林山田先生所著《刑法各論》,頁613。

㉘參第三節第二目論述。

㉙著作權法第三條第一款:「著作:指屬於文學、科學、藝術或其他學術範圍之創作。」

㉚商標法第一條:「為保障商標專用權及消費者利益,以促進工商企業之正常發展,特制定本法。」第二條:「凡因表彰自己營業之商品,確具使用意思,欲專用商標者,應依本法申請註冊。」

㉛專利法第一條:「為鼓勵、保護、利用發明與創作,以促進產業發展,特制定本法。」第二條:「本法所稱專利分為下列三種:一、發明專利。二、新型專利。三、新式樣專利。」

㉜參著作權法87年修正理由。

㉝著作權法第五條例示十種著作,包括:語文著作;音樂著作;戲劇、舞蹈著作;美術著作;攝影著作;圖形著作;視聽著作;錄音著作;建築著作及電腦程式著作。另主管機關即內政部著作權委員會亦有詳細例示內容。

㉞中央法規標準法第四條規定:「法律應經立法院通過,總統公布。」

㉟廣播電視法第二十二條規定:「廣播、電視節目對於尚在偵查或審判中之訴訟事件,或承辦該事件之司法人員或有關之訴訟關係人,不得評論,並不得報導禁止公開訴訟事件之辯論。」

有線電視法第五十二條規定:「有線電視之節目對於尚在偵查或審判中之訴訟事件,或承辦該事件之司法人員或有關之訴訟關係人,不得評論;並不得報導禁止公開訴訟事件之辯論。」

㊱違反廣播電視法第二十二條者,該電視事業體應處五千元以上,二十萬元以下罰鍰;而若為廣播事業體者,應處三千元以上,三萬元以下罰鍰(該法第四十三條)。

違反有線電視法第五十二條者,該系統經營者應處新台幣十萬元以上,五十萬元以下罰鍰(該法第五十九條)。

㊲由白曉燕案件中,第一審承審法官於判決後,主動召開記者會,說明其心路歷程,可略見媒體報導的案件,對於審判者的心理壓力。

㊳段重民教授所著「媒體之新聞報導與誹謗──報導與評論之界限?」,《全國律師》,1997年5月號,頁50。

㊴尤英夫先生前揭書,上冊,頁117。

㊵有位媒體記者於遭他人提出告訴,且經其他媒體報導後,曾感慨道謂:「如今身為被告才知悉被報導的滋味……」,此語值得省思。

㊶劉泰英自訴《亞洲週刊》記者案(85年及自字第1098號);《自由時報》自訴《天下》雜誌案(87年1月22日宣判)。

㊷賴國洲控告《商業週刊》案(83年偵字第26696號);蔡兆揚控告《商業週刊》案(85年自字第1158號)。

㊸參本章第二節第六目。

㊹李瞻先生所著《傳播法判例與說明》,頁192。

㊺台灣高等法院台中分院86年度上易字第1007號判決。

㊻參「誹謗與媒體」法學研討會記錄──《全國律師》,1997年5月號,頁

3。

㊼林天財先生所著〈從公眾論壇角度解讀新聞誹謗罪構成要件〉,《律師雜誌》,第221期,頁42。

㊽*New York Times,* 376 U. S. 64, 76-77 (1964)

㊾美國法院所揭示的此項原則雖適用於民事案件,而與我國刑法所定誹謗罪情形不同,不過,仍值得參酌。

㊿刑事訴訟法第二條第一項規定:「實施刑事訴訟程序之公務員,就該管案件,應於被告有利及不利之情形,一律注意。」

複習重點

1. 試說明憲法對於新聞自由的規定及其精神。
2. 試闡述「廣播電視法」與「有線電視法」對媒體報導之規定內容。
3. 刑法誹謗罪的規定精神為何？
4. 民法對於遭錯誤報導者之權利保護為何？
5. 「評論」與「事實報導」應如何區分？
6. 何謂「善意抗辯原則」？

第 13 章

傳播新科技對社會的影響

董素蘭

內容摘要

　　我們通常稱「報紙」、「廣播」、「電視」、「雜誌」、「電影」為五大媒體，但在網際網路出現後，有人稱之為「第六媒體」、「新媒體」、「超媒體」或「第四世界」。此「第六媒體」的興起，可預見的是會引起全世界劃時代的改變，那麼，它的改變在那裡呢？影響又在那裡？

　　現今全球使用網際網路的人數已逾億，而且還在急速增加中，因此「網路公民」一詞應運而生，在二十一世紀，你我都可能成為「地球村」(global village) 中的網路公民。

　　德國學者貝克 (U. Beck) 認為，人類生活已經進入一個新的階段，目前社會已經不再以遠離匱乏為生活目的，科技發展已經解決了這個問題，但隨之而來也帶來各式各樣的風險，全球已經進入一個「風險社會」的年代。所以說，伴隨二十一世紀資訊社會而來的相關問題，例如，「人際關係的疏離」、「網路的黃色風暴」、「網路犯

罪」、「網路賭博」、「線上隱私權」、「網路著作權」、「知溝的擴大」、「資訊超載」及「資訊憂慮」等皆不容忽視。

　　本章嘗試將這些問題作一初探與爬梳，希望能使社會大眾「正視」及「重視」這些問題的嚴重性，因為這些問題已逐漸深入、滲透在你我的生活之中。

　　準此，人們應該如何因應此一風險時代的來臨，在時間與空間的遞變中，讓傳播科技恰如其分的扮演角色，本章對此亦提出一些建議，例如，「傳播新秩序的建立」、「重視網路倫理及網路人格」、「網路規範亟待跨國建立」、「重視家庭教育與價值重建」、「回歸人的世界」等，提醒政府、媒體及社會大眾密切關注。

前　言

　　我們通常稱「報紙」、「廣播」、「電視」、「雜誌」、「電影」為五大媒體，但在網際網路出現後，有人稱之為「第六媒體」、「新媒體」、「超媒體」或「第四世界」。此「第六媒體」的興起，可預見的是會引起全世界劃時代的改變，那麼，它的改變在那裡呢？影響又在那裡？會不會如十九世紀英國小說家狄更斯(C. Dickens, 1812-1870)在《雙城記》中的開場白：「這是最好的時代，也是壞的時代；這是溫煦的春天，也是酷寒的嚴多……」？

一、「風險社會」已然來臨

　　自1980年代以來，國際媒體市場開始顯現四個主要的發展趨勢：(1)解除管制(deregulation)；(2)全球化(globalization)；(3)融合化 (synergy)；(4)聚合化 (convergence) (Dyson & Humphreys, 1990: 1; Sherman, 1995: 405-416)。上述發展趨勢使資訊傳播業進入「跨媒體」、「跨產業」、「跨國性」的時代。在相關產業的購併、合作下，無線電視、有線電視、電腦資訊、電信、電玩、電影等相關產業迅速的結合。其中，「網際網路」(internet)、「全球資訊網」(world wide web)、「資訊高速公路」(information superhighway) 的興起，更是全球矚目的焦點。

　　培根說：「知識就是力量」，這句話用在即將邁入二十一世紀的

今天，眞是十分貼切。近年來，由於傳播科技的蓬勃發展，全球各國對其無不關注備極，造成「誰會使用網路，誰就擁有知識；誰擁有網路，誰就擁有力量」的現象。所以倫敦星期天《泰晤士報》的科技主編羅易德（C. Llyod）亦言，無論何人，如能控制資訊超級公路，他將是二十一世紀的媒體大亨。

傳播學者麥克魯漢（M. McLuhan, 1962）曾提出四階段論，將人類傳播歷史分爲「口頭傳播」（oral communication）、「手寫傳播」（writing communication）、「印刷傳播」（printing communication）、「電子傳播」（electrical communication）等四個時期；威廉斯（F. Williams, 1982）亦曾在《傳播革命》（*Communication Revolution*）這本書中提到，如果將人類歷史以一天二十四小時計算，電子傳播時期可算是接近午夜的十一時五十八分，時間雖然很短，但是對人類歷史的影響卻是最爲深遠的①。

網際網路是今天自由度最高的媒體管道，這種無拘束的狀況究竟會給二十一世紀的資訊社會帶來什麼樣的影響？是好？是壞？也許人們還在抗拒硬體日新月異、軟體瞬息萬變的電腦世界，但是有愈來愈多的資訊專家出書宣告，一個全新的電腦時代不是「未來」，而是已經走入我們的生活中，甚至我們的腦子裡。

德國學者貝克亦認爲，人類生活已經進入一個新的階段，目前社會已經不再以遠離匱乏爲生活目的，科技發展已經解決了這個問題，但隨之而來也帶來各式各樣的風險。例如，使用各種農藥及基因改良的方式，人類的糧食問題得到解決，但同時卻創造出更多的疾病及潛在的基因突變危機；爲了解決電力供應的煩惱，強大的能源供應站——核能電廠出現了，但核能發電的不可預期災難，一旦發生將是禍延無數。

這些都是現代人必須承擔的可能風險，也是科技知識爲現代人

帶來的代價。因此，貝克認為全球已經進入一個「風險社會」的年代（陳瑤恬，1996：67-68）。

二、地球村的實現——「網路公民」

據美國MIDS公司（Matrix　Information　and　Directory Service）1997年1月所做的統計，全球使用人數約為五千七百萬人。另據美國愛迪西（IDC）公司預測，公元2000年全球上網人數可望超過一億六千萬人（王惠民，1997）。至於我國，根據「資訊工業促進會」的估計，1996年2月約有三十六萬五千人上網；到了1997年2月已成長至七十一萬人，政府並推出國家資訊基礎建設（National Information Infrastructure, NII），並已於1999年2月達到三百萬人上網的目標。

台灣目前並未針對網際網路用戶有大規模的調查，而蕃薯藤網站在1997年年初所發表的「台灣地區網際網路INTERNET相關運用及使用調查」，也僅能描繪出一個輪廓，而且未把學生及商業的用戶區隔開來，因此所獲的資料有明顯年輕化及所得偏低等情況。雖然如此，其中對網際網路使用人口的描述仍然有一定的參考價值。

在蕃薯藤所作的二萬多份問卷中，台灣的網路使用人口年齡偏低，成熟度也不高，年齡以二十至二十九歲居多，以男性為主，教育程度則以大專以上占了80％，地域則多集中在北部，同時職業以學生居多。而接觸網路的時間以半年至一年者居多，平均每週上網時數以二至十小時最多，查詢生活休閒資訊，閱讀新聞、雜誌及運用線上資料庫為主要的上網目的。

網際網路已在全球發燒，其勢沛然莫之能禦，人們透過網路可

以無遠弗屆，甚至無孔不入，各國之間的界線愈來愈模糊了。「地球村」已然形成，資訊社會裡的「網路公民」自然應運而生了。

傳播新科技所帶來的問題

　　網際網路的使用方式可算是一種極自由、個人化、隱私化的一種可匿名活動。根據上述，公元2000年，全球的網路人口約一億六千萬人。這麼多的網路人口，其所牽涉的面向將與日俱增，所以我們不得不對資訊社會裡的相關問題防患未然，以免措手不及。

一、公元2000年的災難

　　「Happy New Year！Happy 21 Century」可以想見世紀末除夕最後倒數時，人們歡欣鼓舞慶祝的興奮情緒②。

　　在大多數的電腦程式中，並沒有公元2000年這回事，一旦在電腦系統中將2000年誤判為1900年時，倚賴電腦極深的金融、國防等各界，將會一團糟，造成各種可怕的風暴。

　　行政院主計處電子處理資料中心指出，近年來政府機關與業界開始注意到2000年的資訊危機，預估會引發90%的電腦應用軟體系統無法正常運作或產生錯亂現象，導致程式不正常結束或決策發生不正確結果，繼而影響整個機關、企業的正常運作。

　　這是一個全球性的危機，國內亦不例外。主計處電資中心有鑑於此，建議成立公元2000年危機處理小組。惟現在距離2000年愈來

愈近，相關的危機與問題也愈來愈多了。據瞭解，國外已投入相當人力、物力、財力進行研究，但目前尚缺乏簡捷的工具可資利用。

二、人際關係的疏離

《爆米花報告書》（*The Popcorn Report*）作者波普康（F. Popcorn）是美國著名的趨勢預測專家，她也是財星五百大企業的「未來行銷」顧問，例如IBM、HP、TOYATA、百事可樂等，都是她的客戶。在《爆米花報告書》中所預測的十大趨勢，第一點即是——「繭居」（cocoons）。她認為每個人在家中找到了自己的天堂，即使足不出戶，也可以享有生產和消費等多元功能的空間，這是一種心理結合科技的漸進革命。事實上，當台灣「國家資訊基礎建設」如火如荼地進行、網際網路廣泛的在生活中應用，所帶來的生活改變，無疑是提供繭居族最佳的虛擬生活空間。

由於繭居族、SOHO族（small office home office）、電子隱士的興起，使得人際溝通（interpersonal communication）大量減少，並透過全球電腦網路型構了所謂的「虛擬世界」（cyberspace）及「虛擬社區」（virtual community），當然進一步就會造成虛擬的人際關係。此外，「數位個人」（digital individual）、「虛擬自我」（virtual self）亦同時出現（卜慶玲，1995）。

「cyberspace」這個字出現於吉伯遜（W. Gibson）的科幻小說《類神經人種》（*Neuromancer*）及《歸零》（*Count Zero*），意指經由電腦網路所建構出的非真實概念空間。在此世界中，人們雖然素未謀面，但可藉由電腦來交談、溝通、分享，甚至建立彼此的關係（Pimentel, 1993）。

過去，麥克魯漢曾提出「地球村」的概念，意指傳播科技的進步可以帶領大家進入「天涯若比鄰」的境界。但相對的，由於繭居族的出現，反而會造成人際關係的疏離，使得「比鄰若天涯」。

　　科技是虛擬空間的基礎，但不應只是電腦網路（a network of computer），更應是人的網路（a network of people）。因此，雖然新的族群不斷的「集聚」、「移民」於網路上，靠著電腦建立彼此的關係，但我們仍不能忽略「非語文傳播」在傳播活動中所占的重要角色③。所以，如何調和「虛擬世界」（cyberspace）和「眞實世界」（real world）中的人際關係，應是在社會、文化等面向上應考慮的議題。

三、黃色風暴席捲而來

　　民國六〇年代，青少年對性的好奇是透過色情書刊；七〇年代轉爲色情錄影帶及第四台；而八〇年代則由色情光碟帶領風騷。近年來，國內色情網站有愈演愈盛的態勢，電腦網路不但成爲色情媒介，並提供色情資料，交換性的經驗，進而可能進行性交易，引發性犯罪。不但如此，網路上有「全球性指南」（the world sex guide），提供將近二百處與娼妓有關的網址，台灣的風化區即在其中，甚至有專書介紹這些網站及進入密碼的新聞，也都上了國際媒體（薛心鎔，1996）！

　　比爾·蓋茲（Bill Gates）曾預言，往後人類將會利用電腦的虛擬實境技術，來滿足性的需求。「虛擬性愛」的方式如果成眞，有一天網路上的「虛擬性愛」服務會不會和今天的A片錄影帶及色情光碟一樣流行？這可能會成爲比科技研發更煩人的問題。

史東（A. R. Stone）則在《機械時代終結前慾望與科技之戰》

（*The War of Desire and Technology at the Close of the Mechanical Age*）呈現出電腦的時代如何成為「野生慾望」，終而擴張成「終極經驗」。例如，一個從未寫過一篇小說的大學生，會突然在網際網路中創造出怪誕暴力的色情作品，然後向全宇宙的電腦讀者傳送。史東把電腦資訊系統的色情氾濫比喻成「天眞的失落」（劉裘蒂，1996）。

1997年7月16日，美國的資訊廠商齊集白宮，共同向與會的官員及社團領導人提出簡報，並於現場展示了「網路內容篩選平台」（Platform for Internet Content Selection，以下簡稱PICS）網路管制科技。美國總統柯林頓發表聲明表示，將在「尊重憲法精神」的大原則下，全力將網際網路建構成爲一個「保護兒童、適合全家共同使用」的數位空間。其後，以英國「網路觀察基金會」爲首的半官方團體，邀請德、法、比利時、瑞士、澳大利亞等國家於1997年9月召開國際會議，以期結合各國政府與產業界的力量，全面推廣PICS網路管制科技標準。

PICS備受青睞，有其時代的背景，在避免以「立法」手段來管制網路上「言論與表達」自由的前提之下，PICS的內涵充滿了自律的色彩。PICS基本上是一種網路分級制度，一般家長擔心家裡的未成年孩童受其誤導，可選擇一套提供網路分級設定的瀏覽器，透過分級「鎖碼」的設定，日後一但連結到色情網路站，就會出現要求密碼的對話框，如果沒有密碼則無法進入瀏覽（陳彥豪，1997）④。

但PICS是否可以達到效果，端賴所有的網頁都自動掛上PICS的識別等級，否則會造成「守法者綁手綁脚，非法者快樂逍遙」的情況。

此外，美國最高法院在1997年6月26日以七票對二票通過，判決

禁止在網際網路傳送色情資料的「通訊約束法」違憲，認為該法牴觸保障言論自由的憲法第一修正案，這是電腦時代有關言論自由的的歷史性判決，首度將憲法保障的言論自由權延伸到網路空間。

對網際網路上言論自由是一大勝利，美國人向來視言論自由為天賦人權，而視政府管制為寇讎，此一結果早可預料。值得注意的是，判決中給我們的啟示之一是，政府不能取代父母或師長來保護小孩，贊成「通訊約束法」最主要的論點是保護小孩免於網際網路上色情資訊的侵犯，但這應是父母、老師及軟體業者的工作，而且疏導比防弊重要。所以，美國最高法院認為，言論自由和保護小孩是可以並行而不悖的（張瑞雄，1997）。

四、網路著作權問題

德國的教育及研究部部長魯特格斯（J. Ruettgers）表示：「電子虛擬空間絕非法外之地」，換言之，各國政府是不可能坐視虛擬空間處於一個「無政府」或「法律真空」（legal vacuum）的狀態，但目前這些問題似乎已到達不容忽視的程度（《聯合報》85.12.25.第42版）。

資料的「傳播」（communication）與資料的「複製」（reproduction）是現代同時存在並行的事實，亦是網路環境的傳播特色，歐洲官方的報告甚至稱「重製權」為「著作權的核心」（the core of copyright）。

在網際網路發展愈來愈繁盛的同時，我們不得不注意網路上的著作權問題。傳統著作權所思考的傳播問題，是基於「傳播不等於複製」的情況，因其保護有形媒介物，與加速無形資訊流通這一循

環機制的設計理念,一旦面臨網路環境裡「傳播即複製」的現實下,無疑遭到了結構性的致命衝擊。若要顧及網路的發展與資訊的流通,同意網路使用者自由的傳輸（複製）資訊,則傳統著作權對出版業者的保障便大打折扣；若為出版業者著想,限制網路環境裡傳輸資訊的使用,又將對網路環境的發展及資訊的流通形成阻礙。

對於現今網路的著作權問題,在社會大眾尚未形成某種共識之前,我們到底要重新思考、訂定著作權法,來適應網路環境這個迴然不同的傳播管道？還是要使用公權力,迫使網路環境的使用者放棄網路環境的迫切性？如果強加傳統的著作權觀念在網路環境之上,是不是會腐蝕大眾對此一法律公正性的信心？耐心等待,先看看網路的世界會變成什麼樣子,又似乎是一種合理的期待？這些都是陷於高度矛盾的問題。

例如,當年美國開國元老傑佛遜及其他美國憲法制定者在設計著作權法時,他們主要的想法,乃在於此法將可「確保思想、觀念的流通」,而不是為了「保障出版者及作者的利益」。現代網路是否適用於這種觀念,頗值深思。

美國的網路發展較台灣為快,有些問題也比台灣早遭遇到,而美國為解決這一問題,在「資訊政策委員會」下,設有一個「智慧財產權工作小組」,主要的工作便是負責在網路環境的世界裡,為網路使用者和著作權人之間,尋找一個最有利的平衡點,1995年9月,該小組發布「白皮書」,作為網路環境的影響下智產權研究的最終報告,並提交結論作為美國著作權法的修正草案藍本。

智慧財產權工作小組對著作權在網路環境上行使的見解,引起了網際網路使用者的一陣恐慌。因其認為,一項有著作權的資訊,只要能儲存相當的時間都可能被認為構成複製,不只是儲存於軟碟、硬碟、唯讀記憶體以及其他的儲存裝置,都被視為侵權,即使

是載入隨機存取記憶體也足以構成著作權侵害。換句話說，如果你在網際網路上看到一個有版權限制的作品介紹，不管是文字、音樂、圖片、影片，當你下載時，就是侵權行為了，當然更不用說加以儲存。

「白皮書」中指出，人們如果想要瀏覽網路上的作品，首先必須將該作品載入記憶體裡面，雖然這只是一個暫時性的儲存動作，卻也是侵害著作權的複製行為。

可想而知的，這種將傳統「有形物」觀念下的複製概念硬生生的搬到網路世界來，對資訊流通會造成相當的阻礙。「白皮書」不去要求業者加上保密措施或是發展註冊系統，相反地，卻要求使用者注意是否看到了侵權的作品。

然而，網路發展一日千里，豈能以目前的框框來套住往後不可預期的科技發展？最近由網路使用者、學術團體及網路相關業者組成的團體，在聯合致柯林頓的一封公開信裡強調，希望政府能夠改變對「白皮書」的強力支持態度，他們強調「白皮書」無異在扼殺這一年有數百億金額的新興產業。「美國電信協會」（AT&T）反對這個草案時表示，出版業者只想到如何從網路上賺錢，卻不致力於使這一新興傳播媒體能夠成長，出版業者根本害怕網際網路會侵蝕傳統的市場。

這一不滿的聲音呈現了真實的力量。根據報導，就在「數位著作權法」召開了二星期之後，美國宣布將改變對「白皮書」的支持態度，美國副總統高爾的一位高級顧問承認，「白皮書」的觀點需要在美國國內再作充分的討論，才能符合網際網路成長的最佳利益。一位與會代表曾感嘆的說道，何苦要把二、三十年後的事情急於現在來解決？

而國內對此的態度又是如何呢？我們可從著作權中最引人爭議

的「散布權」，台灣因應網路環境所做的修正方向，便可窺知一二：現行「著作權法」第三條第一項第十一款，散布——指不問有償或無償，將著作之原作或重製物提供大眾交易或流通；內政部1996年3月「著作權法修正草案」行政院核定稿，散布——指不問有償或無償，將著作之原作或重製物提供大眾交易或流通。凡有利於公眾接近使用而在電腦間傳輸、儲存、或處理著作或其重製物亦屬之。

內政部「著作權法修法說明」載道：「散布在網路世界迥異於傳統，參考美國NII「白皮書」之建議將網路傳輸(transmission)亦歸屬為散布，並考量後述之第一次銷售原則以散布全為限制對象，故於開宗明義之定義中因應網路之環境擴充散布之概念。」從這條款的修正精神而言，台灣在面臨網路環境的新挑戰時，著作權該何去何從，除了抄襲美國「白皮書」的觀點外，毫無新意。如今，「白皮書」在美國已經掀起了一陣檢討、改進之聲，而我們，是否依然準備要穿上別人不要的舊衣服呢？（李明哲，1997）

國內法律學者李復甸、高玉泉兩位教授於86年5月17日所舉行的「資訊網路法律座談會」中發表論文表示：依著作權法的定義，所謂「重製」係指已印刷、複印、錄音、錄影、攝影、筆錄或其他方法有形之重複製作（參考著作權法第三條第一項第五條）。依此解釋，將他人的著作數位化後透過網路傳送及儲存是否為「重製」，解釋上具有疑問。而環繞著「重製」這個概念的網際網路問題也不少，其中重要者如下：

1. 儲存著作於磁碟、唯讀記憶體或隨機存取記憶體是否構成重製？
2. 將平面著作掃描成數位稿，是否構成重製？
3. 將照片、電影、錄音等著作數位化時，是否為重製？

4. 使用者將數位稿上載電子布告欄或至其他伺服器上，或由電子布告欄或伺服器下載至其電腦時，是否為重製？

此外，「世界智慧財產權組織」（World Intellectual Property Organization, WIPO）在1996年12月間召開的一項外交會議中通過了「WIPO著作權條約」（The WIPO Copyright Treaty）對部分問題提出了規範方向。

■ 全面改寫著作權法

著眼於網際網路的特殊性及其與使用者關係，傳統的著作權法不足以規範，自應全面檢討。

■ 修改現行著作權法，將網際網路納入規範

這項見解也是目前美國政府、歐盟及「WIPO著作權條約」所採的立場。他們所持的理由至少有下列幾點：

1. 法律對於著作權的保護早已根深蒂固。
2. 著作權法兼顧了著作人（私的）及大眾（公的）利益，維持了一個很微妙的平衡。
3. 過去二百年來，著作權制度也曾因新興技術的產生而遭遇到不少的挑戰（如影印、錄音、電腦軟體等），但都能一一克服，網際網路上的著作權問題，假以時日，必能獲得解決。

姑且不論以上種種的說法孰是孰非，現今台灣已落入一個「法律跟不上時代進步」的窘境，實有賴有識之士大力推動，迅速修法或立法，方能紓解燃眉之急。

五、網路交易與經濟犯罪

近代媒體趨勢從大眾回歸小眾，走進了分眾的時代，再加上互動性的網路媒體特質，另類媒體的風潮將在網路時代產生，個人化的服務將是標榜的重點。

目前大多數的電子商店都是採用傳真和免費電話等方式來接受訂購，只有少數允許消費者在線上輸入信用卡資料直接交易，主要是因為消費者對網路交易安全沒有信心。如果把信用卡資料輸入電腦，萬一這些資料被別人盜用了怎麼辦？所以網路交易安全問題被視為是網際網路商業發展的一道瓶頸。

美國北卡羅來納州證券安全調查員劉易士指出：在國際網路上所發生的經濟犯罪案件，根本無法可管，因為這是一個完全開放的空間。

此外，這是一個電子資料的時代，每個人的資料、存款、經歷都記載在政府、金融機構，但駭客（hacker）到處橫行，網路的安全一旦發生問題，很難擔保不會發生難以彌補的金融風暴與社會災害（侯俊耀，1996）⑤。

六、暴力犯罪

1996年亞特蘭大百年奧運公園爆炸的是一枚裡面塞滿釘子的土製炸彈，雖然簡陋，但殺傷力很強。安全專家事後指出：「裝配這種爆炸物的手冊和指南，可以輕易的自網際網路中叫出」。同年，三

名十三歲的男童被美國警方控告從國際網際網路上獲知如何製造炸彈，陰謀炸毀學校。

從以上兩個例子可知，從網際網路的「全球資訊網」中，可以讀到各種炸彈的製造方法，從惡作劇的臭彈到具危險性的裝置，無所不有。新聞報導說：「全球資訊網」首頁的一些標題，如「無政府主義者的食譜」和「恐怖份子教科書」，對於一個潛在的都市游擊隊份子，或者是一個居心不良的不滿現狀者來說確實具有吸引力（《台灣時報》85.7.30.第11版）。此外，遑論其他犯罪、殺人、自殺方式的出現了。

傳播科技的進步，居然加深社會生活的危險與不安，這可能是人們始料未及的。

七、賭博的樂園

根據美國所羅門兄弟公司估計，美國人目前花在賭博上的金額，大概占可支配所得的0.8%。因此拉斯維加斯的賭場經營者已經紛紛前往號稱免稅天堂的加勒比海國家，開闢境外網際網路賭場，專供美國本土的民眾下賭。

位於俄亥俄州的一個印第安部落，發行了一種週獎金為美金五千萬元的網際網路彩券，並且提供免費電話供簽注的民眾選擇號碼，大家可以透過網際網路以信用卡支付簽注金。

以上兩個例子，說明了網路賭博的發展是愈來愈普遍了。

《時代雜誌》指出，1997年5月底，美國巡迴法庭法官，依密蘇里州檢察總長傑瑞·尼克森（J. Nixon）的請求，判決網路賭場——「全球賭場」（Global Casino）的母公司 (Interactive Gaming

& Communications）不得再向密蘇里州民衆收取任何賭金，這是美國第一件針對網路賭場做出禁令的判決（謝錦芳，1997）。

　　網際網路果然變成跨國的賭博樂園，將促使地下經濟蓬勃發展，並引發新的社會問題。例如，在稅收短少的情況下，社會福利支出如何因應高收入的假貧民亦可坐領社會救濟金，商業間諜日益猖獗等，這些都是是值得關注的議題。

八、線上隱私權與網路匿名權

㈠線上隱私權

　　1996年，Equigax／Harry消費者隱私權調查研究發現，網路族對於自身的線上隱私權的重視程度比起不上網路的人高許多。此項調查的受訪者有三千六百人，當中，有60％的網路族認爲他們的身分不應在瀏覽站台或使用電子郵件時被揭露，而非網路族只有45％關心同樣的問題。至於是否應限制政府過濾網路訊息方面，49％的網路族表示贊成，而只有34％的非網路族持相同的看法。此外，個人的瀏覽行爲模式被記錄並用於商業行銷時，網路族中有71％表示不願意，非網路族中63％對此行爲有反應。在這項調查中同時發現，網路族通常都有較高的教育程度與收入，而且思想方面也傾向較爲自由。

　　根據法律學者鄭中人於86年5月17日舉行的「資訊網路法律座談會」中提到，「電腦處理個人資料保護法」有「保障隱私權、維護個人尊嚴」、「促進個人資料之合理利用」、「降低社會交易成本」三個

目的。可見「個人資料保護法」有其必要性。

　　大多數上網的人，都不知道他們所造訪的網站會蒐集他們的個人資料，因此有可能利用此資料進行各種商業宣傳或其他用途。對此，各國已紛紛開始研擬對策，分別說明如下：

■ 美國

　　針對此種侵犯隱私權的行為展開監督。為了預防政府當局藉此名義對網路使用設限，在導覽器市場上競爭激烈的微軟和網景兩家電腦公司，於1997年6月11日聯合宣布，決定暫時擱置私利，攜手為保護消費者在網路上之個人隱私資料而努力。之後，「聯邦貿易委員會」在華府舉行相關的聽證會。

■ 法國

　　法國於1996年4月26日向「經濟合作發展組織」(OECD) 理事會，提案發起制定「網際網路國際合作憲章」，經理事會一致通過，同時法國也積極草擬自己的法律。

　　於是法國自1996年11月17日起設立了一個網站，公布「網際網路法草案」，歡迎個人上網表達意見，同時設計網路問卷，進行相關的民意調查。此外，也組成了專案任務編組，聘請各界學者、專家、業者及網路族代表為成員，將所有資料過濾分析，並據以修訂草案。最後的版本在1997年6月1日晚上11點定稿。主管部長並於6月間召開會議討論定案。

　　原先法案定名為「網際網路法」，後來改名為「網際網路憲章」，其特點是：(1)配合網際網路的特性，從國際的角度看問題；(2)由民間自組獨立的網路自律組織；(3)業者及網者均須遵守透明化的機制；(4)尊重言論自由、祕密通訊自由、虛擬集會 (reunionvirtuelle)

自由、保障接觸資訊的權利、安全權、財產權及隱私權等（《中國時報》86.6.17.第47版）。

■我國

國內於84年8月公布「電腦處理個人資料保護法」（以下簡稱「個資法」）此可謂第一部個人情報保護法，這也是保護隱私權的開始。惟從西歐各國自1970年至1985年已有此類之法律以觀，如1973年瑞典之資料法或1984年英國之資料保護法，我國顯然落後十年以上。此法經過一年的緩衝期，大多數的機關仍弄不清楚狀況，相對的其成效就有限了。

其中，台北市報業公會表示：「個資法」實施後，各行各業蒐集及處理個人資料多少都受影響，大眾傳播業也受到很大的衝擊。但「個資法」相關法令許多用詞定義不清，而且處理個人資料的條件太過嚴苛，更有甚者，可能違反新聞自由，建議主管機關應該提出更明確的解釋及作法。

法務部則認為，電腦科技迅速發展，如果個人資料遭誤用、濫用或不當使用，將嚴重侵害個人隱私，有必要將電腦處理個人資料的行為作合理的規範，以保障隱私權。我國法令傳統上保護隱私權的規定，偏重造成損害的事後賠償，消極的規範不足以防患未然，「個資法」把隱私權的保障，從事後救濟轉為事前防止，創設新的權益。

法務部並強調，「個資法」的立法目的包括「隱私權的保障」及「個人資料的合理利用」，若施行上有疑義，可透過會議協調解決，甚至修法。

此外，我國高等法院於86年4月8日針對一件徵信社職員竊聽民眾電話的案件，首度引用「個資法」規定進行判決。此項判決將供

一、二審法院承審類似案件的重要參考。

㈡網路匿名權

　　《NET網路生活雜誌》副總編輯陸蕙敏說：未來很可能是個黑函時代，難以查證的資料多得難以數計，資料的正確性如何只有自行判斷，而它就像是個圖書館式的世界，沒有什麼規範，自己就是法官，主觀的媒體和主觀的閱聽人就此產生。其實，未來的網路不但可能是黑函滿天飛，也可能產生許多的「網路藏鏡人」，他們使用「匿名」、「變身」的方式，進行許多損人利己、滿足個人不當欲求的作為。

　　相關匿名事件，約述如下：

1. 疑由中國醫學院的電子計算機中心發出，透過中山大學主機經全球網路轉往美國白宮要刺殺美國總統的電子郵件，引起美國政府的抗議，向我政府要求調查發信者的動機與行為。兩所學校因查不出發函者，要求學生自制，否則關閉電子站。
2. 台大機械系的校友在網路上以不堪入目之語言攻擊學校老師，後來查出涉案的是畢業校友，經說明純為惡作劇，向老師道歉了事。
3. 國民黨電子站上的畫面經人掉換，只得被迫關閉一陣子。
4. 台北市議員璩美鳳因揭發宋七力宗教詐財案，知名度水漲船高，卻也意外成為「網路性幻想」新偶像。
5. 香港一家電腦上網公司因積欠員工薪水和租金，突然結束營業。另一家電腦上網公司將一篇文章送到網路上的新聞討論群（newsgroup）發表，預測該倒閉公司之關係企業亦將陸

續倒閉。

6. 在名為「祕密花園」電腦網路的網站中,港台玉女紅星的照片被合成為寬衣解帶的畫面。

7. 台灣一家大型企業集團曾遭網客從網路咖啡店發出訊息,勒索九百萬元。

8. 台大五位教授聯合追訴二位匿名人士人身攻擊與冒名影射的事件。

上述事件均為網路上的匿名行為導致他人權益受損的例子。但正如飛碟台董事長趙少康表示,匿名言論在網路上找不到「債主」。此外,由於網路的匿名性,網路極可能變成謠言的製造中心與大本營,哈佛大學法律系法律與科技中心的學者齊傳亦云:「拜網路之賜,任何謠言都可獲得比廣播電台更有效的曝光機會,無人會檢驗或研判這些小道消息的真偽」。

目前全球許多大學都設立國際網際網路規則,如普林斯頓大學就對學生發出「使用校園電腦網路和國際網際網路的規則」,其中強烈的要求學生電腦上的行為應比照學校對學生行為考察的訓導規則,學生應尊重學校與學生之間的權利、名譽與責任,以維持普林斯頓的精神,如果以電腦進行恐嚇、干擾或表現敵意,將被視為騷擾、侵害論處。普大的基本立場是認為電腦線路和書信、新聞、口語一樣會造成對別人的傷害與侵犯,以及毀損校譽,都是不可原諒的行為 (黃西玲,1996)。

九、新世代的貧富差距——知溝

第三波出版社所出版的《Windows 95 中文探索指南》一書中提到：網際網路可以讓現代人達到「資訊就在彈指之間」的境界。學者專家也認爲：「資訊時代裡，國家的經濟力取決於資訊，其次才是傳統經濟學的主要因素：人力、土地及資本。因爲傳統的生產要素有時而盡，資訊的生產要素卻永遠生生不息，我們可以說，資訊就是力量，資訊就是特權！」(侯耀俊，1996)

電腦族群逐漸形成其特有的文化，而電腦科技日新月異的突破，不但創造了新的財富與富豪，如比爾‧蓋茲之類的人們可能愈來愈多，而電腦族群似乎與青年是相同的名詞，亦即老年一代族群是否會因此與電腦脫節，使得知溝 (knowledge gap) 加速擴大，亦使非電腦族逐漸成爲社會的邊緣人，這是值得注意的地方。

資訊科技如此快速、創新，使資訊的生產、流通、儲存的能力更不可同日而語。西方學者如Bell (1974, 1979) Porat (1977)、Druker (1969)，或是日本的松田稻次 (Masuda, 1981)、伊藤陽一 (Ito, 1981) 乃紛紛肯定資訊或知識將主導日後的社會生活，不但「資訊無時、無所不在」(all information in all places at all times) (Godfrey, 1979)，而且可以迅速、廉價地供應給社會中的每一個人 (Ito, 1981; Dizard, 1982)。Bell甚至認爲資訊科技的擴散，可以消弭西方社會的不平等現象 (陳淑麗，1991)。

但賀伯華斯及羅賓 (Hepworth & Robins, 1988) 提出了進一步的說明：「……所謂的『資訊革命』實非簡單的進化轉變。它不是單純『科技』進步的事件，而是一種社會、政治與文化的現象、

諸如破壞、危機、分工等現象。它所展現的是中心與邊陲、鄉村與城市、生產與消費、工作與休閒間關係的複雜且大幅度地轉變。職是之故，它無法超越或融合現存階級與地區的不平等現象，反而順勢發展。這種不平等現象一旦存在，便不可能憑空消失。」

西方資本主義經濟發展有一個基本假設，即在社會經濟全盤發展以後，其成果自然會向社會各階層擴散，或者像漏斗一樣向社會下階層滴。有人稱之為「擴散效果」(spread-out effect) 或「向下滴效果」(trickle-down effect)。但究竟經濟成果是否一定向下滴、向外擴散，讓社會上的每個階級分享呢？這沒有一定的答案，有些低度開發國家，經濟即令有些成長，卻被既有利益階層吞併，反而加深貧富懸殊的現象（李金銓，1990）⑥。

若干學者對傳播科技革命的社會功能頗有保留，他們擔心資訊量的全面提高未必會「向下滴」。一群明尼蘇達大學的學者提其納 (P. J. Tichenor)、杜那荷 (G. Donohue)、歐尼 (C. N. Olien，1970) 提出了所謂的「知溝」的假設：「傳播媒介的資訊傳入社會制度的速度若加速，則社會經濟地位較高者獲得資訊的速度比社會地位較低者為快，是以兩者之間的知識鴻溝擴大而非縮小。」

傳播學者羅吉斯 (E. M. Rogers, 1976) 將知溝理論的假設延伸成為「傳播效果鴻溝」(communication effect gap)。

瑞斯 (S. D. Reese)、修梅克 (P. J. Shoemaker) 及坦尼爾遜 (M. A. Danielson) 於1984年在美國芝加哥民意研究協會發表一篇調查研究報告〈公眾對新傳播科技態度的社會相關性〉，發現教育程度的高低與擁有電腦的人數多寡成正比。

此外，契爾德斯 (T. Childers)、鮑斯特 (J. Post) 兩位學者在1975年出版《美國資訊貧民》一書中，說明知識一如財富，也有貧富之別，且社會上為錢財掙扎之人多為資訊貧民。

帕克（E. B. Parker）、鄧恩（D. A. Dunn）於1972年在《科學雜誌》上發表一篇〈資訊科技的社會潛力〉，說明資訊科技的最大潛力在於降低教育單位成本，進而提供平等而開放的教育機會，使社會上的人可以終身學習。如果資訊教育無法普及整個社會，那麼只有那些早已是「資訊富人」可享其成果，而「資訊貧戶」所得將少之又少，「資訊鴻溝」將因此而擴大⑥。

因此，在網路世界中，如何減少「知溝」，避免造成知識的貧富過於懸殊，這是政府、教育界、傳播學者及社會大衆所應共同關心的議題。

十、資訊超載與資訊憂慮

㈠資訊超載

著名的學者歐廷格（A. Oettinger）曾說「沒有物質便沒有任何東西存在；沒有能源，物質便沒有動力；但如果沒有了資訊，則物質和能源皆因缺乏組織而沒有作用。」雖然資訊如此重要，但若未加以管理，就會形成資訊過多或缺乏資訊的情形，過多的資訊超出了管理人員的資訊負荷最適點，不但對決策沒有益處，反而會造成干擾決策的現象，那就是「資訊超載」（information overload）。因為人類從環境接受輸入的容量是有限的，當人類所具有的內在過濾或選擇程序無法處理增加的資訊時，就會發生資訊超載（周宜君，1989）。

1970年，未來學家托佛勒在《未來的衝擊》中提到，資訊的超

載將導致生理、心理的疾病。因爲人對資訊的吸收、消化、理解有非常嚴格的臨界點。超過此臨界點會令人緊張、敏感、不能忍受挫折、不能理性判斷事務，更可能行爲錯亂（楊艾俐，1994）。

(二)資訊焦慮

學者蕭（L. Shaw）：「在我們這個對資訊狂熱的多飽和紙張污染的社會，已開始出現一種病症；症狀是——偏執的迫使自己遍讀一切可讀之物，當吸收的閱讀量超過消化所需的能量時，超出的部分日積月累，最後因壓力與過度刺激轉化爲所謂的資訊焦慮症。 (information phobia；information anxiety)」(R. S. Wurman, 1994)

1950年，美國學者雷斯曼（D. Riesman）出版了社會學名著《孤獨的群衆》，首次揭露資訊時代人類的自戀、恐慌、焦慮和孤獨。在雷斯曼筆下，他形容現代人個個都彷彿變成了頭上頂著兩根天線，焦慮地吸收著轟炸而來的資訊新人種。他們畏懼和別人不同，在訊息大海裡隨波浮沉，愈和他人趨同，也就愈覺得孤單。書中有一句話，適時反映了資訊超載的現象：「過去三十年所生產的資訊多過於過去五千年的總和；今天一份《紐約時報》裡所包含的信息量也多過於十七世紀一個普通英國人一生的經驗。」

《孤獨的群衆》預見了資訊時代到來後人們人格品質的改變，雷斯曼所謂的「雷達人」栩栩如生，正是現代人的寫照。不過，1950年代固然大衆消費與大衆資訊的時代已浮露出跡象，但眞正的「資訊焦慮」仍與一般民衆距離遙遠。差不多到了1980年代後期，人們才能從日常生活裡感受到「資訊焦慮」的威力。

申克所著的《資訊魔霧》（*Data Smog*）一書中提出，資訊使人

發狂已經不是虛擬的情境,雖然大部分資訊都有益世道人心,但過量的資訊構成一個過度刺激的環境,已把人類逼到一個忍無可忍的境地。波士頓心理學家柏格拉斯勸告他的一些病患,設法減少電子資訊的接收管道。他說:「這種療法和節食一樣,你必須仔細計算卡路里。」這就是所謂的「資訊節食」,方能回歸人的節奏。

有資訊焦慮的人大半有兩個特質,完美主義及喜歡尋求新奇刺激。這樣的人資訊選擇多,反而更受桎梏,更不自由,進而因資訊輸入過多而耗損不堪(楊艾俐,1994)。

對於這些涉及資訊時代「個人改造與強化」的問題,在西方,從八〇年代後期開始就已進入它們的教育改革之中。諸如北歐、法國、紐西蘭等許多國家,已將資訊及媒體解讀的課程列入中小學教育,讓學生參與和理解資訊及媒體的結構,生產過程,可能隱藏的偏見,選擇性的誤差,不當傳播的遺害等。工業革命初期,機器大增,有個英國人勒德(N. Lud)率先反對機器,搗毀織襪機。於是,人們逐將反對新文明形式的戀舊者稱爲「勒德份子」(Luddite)。

在資訊時代,人們當然不應成爲「資訊的勒德份子」,這時候,增強自己對資源汙染、資訊超載,甚至資訊焦慮的防疫力,這也就成了一個現代人或後現代人必備的品質和基本訓練。西方的教育配合的這樣趨勢,是對資訊時代的一種正面因應。

(三)因應之道

根據《天下雜誌》第一六三期楊艾俐小姐所寫的〈如何克服資訊焦慮〉一文中,歸納出處理資訊的方法,主要可分爲七點:

1.掌握戰略層資訊:文中引述「合衆企管」合夥人張國鴻認爲

企業的資訊可分為三層，第一層是作業層，第二層是管理層，最高層是戰略層。戰略層是最沒有組織、結構，卻是最有價值、企業負責人必備的。

2. 吸收資訊要有架構。

3. 消化資訊：就如宏碁電腦個人事業群總經理林憲銘所說的「經過很多次後，我知道新的一定比舊的有用。」

4. 勿為瑣碎資訊所纏，看大趨勢。

5. 資訊分工才能掌握資訊：資訊繁雜不一，因此必須分工合作，每個人吸收一部分，再齊聚討論，獲致結論。

6. 善用電腦作為工具。

7. 訓練自己逆向思考：動腦筋是最划得來的投資，遇到棘手問題，逆向思考，最容易找出活路，海闊天空。

　　綜上所述，面對資訊，處理的秘訣在於將資訊「窄化」或「配合」到與自己的生活真正相關的範圍中；也就是審慎的選擇那些真正值得你去耗費體力的資訊。資訊的量愈多，篩選的重要性就愈形顯著。有人認為選擇越多自由就越大，然而在面對抉擇時，卻反而因為不知如何選擇而帶來更多的焦慮。如果能在事前就確定自己所需要的資訊範圍，選擇的範圍也跟著減少，擔憂選錯的焦慮自然也就跟著減輕。

十一、網路教育vs.傳統教育

　　根據美國相關資料顯示，由於遠距教學、電腦教學的興起，未來教師的數量亦可大幅減少，每三百位教師只需留任一位即可。此

外，《聯合報》的副刊文章說，未來十年最辛苦的行業就是教師，此話一點不假。由於師生關係的疏離，加上學生廣泛接收資訊科技，任何資訊網上應有盡有，聲光兼具，當然強過教師在課堂上的聲嘶力竭。所以說，教師們如何因應網路時代的資訊社會？如何讓傳統教育跟得上時代？首先，我們先對資訊社會的教學環境形態作一瞭解。

資訊社會下的教學環境形態約略可分為：

1. 學習者由主動或被動的角色變成互動的角色。
2. 學習者可以控制學習環境或速度。
3. 現代教學媒體可以幫助老師擔任輔助者的角色。
4. 老師及學習者應具備使用新形態傳播工具的基本能力與素養。
5. 進行遠距教學（隔空教學），可跨越時空限制，不拘場所、不拘人數的進行教學；學習者可不受時間及地點限制進行學習。
6. 互動式的教學媒體，學習者直接和電腦產生互動，其特色是立即性、回饋性、雙向性。

利用媒體加強教學效果有幾項優點，例如，加強多感官的「虛擬實境」、學習內容標準化、教學個別化、學習者參與度高、終身學習的方式等。所以說網際網路的普及將促成「適時學習」（just in time learning）觀念的興起。火星專家羅威爾在四十歲以前是個日本專家，四十歲以後卻突然對火星產生濃厚的興趣，而且還能夠變成「火星權威」，這是難能可貴的一點。「老狗學不會新把戲」可能不適用於現代人。

至於說利用媒體輔助教學的缺點則為：過分依賴媒體、菁英主

義的升高（資訊科技可能危及教育平等，促成一種新的菁英主義）、媒體教材的質量與多樣化使學習者無法負荷、科技教材的生命週期過短、內容選擇的偏頗（應兼顧教材使用技術及內容）、人工智慧的極限（電腦無法取代人類的想像力及創造力）、虛擬眞實講求學習者可以在假想的情境中學習，但過分的投入反而會造成眞假不分、人際關係的退縮（政大新聞系傳播資訊站，1995）。

　　傳播科技確實改變了教育，但科技的成長所帶來的社會結構改變，可能未盡理想。我們認爲，引入資訊科技到教育時，便須考慮：資訊網路能否忠實的傳遞知識、人格的陶冶能否透過資訊網路來完成、如何免於被資訊淹沒，這是很重要的課題。

　　很多人認爲有了網路之後，學生就可以自己獲取資訊，不需要教師，但事實上，一個會教學、會帶領學生的教師反而更爲重要。此外，機器是死的，人是活的，正如古書有云：「寧爲人師，不爲經師」。電腦或可輕易取代經師的角色，但人師則是它永遠無法做到的。

結　論

一、傳播新秩序的建立

　　1983年《美國傳播季刊》夏季號的文章中曾提到，傳播學是一個正在「發酵」的領域（ferment in the field），環觀今日，網際

網路亦復如此，但發酵之後會變成何等模樣，則有賴識者以前瞻性的眼光及早作好規範和預防，否則，一般大眾可能未蒙其利，先蒙其害，這並不是我們所樂見的。

「馬克布萊德委員會」（MacBride Commission）是隸屬於「聯合國教科文組織」（UNESCO）的一個委員會，以研究傳播問題爲主要目的，由來自世界各地的十六位傳播學者所組成。該會於1977年起，經過三年研究，提出「國際資訊新秩序」（New International Information Order, NIIO）的報告，認爲「由於不同的社會、經濟及文化形態，以及不同的傳統、需求及可行性，各國的傳播系統因而相互有異，未有一個模式可放諸四海而皆準」，所以提出「重整世界新秩序」的口號。曾任美聯社社長的美國著名報人古柏（K. Cooper），更是畢生倡導資訊自由流通，其所著的《藩籬盡除》（*Barrier Down*）至今爲人傳誦（《英漢大眾傳播辭典》，1983）。

證諸今日，資訊社會裏的各種傳播科技，其複雜性更勝往昔，所以傳播新秩序的建立就更爲當務之急了。在此高度互動的傳播環境中，正、負資訊的影響速度及層面都遠超過傳統單向式的傳播，雖然優點多於缺點的新學習典範（paradigm）刻正形成，但卻也因爲網際網路上自由開放的環境，使得互動式的學習存在著「膚淺化」、「流毒化」的隱憂。資訊傳播的自由固不容桎梏，而合乎社會道德規範的尺度及法律容許的界限，更是絕大多數謹守傳播秩序的社會大眾所期盼的。這一波資訊傳播革命，究竟會將人類文明帶往何處？提升至何種境界？探討這些問題，除了注目於新興傳播科技對政經的衝擊外，調查人文層面所受的涵化（cultivation），恐怕對人類眞正享受到互動式資訊傳播環境所帶來的利益，更具根本上的意義（程嘉君，1994）。

二、重視「網路倫理」及「網路人格」

　　套句現今年輕人常用的話，「在網路上，空間不是距離，時差沒有問題」，雖然如此，並不代表沒有特定空間及時差的網路社會不需要倫理。事實上，這是一種新世代的「新倫理」，我們可稱之為「網路倫理」。高雄技術學院電算中心主任陳文生指出，「網路倫理希望能透過某些行為規範，彌補無法經由法律約制的行為。」此外，他亦強調，「大家雖然投注許多心力在網路上，但不要忘記真實生活，畢竟虛擬世界是不可能真實存在並取代真實生活」。中山大學網站上的dosa則認為網路的自由空間固然需要維護，但無論是民主或專制時代都需要倫理，倫理存在的目的不僅是為了補法制之不足，更是為了追求真善美，不見得一定是約束。

　　如果網路界能搶在政府力量介入之前，自發性的形成一些網路傳播與言論尺度的共識，最好還能夠提出一個具有「準法律」效力的「網路言論憲章」，以作為立法機關的參考，基於共識而延伸的立法將更為切實可行。否則，當「剩餘的責任者」──政府介入時，那就難免落入干涉言論自由的口實了。

　　所以說，要建立優質的網路文化，就必須提倡網路倫理及網路人格的建立。

三、網路規範亟待跨國建立

　　網際網路無國界，「歐洲聯盟」有鑑於此，於1996年4月26日、

9月27日、11月28日召開三次會議，積極尋求具體之解決方案，希望在保護公共利益、對抗犯罪、維護言論自由及資訊自由流通之間求得平衡。

依據歐盟之研究，網路上不法或有害內容所影響的層面約有：國家安全（網路上可發現教導製造炸彈、生產非法藥劑及進行恐怖活動）；未成年之保護（販賣人口、暴力及色情）、人類尊嚴之保護（教唆種族仇恨或種族歧視）、經濟安全（詐欺、教導如何濫用他人信用卡）、資訊安全（惡意之駭客、叛客及破客（cracker）行為）、隱私之保護（電子騷擾、未經授權傳遞個人資料）、名譽之保護（誹謗）、智慧財產權（軟體或音樂及其他著作權之非法散布）等。

歐盟認為各國現行法令對上述問題雖然勉可規範，但仍應依賴國際間合作，才能阻絕不法或不良資訊在網路上流通。因此歐盟決議應立即採取下列措施：

1. 為斷絕不法內容之源流，以及限制其重製品之流通，應加強國際間之合作，包括犯罪內容之交換並嚴格執法，因各國文化背景不同，對犯罪之認定容有差異，鼓勵會員國確定犯罪內容之最低標準。
2. 明定伺服器供應者及業者等之法律責任，並促其自律。
3. 支持使用過濾軟體（filtering software）及分級制度，擬議建立歐盟共同標準。
4. 召開國際會議，邀請執法機構、業者及使用者參加，商討在現有法律架構下，以國際合作方式採取立即措施之可行性，並研商對不法及有害內容之防止訂定國際協約。
5. 延伸擴大國際間之對話，儘量邀請所有國家參加。
6. 建立透明之機制，以促進有效且合作之法律解決。

7.建立歐盟網站，提供相關資訊，例如，父母管制之軟體、各
　國之資訊活動、父母教師與兒童需要之資訊與指導綱要等。

　歐盟的種種作法值得作爲參考，而如何加強國際聯繫與合作，
恐怕是最重要的課題（馬榮安，1997）。

　此外，證諸我國，現行法規中仍屬老舊，如已廢止的出版法中
所談論的出版品，必須是用機械或化學方法印製而成；廣電法中更
將廣播和電視定義爲以無線電或有線電傳播聲音或影像，以供大衆
直接收看、收聽。這些法規非爲網路量身訂做，自無法規範網路，
更遑論跨國執法了，這是值得我國當局深思之處。

四、重視家庭教育與價值重建

　面對人類創造出來的「科技怪物」，大家只能束手無策嗎？中國
新聞學會名譽理事長楚崧秋認爲：近二十年科技文明的衝擊實在太
大，爲未來計，凡爲今日新生代父母切宜深思：究竟我們甘爲科技
的玩物，還是永爲它的主人（楚崧秋，1997）？

　美國「美國線上」（America Online）總裁可茲則認爲，再完
善的管制科技，都取代不了良好的家庭教育與健康的親子關係。這
種觀點與法界常常使用的辯證案例有異曲同工之妙。嫌犯的辯護律
師常在法庭中指控社會不公與惡劣的環境，是「逼使」嫌犯作姦犯
科的「元兇」。當庭法官的回答通常是：社會上與這位嫌犯處於相同
環境的人多如牛毛，爲什麼其他人沒犯法呢？歸根結柢之後，問題
重點全部落在家庭教育與親子關係上。而這種結論搬到網路的虛擬
社會同樣成立（陳彥豪，1997）。

可茲的說法有兩項啓示：第一，身心健康的孩子，才是父母與國家的最大成就。成長通常只有一次，擁有正確價值觀的孩子，本身就有抵擋不當誘惑的能力。第二，網路問題，本質上不是「科技」而是「人」本身的問題。從這個思考點出發，大家不必爲了找不到「科技上」的解決之道而愁眉苦臉，因爲解決之道，其實就在你我手中。

五、回歸「人」的世界

㈠人是資訊的主人，不是奴隸

《抗拒虛擬生活：資訊時代的文化與政治》(*Resisting the Virtual Life: The Culture and Politics of Information*) 是由布魯克 (J. Brook) 與柏雅爾 (I. A. Boal) 合著的論文集，作者並不追悼書寫閱讀時代的終結，反而強調「電腦數位身分」(digital identities) 並不能完全抹煞我們在眞實生活中擁有不同鞋碼、不同郵遞區號的「血肉身分」(劉裘蒂，1996)。

有一部電影，內容敍述科學家努力利用各種高科技建立了一個「殖民社區」(the colony community)，居住其中，樣樣事情都由高科技代勞，講求的是高品質、高科技的生活，但最後人們還是覺得缺少了一樣東西，那就是「人味」。

此外，在英國廣播公司的一次紀念演講中，英國約克教區的哈布吉主教說：「網際網路鼓勵人們以自我滿足爲重，不尊重前人所累積的智慧，因而加速了人心的腐蝕！這種跨越全球的資訊科技，

造成了資訊的速食心態，而缺乏對知識及內省的精神！」（侯俊耀，1996）

　　從平面到立體，從真實到虛擬實境，巨量資訊排山倒海而來，使人目不暇給、窮於應付，甚至束手無策；進而衍生出知溝、城鄉差距、資訊超載、資訊焦慮、科技症候群等問題。我們認為，以科技為出發點的文明，帶給我們方便，但不會帶給我們快樂。此外，在紛雜、紊亂的訊息中，網路規範、隱私權、網路色情、網路賭博等問題亦應運而生。如何才能成為資訊的過濾器，而非照單全收的知識海綿？如何才能將片段的資訊整合為知識，並在負作用最小的狀況之下實際的運用出來？如何才能解放焦慮，成為資訊的主人？

　　以上都是現代網路公民不能也不可忽視的問題。我們試簡略擬出三要訣如下：

　　1.應付資訊爆炸的方法是認識自己是資訊的主人，而不是奴隸。
　　2.資訊的篩選比取得重要。
　　3.想不被資訊之海溺斃，就只有學會與資訊共舞（楊艾俐，1994）。

㈡做個清醒的「知識人」

　　INFORMATION 這個字拆開來看，有兩層意義，就是 INFORMation 資訊——（告知）和 inFORMation 資訊——（形成），正如芬提斯說：「現代文明面臨的最大危機，是如何將資訊轉換為有組織的知識體系。」

　　未來，結合科技與人文、理想與現實的「知識人」，是管理大師

杜拉克認爲「後資本主義社會」最需要的典型。否則，當科技與人文愈行愈遠，世界會變成什麼樣子，誰都不敢想像。

在資訊焦慮中，保持清醒的頭腦和以人爲本的心，爲科技組成的骨架，披上有血有肉的人文外貌，將是適應資訊社會的關鍵。

㈢以人爲本的再出發

從前莊子罵惠施，說他是「逐萬物而不返」。而現代人面臨的最大問題就是「逐資訊而不返」，對自己的生命、內心沒有體驗，而綜合能力和創造能力，也逐漸的消失、耗弱。

其實資訊社會中，更需要我們去創造特色、創造獨特的文化。電腦的發展帶來了一個整合新文化的力量，但同時更要求每一個人和社群要有特色，才能對此一文化整合有所貢獻。

電腦科技的突飛猛進（那是電腦專家的工作），對傳播業者而言，它代表的是在這些科技的基礎下我們已經可以忘卻對科技的憂慮，回歸到人文的本質——創意，我們不用再擔心技術上的問題（就如同呼吸一般，我們從不擔心空氣的成分），重要的是你展現的內容，是否能引人入勝，創意的本身是否令人拍案叫絕，經營的本身是否合乎現代企業的管理法則，這一切都告訴我們，我們可以生活得更像一個人所該做的，回歸到以人爲本的時代，不再爲科技所束縛（程嘉君，1995）。

註　釋

①Williams 是以克羅馬儂人出現至西元2000年間大約三百六十個世紀
的變化，濃縮為二十四小時，以作為時間的量尺。

②Millennium這個英文單字，在基督教國家代表的是「千福年」(耶穌基
督將再降臨統治人間的神聖的一千年，詳見啟示錄二十章一到五節，亦
有人稱之為「千禧年」)。

③「非語文傳播」可分為語言「擬似語言」(paralanguage，指聲音表情，
驚嘆語、連接語等)、「體態語言」(kinesics，指肢體語言) 及「象徵
語言」(iconic，如紅綠燈、旗語、佛珠、十字架等具有某種象徵意義，
而非其表象所直接代表的意義。)

④目前微軟所提供的RSAC （Recreational Software Advisory Coun-
cil ） 的分級標準是由美國史丹佛大學Donald F. Roberts 博士所制
定，主要分為四個類目，分別為「語言」、「裸露程度」、「性」和「暴力」；
五個等級則依情況和嚴重程度區分為「0」到「4」，相關資訊可到
http: // www. rsac. org查詢。

⑤根據84年8月27日《工商時報》的新聞刊載：「1995年8月17日，美國法
院向英國要求引渡一位二十四歲的俄羅斯青年──列文，罪名是他從
網際網路盜取美國花旗銀行二百八十萬美元客戶存款。」這就是一個典
型的經濟犯罪的例子。

⑥「知溝」的概念，就數學觀念而言，不同於「等差」(例如2、4、6、8、
10，每個數字間的差距是相同的)，而類同於「等比」(例如2的1次方、
2的2次方、2的3次方、2的4次方、2的5次方，其差距是愈拉愈大，終至
天文數字)。

複習重點

1. 二十一世紀資訊社會爲何稱作「風險社會」？
2. 何謂公元2000年危機，你覺得我們已經作好因應了嗎？
3. 你認爲網際網路帶給人們隱憂爲何？
4. 你覺得一般大衆應如何面對二十一世紀資訊社會的衝擊與挑戰？
5. 試簡述「網路色情」對社會大衆的影響。
6. 試簡述「網路暴力」對社會大衆的影響。
7. 試簡述「網路著作權」對社會大衆的影響。
8. 試簡述「網路交易」對社會大衆的影響。
9. 試簡述「網路賭博」對社會大衆的影響。
10. 試簡述「線上隱私權」對社會大衆的影響。
11. 試簡述「網路匿名權」對社會大衆的影響。
12. 試簡述「資訊憂慮」及「資訊超載」對社會大衆的影響。
13. 試簡述「網路教育」對「傳統教育」的衝擊與影響。

參考書目

一、中文部分

台北市新聞記者公會 (1983)，《英漢大眾傳播辭典》，台北：台北市新聞記者公會印行。

周宜君 (1989)，〈資訊量與資訊多元對決策品質的影響——結構性決策影響〉，台北：國立政治大學會計研究所碩士論文。

李金銓 (1990)，《大眾傳播理論》，台北：三民書局，頁224。

陳淑麗 (1991)，〈資訊資源與資訊使用行為之關聯性分析——以台北市大安區、高雄市新興區、台北縣土城鄉以及高雄縣茄定鄉為例〉，政治大學新聞研究所碩士論文。

楊艾俐 (1994)，〈解放焦慮——做資訊的主人〉，《天下雜誌》，第163期，頁28-38。

理查•伍爾曼 (Richard Saul Wurman) 著，張美惠譯 (1994年)，《資訊焦慮，Information Anxiety》，台北：時報文化出版企業有限公司出版。

卜慶玲 (1995)，〈「虛擬社區」內的傳播之研究——以交通大學資科系BBS站為例〉，交通大學傳播科技研究所碩士論文。

程嘉君 (1995)，〈塑造互動式資訊傳播的良好發展環境〉，1995年傳播管理研討會，財團法人吳舜文新聞獎助基金會暨銘傳管理學院傳播管理研究所合辦，劍潭海外青年活動中心經國紀念堂發表。

楊志弘 (1996)，〈資訊傳播的全球化挑戰〉，《新聞鏡週刊》，第373期。

陳瑤恬(1996),〈後工業社會的新媒體——網際網路的文化研究〉,
政治大學社會研究所碩士論文,頁67-68。

薛心鎔(1996),〈正視網路傳播的污點〉,《新聞鏡週刊》,第405期,
頁14-15。

劉裘蒂 (1996),〈電腦時代新人生觀〉,《中國時報》85年1月11日,
第42版。

侯俊耀 (1996),〈失落的樂園——網際網路豈是犯罪的天堂?〉,
《第三波雜誌》,第161期,頁74。

黃西玲 (1996),〈國際網際網路管理上的必要性與可能性〉,《新聞
鏡週刊》,第378期,頁38-40。

張慧元 (1996),〈大眾傳播理論解讀——知識鴻溝論 (上)〉,《新聞
鏡週刊》,第406期,頁56-59。

張慧元 (1996),〈大眾傳播理論解讀——知識鴻溝論 (下)〉,《新聞
鏡週刊》,第407期,56-59頁。

陳彥豪 (1997),〈網路管制問題〉,《中國時報》86年8月19日,第44
版。

張瑞雄 (1997),〈抵擋網路色情,政府不能取代父母〉,《聯合報》
86年6月30日,第11版。

李明哲 (1997),〈當著作權碰上INTERNET〉,《PC Home 雜
誌》,第12期,頁252-255。

李明哲 (1997),〈再探網路上的著作權問題〉,《PC Home雜誌》,
第13期,頁260-263。

馬榮安 (1997),〈防制網路不法,必須未雨綢繆〉,《中國時報》86
年3月11日,第37版。

王惠民 (1997),〈去年上網人數3500萬,帶動商機50億美元〉,《聯
合報》86年5月9日,第23版。

謝錦芳 (1997)，〈網路賭場通四海〉，《中國時報》86年6月7日，第5版。

楚崧秋 (1997)，〈搖籃邊的低語〉，《聯合報》86年8月20日，第41版。

政大新聞系傳播資訊站，〈資訊社會是福是禍？〉，84年12月29日。

〈個資法開鍘，徵信社搞竊聽，2人判刑〉，《聯合晚報》86年4月8日，第4版。

〈美保障網路使用者隱私〉，《聯合報》86年6月13日，第10版。

〈法國網際網路憲章保障隱私權〉，《中國時報》86年6月17日，第47版。

〈網路新世紀──誰是贏家？〉，《聯合報》85年6月22日，第41版。

〈土製炸彈，網際網路全套說明〉，《台灣時報》85年7月30日，第11版。

電腦處理個人資料保護法座談會資料，聯合報主辦，85年8月17日舉行，相關資料刊於《聯合報》85年8月18日，第3、6版。

二、英文部分

Dyson , Kenneth and Peter Humphreys (1990) ,"Introduction: Politics, Markets and Communication Politics." *The Political Economy of Communication: International and European Dimensions*. London & New York: Routledge.

Pimentel, Ken and Kevin Teixeira. (1993) *Virtual Reality* : *Thought The New Looking Glass*. New York: McGraw-Hill.

Sherman, Barry L., (1995) . *Telecommunication Management*. second ed. N.Y.: McGraw-Hill, Inc.

第 14 章

教育傳播

林佳蓉・劉新白

內容摘要

　　教育是一種以學習為目的的活動，當傳播的目的是加強閱聽者的知識，而不是以改變其信念或社會行為為主要目的時，這樣的傳播稱之為「教育傳播」。本章作者嘗試將學習理論，動機理論和教學科技理論，介紹給想要以「教育傳播」為目的之實踐者，透過本章的描述，瞭解相關的理論，如閱聽人或學習者是如何理解教學內容；如何應用教學設計的原則和技巧，選擇適當的教學媒體，設計並製造教學內容，使閱聽人達到學習的目標。

　　讀完本文後，學生可以達到的學習目標如下：

- 可以闡釋並比較行為學習論、認知學習論、社會學習論和建構論的重要觀點及不同的主張。
- 可以闡釋訊息處理的學習過程。
- 可以闡釋認知動機理論中的重要因素，如自我效能、價值和承諾。

・可以因應不同教學情境，選擇適當的傳播媒體。

・可以有效計畫並產生以教學為內容的傳播訊息。

前　言

　　教育是一種以學習爲目的的活動，當傳播的目的是加強閱聽者的知識，而不是以改變其信念或社會行爲爲主要目的時，這樣的傳播稱之爲「教育傳播」。以這樣的觀點來看，傳播媒體在此的角色是將教學 (instruction) 的內容傳送給閱聽人，稱爲教學媒體 (instructional media)。而以教學爲內容的傳播製碼者 (encoder)，在此可稱爲教學訊息設計人 (instructional designer)。而閱聽人在以學習爲傳播目的時，可稱爲「學習者」(learner)。爲達到成功的教育目標，教學訊息設計者除了必須因應學習者的不同 (individual differences)，產生適合的教學內容並選擇適當傳輸的媒體外，教學訊息設計者還要給予學習者各種不同但適當的回饋，使學習者在解碼 (decoding) 的過程中，能正確無誤的解釋 (interpreting) 訊息，進而達到學習的目的。

　　然而，在這一段學習的歷程中 (learning process)，究竟參與了多少的變數，才能使教育傳播達到其目標？舉例而言，閱聽人或學習者是如何理解教學內容？傳播者或訊息設計者要如何設計教學訊息，選擇適當的教學媒體，使學習者能有效的學習？而隱藏在學習者內心的是怎樣的學習動機，促使他們願意選擇傳播者所提供的教學訊息，付出努力，達成學習承諾？本章作者嘗試將學習理論，動機理論和教學科技理論，介紹給想要以「教育傳播」爲目的之實踐者，透過本章的描述，瞭解相關的理論並學會應用教學設計的原則和技巧，設計並製造教學內容，使閱聽人達到學習的目標。

學習理論

長久以來，心理學家對學習歷程的改變，提出許多不同的解釋和主張。例如，行爲學習論（behavioral learning theory）認爲學習是因爲個體受了外在因素刺激影響後，而使行爲改變的歷程。相較於行爲學習論忽略個體不同的內在特性，認知學習論（cognitive learning theory）主張個體對外界的事物或刺激，必須經過認識、辨別、理解、詮釋所獲得新知識的歷程。而社會學習論（social learning theory）將學習視爲個體與外界互動後，所產生行爲或認知結構改變的歷程。七〇年代後，由於人本主義的興起，建構論（constructivism）強調的學習者是主動計畫和主動思考的個體，較先前視學習爲被動的反應過程又邁入了一大步。本節將介紹此四大理論不同的教學主張，期望透過這樣的介紹，對學習理論有更深入的認識，並能在未來，巧妙應用合適的教學理論在不同的情況。

一、行爲學習論

行爲學習論（behavioral learning theory）者認爲學習是個體在特定的環境刺激下所產生的連結反應行爲。透過此歷程，個體將會學習分辨環境刺激，以及對不同刺激做出妥當的反應。此主張是根據動物實驗，建立刺激（S）──→反應（R）關係的操作制約歷程，代表學派有帕瓦洛夫（I. Pavlov）的古典制約論及史金納（B. F.

Skinner)的操作制約論(operant conditioning)（黃政傑，民86）。

　　古典制約論探討的是刺激與反應的連結。操作制約是指透過刺激反映的連結和增強作用。史金納進一步將強化作用的觀念加入，認為強化作用（reinforcement）是個體行為學習的重要關鍵。個體因刺激所產生的自然反應，如果能帶來任何的回饋，該反應將被強化而保留，而行為也較容易被改變。故在設計教學時，要注意刺激的選擇和增強的應用，協助學習者習得對他有用的行為。行為學派重視外在環境對學習的影響，較忽略個體內在的心理活動，所以評量也是看個人之外顯、可觀察、可量化的行為。應用在教學上，教師常用鼓勵或懲罰的方式，試圖提升學生的學習表現，或是改變其行為。另外，並建議運用連續漸進式的編序教學方式，決定起點行為，設定學習行為目標，編排一系列前後連貫的學習情境，並設定表現評估的標準，藉以衡量學習者是否有達到教學的目標。這個以行為取向為主的學習主張，在四○、五○年代達到高峰，至七○年代被認知取向的教學理論取代。但是，有許多的重要學說仍受其影響，例如，以行為主義取向為基礎的教學設計理論，以「重視結果取向」的表現科技理論(performance technology)，和以編序教學為原則的電腦教學（computer-based instruction）。

二、認知學習論

　　行為學習論只限於解釋行為習慣養成的觀點，然而，認知學習論（cognitive learning theory）注意到對人類學習行為內在歷程的解釋，以及人如何對外在事物的經由瞭解、辨別、理解，而獲得新知的歷程。也就是個體內在心智架構（internal mental struc-

tures) 與知識獲得 (acquisition of knowledge) 的關係 (黃政傑，
民86)。重要學說有研究學習與記憶的訊息處理理論 (information
process theory)，以及強調所學事務必須對學生具有意義，方能產
生學習的意義學習理論 (meaningful learning theory)，將在此節
中闡述。

㈠訊息處理學習論

訊息處理學習論(information processing theory)，將個體從
接受刺激到表現出反應的內在心理活動，視為一個訊息處理的歷
程。以仿電腦資訊處理流程的方式，來解釋個體如何透過感覺器官
從環境中注意、選擇、辨識、理解、記憶等的內在心理活動 (見圖
14-1)。

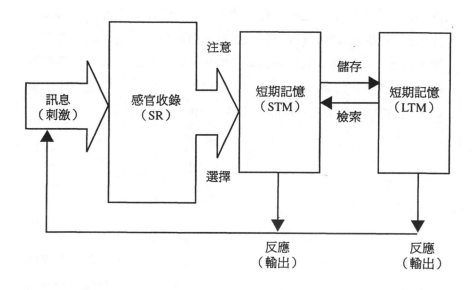

圖14-1　訊息處理心理歷程圖

由圖14-1可看出，個體在察覺外界環境刺激並將視為訊息來處理時，必先經過感官收錄（sensor register）、注意（attention）、選擇（select）、短期記憶（short-term memory, STM）、長期記憶（long-term memory, LTM）等階段。感官收錄是指個體利用視、聽、嗅、味等感覺器官對外界刺激的反應，接收引起其注意的訊息，經過選擇後，將訊息先暫時放在短期記憶內，對訊息性質作深一層的認識與理解後，此時也許會決定如何反應，或將訊息移至長期記憶。對學習者而言，能存放在長期記憶的訊息一定是有意義的。而每一階段的互動，都是經由輸入、製碼、儲存、解碼或檢索、輸出的作用（Gagne', 1985；張春興，民83；黃政傑，民86）。

(二)意義學習論

　　意義學習論（meaning learning theory）強調學生在學習之前的「先備知識」（prerequisite knowledge）乃是學習產生意義的必要條件。學習者的先備知識宛如是一座橋樑，使學習者能把新知識與過去所學做連結，真正把新知識融會貫通。例如，要教小學生乘法前，必先確定其是否已具備加法的概念。或，要教學生如何製作電腦個人網頁前，要先確定其是否具備電腦視窗基本操作技巧。先備知識宛如高樓的地基，若不夠穩當，高樓將岌岌可危，同樣的，學習者的先備知識不足，將會影響學習成果。另外，奧蘇貝爾提出的「前導組織」（advance organizer）的主張，乃是鼓勵在學習新知識之前，先將新知識的主要概念先行提出，讓學習者具備了「先備知識」的概念，使學習者順利進入學習狀態，產生了意義的學習。有關前導組織的教學技巧設計如下：

1. 利用標題、課文大綱或課程目標，提示學生即將要上課的重要內容。

2. 教學內容一開始，可先簡單的略述，讓學習者知道接下來所吸收的資訊為何。

   如下面兩個例子：

   ・女性消費與理財的能力不容小看。據信用卡組織的調查顯示，迄今女性卡的發卡量已經突破五十四萬張。

   ・書裡的故事，記述一位傑出而特殊的母親如何放棄前程似錦的工作，抵抗來自體制、社會與親友的壓力，堅持陪伴著她傑出而特殊的兒子，依他們自己的需要而成長。(摘錄自李雅卿《成長戰爭》)

3. 用問題引出重點的方式或提出挑戰的情況提高學習者的動機。

   如下面兩個例子：

   ・為什麼，台灣人每天做得那麼累，生產力卻只有新加坡的一半？連懶散的義大利人，每天午休三小時，都比我們強！除了愛拼，更「專業」贏的方法，台灣有沒有？（摘錄自天下叢書，《追求專業的新時代，做你所愛，愛你所做》）

   ・如果你的學生是一個好動兒，又沒有父母，是由不識字的奶奶養大，請問對這樣的孩子，自主學習對他有用嗎？

三、社會學習論

　　班杜拉（Bandura）所提的社會學習論，強調在社會情境中個體的行為學習乃是經由觀察學習（observational learning）和模仿而產生。然而，觀察學習中的模仿絕非似機械般固定的反應，而是會受到學習者的心理需求，認知能力等內在心理歷程，而衍生出不同的模仿方式，因為在不同的情境下，再加上不同的學習個體，其觀察所知覺的外在刺激，絕對不會是人人都一樣的。班杜拉的觀察學習歷程有四個階段：注意（attention）、保留（retention）、動作再製造（reproduction）和動機（motivation）。注意和保留是學習者對楷模行為（modeling）的觀察；動作再製造和動機則決定是否把習得的符號（所觀察的行為）以模仿表現出來。

　　班杜拉在1965年研究電視暴力對兒童之影響，就是以社會學習論為基礎。研究結果發現：兒童可經由觀察，在認知層面上學習模仿各種形式的侵略性行為，而且這些行為可以保留很久，然後在特定的情況下會被呈現出來。透過正面的酬賞（加強作用）是可以提高兒童呈現侵略行為的可能性（Bandura, 1965；翁秀琪，民87）。

　　班杜拉在1986年提出「相互作用的三元素模式」（Triadic Reciprocity Model）（見圖14-2）。此模式乃是用來詮釋，「個人因素」、「個人行為」及「環境」不斷互動及改變的循環過程。在此模式中，個人因素包括動機、社經教育背景、過去的學習經驗等。環境包括學習環境、老師的教學內容與期望、外在的資訊、任何的刺激等。行為可以是學習的結果，或任何外顯的行為。舉例來說，個體的行為表現會因為環境與本身的個人因素互動，個體經過評量後，因而

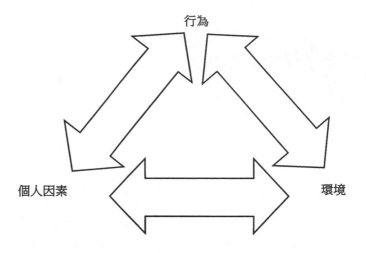

行為

個人因素   環境

圖14-2　班杜拉1986所提出的triadic reciprocity 模式（Pajares, 1996, p.544.）.

改變想法和行為的循環歷程（Pajares, 1996）。

　　社會學習論的主張，極為符合中國古言「身教重於言教」的原則。並且應用自我觀察（self-observation）、自我評價（self-evaluation）、自我強化（self- reinforcement）來培養學生的自律行為。另外，教育上經常舉辦的示範教學及觀模教學也是以社會學習論為理論根據（張春興，民83；黃政傑，民86）。

四、建構論

　　建構論強調知識並非能從老師的教學中直接傳送給學生，而是必須由學習者的心去主動的建構、再建構的歷程。換句話說，知識並不能從外在世界直接塞至學習者的腦袋，而是學習者和外界互動

後，再根據其過去的經驗、信念而創造的詮釋（Duffy & Jonassen, 1992; Cunningham, 1992; Jonassen, Peck & Wilson, 1999）。因此，學習應該是「從裡到外」而非「從外到內」的活動。這樣的考量運用在教學上有：以學習者為中心的教學原則（learner-center）、內在動機（intrinsic motivation）以及情境學習（situated learning）。

維高斯基（Vygotsky）在1978年提出的近攝發展區（zone of proximal development, ZPD），主張學習者獨自作業實際的水準，與潛在發展間的距離，可透過成人（如老師、專才）或其他有能力的同儕協助而縮減（黃政傑，民86；Tyan, 1998; Lin, 1999a）。其理論主張學習者如果能參與有包含人際或情境互動之學習活動，那麼學習者便能達到ＺＰＤ。合作學習（collaborative learning）和學習社群（learning community）都是從這理論衍生而來的。

綜而言之，建構論的重要學習觀有如下幾點：

· 學習者是主動參與學習過程的。
· 唯有對學習者有意義的學習活動才能真正引起學習的互動。
· 強調「合作學習」、「學習夥伴」的重要性。透過討論、溝通等社會協調過程，知識的瞭解才會明朗化，也達到意義分享的客觀學習成果。
· 教師的角色將從直接傳道的人，轉為支持者、教練或學習引導者，以發展學生真正的潛能。

目前的網路教學（web-based instruction, WBI），就是實踐合作學習及學習社群理念。舉例而言，網路上即時（real time）的聊天室，或是不同步（asynchronous communication）的網路論壇

（web bulletin board），提供了學習者一個討論、溝通、辯論的虛擬教室，而使學習者對知識有深一層的認知。因此網路教室已被視爲是一個能輔助傳統教學的新創舉，也是遠距教學中提升老師和同學間互動學習的良方（Peraya, 1996; Hagel et al., 1996; Doyle-Nichols, 1997; Hwang & Chao, 1997; Chute, Thompson, & Hancock, 1999, Tyan, 1998; Cornell, 1998; Hong & Wang, 1998; Thompson, 1998; Lin, 1999b）。

動機理論

　　英國學者布魯默（Blumler）提出「主動的閱聽人」主張，認爲閱聽人並非被動的被媒介所駕馭，相反的，是閱聽人根據其內在動機，主動的使用媒介來滿足需求。而究竟是什麼影響閱聽人選擇媒介資訊？其背後的動機又在哪？進幾年來，學習者內在的動機越來越受重視，因爲，教育研究者已普遍發現，學生學習效果不彰，或中途輟學的眞正原因，往往來自其內在的動機問題。舉例來說，在美國，約有30%～50%的學生，會從遠距教學的課中半途輟學（Cornell & Martin, 1997；林佳蓉，民87）。其輟學的原因，經過調查絕大部分的原因，並非來自於老師教不好，或是呈現課程的科技問題，反而是學習者本身的學習動機。有別於以往的理論，本節將根據班杜拉，Clark，Eccles 和 Wigfield等學者的學說，從認知動機理論的角度，介紹影響動機的重要因素，如自我效能（self-efficacy）、承諾（commitment）和價值（value）。希望透過此節的描述，對有興趣探索閱聽人研究中之「使用與滿足」理論者有所

幫助。

　　美國南加大教授Clark（1998a, 1998b）主張動機有兩個階段：
(1)堅持承諾（commitment）；(2)是否付出相當的努力（necessary
effort）。這就是他在1998年所提的CANE（commitment and nec-
essary effort）模式。承諾在此的定義是「在面對考驗時，仍能持
續主動的追求所設定的目標」，這個過程就是選擇（choice）及持續
（persistence）的循環歷程；所謂必要的努力是指「未達到所設定
的目標，必須投資的用功程度」。而在Clark整理過去二十年來的動
機研究後，他發現影響承諾有三個主要因素；個人動力（personal
agency）、情緒（mood）、價值（見圖14-3）。以下就分別解釋此三
要素。

■ 個人動力

　　個人動力包括兩個變數：自我效能和環境因素。自我效能的定
義是指「個人針對某一目標時，對自己能力的判斷」（Bandura, 1993;
1997; Bandura & Cervone 1983; Bandura, & Schunk 1981）。

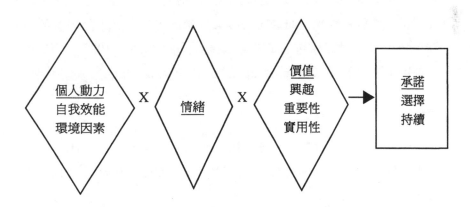

圖14-3　影響承諾的三要素（Clark, 1998a; 1998b）

當環境的阻礙因素越少時，學習者的承諾也會越高；相反地，如果環境中有太多不能配合的因素存在，學習者一直感受到窒礙難行，對原來所抱有的目標與期待，便很難承諾下去了。

班杜拉所提的自我效能有別於以往所提的自尊（self-esteem）或生存價值（life value）。自我效能是個人對某一方面能力的自我判斷。例如，「我在數學方面的自我效能很低」、「他在人際關係的自我效能很高」、「妳對電腦的自我效能一般」。但是一個自我效能在英文方面很低的學生，是不會影響到她的存在價值或生存自尊。自我效能高的學生，其面對困難的考驗度越高，也比較不會去逃避高難度的挑戰。相信自己自我效能高的人，承諾和願意付出努力的意願也較高。因為一個相信自己能力很低的人，也比較不會去相信，努力是可以達到成就的。相對地，一個太有自信，評估自己能力高於真正實力的人，也因為把事情想得太過簡單，而不要去努力了（見圖14-4）（Clark, 1998a）。所以，唯有適當的自我效能才是最好的，過與不及都會影響努力程度。然而，自我效能並不是固定的，它會隨著個體過去的經驗、社經背景、環境的互動回饋而改變（Schunk, 1989; Lin, 1999a; 1999b）。因此，若面對自我效能低的學習者，可先提供一些教育訓練，並透過鼓勵與回饋的方式給予正面的學習經驗，將可適當提高學習者的自我效能（Bandura, 1997; Clark, 1998b; Lin, 1999b; Lin,Kazlauskas, & Tyan, 1999）。

■ 價值

價值包含三個變數：興趣（interest）、重要性（importance）與實用性（utility）（Wigfile & Eccles, 1992; 1998; Eccles & Wigfield; 1995）。

價值的定義是學習者對訊息內容是否感到有趣、重要或具實用

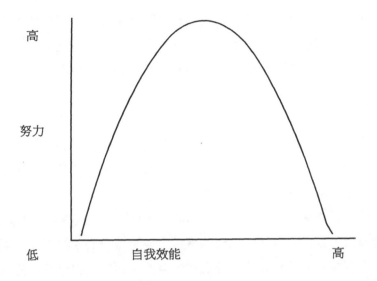

圖14-4　自我效能與努力呈現「倒U形」的關係(Clark, 1998a, p.22).

性的主觀判斷（Eccles & Wigfield, 1995）。「興趣」是指個人主觀上覺得好奇、好玩或享受。「重要性」是指對自己現階段的意義。「實用性」是指對自己現在或對未來前途是否有用。價值並不是固定不變的看法，它會隨著人的年紀或際遇而改變。舉例來說，人在越來越老時，因為社會化的關係，在面臨選擇時，會比較割捨興趣，而較考慮其重要性和實用性，唯有兒童（十歲左右）因較感受不到社會比較的壓力和社會規範的影響，而真正忠於自己的興趣。另外，價值也會影響個體的努力程度；例如，如果學生對英文的學習價值較高，他會投資比較多的努力與時間，也因此有比較好的表現。不同的價值觀會影響一個人願不願意投資必要的努力，和要不要在此方面精專。同時。如果有人在某方面表現比較好，那他對這方面的價值判斷也會比較高。至於在教學上要如何提升學生的價值觀呢？

研究建議可以藉著去發掘此方面與學生間的相關性，引起情境的興趣，而刺激學生內在的興趣，或一直強調學習的重要性與帶來外來成功的實用性（Wigfield & Eccles, 1998; Lin, 1999b）。

■ 情緒

至於學習者的情緒狀態，根據研究發現，唯有正面的情緒才能有堅持承諾的動力，在學習上來說，正面的情緒，會讓思考和記憶增強（Clark, 1998a; Ford, 1992）。

總而言之，一個個人動力越高的人，他在面對考驗的挑戰時，越能堅持原來的目標，所以他的承諾也會堅持下去。相對地，如果一個人對某一件事認知的價值很低，當他遇到其他自己認為更有價值的事時，很容易地，他對原來目標的承諾也就不再堅持了。前面提到，美國遠距教學的課有這麼高的輟學率，原因在於，大部分修遠距教學課的學生，是上班族的人，一旦工作壓力太大時，兩相衡量下，上課的價值會比不上工作價值，因為輟學頂多拿不到分數而已，但是，不工作就領不到錢，失去生活的保障了。

教學內容的訊息設計

學習（learning）是個人經由經驗而獲得能力、技能與態度之一種相對長期改變的結果，也是一種改變的歷程。學習可以是偶發的、非正式的，然而對教育工作者而言，所關注的是有意圖的學習，也就是經由有計畫的學習系統或設計，使學習者能發揮潛能，達到學習成效。而教學（instruction）乃是透過學習外在條件的安排，使

得學習者能達成目標，也就是學習者本身與外在條件交互的結果（Gagne', 1985）。如何將教學設計好，使得學生能與之產生良好的互動，進而達到教育的目的？在本節中，將介紹教學設計理論、模式及訊息設計原則及策略。

一、教學設計之定義

教學科技（instructional technology, IT）是整合教學系統設計（instructional system design）和教學系統發展（instructional systems development, ISD）而來。Seels & Richey 在1994年出版的《教學科技──領域的定義與範疇》一書中定義教學科技是將「設計」、「發展」、「使用」、「管理」、「評鑑」的理論與實踐（楊美雪，民88）。而教學設計理論的依據來自一般系統理論（general system theory）、傳播理論（communication theory）以及學習理論（learning theory）（黃政傑，民86）。教學設計有許多近似的名稱，如教學系統設計、教學系統發展。

有關教學設計的定義如下：

1. 台大李文瑞教授所提「爲提升教學功能和學習效果，有系統的利用各種學習及教學理論，並考慮教學及學習的成分要素，所做的全盤考量」（黃政傑，民86，頁69）。
2. 師大張霄亭教授所提「對有關教學歷程的因素如學生，教師，教學目標，學科內容教材教法，環境和評鑑，做充分的考慮」（黃政傑，民86，頁69）。
3. 師大黃政傑教授所提（民86，頁70-71）「教學設計的工作主要

是回答三大問題：(1)我們要到那去？（教學目標）(2)我們怎麼去？（教學策略與方法）(3)我們怎知已抵達目的地了？（評量與修改）」

以上的定義都包含有過程、系統、目標、評估。這也說明了教學設計是要用科學的方法，有步驟的分析、設計、發展、應用、評量，藉以創造適合的外在學習環境條件，與學習者的內在條件相互呼應後，達到成功的學習。

二、教學設計模式

對大部分的教學設計者來說，教學設計是一個有組織與系統的過程，目地是幫助學習者達到學習的目標。目前來說，坊間有非常多的教學設計模式，然而，都可將之分為五大過程：分析（analysis）、設計（design）、發展（development）、應用（implementation）及評量（evaluation）。基本上來說，每一個步驟都有其目的及必須完成的事。這五個過程並非線性的，而是循環式的，完全由教學內容的設計者決定有那一個階段為起點，而將評量擺中間的原因是鼓勵不論在那一階段，皆要詢問意見，隨機修改，以達到完美（見圖14-5）。

在「分析」階段，主要目的是確認教學的目標，並同時考慮學習者的背景及先備知識。在「設計」階段，決定學習的工作內容和每一階段的表現目標，選擇評量的方式，和選擇適當的教學媒體及完成內容架構圖等。在「發展」階段，應用教學策略在內容上，開發必要的圖形或動畫，寫出評量的題目、活動或對策。在「應用」

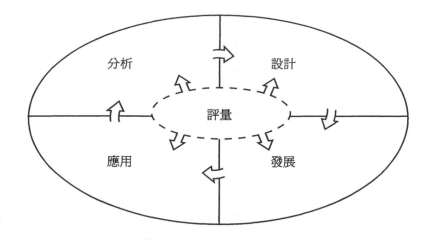

圖14-5　教學設計五階段

階段，可找三至五位的主要受眾，來測試教學的內容，並從其回饋中改善，爾後真正實踐教學給主要學習者。至於，在「評量」階段，評量真正學習者的適用性或有無必要再改善，如用回收問卷的方式，藉以瞭解學習者的反應並改善，也評估學習者是否有進步（見**表14-1**）（Kemp, Morrison & Ross, 1994）。

　　「設計」階段中的決定學習目標，及評估學生是否達到目標的評量練習，是非常關鍵的過程。布倫（Bloom）將目標分為認知、技能、情意三領域，在認知階段有六個目標：知識、理解、應用、分析、綜合與評估（Keirns, 1998）。而配合不同的認知階段，所設定的學習目標也不同。其中的關鍵在於學習者將被期待用什麼行為表現，而其表現的行為最好是外顯的，可以被觀察，被量化而評量的（這是比較偏行為學派）。評量的結果將被用來與原先設定的目標做比較，然後判斷教學是否有效，學習是否成功。所以，學習目標的發展是很重要的。舉例來說，如果學習目標是期望學習者能達到

表14-1 教學內容設計的五個主要過程及事項

過程	完成事項
分析 analysis	・決定主要的學習者群 ・確認學習者的先備知識 ・完成內容的工作分析
設計 design	・決定每一工作內容的認知層次 ・決定適合其認知層次的學習目標 ・決定評量的型態 ・選擇教學媒體 ・完成架構圖
發展 development	・應用教學策略在研發的內容上 ・開發圖形 ・生產生出必須的視覺特效如電腦動畫、3D ・寫出測驗題或評量學習成就的練習活動
應用 implementation	・測試教學的內容 ・實踐教學內容
評估 evaluation	・調查學習者對此教學的看法，進而改善 ・評估學習者是否有進步

「理解」的階段，理解的定義是「學習者能利用自己的話詮釋所學的內容」，學習者必須做什麼表現，才能讓教師知道他已達到「理解」之學習目標呢？答案是如果學習者能表現出「解釋」、「識別」、「認出」或「詮釋」的行為，就可以判斷是否達到理解的學習目標了。以下用**表14-2**來表示認知目標以及其相關的表現動詞。

表14-2　認知目標及其相關的表現動詞

認知層次	表現動詞
知識 knowledge	定義（define），標示（label）， 叫出（name），列出（list）， 背誦（recall），記憶（memorize），
理解 comprehension	解釋（explain），確認（identify）， 辨識（recognize），詮釋（restate），
應用 implementation	應用（apply），示範（demonstrate）， 操作（operate），使用（use），
分析 analysis	分析（analyze），計算（calculate）， 比較（compare），區分（differentiate），
綜合 synthesis	安排（arrange），計畫（plan）， 設計（design），發展（develop），
評量 evaluation	判定（judge），評估（estimate）， 預測（predict），評價（value），

三、教學策略

　　教學策略的目的是幫助教學設計者，設計並開發適當的訊息內容給學習者。若設計的內容是以自學性（self-instruction）的教學媒體為主（如互動式的電腦光碟、書、錄音帶、錄影帶等），可參考以下的策略（Kerins, 1998）：

- 必須具有主動回應的特色。
- 能提供立即的反應及回饋。
- 小步驟的分量，避免造成認知過載（cognitive overload）。
- 內容能考慮到各種不同學習者的程度。

另有以學習者中心 (learner-center) 爲設計角度的策略,如下所述 (Alan, 1998):

- 考慮個體的不同特性,如動機、教育程度、過去經驗、先備知識等。
- 知識並非憑空而降,教新知識前要有技巧的連結學習者過去所學的知識,使學習能更爲順利。
- 善用獎勵給予正面的加強,使學習反應得到深刻的印象。
- 避免不必要的資訊而造成認知的負擔。
- 把有趣的、較簡單的,或具適當挑戰性的內容儘量安排在前面,以激起學習者的動機。

教學媒體的選擇

媒體在以傳送教學內容爲目的時,可稱爲教學媒體。media在此可指人 (如老師)、書、電腦、錄音帶、電視等。在選擇適合的媒體用在教學上的判斷原則有許多,首先介紹的教學媒體選擇矩陣圖(見**表14-3**),是依其溝通方式 (單向或雙向) 及同步溝通 (synchronous communication) 與不同步溝通 (asynchronous communication) 的考慮來區分 (Schreuber& Berge, 1998)。同步溝通乃指「溝通的參與者不見得必須出席在同一個地方,但溝通時的互動必須是發生在同一時間。」例如,雙向溝通中「同時但不同地」的視訊會議、網路聊天室、電話;以及單向溝通中「同時且同地」的電影、電視、演講等。另外,所謂的不同步溝通乃指「溝通的參與者不需要出席

表14-3 媒體選擇矩陣圖

	同步溝通 synchronous communication	不同步溝通 asynchronous communication
單向溝通 one-way communication	・電影 ・演講 ・電視 ・廣播	・錄音帶 ・錄影帶 ・書、雜誌、印刷文件
雙向溝通 two-way communication	・電話 ・教室內的討論 ・網路即時聊天室 ・視訊會議	・電腦多媒體互動光碟 ・網路論壇 ・電子郵件

在同一個地方,而溝通也非同一時間才能發生」。例如,雙向溝通中「不同時也不同地」的電腦多媒體互動光碟、網路論壇、電子郵件等;以及單向溝通中「不同時也不同地」的錄音帶、錄影帶、書、雜誌等。根據研究發現,不同步溝通的教學方法,成效比同步溝通較好。舉例來說,網路論壇上的討論比課堂的討論來得深入且精彩,因為學習者不需要馬上回答老師的問題,可以有較多的時間蒐集資料,充分準備後,再選擇自己最方便的時間上網將答案貼在網路上。如此的互動可以考慮到學習者的個人特性,討論也不只限於課堂的有限時間,讓學習者均有公平的機會發表自己的看法,學習的品質自然就比同步溝通的限制更好了 (Lin, 1996b; Tyan, 1998)。

　　Salomon (1983) 在研究媒體使用上發現,如果學生認為某一種媒體使用起來比較困難,那學習者就會投資較多的努力在使用此媒體上,也因為努力比較多,自然學習成就也比較好了。Salomon (1984) 研究發現:(1)學生認為看電視比看印刷品 (如書、雜誌) 容易;(2)學習者在以電視為教學的環境下,投資的努力比以閱讀印刷品為學習內容的少;(3)電視組學習的學生成就比以閱讀書或印刷

品的低。然而，也許是文化的不同，台灣空中大學的學生認爲電視是使用上較簡單的媒體，因此，投資的努力卻多於閱讀講義或書等印刷品（Li, 1994）。

另外，在考慮選擇以電腦爲教學媒體或學習環境時，也要考慮學習者對使用電腦的自我效能程度爲何。缺少電腦使用經驗的閱聽人，很容易引起學習上的不安或緊張，其自我效能偏低。因此，學者建議，如果使用電腦爲教學媒體時，教學技巧上要記得加強學習者的正面學習經驗並發展正面的態度，將可提升學習者使用電腦的自我效能。自我效能一提高，其努力程度、承諾與成就也因而提高了（Doyle-Nicole, 1997; Pintrich & Schunk, 1996）。在研究以電腦網路爲學習環境的個案中（Lin, 1999b; Lin, Kazlauskas & Tyan, 1999），發現學生的自我效能越高者，在網路論壇上發表個案看法的次數也越多；自我效能越高的學生，認爲網路論壇的個案也越簡單；另外，學習價值越高的學生，也較願意花多一點的時間準備功課，並上網與其他學生作互動，分享學習意義，並給予別人回饋，以實踐合作學習的理想。相對地，認爲網路上課方式價值低的學生，也許在開學時動機很強（因爲使用網路是一件很新鮮的事），但在面對學期中或學期末的考試和其他課業壓力時，這些本來認知價值就不高的學生，就不會去實踐合作學習和高層次思辯的討論，只是上網去把自己的報告post在論壇上，也無暇去看其他人的看法，更別說給予回饋了。目前而言，網路授課仍有其環境上的限制，例如，沒有電腦、沒有網路的學生仍很多，即使有電腦有網路，但不便宜的上網費用也會是學生的顧慮，另外，若又遇上網路塞車就更讓人挫折了。這種種現實的環境因素，都會影響學習動機中的承諾、選擇與持續。往往都是這些因素謝絕了推廣網路教學的美意。

最近幾年來，電腦研發的影像或視覺效果，常常被引用在電視

或多媒體互動教學光碟上。其中，尤以電腦動畫（computer anima-tion）出現的頻率有越來越多的趨勢。然而，電腦動畫是否適用於每一種學習內容？各種學習者？動畫的普及是否合適？還是只是爲了追逐時髦反而引起學習的反效果呢？以研究電腦動畫與學習的短暫記憶和長久記憶的個案發現（Lin, 1995）：

- 學習上，電腦動畫對兒童的短期記憶有分心的現象；然而，對兒童的長久記憶確有幫助。
- 電腦動畫對二十二歲左右的大學生在學習上沒有明顯的幫助。
- 電腦動化對中、老年人的短期和長期記憶都沒有幫助，經過探究發現，因爲這個年紀的學習者，比較習慣使用的媒體是印刷類（如書籍）；對他們而言，不動的文字及影像反而是比較容易被理解的訊息碼，而非時髦的動畫。

所以，已有許多的學者建議，要善用動畫，以下爲其建議之原則：

- 選擇動畫必須針對真正的需求，如果沒必要用動畫特性呈現的內容，選擇不動的圖形或文字即可（Rieber, 1990）。
- 對初學者而言，電腦動畫的詮釋有時會太複雜或令人摸不著頭緒。因此，建議在動畫旁配上解釋文字或聲音旁白，使訊息能正確傳達（Mayer & Anderson, 1991）。
- 選擇最要被關注的內容部分用動畫，以表示重要或提升學習動機。年紀大小與使用動畫的多寡成反比（Rieber, 1990; Kuo, 1995）。

總之，媒體無對錯好壞之分，只有適不適合的考量。千萬不要

只為追逐新科技的發展，而相信越貴或越時髦的媒體才是好的教學媒體。希望讀者在往後選擇教學媒體時能考慮以下原則：

- 考慮學習者的特質。例如，社教背景、年紀、性別、閱讀程度、常用語言、自我效能程度、認知的價值等。
- 依據教學目標來選擇使用那一種、那一類媒體。
- 不是為媒體而使用教學，而是為教學而使用媒體（黃政傑，民87，頁239）。
- 選用媒體要考慮其特性、實用性和適合性。
- 不迷信昂貴設備的媒體，要考慮學習者的經費，大環境是否支援，只要能達到學習的目標，容易取得的媒體應先考慮。

以上的原則主在強調，要選擇適合「學習者」及「教學內容」的媒體，才是真正好的教學媒體。也希望透過本章的描述，能成功的將學習理論、動機理論、教學科技理論融會貫通，善用這些原則與技巧而實踐教育傳播。

複習重點

1. 請解釋訊息處理的過程。

2. 請闡釋影響價值判斷的三變數。

3. 請分析學習者的自我效能與使用媒體有何關係。

4. 請說明選擇合適的教學媒體原則。

5. 請應用教學設計的五大流程，設計一個以教小學一年級兒童為主
   要學習者，而英文為學科的教學設計企劃書。

參考書目

一、中文部分

黃政傑（民86），《教學原理》，台北：師大書苑。

張春興（民83），《教育心理學》：三化取向的理論與實踐，台北：東華。

翁秀琪（民87），《大眾傳播理論與實證》，台北：三民書局。

林佳蓉（民87），〈應用CANE MODEL檢視學習動機：「自我效能」和「價值」對網路教室學習承諾的影響〉。論文發表於1998教學科技與終身學習國際學術研討會。台北：淡江大學。

楊美雪（民88），〈教學訊息設計的本質與定位〉，台北：《教學科技與媒體》，1999年6月號，頁26-31。

二、英文部分

Alan, L. E. (1999). "The Psychology of the Web." A paper presented at annual ISPI conference, California: Long Beach.

Bandura, A. (1998). "About Bandura and Self-Efficacy." [On-line]. Available: http://userwww.service.emory.edu/~mpajare/efficacy.html

Bandura A. (1997). *Self-efficacy: The exercise of control.* New York: W. H. Freeman and Company.

Bandura A. (1993). "Perceived self-efficacy in cognitive

development and functioning." *Educational Psychology, 28,* (2), 117-148.

Bandura, A. & Cervone, D. (1983). "Self-evaluative and self-efficacy mechanisms governing the motivational effects of goal systems." *Journal of Personality psychology, 45* (5), 1017-1028.

Bandura, A. & Schunk, D. H. (1981). "Cultivating competence, self-efficacy, and intrinsic interest through proximal self-motivation." *Journal of Personality and Social Psychology, 41* (3), 586-598.

Bandura, A (1965) . "Influence of models reinforcement contingent on the acquisition of imitative responses." In *Journal of Personality and Social Psychology 1,* 589-595.

Chute A.; Thompson M., & Hancock B. (1999) . *The McGraw-Hill handbook of distance learning: an implementation guide for trainers & human resources professionals.* New York: McGraw-Hill.

Clark R. E. (1998a) "The CANE model of motivation to learn and to work: A two-Stage process of goal commitment and effort." In Lowyck, J (Ed.) *Trend in corporate training.* Leuven Belgium: University of Leuven Press.

Clark R. E. (1998b) . "Motivation performance: part 1 — diagnosing and solving motivation problems." *Performance Improvement, 37 ,* (8), 39-47.

Cornell, R. & Martin, B. L. (1997) . "The role of motivation in web-based instruction." In Khan, B. (Ed.), *Web-based instruction*. Englewood Cliffs, New Jersey: Educational Technology Publications.

Cornell, R. (1998) . "Paradigms for the new millennium." A paper presented at 1998 International Conference on Instructional Technology & Life-long Learning.Taipei, Taiwan: National Taiwan University.

Cunningham, D. J. (1992) . "Assessing constructions and constructing assessments: a dialogue." In Duffy, D & Jonassen, D. H. (Eds.) *Constructivism and the Technology of Instruction: A Conversation*. New Jersey: Lawrence Erlbaum Associates, Inc. ,Publishers.

Doyle-Nicols, A. R. (1997). *Computer anxiety, self-efficacy for self-regulated learning, and self-efficacy for computer technologies in a distance learning course*. Unpublished dissertation. Los Angeles: University of Southern California.

Duffy, T. M. & Jonassen, D. H. (1992) . "Constructivism: new implications for instructional technology." In Duffy, D & Jonassen, D. H. (Eds.) *Constructivism and the Technology of Instruction: A Conversation*. New Jersey: Lawrence Erlbaum Associates, Inc., Publishers.

Eccles, J. S., & Wigfield, A.(1995). "In the mind of the actor: the structure of adolescents' achievement task values and expectancy-related beliefs." *Personality and Social Psychology Bulletin, 21,* (3), 215-225 .

Ford M. E. (1992) . *Motivating humans: goals, emotions, and personal agency beliefs*. Newburk Park: Sage Publications.

Gagne', R. (1985). The condition of learning and theory of instruction (4th ed.). New York: Hole, Rinehart & winston.

Hagel, P., Zulian, F., Drennan, J., Mahoney, D. & Trigg, M. (1996). *Value adding: Adapting a paper-based teaching case for the WWW environment.* [On-line]. Available: http://www.ascilite.org.au/conf96/25.html

Hong, M. & Wang, C. (1998). *Network Communication.* Taipei, Taiwan: Techbook Publishers.

Hwang, R. & Chao ,M. (1997). A new on-line paradigm for developing courses, teaching, and learning: a project in the asynchronous learning environment at National Chung Cheng University. *Proceedings of AusWeb97 Third Australian World Wide Web Conference.* [On-line]. Available: http://ausweb.scu.edu.au/proceedings/chao/paper.html

Jonassen, D. H., Peck, K. L., & Wilson, B. G. (1999). *Learning with technology: A constructivist perspective.* New Jersey: Prentice Hall Inc.

Pajares, F (1996). "Self-efficacy beliefs in academic setting." *Review of Educational Research, 66* (4), 543-578.

Keirns, J. K. (1998). *Designs for self-instruction.* San Jose: VIP Graphics.

Kemp, J. E., Morrison, G. R., & Ross, S. M. (1994). *Designing effective instruction.* New York; Macmillan College Publishing Company.

Kuo, M. L. (1995). "Effects of computer-based visual and verbal displays in learning Chinese Characters." A paper preserated at the annual conference of the Association for Education Communication and Technology, Anaheim, CA.

Li, L. (1994) . *The effects of effort and worry on distance learning in the national Open University of Taiwan.* Unpublished dissertation. Los Angeles: University of Southern California.

Lin, C. M. (1999a) . "Link Constructivism to Practice the Field of HPT." *Silicon Valley Chapter of ISPI, April.*

Lin, C. M. (1999b) . *The effects of self-efficacy and task value on students' commitment and achievement in Web-based Instruction for Taiwan Higher Education.* Dissertation. Los Angeles: University of Southern California.

Lin, C. M. (1995) . "The effect of animation on memory in computer-based instruction." Master Thesis. San Jose: San Jose State University.

Lin, C. M.; Kazlauskas, E & Tyan, N. (1999) . "Web-based Instruction: A Study of the Effects of Self-Efficacy and Task Values on Students' Commitment and Achievement." A paper was presented at WEBNET 99World Conference on the WWW and Internet, Hawaii, USA.

Mayer, R. E. & Anderson, R. B. (1991) . "Animation need narrations: An experimental test of dual-coding hypothesis." *Journal of Educational Psychology, 83* (4), 484- 490.

Pintrich, R. P. & Schunk, D. H. (1996) . *Motivation in education.* Englewood Cliffs , New Jersey: Prentice-Hall, Inc.

Rieber, L. P. (1990) . "Animation in computer-based instruction." *Education Technology Research and Development, 38* (1), 77-86.

Salomon, G. (1984) . "Television is 'easy' and print is "tough": The differential investment of mental effort in learning as a function of perceptions and attributions." *Journal of Educational Psychology, 76,* 774-786.

Salomon, G. (1983) . "The differential investment of mental effort in learning from different sources." *Educational Psychology, 18* (1), 42-50.

Schunk, D. H. (1989) . "Self-efficacy and cognitive achievement: Implications for students with learning problems." *Journal of Learning Disabilities, 22* (1), 14-22.

Schreiber, D. A. & Berge, Z. L. (1998) . *Distance training.* San Francisco: Jossey-Bass Publishers.

Thompson, J. C. (1998) . "Supplementing instruction and learning: developing and utilizing an interactive 'Class Page' on the Internet." A paper presented at the conference on Curriculum and Teaching Improvement in Teacher Education. Taipei, Taiwan: National Taipei Teacher's College.

Tyan, N. N. (1998) . "When western technology meets oriental culture: use of computer-mediated communication in a higher education classroom." A paper presented at annual conference of the Association for Educational Communications and Technology, St. Louis, Missouri.

Wigfield, A., & Eccles J. S. (1998) . "The development of

children's' motivation in school contexts." In Perarson P. & Iran-nejad A (Eds.), *Review of Research in Education*. NW Washington: American Educational Research Association.

Wigfield, A., & Eccles, J. S. (1992) . "The development of achievement task values: A theoretical analysis." *Developmental Review*, 12, 265-310.

傳播與社會

作　　者／世新大學新聞學系

出 版 者／揚智文化事業股份有限公司

發 行 人／葉忠賢

執行編輯／鄭美珠

登 記 證／局版北市業字第 1117 號

地　　址／台北市新生南路三段 88 號 5 樓之 6

電　　話／（02）23660309　23660313

傳　　真／（02）23660310

E-mail ／ service@ycrc.com.tw

網　　址／ http://www.ycrc.com.tw

郵政劃撥／ 19735365　戶名：葉忠賢

印　　刷／偉勵彩色印刷股份有限公司

法律顧問／北辰著作權事務所　蕭雄淋律師

初版八刷／ 2006 年 2 月

 ISBN ／ 957-818-051-9

定　　價／新台幣 550 元

國家圖書館出版品預行編目資料

傳播與社會 ／ 世新大學新聞學系著. -- 初版.
-- 台北市：揚智文化，1999 [民 88]
面； 公分. --（傳播網；1）
含參考書目
ISBN 957-818-051-9（平裝）

1.大眾傳播

541.83　　　　　　　　　　　　　88011780